プライバシー権の復権

―自由と尊厳の衝突―

宮下 紘

中央大学出版部

まえがき

「"もし自分が有田さんと同じような立場に置かれたら……"ということを考えたそうだが，これはまた，三十年の裁判官生活を通じてこの人の信条ともなっている」（読売新聞 1964 年 9 月 29 日 2 面「時の人」より）

このように紹介されたのが，1964 年 9 月 28 日，いわゆる「宴のあと」事件においてプライバシーの権利侵害を認定した石田哲一裁判官である．石田裁判官は，「女房の三味線でうたいはじめてから夫婦はとくに円満になりました」とも紙面で告白しており，「とにかく裁判官としては公私ともに異色ある存在である」と評されている．「公私ともに異色ある存在」の裁判官だからこそ，何が公であり，何が私であるのか，という問いを追究することができたのかもしれない．

プライバシーを権利として擁護してきた先人たちは力強かった．伊藤正己先生は，プライバシー権が「デリケートな問題」であると断りつつも，「プライバシーという言葉が流行語としての運命をたどるとしても，そこに含まれている諸問題は，ますますその解決の必要の度を高めてくることは間違いのないところである」（伊藤正己『プライバシーの権利』〔岩波書店，1963〕7 頁，23 頁）と指摘した．また，戒能通孝教授は，「西鶴の一小説に，隣家の家臣達に屋根の上から自宅をのぞき見されたため，鉄砲をとってその家来共を撃ち殺す武士の話がでているが，プライバシー保護には，むしろこの程度の気迫が必要なのではあるまいか」という強い意気込みを残していた（戒能通孝「『宴のあと』事件とプライバシー」法律時報 36 巻 13 号〔1964〕85 頁）．『プライバシー権の復権』というタイトルには，プライバシー権を擁護してきた先人たちへの敬意の意味合いを込めている．

本書の主題を設定するにあたっては，一つのきっかけがある．それは 2008 年 3 月 6 日最高裁判所において下された，いわゆる住基ネット判決である．当時，筆者は個人情報保護法を所管していた内閣府個人情報保護推進室に勤務していたため，判決の結論を聞いてほっとしたのを覚えている．しかし，判決文

を読むと，違和感のようなものを抱いた．判決にはプライバシー権を正面から認めた形跡はなく，むしろプライバシー権という言葉を避けているような印象を受けたからである．事実，調査官による解説では，自己情報コントロール権が憲法上保障された人権と認められるか否かについては正面から判断していないことが記されている．本判決が下される前，2007年9月にカナダのモントリオールで開催されたデータ保護プライバシー・コミッショナー国際会議の場では，外国のコミッショナーや研究者たちからも日本の住基ネットについて最高裁がどのようなプライバシー権の判断を下すかについて注目されており，議論になった．後に各国のコミッショナー，研究者，さらには司法関係者に住基ネット判決を紹介した際，「日本は先進国であり，民主主義国家であるが，明確な形で自己情報コントロール権が人権として保障されていないのか」という指摘を，幾度となく受けた．

プライバシーあるいはデータ保護が憲法上の権利として明文化されている国は，少なくない．日本において，仮に自己情報コントロール権としてのプライバシーが人権として保障されていないとすれば，憲法を改正してこれを保障すべきであるという議論がある．したがって，もしも日本の最高裁において自己情報コントロール権が首肯されていないとすれば，憲法研究者は選択を迫られることになろう．すなわち，自己情報コントロール権を明文で保障するために憲法を改正するか，さもなければ，自己情報コントロール権を捨てるか，のいずれかの選択である．本書は，いずれの立場にも与しない．本書は，あくまで既存の憲法と法制度，そして判例の枠組みの中において，「プライバシー権の復権」を企図している．

本書第Ⅰ章では，プライバシー権を世に生み出したルイス・ブランダイスがプライバシー権になぜこだわり，そしてどのように理論化していったかについて分析を試みた．ブランダイスは若き弁護士として34歳のときにハーバード・ロー・レビューにプライバシー権に関する論文をサミュエル・ウォーレンと執筆・公表した．この論文は世界中で読まれているものの，なぜブランダイスがこの論文の執筆に至ったのかについての背景については必ずしも十分な研究が

あるわけではなかった．むしろ当時のジャーナリズムへの「コモン・ロー上の対抗措置である」と簡単に説明されてしまった．だが，それではなぜブランダイスが71歳にときに，盗聴の合憲性が問われた事件で，合衆国最高裁判所の裁判官としてプライバシー権を擁護したのかについての説明がつかない．そこで，ブランダイスが34歳のころと71歳のころに着目し，それぞれの時期のプライバシー権の背後にある哲学や思想を明らかにするため，彼の著書，論文，判決のメモ，さらに手紙を読み返し，分析を行った．本論文は日本語で執筆したが，ハーバード・ロー・スクールの研究会において英語で発表した際には，多くの有益なコメントを頂戴した．また，本論文は日本語で公表したものの，面識のないアメリカの研究者から「英語の脚注を見た，何が書いてあるのか是非とも読んでみたい」との連絡を頂戴したこともあった．ブランダイスのプライバシー権がいまなお大きな注目を集めていることの証と言えよう．

　第Ⅱ章では，本書の副題ともなっている「自由と尊厳の衝突」について，アメリカとヨーロッパのプライバシー権の対立問題に焦点を当て，筆者が肌で経験してきたプライバシーをめぐる様々な交渉や議論を反映している．プライバシー二都物語として，アメリカのワシントンとEUの主要機関が集まるブリュッセルにおける様々なプライバシーの衝突について，具体的事例を交えて論じた．その衝突は単にプライバシー保護に関する立法の文言や形式ではなく，プライバシー権に対する基本的な思考の差異から生じているものである．その基本的思考の差異こそが，アメリカにおいてはプライバシー権のDNAとなっている政府からの個人の自由という哲学であり，一方ヨーロッパにおいてはプライバシー権が人間の尊厳の思想であるとする，両者の違いである．このような基本的思考の差異を体感することができた国際会議の場での発表を重ねてきた経験がなければ（文献や資料からでは十分に明らかにされていないため），本書を執筆することはできなかったであろう．プライバシーをめぐるアメリカとヨーロッパの衝突については，今後もすぐに解決することはないと思われるが，プライバシーの国際的枠組みを検討するにあたっては避けて通ることができない問題なのである．

　第Ⅲ章では（第Ⅱ章の延長上に位置づけることができるのかもしれないが），アメ

リカにおける諜報機関の監視活動の問題を取り上げた．2013年6月に明らかにされた国家安全保障局による監視活動について，アメリカの世論は二分したのに対し，ヨーロッパでは圧倒的に反対論が優勢であり，EUの諸機関は再びアメリカと衝突することとなった．他方で，アメリカの国内においてテロ対策の一環として行われてきた諜報機関による監視活動については，一定の歯止めをかける動きがみられる．アメリカでは連邦憲法第4修正により不合理な捜索・押収からのプライバシー権を擁護する判例がみられ，本章でもこの文脈においてアメリカのプライバシー権について検討を行った．

　第Ⅳ章では，日本でも流行りの言葉となりつつある「忘れられる権利」について考察を行った．本章の執筆の動機は，筆者がフランスのデータ保護機関である情報処理及び自由に関する全国委員会（CNIL）を訪問して，フランス国内における忘れられる権利の必要性をうかがったことである．以後，欧州委員会で忘れられる権利の条文の起草に当たった担当官と意見を重ねるうちに，この権利が単なるスローガンではなく，実務で執行するための権利として真剣に考えていることを理解することができた．また，欧州法裁判所を訪問した際には，法務官たちから先例の位置づけなどについてご教示いただいた．日本から法律の文面だけを見ていれば，EUの法制度は現実離れしているように思われるが，EUではすでに理論的に議論を詰め，また実務でどのように運用しうるかについての議論が蓄積していた．他方で，忘れられる権利については，欧州司法裁判所の判決以後，アメリカから痛烈な批判が行われてきた．筆者が意見交換させていただいたアメリカの研究者や専門家の中で，忘れられる権利を擁護するという立場の人は，わずか数名である．忘れられる権利をめぐってもアメリカとヨーロッパの衝突が見られるのである．

　第Ⅴ章では，ビッグ・データとモノのインターネットという新たなテーマを取り上げて，プライバシーに関する諸課題を整理した．大量のデータが流通し，個人がインターネットにつながれている世界では，プライバシーの侵害が，収集，利用，分析，共有などの過程において生じるため，それぞれの過程においてプライバシー保護の法的枠組みが必要となる．このプライバシーの法的枠組みの構築には，プライバシー・バイ・デザインについては技術を専門と

する人たちの知見，さらにプライバシーに関する人の行動論については経済学的分析が，それぞれ有益である．本章でも視野をできるだけ広くもち，ビッグ・データとモノのインターネットの現実に対応しうる，現実的なプライバシー権論について考察を行った．

第Ⅵ章では，プライバシー権の復権に向けた課題をまとめ，復権の方向性を示した．古典的な私生活の尊重としての第一世代プライバシー権，そして自己情報コントロール権としての第二世代プライバシー権は，いずれも現代の技術を前に限界を迎えつつある．そこで，従来のプライバシー権をさらに強化し，継承していくために，「プライバシー権を理論的にどのように構成すべきか」というテーマをもとに，諸外国の議論を参照した．本書においてプライバシー権の新たな理論を打ち立てたとはいえないが，少なくともアメリカとヨーロッパの大西洋の両岸における議論を手がかりに，なぜプライバシーは権利として保障されなければならないのか，という問いに答えるため，日本のプライバシー権を検討するにあたっての方向性だけでも示せていたとすれば幸いである．

本書の執筆にあたり，多くの先生方のご指導をいただいた．阪口正二郎先生（一橋大学教授）は，アメリカ憲法の奥深さについてご指導くださり，リベラリストとして筆者に自由に研究をするよう奨励してくださった．筆者はもともと，憲法における公と私をテーマとして修士論文を執筆したが，その後，アメリカ憲法においてこの公私区分が顕著に表れるステイト・アクション法理について研究していった．阪口先生は常に一流のものを求め，筆者が専門とする分野の書籍や論文でもすでに読み込んだうえでご指導くださった．筆者はアメリカやヨーロッパでも多くの先生方から学んできたが，阪口先生のご指導がいかに高い水準のものであったかを再認識した次第である．阪口先生にはこれまでのご指導に，心より御礼申し上げる．

堀部政男先生（一橋大学名誉教授・特定個人情報保護委員会委員長）は，大学院の講義でアメリカの判決を読む中で，毎回，最新の法制度や国際会議での議論の様子などをご教示くださった．まさか筆者が堀部先生と国際会議をご一緒させていただく機会がこようとは，当時は想像だにしていなかった．内閣府での

勤務以降，堀部先生とは国際会議をご一緒させていただく機会が増え，そのたびに，堀部先生の超人的な知識，記憶，そして精神力に接することとなった．「プライバシーを権利として保障できない国は，人権意識が乏しいと受け止められる」という堀部先生のご指摘は大変重いものであり，筆者が国際会議に出るたびに意識する言葉となった．特定個人情報保護委員会委員長としてのご公務に携わられている先生に，改めて敬意を表するとともに，堀部先生のこれまでのご指導に感謝申し上げたい．

　堀部先生が「単に文献や資料を読んでいるだけでは海外のプライバシーに関する情勢はわからない．海外に行って，専門家から話を聞かなければならない」と繰り返しご指導くださったことは，筆者のこれまでの23か国・地域での国際会議における交渉や発表の「経験」に大きく反映されている．正確に表現するならば，国際会議での「経験」がなければ，本書が世に生み出されることはなかったであろう．もしも筆者が文献や資料だけをもとにプライバシー・個人情報保護の海外の情勢を研究していたら，大きな間違いを犯していたかもしれない．国際会議でご一緒した日本からの研究者が，「日本で議論されているプライバシー論が国際動向といかにズレているか驚いた」と述べていたことは，まさにそのとおりだと思う．

　筆者は本書の執筆にあたり，2012年から2013年にかけてハーバード大学ロー・スクールにおいて研究する機会を得た．ハーバード大学では，憲法や比較憲法の講義を聴講させていただいたローレンス・トライブ教授，リチャード・ファロン教授，マーク・タシュネット教授，ノア・フェルドマン教授，セミナーではキャス・サンスティン教授，サンフォード・レヴィンソン教授，エイドレアン・ヴァミュール教授，ウルス・ガッサー教授からはアメリカにおけるプライバシーをめぐる諸問題や政府の規制の在り方などの多くを学ぶことができた．これらの先生方からアメリカ憲法を学ぶことができ，感謝の気持ちでいっぱいである．世界中の研究者とも刺激的な意見交換をする毎日が続き，消化しきれないほど濃密な研究生活であった．また，ハーバード大学での研究の直前には，欧州委員会による十分性認定の準備報告書を担当してきたベルギーのナミュール大学において，ヨーロッパのプライバシー権について研究すること が

できた．イヴ・プレ学長とセシール・タラワンニン教授からは，筆者がほとんど無知であったヨーロッパの「尊厳」に基づくプライバシー権についてご教示いただき，感謝している．

中央大学に赴任してからは学内の様々なプロジェクトにおいて民事・刑事の分野を横断して法的議論の場を幾度となく提供してくださった堤和通教授と平野晋教授，研究会等でご一緒させていただく際に研ぎ澄まされた優れたバランス感覚から再三ご指導くださった藤原靜雄先生，EU法のことなら何でもご存じで多くをご教示くださった庄司克宏先生に，この場を借りてそれぞれ御礼申し上げたい．また，内閣府，その後消費者庁に移転した個人情報保護推進室の職員の皆様方には，常々国家公務員としての緻密な議論と文章作成，そして忍耐強い精神をもって公務にあたる姿から，単に知識のみならず，人としての振る舞いにおいても多くを学ばせていただき，本当に感謝している．

ほかにも本書を執筆する過程で，研究会等で筆者にコメントしてくださった日本の研究者，国際会議で重要な視点を提供してくださった世界中のコミッショナーと研究者，国や独立行政法人の個人情報保護の担当者，地方公共団体の最前線の現場で個人情報保護の問題に対応されている方々，民間で個人情報保護対策を担っている人たち，さらに，講演などで鋭いご質問をしてくださった市民の皆さんに改めて御礼を申し上げたい．

本書は，KDDI財団2013年度著書出版助成を受けて公刊することができた．KDDI財団の皆さまに，まず御礼を申し上げたい．また，校正では成原慧氏（東京大学大学院情報学環特任助教）と斉藤拓実氏（中央大学大学院法学研究科博士課程）にお力添えをいただき，御礼申し上げる．中央大学出版部の柴﨑郁子さんには進行面でお世話になった．

最後に，本書の表紙デザインについて提案し，筆者を支えてくれた宮下奈々に，この場を借りて感謝したい．

2015年7月7日

宮下　紘

Contents

はしがき ……………………………………………………………… i

I ルイス・ブランダイスのプライバシー権
34歳と71歳のブランダイスをつなぐ言葉 …………… 001

1 ルイス・ブランダイスの遺産 …………………………… 003
2 1890年「プライバシーへの権利」──34歳 …………… 005
3 1928年「プライバシーへの権利」──71歳 …………… 018
4 ブランダイスをつなぐ言葉 ……………………………… 032
5 ブランダイスのプライバシー権の進化 ………………… 051

II プライバシー二都物語
「自由」と「尊厳」の衝突 ………………………………… 075

1 過　　去 …………………………………………………… 077
2 現　　在 …………………………………………………… 084
3 原　　因 …………………………………………………… 102
4 アメリカ …………………………………………………… 113
5 ヨーロッパ ………………………………………………… 120
6 再　　訪 …………………………………………………… 125
7 未　　来 …………………………………………………… 150

Ⅲ 安全 vs プライバシー ……… 193

1. NSA監視問題の告発 ……… 195
2. 二つのプログラム ……… 197
3. 「監視」に対する「監視」 ……… 199
4. 外からのアメリカへの圧力 ……… 204
5. 安全とプライバシーの衝突 ……… 208

Ⅳ 「忘れられる権利」をめぐる攻防 ……… 219

1. プライバシー権の新たな展開 ……… 221
2. 「忘れられる権利」の提唱 ……… 223
3. 「忘れられる権利」が抱える難題 ……… 234
4. プライバシー権の継承 ……… 243

Ⅴ ビッグ・データ＆モノのインターネットとプライバシー保護 ……… 265

1. ビッグ・データがもたらすビッグ・リスク ……… 267
2. プライバシーの麻痺 ……… 270
3. ビッグ・データへの処方箋 ……… 274
4. 接続化された世界におけるプライバシー保護 ……… 285
5. 日本の課題——個人情報の利活用と保護の適正なバランスに向けて ……… 290

Ⅵ プライバシー・個人情報保護の新世代 …………… 307

- **1** 1890 年生まれのプライバシー権 ……………………… 309
- **2** プライバシー・個人情報保護の危機 …………………… 311
- **3** プライバシー・個人情報保護の旧世代 ………………… 317
- **4** プライバシー・個人情報保護の現在地 ………………… 322
- **5** プライバシー・個人情報保護の新世代の展望 ………… 326
- **6** プライバシー権の復権に向けて ………………………… 328

索　引 …………………………………………………………… 341

I

ルイス・ブランダイスのプライバシー権
――34歳と71歳のブランダイスをつなぐ言葉――

1 ルイス・ブランダイスの遺産

　1890年12月15日，弁護士ルイス・ブランダイスは，サミュエル・ウォーレンとの共著であるハーバード・ロー・レビュー第4巻5号「プライバシーへの権利（The Right to Privacy）」[1]において「いまや生命への権利は人生を享受する権利――独りにしておいてもらう権利（the right to be let alone）を意味するようになった」[2]と論じた．

　1928年6月4日，裁判官ルイス・ブランダイスは，Olmstead v. United States[3]の反対意見において，「独りにしておいてもらう権利――最も包括的な権利の一つであり，文明人によって最も価値あるものとされてきた権利」[4]であると言い渡した．

　ルイス・ブランダイスは，プライバシー権の創設の父であり，プライバシー権を唱道した弁護士であり，そしてプライバシー権を現実に擁護した裁判官であった．1890年の論文は，「すべての中で最も影響力のある法学紀要論文」[5]であると評され，1928年判決の反対意見は「アメリカ法の中で最も雄弁で，最も引用された意見の一つである」[6]と言われる．かつての少数意見であったブランダイスのプライバシー権は，多数意見となり[7]，世代を超えて今なおその正当性が確認され続けている．

　他方で，ブランダイスがプライバシー権を主張するきっかけとなった1890年の共著論文については，様々な批判がなされてきた．たとえば，ウォーレンとブランダイスの論文の意義は「誇張されすぎ」[8]であり，「裁判所において解決不能」[9]であると批判されてきた．また，ブランダイスの論文は画期的な作品と評価されてきたが，実際には「ほとんど読まれてこなかった．たとえ，それを読んだ者であっても，ウォーレンとブランダイスの問題への主張と彼らの議論の歴史的淵源を疑問に思うことなく驚くほどの受容が蔓延してきた」[10]．さらに，「ウォーレンとブランダイスの不法行為論の時代は終わった」[11]とさえ宣告される．

　しかし，これらの批判の多くは，ブランダイスのプライバシー権に関する

1890年時点のものである．すなわち，1890年の論文と1928年判決の意見のブランダイスのプライバシー権に共通する思想それ自体は批判されていないし，むしろそれ自体が何であるかすら必ずしも明らかにされないまま批判されてきた．1928年 Olmstead 判決後の New York Times は次の問いを提起していた．「数十年前，ブランダイスは当時若い弁護士であったが，プライバシー権を擁護した．彼のプライバシー権はどれほど今残っているのだろうか」[12]．ブランダイスのプライバシー権を理解するには，彼のプライバシー権の進化の過程において1890年と1928年におけるブランダイスをつなぐ何かを見出さなければならないのである．

しかし，ブランダイスのプライバシー権を適切に理解するには困難が伴う．その困難とは，ブランダイスが，プライバシー権と対立する価値を有する表現の自由の強力な擁護者でもあるという事実である．ブランダイスは裁判官として，1927年 Whitney v. California[13] において「公的な議論は政治的な義務である」[14] ことを宣言する．そして，「自由な言論の主題におけるこれまで執筆された意見で最も重要な司法の意見」[15] と言われる同意意見を述べる．「我々の独立を獲得した者は，自らが考えたいように考え，そして考えたことを発言する自由が政治の真実を発見し，広めることに不可欠な手段であると信じていた」[16]．ブランダイスのいわゆる表現の自由に関する意見は，「古典」，「傑作」，「卓越」そして「雄弁」であると称賛され続けてきた[17]．ブランダイスが，「公的な議論を政治的な義務である」とまで主張する一方で，「独りにしておいてもらう権利」を論じた，この一見矛盾する論理をどのように捉えるべきか．

実際，幾度となくプライバシー権と表現の自由との調整問題に取り組んできた中[18]，合衆国最高裁は2001年にこれを正面から取り上げた．Bartnicki v. Vopper[19] では，法廷意見，同意意見，反対意見のいずれもがブランダイスに言及する．しかし，いずれの意見も1890年の論文[20] によって立つのであるが，意見によっては Olmstead 判決のプライバシー権の反対意見[21] に好意的であったり，さらに別の意見では Whitney 判決の表現の自由の同意意見[22] が引用される．このように，ブランダイスの作品は，それがプライバシー権に関するものである限り，今なお現実にその解釈方法は決着がついておらず，我々はいま

だ「ルイス・ブランダイスの亡霊」[23]から解放されていない．ブランダイスのプライバシー権——1890年論文と1928年判決のブランダイス——，そして彼が残したいわゆる表現の自由に関する判決は，125年の年月を経ようとも，今なお重大な課題として議論を喚起し続けている．

「プライバシーは当然のことながらブランダイスの長年にわたる主要な問題であり続けた」[24]と言われる．重要なことは，「独りにしておいてもらう権利」というレトリックではなく，その言葉の背景に何が存在したかである．1890年と1928年の二つのプライバシー権がブランダイスにとってどのような関係にあるのか，そして，それは彼が残したいわゆる表現の自由の問題とどのような関係にあったのか．そこで，本論文は，ブランダイス自身が「法はオリジナル・ソースに当たることによってしか学ぶことができない」[25]と教えを説いたとおり，ブランダイスにとってのプライバシー権に関する言葉を再読し，そこからブランダイスのプライバシー権に関する一貫した思想を明るみに出すことを目的としている．言い換えれば，34歳のときに共著として執筆した「プライバシーへの権利」の論文と，71歳のときに判決として意見を述べたプライバシー権のそれぞれを貫くルイス・ブランダイスにとってプライバシー権の根底にあるものを再確認することである．そして，そのことが今なお語り継がれるルイス・ブランダイスのプライバシー権の神髄を理解し，彼のプライバシー権を継承する手がかりになると考えられる．

2 1890年「プライバシーへの権利」——34歳

1 サミュエル・ウォーレンとゴシップ記事

（1）ウォーレンの結婚式とゴシップ記事

1883年1月25日11時45分から，サミュエル・ウォーレンとマベル・バヤードはワシントンDCのAscensoion教会において結婚式をあげた．サミュエル・ウォーレンは，この結婚式の約7年後にブランダイスと共著で「プライバ

シーへの権利」の論文を公表することになるが，ブランダイスとはハーバード・ロー・スクール時代からの友人であり，ブランダイスとともにボストンで法律事務所を設立した弁護士であった．花嫁のマベル・バヤードの父は，有名な上院議員で大統領候補者でもあり，後に国務長官も務めたトマス・バヤードであった．花嫁は光沢のある白いウェディングドレスに身を包み，金色のネックレスをつけ，10人の案内役と8人の付添女性に囲まれる中，ウォーレンとバヤードの結婚式は正午の教会の音を迎えた．午後1時から2時半の結婚式に続くレセプションには，会場となったバヤード上院議員宅に数百人の招待客が来て，4時に新郎新婦が電車に乗るまで，二人を祝ったとされる．

　翌朝の新聞記事，1883年1月26日のNew York Timesは1面に「ワシントンの社交世界」という見出しで前日の結婚式での花嫁の衣装や出席者の氏名などを含め当日の結婚式とレセプションの様子を記事にした[26]．そして，Washington Postは「華々しい結婚式」という見出しの下，「デルウェアとボストンの貴族の血統が参列したイギリス式セレモニー」という小見出しを付けている[27]．さらにその翌日のChicago Daily Tribuneは「結婚」という見出しで「イブニング・ドレスであふれる中，多くの者は外出着で暗い色の帽子を身に着けていた」[28]と書いている．1月27日のBoston Saturday Evening Gazetteは「結婚式は絵に描いたような非常に可愛らしい式」であると報道し，「新婚カップルは午後にニュー・ヨークに向かう列車で出発し，そこから将来の住居のあなたの街へと向かった」[29]と記している．

　もっとも，新郎ウォーレンと新婦バヤードはこのような記事が出ることを予想できたのかもしれない．結婚式前の1882年10月22日Boston Daily Globeは毎週の「ゴシップ表」の中で「Mount Vernon Streetのサミュエル・ウォーレンとバヤード上院議員の娘マベル・バヤードの婚約が発表された」[30]と報じていた．その翌日のWashington Postには「バヤード上院議員の娘マベル・バヤードとボストンのウォーレンの婚約が発表された．挙式は近々執り行われる」[31]という記事が出ていた[32]．結婚式直前には，いくつかの例をあげるならば，1883年1月18日のNew York Timesには「ワシントンのゴシップ」という見出しで「デルウェアの上院議員バヤードの娘マベル・バヤードとボスト

ンのサミュエル・ウォーレンの挙式の招待状はもうなくなった」[33]，また1月21日の New York Tribune には「今週は楽しいことでいっぱいである」という冒頭の文に始まり「マベル・バヤードがボストンのサミュエル・ウォーレンと25日にワシントンで結婚する」[34]と書かれている．

このように，婚約の記事が公表された1882年からプライバシー権の論文が公表されるまでの間，新聞においてバヤードとウォーレンの結婚からマベルの母の葬儀や夫婦の娘に関する約60ものゴシップ記事が掲載されてきた[35]．これらの記事を目にしたウォーレンがプレスによるプライバシーなるものへの干渉に個人的な嫌悪を抱いていたと見ることは想像に難くない．ウォーレンとブランダイスの「プライバシーへの権利」の論文には次の有名な一節がある．

「プレスは礼節と品格の明確な境界をあらゆる方面で踏み越えている．ゴシップはもはや暇人と悪意をもった人の気晴らしではなく，産業と厚かましさがつきまとう商売となった．」[36]

(2) ウォーレンの娘の結婚式？とゴシップ

19世紀後半は，アメリカのジャーナリズムの革命期と呼ばれ，1880年から1890年の10年間に週刊新聞紙の発行部数は7811から13559にまで増え，また，南北戦争前の1850年にはデイリー紙の発行部数は75万8000部であったが，1890年には10倍以上の838万7000部にまで増加していたことが指摘されている[37]．当時ボストンには，毎週日曜に「ゴシップ表」を掲載した Boston Globe をはじめ，Boston Journal, Boston Daily Advertiser, そして Boston Evening Transcript など8紙があったと言われ，特にこれら4紙は「貧相なジャーナリズム，悪趣味，いくらか扇情的で，ゴシップの典型」[38]であると言われてきた．

ウォーレンとブランダイスの論文でも「好色的な趣味を満たすため，性的関係の詳細が日々の新聞で広く報道されている．暇人の関心を引くため，コラムというコラムがくだらぬゴシップで満ち溢れており，一家の団欒へ侵入することによってしか書きえないものである」[39]と当時のプレスが批判されている．

そして，それは当時のウォーレンが自ら論文で語ったとおり，彼自身が「プライバシーの侵害を通じた，単なる身体的な損傷によってもたらされるよりもはるかに大きな精神的な苦痛と苦悩を受けること」[40]になったとも考えることができる．

そのため，このような1883年1月25日のウォーレンとバヤード嬢の結婚式以降の一連のゴシップ記事こそが1890年のプライバシー権の論文の引き金と考えられてきた，と論じた者が多かったのももっともな理由がある．「プライバシーへの権利」の再読を経て，プライバシー権に関する膨大な量の判例を4類型化したウィリアム・プロッサー教授は次のように指摘する．すなわち，社会的に見て，ウォーレン夫人は高い地位にあったため，ボストンの新聞，特にBoston Saturday Evening Gazette は「貴族の血統」に関する記事を好み，彼女たちを書きたてたのだという[41]．その後，夫ウォーレンがブランダイスと共著で「プライバシーへの権利」の論文を執筆するが，「このすべてのことはサミュエル・ウォーレンの娘の結婚式から生じた不思議な木なのである」[42]と結論づけられている．

このように指摘するプロッサー教授の論文の影響力は絶大なものであり，「今日ではウォーレンとブランダイスの論文の最も有名な説明方法である」[43]と言われてきた．そのため，プロッサー教授の説明に続く多くの論者はウォーレンとブランダイスの論文がウォーレン夫婦に関するゴシップに起因すると信じられてきた．たとえば，「論文の契機は1890年のウォーレンの娘の結婚式をプレスが報道したことへのウォーレンのいらだちから生じたものであることはいまやよく知られている」[44]と説明される．さらに，ブランダイスの伝記をまとめた論者ですら「Saturday Evening Gazette は『貴族の血統』の記事を得意としており，けばけばしく詳細にウォーレンとマベル・バヤードの活動を報道したのは当然のことであった．このことがウォーレンをいらだたせたのであり，この問題をブランダイスのところに持ち出したのであった．この論文はこの結果である」[45]と述べる．

しかし，現時点で明らかになっている資料からしてSaturday Evening Gazette が取り上げた「ウォーレンの娘の結婚式」の記事が「プライバシーへ

の権利」の論文の直接の引き金となったという短絡的な指摘は，少なくとも「この説明のいずれも正しくない」[46]，「まったく不正確」[47]，そして「極めて疑わしい」[48]とも考えられてきている．現時点での証拠に照らせば，第1に，ウォーレンの娘の結婚式に関するゴシップ記事を憂慮して「プライバシーへの権利」を執筆したとするには，時期があまりに早すぎる．論文が公表された1890年当時，ウォーレンは結婚して7年目，長女は6歳であり，彼女が1905年に結婚する15年も前であった[49]．つまり，ウォーレンがブランダイスと論文を公表した1890年より前にはそもそもウォーレンの娘の結婚式は開かれていない．第2に，ウォーレンをいらだたせたと言われたBoston Saturday Evening Gazetteの記事は，「何十年もの間ボストンの新聞に出ていた他のいくつもの結婚式の記事と大差はなかった」[50]．むしろBoston Saturday Evening Gazetteは「決してスキャンダラスな記事ではなく」[51]，また「最も知的で影響力のある読者層」を対象として「対立する利益について公正かつ一貫した政策」を採っていると評価されている[52]．

このように，現時点では，少なくともこれまでプロッサー教授が説明してきたような合理的な根拠は見当たらず，少なくとも論文の背景をもっぱらウォーレンのゴシップ記事に対する個人的な嫌悪に求める説明については，それを支える客観的な証明が提示されていないと言わなければならない．いずれにせよ，1890年「プライバシーへの権利」の論文のもう一人の作者，ルイス・ブランダイスの思考を見ることなく，この論文の出自と評価を決定づけるのは適当ではない．

2 ブランダイスにとっての1890年論文

(1) ブランダイスの婚約

「プライバシーへの権利」の論文の共著のもう一人であるルイス・ブランダイスは論文公刊に向けてどんな心境だったのだろうか．当時，ブランダイスは34歳で前年までパートナーであったウォーレンとともに設立したボストンの「ウォーレン&ブランダイス」法律事務所——ウォーレンとのパートナーが解

消されても 1897 年まで「ウォーレン」の看板をさげることはなかった——で弁護士として働いていた．論文が公刊される直前の 1890 年 11 月 29 日付の一通の手紙がある．

　「『プライバシー』に関する論文の校正原稿が発行された……．まだ全部を読み通していないけれども，私が読んだ少しの部分は私が思っていたほど良い出来ではなかった」[53]．

この手紙の名宛人はブランダイスの 1890 年 10 月 4 日に婚約したばかりのアリス・ゴールドマークであった．ブランダイスにとっての「プライバシーへの権利」の論文は，生涯のパートナーであるアリスとの結婚を決意した「1890 年のおそらく初秋」[54] に執筆されていたことが十分に予想される[55]．そして，先の手紙に続き，1890 年 12 月 4 日にはブランダイスはアリスに「自分の不完全さ」を打ち明ける．

　「17 年間私は他者のアドバイスをほとんど求めずに，ましてやそれを頻繁に好むことなく，一人でやってこれた．私はこの間自分の道を歩んできたし，他者の影響を受けることなどなかった．でも，アリス，今すべてが変わった．私は君からのアドバイスと同意，さらに支援を心から頼りにしている自分を見つけた．日々私は自分の不完全さをますます感じるようになっている．私はあなたの心の中でもっと大きくなっていく自分を見つけた．だから私はとても幸せである．」[56]

これはハーバード・ロー・レビューで歴史に残る「プライバシーへの権利」の論文が 1890 年 12 月 15 日に公刊される直前の手紙である．どうやら，ブランダイスはこの論文の後の世代の評価とは逆に「思っていたほど良い出来ではなかった」と告白し，さらに「自分の不完全さ」を認めていたとも受け止めることができそうである．

(2) 公開の義務

やはり「プライバシーへの権利」の論文はウォーレンの結婚がなければ，生み出されなかったのだろうか．この点，ウォーレンとは対照的に，共著者の一人であったブランダイスは，「プライバシーへの権利」を公表する前まではメディアには露出していなかった．むろんブランダイスは自身の3か月後の結婚を控え，ウォーレンの結婚式のときのようなゴシップ記事から自らを防衛するためにウォーレンとともにこの論文を執筆したと見ることもできないわけではない．しかし，アリスへの手紙をさらに読み進めると，話はそう単純ではなさそうである．

「もちろん君はプライバシーと公衆の意見（Public Opinion）について正しい．すべての法は，法の背後にある公衆の意見がなければ死んだ文字となる．でも，法と公衆の意見は絡み合っている．つまり，両者は互いに力を与えている．」[57]

このように，ブランダイスは「プライバシーと公衆の意見」の双方の重要性を認識しつつ，「プライバシーへの権利」の論文に対する自省をアリスに打ち明けたと見られる．その証左として，ブランダイスは論文公表からわずか2か月後の別の手紙では「『公開の義務（The Duty of Publicity）』に関する論文を書く」[58]ことをアリスに伝えている．この「公開の義務」の論文は「ある種以前の論文［プライバシーへの権利の論文］の対になるが，本当に興味がある論文である」[59]と書き残していた．そして，ブランダイスはその手紙で「人の行動が日の光によって明るみに出されたとしても，それは太陽が浄化させるようにその人たちを清めることとなろう」[60]と記した．残念ながら，ブランダイスの「公開の義務」というタイトルの論文は世に生み出されることがなかったが，アリスとの手紙の一連のやり取りからブランダイスの「プライバシーへの権利」の論文に対する見方を推察することができよう．

ブランダイスの婚約相手との手紙のやり取りから読み取れることとして，ブランダイスにとっての「プライバシーへの権利」の論文は，その後半に彼の主

張が含まれていたと考えることができる．論文の後半部分には，「プライバシーへの権利の限界」について「プライバシーへの権利は公的または一般的な関心事項のいかなる公開を禁じるものではない」[61]という主張に始まり，公開の重要性を指摘する．他方で，「人は公開の限界を設定する権限を一般に保有している」[62]として，「自らの思考，思想そして感情を他者にどの程度伝えるべきかを決定する権利」[63]——これはいわゆる自己情報コントロール権の内容にも近いと捉えることができる[64]——があることを確認する．「Publicity」と「Privacy」，そして「義務」と「権利」という，一見矛盾衝突するそれぞれの対概念について，人は「Publicity」の「義務」を負うが，同時に「Privacy」の「権利」を有すると説く．すなわち，「公開の義務」を重んじるブランダイスにあっては，Privacyの権利をPrivacyとPublicityとの緊張関係の図式からPublicityの義務の限界設定の問題として捉えていたとも読むことができる．「公」に吸い込まれない「私」を護るため，個人主義に根差したアメリカの伝統の下，個人の圏域である「私」と社会の領域である「公」という「私と公の境界の明確な線引きがあるという……長期にわたる前提をウォーレンとブランダイスの議論は反映していたのである」[65]．共著者の一人であるブランダイスは，1890年「プライバシーへの権利」の論文において，単にプレスから「独りにしておいてもらう」ための人の私秘性の保護のみを論じているわけではない．むしろ，「公開の義務」のもと，「無情な公開（ruthless publicity）」[66]，「望ましくなく，望まない公開（undesirable and undesired publicity）」[67]といった「公開に対するもろさ（sensitive to publicity）」[68]に対する提言をなしていると見ることができる．当時のブランダイスがどれほど表現の自由の問題に関心をもっていたかは知るすべがないが，後に紹介する彼のいわゆる表現の自由に関する判決からも「公開の義務」へのこだわりを推察できよう．

このように，ブランダイスにとって1890年の「プライバシーへの権利」の論文は，少なくともウォーレンほどプレスに対する敵対心があったわけではなく，ゴシップ記事に対する不快感が直接の原因であったとする直接的な証拠はない[69]．その意味で，「ウォーレンがプライバシーの問題に過度に神経質であったとしても，ブランダイスは驚くほど曖昧であったのである」[70]．だとすれ

ば，ブランダイスがアリスへの手紙に残したように「我々が望むことはプライバシーの侵害が必ずしも生み出されないよう人々にわかってもらうことであり，そして，そのような侵害へと自らを陥らせようとする愉快さを恥ずべきものとすることである」[71]．これは「プライバシー」を「権利」として保護するのみならず，「不可侵の人格（inviolate personality）」――「個人が書いたものとその他すべての個人的な作品に対する……あらゆる形式における公開から保護するという原則は，現実には，私有財産の原則ではなく，不可侵の人格の原則である」[72]――を侵すことなく「公開」を「義務」として履行させるためのメッセージだったとも受け止めることができる．

3 ウォーレンとブランダイスの接点

これまで見てきたとおり，「プライバシーへの権利」の論文は，ウォーレンとブランダイスという二人の手によって生み出された作品であるものの，プレスへの不快の念を抱いたウォーレンとむしろ公表の義務があると考えていたブランダイスとでは，両者はその論文の核心にある主張に隔たりがあったと見られる．この論文は，ウォーレンが「主要な執筆者（the primary author）」[73]であり，ブランダイスは「いやいや（reluctant）」[74]この論文に氏名を掲載したのだろうか．また，仮にこのような隔たりがあったとしても，なぜウォーレンとブランダイスは共著として「プライバシーへの権利」の論文の着想へと至ったのだろうか．

(1) 永遠の若さを有するコモン・ロー

第1に，ウォーレンとブランダイスが当時のメディアを代表とした科学技術の発展に対しても敏感であったことは「プライバシーへの権利」の論文の特徴の一つとして強調されなければならない．「プライバシーへの権利」の論文において「永遠の若さを有するコモン・ローが社会の要請に応えるべく成長する」[75]と謳われていたことは彼らの「生ける法（living law）」[76]への思い入れがあったと見ることができよう．そして，この「生ける法」により「政治的・社

会的・経済的変化が新たな権利の承認をもたらした」[77]．1880 年代には電話，1890 年代にはマイクがそれぞれ発明され普及するとともに，すぐに撮影可能なカメラ（instantaneous photography）が登場した．これらの新たな技術の発達によりアメリカ法においてプライバシー権の定義の必要性が高まり，その必要性にいち早く気づいたのがウォーレンとブランダイスであったことはアラン・ウェスティン教授の指摘のとおりであろう[78]．論文が公表された翌年には「進化という偉大な法理が生物学や神学のみならず，法においても支配されているようである」[79] と雑誌で紹介されているとおり，時代の進展とともにプライバシー権が必要となったことをウォーレンとブランダイスは確信していたのであろう．

(2)「裁判所の審査」

　第 2 に，当時ボストンでは「ウォーレンがボストンのビジネス界とのコネをもっていたため」[80] 初年度から成功した法律事務所であったが，若手弁護士であったことから「貴族的な弁護士業（the patrician lawyer-merchant）」[81] の新たな試みとしてプライバシー権の「裁判所の審査」[82] を見込んでいたのかもしれない．すなわち，「論文は私的な監視の状況における利益の司法による衡量が効果的な救済を提供することができると期待していた」[83]．ハーバード・ロー・レビューは，ブランダイス自身がその設立から関わっており，同窓会の事務局長でもあったブランダイスの提案で同窓生として活躍している裁判官や弁護士ら全員に対して配布された[84]．実際，この論文の公刊の約半年後の合衆国最高裁の判決には，クーリー裁判官の「完全な免除，すなわち独りにしておいてもらう権利」という一節とウォーレンとブランダイスの論文に出てくる「不可侵の人格」がさっそく登場する[85]．この判決文を手掛けたのは，ハーバード大学ロー・スクール出身であり，かつてマサチューセッツ州最高裁の首席裁判官時代にブランダイスをロー・クラークとして受け入れたホレイス・グレイ裁判官であった[86]．

　また，1902 年 6 月 27 日にニュー・ヨーク州控訴裁判所において下された Roberson v. Rochester Folding Box Co.[87] においては，ウォーレンとブランダ

イスの「プライバシーへの権利」の論文が引用され、また同論文を「巧妙な論文（a clever article）」[88]と形容される中、プライバシー権の侵害の有無が問われた。この事件では、製粉業者の広告に本人の同意なしに写真等を掲載されたことがプライバシー権を侵害するものではないと判断された。しかし、判決では、「いわゆる『プライバシーへの権利（the right of privacy）』、言い換えれば、独りにしておいてもらう権利」が、「人はこの世間から隠れ通す権利（the right to pass through）を有しているという主張に基づいている」[89]と指摘されている[90]。

さらに、ブランダイスを喜ばす判決が1905年3月に下された。ジョージア州で争われたPavesich v. New England Life Insurance Co.[91]において、アンドリュー・コブ裁判官は、ウォーレンとブランダイスの論文を引用し、本人の同意なく広告に写真掲載をしたことがプライバシーの侵害であることを認めた。そして、「その論文において筆者らは巧みにまた力強くプライバシー権の存在を主張し、当時その論文は非常に多くの注目を集めた」[92]ことを指摘している。実は、本判決を執筆したコブ裁判官は、本判決をブランダイスに直接手紙で知らせている。これを受けたブランダイスは「あなたの包括的で力強い意見はプライバシー権を既存の法的権利であるとして確立し前進させようとするもので、それを読んで、昨日喜ばしくなった」[93]と返事を書いていた。判決においても論文で示された1890年以前の先例が参照され、ブランダイスが重視した事実と経験に基づく「既存の法」[94]の延長上にプライバシー権があることが確認されたのであった。さらに、ブランダイスは、ニュー・ヨーク州の弁護士仲間にもすぐにこの判決について紹介し、「プライバシー権がついに司法の承認を受けていることに私と同じようにあなたも喜んでいると思う。彼の意見が我々の法において確立した法理に間もなくなるであろうことを示唆する手紙を私はコブ裁判官から先日受け取った」[95]と記していた。

さらに、ニュー・ヨーク州のRoberson判決とジョージア州のPavesich判決はほぼ同じ事件であるが、逆の結論が出たことについて、新聞記事は「前者［ニュー・ヨーク州控訴裁判所］よりも後者［ジョージア州最高裁］の方が文明化（civilization）に信頼を置いている機関であることを示している」[96]、「ジョージ

アの先例に続くことになり，ニュー・ヨークの先例は無視されることに疑いはない」[97]，「もしもジョージア州よりもニュー・ヨーク州においてエクイティが新たな環境に適合できず，不法行為の新たな形態に対処できないとすれば，ニュー・ヨーク州法はその欠陥を補填すべきである．ニュー・ヨークは他のいかなる州よりも品格と市民の保護のために先進的であるべきだ」[98]と評している．このように「プライバシーへの権利」の論文は，すでに15年後には当初そのきっかけであったと言われてきたプレスの反応すら変えてきた様子がうかがえる．

これに続くようにプライバシー権は，1909年にはケンタッキー州[99]で，1910年にはミズーリ州[100]でそれぞれプライバシー権を認める判決が下される．すでに1912年には「プライバシー法」の論文では「いまやプライバシー法については運用段階にある」[101]という指摘があるとおり，論文としてのプライバシー権からそれが実務としてのプライバシーへと移行していったのがわかる．この論文の60年後にはほとんどの州においてプライバシーの個人の権利をコモン・ロー上の原則として認めていた．1890年から1950年の間に約300のプライバシー権に関する訴訟の判決が下された[102]．プライバシー権の発展——特に州レベルにおける立法——についてはウォーレンとブランダイスのプライバシー権をもとにそれが「標準化（standardized）」[103]されていった．当時の金ピカ時代を象徴するように，「プライバシーへの権利」の論文は，「東海岸に始まり，中西部へと進出し，西海岸での改革が行われ，大草原，山脈の州，南西部へと拡大した」「開拓」[104]のごとく広まっていった．

(3) 社会的プライバシー

「プライバシーへの権利」の論文の影響力は司法の場だけではなかった．1905年1-2月号のアメリカン・ロー・レビューの「プライバシーへの権利と名誉毀損法との関係」[105]という論文はブランダイスに改めて自信をもたらした．この論文を目にしたブランダイスは，ウォーレンに手紙を書いた．

「特に我々の論文への言及がされており，それが極めて重大な影響力（a vital force）をいまだ有していることを示している1905年1-2月号のアメリカン・

ロー・レビュー 37 頁,『プライバシーへの権利』を見てみることに関心があると思うだろう」[106].

ブランダイスがウォーレンに紹介したこの論文には,1890 年「プライバシーへの権利」の論文を「概念の独自性,理由づけの腕前,そしてそれが行きつく結論において,近年の法に関する論文が示した理論法学の分野において最も優れたエクスカーションの一つである」[107]と褒め称えている.このように,ウォーレンとブランダイスの論文は当時まだ4号を迎えたばかりの「知的独立心と探求の精神」[108]を象徴するハーバード・ロー・レビューへの貢献とそれを通じて「プライバシーへの権利」を広めようとしていたものと考えられる[109].そして,ウォーレンとブランダイスは「プライバシーへの権利」の論文を公表するまでに2本の論文をハーバード・ロー・レビューにウォーレンと共同して執筆していた[110].3本目となる「プライバシーへの権利」の論文は,ブランダイスがプライバシー権の論文の1年前に別の論文で「我々アメリカ人は,法について現代のイギリス式の体系的な教えを受けてきた」[111]と述べているとおり,イギリスで発展したコモン・ローの判例を緻密に分析している[112].他方で,「著作物に関する彼らの思考は,事実に基づく主張というよりはむしろ本質的に理論的であった.彼らの結論は,……ほとんどが『何であるか』ではなく『何をすべきか』という主張を示していた」[113]と言われるとおり,これまでの2本の共著論文とは性格が異なる.

ウォーレンとブランダイスの論文が公表される直前の1890年7月号の雑誌に掲載されたエドウィン・ゴッドキンの「市民の権利」と題する論文の中に,「個人の尊厳は文明化の優れた花であり,社会の中にそれが増大するほど,その社会はより良いものとなる.しかし,プライバシーなしにはその発展または維持がほぼ不可能となる」[114]という一節がある.ゴッドキンの論文は,1890年の論文でも引用されており,その論文執筆の契機になったとも考えられないわけではない.しかし,実際には,ブランダイスは「プライバシーへの権利」の論文が公刊されて約15年後にウォーレンに宛てた手紙において,「私自身の回想は,我々をこの問題へと引き込んでいったのは,ゴッドキンの論文ではなく,あなたの特別な提案と社会のプライバシー(social privacy)の侵害へのあ

あなたの根深い嫌悪感なのです．」[115]と記している．

このように，1890年の論文は，むろんウォーレンのメディアに対する個人的な嫌悪が多かれ少なかれあったのかもしれないが，むしろ「社会のプライバシー」という接点をもち，「社会規範と品格と紳士らしさに対する脅威への嘆きの表明」[116]を，まだできたばかりのハーバード・ロー・レビューにおいてある種「一般市民と学問への興味」として公表したかったのだろう．ブランダイスが1890年に論文を公表してから44年も経った後にニュー・ヨーク州の弁護士に対して「一般市民と学問への興味」と言って，この論文のコピーを送付したことがその証左であろう[117]．「その動機が何であれ」[118]，そして「この論文の起源が何であれ」[119]，「すべての中で最も影響力のある法学紀要論文」[120]であると評価されてきたことは事実である．その論文では次のように述べられている．

「後に，人の精神性，感情，知性が認められるようになった．しだいにこれらの法的な権利の範囲は広がりを見せてきた．いまや，生命への権利は人生を享受する権利，すなわち，独りにしておいてもらう権利を意味するようになってきた．自由への権利は広範な民事上の特権の行使を保障するようになった．『財産』という文言は，それが有形なものであるのみならず無形なものについてもあらゆる形態の所有に折り合いをつけるほどにまで発展してきた」[121]．

3 1928年「プライバシーへの権利」――71歳

1 「プライバシーへの権利」再訪：Olmstead v. Untied States

(1)「独りにしておいてもらう権利」再訪

ルイス・ブランダイスにとって，「プライバシーへの権利」と再び本格的に向き合うことになったのは1928年2月のことであった．ブランダイスは，「ボ

ストン―成功した弁護士」[122]として活躍する中，1916 年に合衆国最高裁裁判官へと就任した．就任から間もなく，ヨーロッパでの戦争が始まり，第一次世界大戦中に合衆国では，政府の機密事項を守る目的でいわゆる盗聴，通信の傍受などの政府の諜報活動を認める 1917 年諜報法（Espionage Act of 1917）が制定された[123]．

1890 年から 40 年近くが経過する中，ブランダイスは弁護士としてではなく，裁判官として「プライバシーへの権利」を擁護することとなった．その舞台となった Olmstead v. United States[124] における争点は，盗聴器を用いて傍受した私的な電話機の会話を証拠として用いることが，不合理な捜索及び押収を禁じた第 4 修正と自己に不利な証人となることを強制されないことを規定する第 5 修正に反するかどうかである．本件では，主犯格のオルムステッドほか 72 名が酒を不法に所持，輸送，また輸入しており（200 万ドル以上の年商），当時禁酒法（National Prohibition Act）で禁止された行為であったことから 4 名の連邦法執行官によってオルムステッドの自宅や事務所の外から 8 台の電話機を対象として，令状なしに通話が傍受された．通信傍受は約 5 か月に及び，その通話を記録したメモは 775 頁にもわたった．通話内容は単なる報告事項が含まれていたが，その一部が刑事責任を問われるものとなっていた[125]．

本件の口頭弁論が 1928 年 2 月 20 日と 21 日に合衆国最高裁で行われた．しかし，ブランダイス裁判官は，自らの意見が多数意見になるのか少数意見になるのかも知る前に，すでに口頭弁論の前の 2 月 4 日には本件についてメモランダムを書き始めていた[126]．メモランダムの冒頭一文から「本件は重大な憲法上の問題を提起している」[127] ことを指摘する．実際の判決文では，意見を執筆したタフト首席裁判官と，ブランダイスとは別に意見を執筆したバットラー裁判官は「唯一の問題（a single question）」という言葉では共通していた．しかし，タフト首席裁判官とブランダイス／バットラー両裁判官はこの「唯一の問題」の見方が違っていた．タフト首席裁判官にとっては，刑事裁判における私人の通話を傍受した「証拠の利用」[128] 自体が問題であった．これに対して，バットラー裁判官にとっての，そしてブランダイス裁判官もそれを明白に意識していた「唯一の問題」は，「政府が役人を用いて，適当だと考えたときは何時

であっても，電話機を通じた私的な通話や会話を傍受し，聴き入り，書き留め，報告する」[129] 行為それ自体であった．すなわち，ブランダイス裁判官にとっての Olmstead 判決の「唯一の問題」は，当時ワシントン州法で処罰の対象となっていた盗聴という政府の行為にほかならなかった．

　ブランダイス裁判官のメモランダムの結論において，実際の判決の意見ともほぼ同様の最後の一節がすでに示されていた．すなわち，「……政府は細心の注意を払って法を観察しなければならない．政府は模範を示して人民全体を教育する．もしも政府が法の違反者となれば，法への敬意は破壊されてしまう．すべての者に，法を自らのものとさせてしまう．それはアナーキーをもたらす．品格，安全，そして自由といったものは，政府の役人が，市民に命じた行為と同じルールに従わなければならないことを要求している」[130] と記した．ブランダイス裁判官にとって「目的が手段を正当化すると宣言することは恐ろしい報復をもたらすのである」[131]．実際の判決では「私人の犯罪を有罪とするために**政府が犯罪を犯すこと**を宣言すること」（強調引用者）という言い回しが付け加えられ，政府による盗聴行為それ自体を厳しく批判する．さらに，ブランダイスは，このような政府による盗聴行為自体を非難するためロー・クラークに盗聴が違法である各州の立法を詳細に調べさせ，その結果をメモランダムに掲載した[132]．2 月 13 日に 5 校が刷り上がるまでに，憲法上の問題提起と各州の立法，そして彼の結論部分を含めた 7 頁のメモランダムができあがっていた．

　2 月 14 日から，ブランダイス裁判官は，「裁判官席からここ数年で最も鋭い言葉による意見の一つ」[133] と言われる自らの実質的理由づけとなる核心部分を書き始める．それは，ブランダイス裁判官にとって，彼が 34 歳のときに書き残した「プライバシーへの権利」の論文に再び向き合う時間でもあった．「憲法の創設者にとって，生命への権利は人生を享受する権利を意味していた．彼らは人間の精神性，感情，そして知性の重大性を認めてきた」[134] と筆を進める．

　「法は信念，思考，感情，思想への保護を与えている」．これが法によって保障される意味こそが「文明人にとって，最も価値のある権利は独りにして

おいてもらう権利である（to civilized man, the most valuable of rights is the right to be let alone）」[135]．

　71歳のブランダイスが34歳の頃の「自身の経験，法律の学習と徹底的な研究，現代の諸事実，個人的立場そして他者の立場に立った経験とロー・クラークの批判的分析によって裏打ちされた彼の直観」に依拠しつつ，意見の執筆過程では「しだいに感情の高まりが大きくなっていった」[136]と言われる．1890年から1928年に至るまでに「意見が強さと雄弁さを備えたのは明白である」[137]．「この反対意見の進化はブランダイスの司法の手法を物語っている」[138]と言われる．このように，ブランダイス裁判官は，Olmstead判決の意見執筆の段階において再び自らのプライバシー権に息吹を与えたのであった．

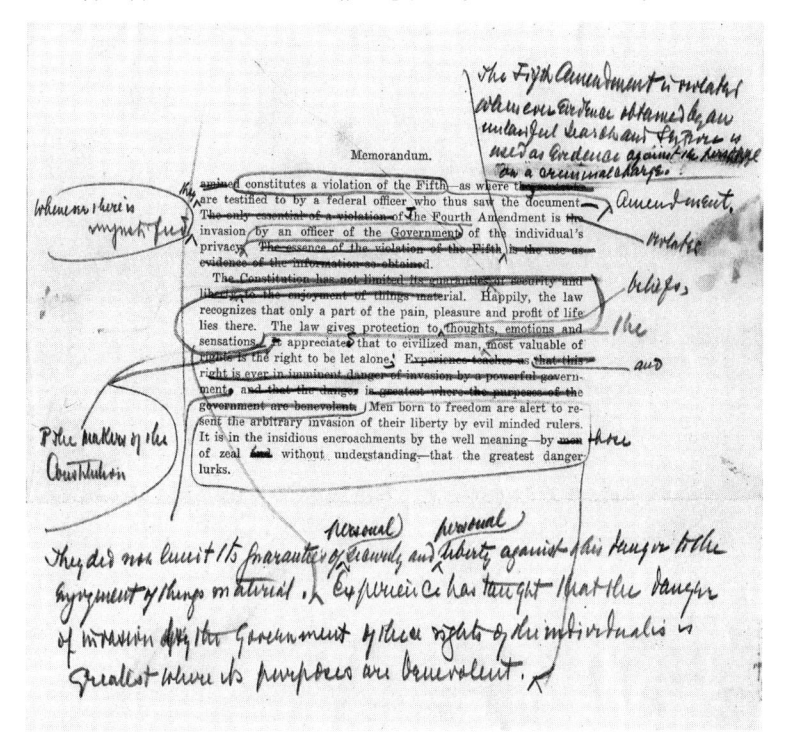

写真：Olmstead v. United Statesにおけるブランダイス裁判官のメモランダム．
　　出典）Brandeis Papers Box48 File4, Harvard Law Library, Manuscript Division.

(2) 雄弁な意見

　1928年2月20日と21日，口頭弁論が行われた．政府の行為の盗聴の是非について，9人の裁判官の見方は大きく「割れた」と報道された[139]．そして，口頭弁論の後の裁判官会議では，ブランダイスは，多くの裁判官を説得できなかったようである．口頭弁論が終わったその日にブランダイスは各裁判官に対して「投票の再検討（rearrangement）が望ましいかもしれない」[140]と呼びかける手紙を回付する．メモランダムをもとにした4頁の手紙には，「第4修正は有形な財産のあらゆる不法な押収の防止に効果を発揮し続けてきた．しかし，この保障の範囲はそれよりもはるかに広範なものである」[141]とブランダイス裁判官は論じている．

　ブランダイスのこの手紙に動いたのが，当初盗聴を合憲とする多数派に属していたオリバー・ウェンデル・ホームズ・ジュニア裁判官であった[142]．ホームズ裁判官は，口頭弁論の2日後にブランダイス裁判官から「これは君にだけです（This is only for you）」といって渡されたメモランダムを読み，ブランダイス裁判官のプライバシー権への熱意を感じ取っていた．そして，ホームズ裁判官はブランダイス裁判官にこう返信する．「君が若い頃に主張したプライバシーへの熱意があまりに行き過ぎてしまうことを危惧している」[143]．ホームズは，34歳のブランダイスをよく知っていた．ブランダイスの「プライバシーへの権利」の1890年論文を発表する前からブランダイスの執筆を「すばらしい」[144]と評価してきたのはホームズであった．ホームズ裁判官は，ブランダイス裁判官からの手紙に続けてこう返答する．「これはすばらしい論述であると思う．私は最後の点〔政府による盗聴の違法性〕について同意する．しかし，私は依然として違法な捜索については立場が固まっておらず，盗聴によって得られた証拠の利用が第5修正に違反するという考えには敬意をもって，しかし明確に反対させていただく」[145]．このようにブランダイス裁判官への手紙に動いたホームズ裁判官は，判決が下された約2週間後に次のような告白をしていた．「私はブランダイス裁判官が述べたことすべてに同意しているわけではない．しかし，彼からの依頼がなければ私が執筆したことは意見として当然公表されていなかった」[146]．

ブランダイスとホームズは，ハーバード・ロー・スクール時代からおよそ半世紀にわたって互いを尊敬し，互いに思想を影響し合ってきたが，両者の関係は Olmstead 判決においても表れた[147]．結局，ブランダイス裁判官の「プライバシーへの熱意」を感じたホームズ裁判官は「私の同僚（my brother）であるブランダイスが本件について徹底的に分析をしているため，私は少しだけ付け加えさせていただこう」[148]とブランダイス裁判官の立場に回ったのであった．そして，「ブランダイス裁判官が述べているとおり，憲法は置いておくとして，政府は犯罪行為によって得られた，またはそうしなければ得られない証拠を用いるべきではない」[149]と政府による盗聴行為を「汚らしい仕事（dirty business）」[150]と非難した．ホームズ裁判官にとっては，「政府が下劣な役割を果たすくらいなら，犯人を逃してしまう方が小さな悪」[151]なのである．このホームズ裁判官の意見は，ブランダイス裁判官の意見に表れている「汚らしい手段（unclean hands）」[152]という言い回しから示唆を得ていることが明白である．エクイティ上発展してきたクリーン・ハンズの原則について2月から執筆し始めたブランダイス裁判官にとって，この原則を守ることは，その主体が政府であれば「特に説得的」であり，その対象が刑事事件であれば「不可欠」であった[153]．ブランダイス裁判官は，「法の尊重の維持のため，正義の支配への信頼のため，そして，汚染から司法過程の保護のため」[154]，盗聴という「汚らしい手段」の放逐を主張した．

　ホームズ裁判官の意見は，「憲法は置いておくとして」という前置きをして，ブランダイス裁判官が調べた州法上の問題として盗聴行為の違法性を指摘した．これに対し，憲法上の問題から違憲性を指摘したのがバットラー裁判官であった．バットラー裁判官は，「役人が通信を傍受しそれを聴き入る行為は文字通り証拠のための捜索を構成することとなる」[155]と述べ，不合理な捜索及び押収を禁じた第4修正に違反することを明らかにした．電話通信の「ワイヤ」それ自体を保護の対象とするため，電話機を通じた「通信は，それを交わす当事者に属している」[156]というある種の財産的構成がバットラー裁判官の理由であった[157]．プライバシーという言葉を用いずに第4修正違反を導くバットラー裁判官とは異なり，ブランダイス裁判官の意見は正面からそのプライバシー

侵害について詳細に論じている．ブランダイス裁判官は，かつての財産権保障の砦となった Boyd v. United States が，物理的な財産以外の無形な物にも応用される，ことを立証していく．

　ブランダイス裁判官は，電話機によるプライバシー侵害を論証するために，1890 年の「プライバシーへの権利」の論文で見せた「政治・社会・経済の変化は新たな権利の承認を要求する」[158] という法を取り巻く環境の変化をここでも匂わせる．人間が直面する様々な危機に対処するため，「我々が解釈しているのは憲法であることを決して忘れてはならない」というマーシャル裁判官の有名な言葉を引用し，「時代が変化をもたらす（time works change）」[159] ことに注目する．これまで合衆国最高裁は，憲法の起草者すら想像できなかった物事に対処してきたのであって，憲法は変化する世界に適合する力を有していることを表明する．そのうえで，「諜報活動という手段を政府に与えた科学の進歩は盗聴を止めることができそうにない」[160] と指摘する．「より巧妙でさらに広範囲にわたってプライバシーを侵害する手段を政府は手に入れた」[161] という．ブランダイス裁判官は，1890 年当時にはそれをイギリスの先例に求めたのと同様に，今回は人の邸宅と私生活の神聖さへの侵害に対抗する保障が第 4 修正と第 5 修正によって認められている先例[162] から，これらの規定が保障が封をされた私書にも及ぶことを論証する．すなわち，財産権を保障してきた一連の先例からしても，たとえ法執行官が物理的捜索なしに書面を読まずとも，たとえ紙に触れなくとも，紙の内容を吟味することができるのであれば，その行為は正当化されえない捜索及び押収に該当するのである[163]．そして，政府が郵便制度を設けたのと同様に電話も政府が設立した公的なサービスであり，「封をされた手紙と私的な電話の会話との間に本質的に違いはない」[164]．むしろブランダイス裁判官にとっては，電話はその電話線を利用して会話する双方のプライバシーが侵害されることから「電話機のプライバシー侵害に付随する悪は，手紙の封を無断で開けることに伴うプライバシー侵害の悪よりもはるかに大きい」[165]．電話という当時の大発明品が「専制と抑圧の最もつまらない道具」[166] にならないことを切に願う，本件審理に意見書を寄せた電話会社の危惧をブランダイスは悟っていた．

そして，ついに 1890 年の「プライバシーへの権利」の論文とも重なり合う一節が登場する．

「憲法の創設者は幸福追求に望ましい諸条件を確保する責任を引き受けた．彼らは人の精神性，感情，知性がもつ重大性を認識していた．彼らは人生の痛み，喜び，そして満足の一部だけが有形の物の中に見出すことができることを知っていた．彼らは信念，思考，感情，思想においてアメリカ人を保護することを模索した．彼らは，政府に対抗するものとして，独りにしておいてもらう権利，最も包括的な権利の一つであり，文明人によって最も価値あるものとされてきた権利を付与した．この権利を保障するため，個人のプライバシーに対する政府のいかなる不法な侵害も，それがどのような手段を用いたものであれ，第 4 修正に違反することとなる．そして，そのような侵害によって確定された事実を刑事手続における証拠として用いることは第 5 修正に違反することとなる．」[167]

(3) 一時の少数意見

こうして，ブランダイス裁判官は「政府に対抗するものとして，独りにしておいてもらう権利」を認めることで，プライバシー権を憲法上保障することを明確にした．およそ 4 か月をかけて準備した Olmstead 判決におけるブランダイス裁判官の 15 頁の意見を要約するならば，第 1 に，「時代が変化をもたらす」という事実の下，プライバシーを侵害する新たな道具，換言すれば「汚らしい手段」を政府が手に入れた以上，それに対抗する法の発展が必要である．Olmstead 判決において「ブランダイスは最高裁に過去ではなく，未来を向くよう呼びかけたのである」[168]．71 歳になったブランダイスであっても，34 歳のときの彼と同様，法がもつ「永遠の若さ」への信奉への現れであろう．第 2 に，政府による盗聴行為は，「独りにしておいてもらう権利」としての「プライバシーへの権利」を侵害するものとして第 4 修正と第 5 修正から認められない．後に論じるとおり，ブランダイス裁判官にとって，人の自宅への物理的侵入の有無にかかわらず，電話機を用いた通信における人の「精神性，感情，知

性」への侵入こそが「神聖な権利への侵入」[169]とみなされたのである．第3に，徹底的に州法を調べ上げ，盗聴がほとんどの州において法で禁止されている事実と経験を丹念に拾い上げ自らの主張を補強した．ブランダイス裁判官の反対意見脚注には，盗聴を処罰していた26州法と企業による盗聴を処罰する35州法が示されている[170]．本来，「政府は支配力があり普遍的な教師である」[171]べきと述べ，その政府が州法で処罰対象となる盗聴に関与したことが「法違反」となることを実証的に批判した．事実と経験の積み上げによる論証方法は，1890年の論文のときと変わらぬままであった．このように，Olmstead 判決におけるブランダイス裁判官は，盗聴を通じた自由の侵害の問題について，「政府に関する市民の姿勢の変動（sea change）」を見抜き，「政府と市民との関係に関する一般的な規範的考察を提供した」[172]．

　ブランダイス裁判官を含め，ホームズ裁判官，バットラー裁判官，そしてストーン裁判官の4裁判官の意見が通信傍受の違憲性または違法性を指摘することができた．しかし，タフト首席裁判官は，すでに多数意見を執筆し，これにほか4名の裁判官が同調した．タフト裁判官は，ブランダイス裁判官の説得工作により，憲法上の争点ではなく州法の観点からホームズ裁判官が態度を変えたことに「憤激」し，ブランダイス裁判官を，犯罪者を逃してしまう「『理想主義的な』反対意見執筆者」[173]と批判した．タフト首席裁判官は，先例を拾い出し，第4修正の違反を問うためには「被告の私的場所への現実の侵入及び有形なものの押収」[174]が必要であると指摘する．伝統的な財産権理論からすれば，電話を通じた私的な会話は「住居，書類，所持品」のリストに含まれておらず，憲法の起草者たちが想定した「住居，書類，所持品」の文言を拡大することはできない．タフト首席裁判官の法廷意見によれば，「第4修正それ自体は，捜索が有形なもの，すなわち，人，住居，書類，所持品を対象としていることを示している．」[175]．すなわち，「合衆国は電報や電話の会話を封のされた手紙とみなすことはしない．第4修正は本件でなされたことを禁じていない．捜索はなされていない．押収はなされていない．……被告人の自宅または事務所への立ち入りはない」[176]というのが法廷意見の結論であった．本件では，たとえワシントン州法の下で非倫理的で微罪とされていようとも，物理的な侵入

はなく，あくまで「耳の感覚」[177]を通じた捜査に過ぎないとみなされたのである．そして，タフト首席裁判官は，「証拠能力は証拠が得られた手段の違法性には左右されない」[178]との判断を示した．

結局，Olmstead 判決におけるブランダイス裁判官の意見は，1928 年 6 月 4 日の時点において 5 対 4 で少数意見となった．

2 コモン・ロー上の権利から憲法上の権利へ

(1) 少数意見から多数意見へ

ブランダイス裁判官の 71 歳のときに執筆した Olmstead 判決における反対意見は，すぐにその正しさが証明されることとなった．まず，判決について，「ブランダイス裁判官の少数意見の方が多数意見よりも第 4 修正の真の精神をほぼ言い当てている」[179]とかつてのプライバシー権の標的であったはずのプレスは報道する．また，訟務長官は，司法省担当官に対し倫理的に問題があることから極端な事例においてしか盗聴を用いるべきではないと判決が下されてすぐに通達を出している[180]．さらに，判決の直後から，「汚らしい手段」から手を洗うべく，電話会社は電話通信に対する盗聴やその他の介入を認めないことを表明した[181]．

そして，ブランダイス裁判官の少数意見は世の中を変えるのにそれほど長くの時間を要しなかった．具体的な動きとしては，まず，1934 年，連邦議会は盗聴による証拠を連邦裁判所において用いることを禁じる連邦通信法（Federal Communications Act）を成立させた[182]．次に，この法改正の翌年のクリスマスには，フランクリン・ルーズベルト大統領が Olmstead 判決で有罪となったオルムステッドに恩赦を与えるとともに，8000 ドルの罰金と 2287.95 ドルの刑務所費用を免除した[183]．さらに，Olmstead 判決から 10 年も経たない 1937 年には，再び合衆国最高裁において盗聴の是非が争われ，7 対 2 でブランダイス裁判官が多数派に属し「証拠を得るための役人による盗聴という慣習の道徳に関する論争が数年にわたり紛糾してきた」[184]ことを指摘しつつ，合衆国最高裁がこの問題について連邦議会に対する敬譲を示した．そして，ブランダイスは

1939 年に合衆国最高裁裁判官を引退し，1941 年に亡くなったが[185]，Olmstead 判決からおよそ 40 年の時を経てブランダイス裁判官の反対意見が法廷意見へとなるときがきた．

1967 年 Katz v. United States[186] において，ブランダイスがかつて「見事に論じた」[187] と評された 1928 年の反対意見と 1890 年の「プライバシーへの権利」の論文に基づき，「第 4 修正は場所（places）ではなく，人（people）を保障している」[188] とするプライバシー権が確立することとなった．公衆電話において「招かざる耳」を排除し，「電話機を通じて発した言葉が世界中に放送されることはないという想定」[189] があり，公衆電話における私的会話への保障が及ぶことが確認された．すなわち，「公衆がアクセス可能な空間であっても，その人が私的なままでありたいと求めることは，憲法上保障されるのである」[190]．Katz 判決において，「**一般的な**プライバシー権」[191]（強調原文）は各州に委ねられているとしても，合衆国最高裁はプライバシー権を根拠として，憲法が想定する公私区分を「場所」ではなく，「人」の問題として捉えたのであった．また，Katz 判決におけるハーラン裁判官の同意意見は，これまでの財産的なアプローチとは異なり，「プライバシーの合理的な期待（reasonable expectation of privacy）」[192] が憲法上保障されていることが指摘され，後の合衆国最高裁の判例でもたびたび引用されることとなった[193]．このようにして，Olmstead 判決の「土台」は「浸食」されてしまい，「もはや支配的ではなくなった」[194] として，Olmstead 判決におけるタフト裁判官のかつての法廷意見は実質的に覆されることとなった．Katz 判決も当初は 8 人の裁判官の審理の中 4 対 4 で割れていたものの，Katz 判決の法廷意見を執筆したスチュワート裁判官が連邦議会での通信傍受法の議論の動向と調和できるようにすべきと考え，立場を変更した[195]．これに他の裁判官も同調した結果，7 対 1 で盗聴を容認した Olmstead 判決を覆すことを決めた[196]．スチュワート裁判官の当時ロー・クラークであり，後にハーバード・ロー・スクール教授となるローレンス・トライブ教授が Katz 判決を振り返り，この判決がその後のレンキスト・コートにおいても引き継がれ，Katz 判決で認められたプライバシー権としての「見えざる憲法（the invisible Constitution）の**形**が異なるイデオロギーを超えて理に適ったよう

に同じであり続けた」(強調原文)[197]と述べたほど，プライバシー権は時を貫く権利となったのである．

また，Katz 判決の 2 年前には，ブランダイス裁判官の席を継いだウィリアム・ダグラス裁判官の手によって，Griswold v. Connecticut の判決の中で「様々な規定の保障がプライバシーの圏域を創り出している」[198]ことが認定されていた．すなわち，Olmstead 判決で問題とされた不合理な捜索押収を禁じた第 4 修正や自己に不利益な自己負罪拒否を認めた第 5 修正だけではなく，結社の自由を導き出す第 1 修正，平時において同意なく自宅への宿泊を断ることを認めた第 3 修正，さらに，憲法に列挙されない権利が否定されるわけではないことを規定する第 9 修正といった権利章典の各規定の「半影 (penumbras)」[199]によって「プライバシーの圏域」が憲法上保障されることとなる．また，Griswold 判決の同意意見を執筆したゴールドバーグ裁判官は，Olmstead 判決におけるブランダイス裁判官の反対意見の一節が「プライバシーの憲法上の保障の根底にある原理を包括的に要約した」[200]と述べた．

また，1977 年 Whalen v. Roe[201] において，Olmstead 判決のブランダイス裁判官の反対意見が引用され，プライバシーが「個人的な事柄の開示を避ける個人の利益」[202]として理解された．ブランダイス裁判官の反対意見は，後にいわゆる情報プライバシー権への進展にも貢献した[203]．

さらに，Olmstead 判決におけるブランダイス裁判官の反対意見はさらに 21 世紀になってもその効力を発揮し続けた．2012 年 1 月，United States v. Jones[204] においてコカイン所持の取り締まりのため全地球測位システム (GPS〔Global Positioning System〕) を用いて，令状で定められた 10 日間を過ぎて翌 28 日間にわたり自動車を追跡することが第 4 修正で定められた不合理な捜索及び押収に該当するか否かが争われた．合衆国最高裁は 9 人全員一致でプライバシーを侵害する不合理な捜索であると認定した．アリート裁判官の同意意見では，「電話通信線と物理的な接続がなされた無形なもの」[205]という Olmstead 判決におけるブランダイス裁判官の反対意見が引用され，この「無形なもの」がプライバシー権の保護の対象になることを指摘している[206]．全地球測位システムというブランダイスがおよそ予想すらできなかった「科学の進歩」に対

しても，ブランダイスが残した「プライバシーへの権利」は応用できることが証明されたのであった．

　以上のとおり，合衆国憲法における第 4 修正の保障は，科学技術の進展とともに「将来を見据えた視点」[207] の下，「ブランダイス的転換（the Brandeisian turn）」[208] を通じて発展してきた．そして，ブランダイス裁判官の Olmstead 判決の反対意見は 1890 年の論文にさかのぼることができ，いまや合衆国最高裁のプライバシー権の解釈においてウォーレンとブランダイスの論文は「根底にある論文（root article）」[209] と評価されるようになった．

（2）憲法上の権利

　これらの判決以外にも，ブランダイス裁判官は，連邦政府のみならず州政府によるプライバシー侵害に対しても擁護していた．1920 年，Gilbert v. Minnesota[210] では，合衆国が戦争を行うことなどを支援・援助すべきでないといかなる者に対しても書面，活字または口頭による方法で教育・唱導することを処罰するミネソタ州法が問題となった．本件でブランダイス裁判官は唯一反対意見を述べた．その理由は，徴兵に反対するよう勧める発言は，盗聴同様，「無形」であり，仮にいかなる場所においてもそのような発言が刑事訴追されることとなれば，「本件州法は自宅のプライバシーと自由を侵害する」[211]こととなるためである．

　この点，ウォーレンとブランダイスによる 1890 年時点の論文で登場する「独りにしておいてもらう（to be let alone）」という言い回しは，トマス・クーリー裁判官が著した 1888 年『不法行為〔第 2 版〕』（初版は 1879 年）にさかのぼることができる[212]．しかし，クーリー裁判官はすでに 1868 年には『憲法上の限界』[213] の解説書を公表していた．この解説書の第 10 章「個人の自由への憲法上の保護」には，「すべての邸宅はその人の城である」という法格言に始まり，「政府の監視（prying eye）に対する邸宅における市民の不可侵性（immunity）」が保障されていることが明らかにされていた[214]．その意味で，1928 年のブランダイス裁判官のプライバシー権は 1888 年の『不法行為〔第 2 版〕』ではなく，1868 年の『憲法上の限界』に依拠することができるのかもし

れない．もっとも，1890年時点でブランダイスがプライバシー権をあくまで『不法行為』に求め，『憲法上の限界』には求めなかったのは，第1に，政府が物理的な不法侵入（trespass）しかもちえていなかったこと，第2に，当時の邸宅の神聖さが陪審裁判によって十分に担保されていたこと[215]が背景にあったのかもしれない．いずれにせよ，プライバシー権は，「独りにしておいてもらう権利」として，かつて「社会的プライバシー」と言われたコモン・ロー上の権利から憲法上の権利へと変遷していったのである．

　もっとも，Olmstead判決におけるブランダイス裁判官のプライバシー権の法的性格をめぐっては，100年を経過しても合衆国最高裁での論争の的となっている．2000年，Hill v. Coloradoにおいて，法廷意見と反対意見の間で，ブランダイス裁判官のプライバシー権が不法行為法上も認められるのか，または単に憲法上の権利に過ぎないのか，攻防が見られた．本件では，中絶クリニック等の施設近隣100フィート以内で中絶反対の抗議活動を禁じた州法が表現の自由を侵害するかどうかが争われた．法廷意見を執筆したスティーブンス裁判官によれば，Olmstead判決反対意見を引用し，「最も聡明な裁判官の一人が『最も包括的な権利の一つであり，文明人によって最も価値あるものとされてきた権利』として性格づけられた『独りにしておいてもらう権利』のより広い側面」[216]として聞きたくない会話を聞かない利益を認めた．ところが，反対意見を執筆したスカリア裁判官によれば，ブランダイス裁判官のプライバシー権論は，「政府に対抗するものとして」付与されたのであって，ブランダイス裁判官が称賛したプライバシー権は「他の市民からの欲しない意見を聴ない自由のための『コモン・ロー上の権利』あるいは『利益』として一般化された権利ではない」[217]と主張する．つまり，法廷意見は，公道における市民間の表現規制の問題について，「独りにしておいてもらう権利」が認められると考えるのに対し，反対意見は「独りにしておいてもらう権利」はもっぱら憲法上の権利として捉えることで，公道上の表現の自由に譲歩すべきことが示されている．ブランダイス裁判官が残したプライバシー権の法的性格については，依然として，検討すべき事柄が残されている．

　しかし，19世紀末に生み出された「プライバシーへの権利」の論文は，そ

れが 20 世紀に少数意見から多数意見へと変わり，21 世紀においてもその「極めて重大な影響力」をもち続けている．もっとも，注目すべきは，このプライバシー権の変遷過程において，その本来の性格が大きく変化してきたことである．1890 年時点でのプライバシー権が想定していた対象は「プレス」であった．ところが，1928 年の Olmstead 判決におけるブランダイス裁判官の意見により，プライバシー権が「政府に対抗するものとして」認められることとなった．ブランダイスによる「プレス」から「政府に対抗するものとして」プライバシー権が論じられた変遷は，プライバシー権それ自体がコモン・ロー上のそれから憲法上のそれへと進化していったことに疑いはない[218]．

4　ブランダイスをつなぐ言葉

1　1920 年——アメリカの自由とプライバシー

(1) フランクファーター教授への「襲撃」

「プライバシーと自由を侵害する」と反対意見を述べた 1920 年 Gilbert 判決の 16 日後，ブランダイス裁判官が当時ハーバード・ロー・スクール教授，後の合衆国最高裁判所の裁判官フェリックス・フランクファーターへ宛てた一通の手紙がある．

>「アメリカ的ではない（un-American）．卑劣（nasty）である．へどが出そう（nauseating）である．」[219]

ブランダイス裁判官がこう批判したのは，諜報法に基づく政府の諜報活動であった．当時，諜報法に関する事案が合衆国最高裁では論争となり，アメリカは「市民的自由の戦場」[220]であった．ブランダイス裁判官はフランクファーター教授に諜報活動の問題に対して手紙で「襲撃した（bombarded）」[221]と言われるように，一連の判決について彼の考えを書き残している．

ブランダイス裁判官が諜報活動を「アメリカ的ではない」と書いたのは，彼がその前年の夏に第一次世界大戦が終わったばかりのロンドンとパリの惨害を目にして，自由な言論が制約されていたエジプトとユダヤの活動の拠点を求めたエルサレムを訪れた後の経験だからであろう[222]．「卑劣である」と難詰したのは，アメリカにおける政府の諜報活動についてブランダイス裁判官は「大陸ヨーロッパと近東からの輸入であるチップ制のようであり，その1000倍悪い」[223]と考えていたからであろう．そして，「へどが出そうである」とまで言ったブランダイス裁判官がここまで諜報活動を攻撃する理由は何だったのか．ブランダイス裁判官が「諜報活動に根本的に反対するには，①諜報活動がそれに関与するすべての人間の心を乱す（demoralize），②人生の喜び（sweetness）と自信（confidence）を喪失させる，③アメリカ人に刻まれた名誉（honor）と寛大さ（generosity）といった特に男らしい資質を捨て去らせてしまうからである」[224]．このようにフランクファーター教授への手紙で打ち明ける．すなわち，ブランダイス裁判官にとって，政府の諜報活動によって人を「不道徳（the immorality）と非紳士的なありさま（the ungentlemanliness）」[225]へと陥らせることが，「へどが出そう」と批判したのであった．このように，ブランダイス裁判官は，当時の表現の自由に関する事案で彼が提出した個別の意見には，政府の諜報活動が「不道徳と非紳士的なありさま」であり，人の精神それ自体を歪めてしまう点が背景にあったことは忘れてはならない．

(2) いわゆる「表現の自由」

　「ブランダイスは第1修正の問題について1920年代になり一連の反対意見を書き始めた」[226]と言われる．では，なぜ1920年代なのか．1919年に下されたDebs判決とSchenck判決は，戦時下における表現の自由に関する分岐となる重要な判決であり，そこでブランダイス裁判官は表現の自由を制限した「明白かつ現在の危険（clear and present danger）」の法理を手掛けたホームズ裁判官執筆の法廷意見に同調していた[227]．ところが，ブランダイス裁判官は，「ホームズが意見を書くときは，同僚に機会を与えてくれない．彼はすぐに発射する．」[228]ともフランクファーター教授に打ち明けていた．ブランダイス裁判官

は1920年の一連の判決を振り返り，フランクファーター教授に次のことを告白していた．

　「私はDebs判決とSchenck判決における法廷意見への同調についてまったく満足していない．言論の自由の争点を考え抜けていなかった．私は言論の自由を通じてではなく，その問題を考えていた．当時，私はSchafer判決とPierce判決を執筆するまではそのことが理解できなかった．」[229]

ブランダイス裁判官が，これらの問題を表現の自由を「考え抜けていなかった」理由は何であろうか．ブランダイス裁判官は「私はホームズの『明白かつ現在の危険』に関する立場を採る代わりに，Debs判決を戦争権限として位置づけていたであろう．Schaefer判決とPierce判決において，私はそれ［Holmesの表現の自由論］から手を引くことを決心した」[230]という．以下で論じるとおり，ブランダイス裁判官のプライバシー権について考察するには政府の諜報活動について戦時から平時の転換期において彼自身が描いた表現の自由を通じた自由論の中に，プライバシー権を読み解く手がかりが隠されている．

先に紹介したフランクファーター教授へ宛てた手紙を書いた1920年にはブランダイスは3件の大きな事案で政府の諜報活動に関する事件について個別意見を執筆する．1件目は，手紙の中でも言及されたSchaefer v. United States[231]であり，ドイツ語による新聞記事がアメリカの徴募に不当な干渉をもたらす目的で事実とは異なることを記述したとして諜報法違反が問題とされた．まず，ブランダイス裁判官は「深い感情の時代にあって情熱を刺激させる話題について，冷静さ（calmness）が大胆さと率直さと同様に不可欠とされる」[232]と述べる．そして，ブランダイスがかつて高校時代にドイツで学んだだけあって，自らドイツ語の記事の翻訳を提示するなどして，個々の記事を緻密に分析した．ホームズ裁判官が加わった反対意見において，ブランダイス裁判官は，陪審がこの「冷静さ」を欠き判断したことを指摘し，「言論の自由を侵害し，**思想（thoughts）と信仰（belief）の自由**を脅かす」[233]（強調引用者）と結論づける．ブランダイス裁判官は，本件を表現の自由の問題のみではなく，

「思想と信仰の自由」の問題と捉えた.

　ブランダイス裁判官の諜報活動に対する見方を変えた2件目は, 手紙で触れられたPierce v. United States[234]である. アメリカが金融機関と投資家の利益を保護するためにアメリカは戦争をしようとしていたと記載されたパンフレットを配布したことが諜報法により罪に問われた. Schaefer判決の翌週に下されたこの判決でも, ブランダイス裁判官はホームズ裁判官が加わった反対意見を朗読した. Schaefer判決同様, 個々の表現を精査し, まず「問題とされているすべての虚偽の主張は解釈によるものであって, 公的利害に関する公的事実の議論である」[235]と指摘する. 次に, 「リーフレットに虚偽の主張が含まれている証拠がない」[236]点を注目する. そして, 「新たな立法と新たな機関を通じて**より良い条件を求めて励む自由な人の基本的権利**は, もしも市民を従える議論によってその権利を確保しようとする試みが既存の法を犯したとしたため刑事罰として解釈されるならば, 維持されえない」[237]（強調引用者）と論じる. すなわち, ブランダイス裁判官は, 本件でも政府の諜報活動に対抗する道具を表現の自由ではなく, 「より良い条件を求めて励む自由な人の基本的権利」という表現を用いて, 自らの結論に至っている.

　このように, フランクファーター教授の手紙で告白したとおり, ブランダイス裁判官は, 「アメリカ的でない」, 「卑劣である」, そして「へどが出そうである」と攻撃した政府の諜報活動の問題について, しだいに「表現の自由」の法理それ自体から別の観点の自由論──「思想と信仰の自由」, そして「より良い条件を求めて励む自由な人の基本的権利」──を組み立てていった. この自由や権利は, シオニズム組織の代表として, あたかもこの前後の時期に数週間の航海を経てユダヤの活動拠点をパレスチナに求めていったブランダイス自らが欲求していた「自由」や「権利」と重なり合うと指摘するのは, いささか言い過ぎだろうか[238].

(3)「プライバシーと自由」

　ブランダイス裁判官が「私はそれ［Holmesの表現の自由論］から手を引くことに決心した」と述べた決定的な判決である1920年の3件目は, それが先の

手紙の中では直接触れられていないものの，Gilbert 判決であることに疑いはない．フランクファーター教授に宛てた別の手紙において，ブランダイス裁判官は，Gilbert 判決の法廷意見が憲法上の特権を戯画化すると指摘する点を「私にとって最も苦痛である」と述べ，自らの意見の「反対意見に欠陥があるかどうか」「率直な意見」を求めている[239]．すでに紹介したとおり，合衆国が戦争を行うことなどを支援・援助することを妨害した者を処罰するミネソタ州法が問題となった Gilbert 判決では，「本件州法は邸宅という**プライバシーと自由**を侵害する」[240]（強調引用者）と判断した．Schaefer 判決と Pierce 判決同様，これを正面から表現の自由として扱わなかった．当時，第 1 修正を直接州に適用することができず，連邦と州との制度に関する極めて困難な技術的な法律問題に直面したブランダイスにあっては，明白かつ現在の危険の法理に象徴されるような「主要な自由な言論への自制」[241]に傾倒することとなった．

しかし，ブランダイスにとって，1920 年より前の判決とも，またこれまで下した 1920 年の 2 件とも「Joseph Gilbert の事案は違った」[242]．第 1 に，Gilbert 判決では，Schaefer 判決と Pierce 判決とは異なり，ホームズ裁判官が同調していない単独の反対意見であった[243]．ホームズ裁判官は「哲学者」であるのに対し，ブランダイス裁判官は「プラグマティスト」であると言われる[244]．Gilbert 判決でブランダイス裁判官は「州法が邸宅というプライバシーと自由を侵害する」ことを指摘する．ここでいう「プライバシーと自由」の侵害とは，具体的には「父と母が宗教上の信仰・良心・信念の働きかけをしてはならないし，平和主義の教義を息子や娘に教えてはならない」[245]ことを指している．Gilbert 判決におけるブランダイス裁判官の反対意見は，これまでのホームズ裁判官が同調した意見とは異なり，明白かつ現在の危険の法理から「プライバシーと自由」へのシフトを見ることができる[246]．ブランダイスにとっては後の表現の自由に関わる個別意見の「重要な転機」[247]となった．

第 2 に，ブランダイス裁判官の反対意見は，表現の自由を保障する第 1 修正に依拠せず，「生命，自由または財産」を保障する第 14 修正からその結論を導き出している．反対意見においてブランダイス裁判官は「私は第 14 修正によって保障される自由が財産を取得し享受する自由のみを包含していると信じる

ことはできない」[248]と指摘する．すなわち，ブランダイス裁判官は，表現の自由論ではなく，第14修正の「生命，自由または財産」という条文の中に州レベルの事案であっても「邸宅のプライバシーまたは公開の場において平和主義の教義を教える自由」[249]を認めたのであった．「プライバシーと自由」を保障するために，当時，編入理論——連邦憲法が保障する自由に関する諸規定が州においても編入されるという理論——が浸透していなかったにもかかわらず，「ブランダイス裁判官のGilbert判決の反対意見……が第二次世界大戦以降のアメリカ法を変えた憲法革命の核心」[250]にすでに迫っていたのであった[251]．

第3に，Gilbert判決における反対意見は「政府の政策を批判し改革を提唱する……始まり」[252]と言われるとおり，ブランダイス裁判官はそれが連邦法であろうと州法であろうと「プライバシーと自由」への侵害に対して立ち向かう姿勢を明らかにしている．

このように，政府の諜報活動に対してブランダイスが一連の批判的な判決を下す過程において，それが連邦によるものであれ，州によるものであれ，政府の諜報活動が各人のプライバシーと自由，究極的には民主主義を脅かすものと考えられ，「Schaefer判決の意見で……小さな理論をもつこととなった．Pierce判決においてそれが最初に現れ，それからGilbert判決において完全に開花した」[253]と言われるように，ブランダイス裁判官独自の自由論が形成されていった[254]．そしてついに，「1890年の論文と1928年のOlmstead判決の反対意見において彼が主張したプライバシーへの権利がいまや統合されることとなった」[255]．

(4) Whitney判決の同意意見とOlmstead判決の反対意見をつなぐ言葉

このように1920年に下された3件のいわゆる表現の自由に関する判決が，ブランダイス裁判官にとっては，それを単に第1修正の問題ではなく，それを超えた「プライバシーと自由」，そして包括的自由論の問題として理解されていた．この読み方に大きな誤りがないのであれば，「彼自身の表現の自由の傑作」[256]と言われたブランダイス裁判官のあまりに有名なWhitney v. Californiaにおけるあの一節は，1920年のいわゆる表現の自由の3件の判決の延長上に

あり，そして，Whitney 判決のわずか 1 年後に下された Olmstead 判決とも整合的に捉えることができよう．サンディカリズムを処罰する州法に対して，実質的な反対意見とも呼ぶべき同意意見においてブランダイス裁判官は自らの愛読書からの一節——ペリクレスの葬儀の式辞——を手がかりに自由論を次のごとく論じた[257]．

「我々の独立を獲得した者は，州の究極的な目的が人の能力を発展させるために人を自由にさせることであると信じていた．つまり，その統治において，討議の力が専断的な者に勝るべきであると信じていたのである．彼らは自由を目的としても，また手段としても価値あるものとしていた．彼らは自由が幸福の秘訣であり，そして勇気が自由の秘訣であると信じていた．彼らは，自らが考えたいように考え，そして考えたことを発言する自由が政治の真実を発見し，広めることに不可欠な手段であると信じていた」[258]

この一節は，「ホームズですら成し得なかった，いまだかつて誰もこれほど強力な訴えかけを提示したものはいない」[259]と賛美される．ホームズとブランダイスは，しばしば憲法上の争点について同一の目的地へとたどり着いたが，必ずしも同一の旅程ではなかったと言われる[260]．ホームズ裁判官が言論の自由の「リバタリアン」であるが，ブランダイス裁判官は「リパブリカン」であると言われる[261]．Whitney 判決におけるブランダイス裁判官の同意意見は「公民としての精神（civic courage）」[262]の象徴であると評される．

では，この「公民としての精神」を表明したブランダイス裁判官の意見はどのようなものなのか．Whitney 判決においてはホームズ裁判官が同調してきたこともあり，ブランダイス裁判官にとっては「市民の権利へのあまりにも大きな制限となりすぎる」[263]と考えた表現の自由の法理である明白かつ現在の危険の法理について「リップ・サービス」[264]をした．しかし，Whitney 判決におけるブランダイス裁判官の同意意見は，「人間の自由それ自体の大きな理想」[265]を語っており，その本質はやはり「自由」の構成方法にあった．すなわち，「自信，独創力，そして公開性が欠如した市民の程度に応じてアメリカの

民主主義が貧しいものとなる」[266)]と指摘されるように,「公開性」と同時に「自信」と「独創力」が必要であり,Whitney 判決におけるブランダイス裁判官の意見の真意には「健全な精神性（a healthy mentality）」[267)]の重要性が説かれるのである．Gilbert 判決のブランダイス裁判官の反対意見で示されたように,家庭で「平和主義の教義」を教えることが「プライバシーと自由」の下保障されるように,「公開の義務」の前には「プライバシーへの権利」が必要となる．そして,Whitney 判決は「私」である個人が「公」としての「市民」への転換過程における「自由」を保障した意味で「公民としての精神」を反映した判決と理解できよう．Whitney 判決のブランダイス同意意見は,Gilbert 判決における反対意見,そしてそれに続く Olmstead 判決に見られるように,個人の「健全な精神性」への抑圧的な立法に対しては「私」を護るために「プライバシーと自由」の論理でそれを擁護したかったと見ることは決して不当ではなかろう．Whitney 判決において「目的としてもまた手段としても自由を価値あるものとした」[268)]と述べたが,かつてブランダイス裁判官は,「個人の発展は必要な手段でもあり,また追求される目的でもある」[269)]とも言い換えていた．そして,「ブランダイスは絶対的な真実を信じていた．すなわち,彼の絶対的な真実には,人間の限界,人間の育成能力（educability）,権力の腐敗の性質,巨大なものが有する悪,個人の尊厳の重要性が含まれる」[270)]と言われる．「人間の進歩こそがブランダイス理論の自由の発展へとつながる」[271)]とも言われる．かつてのブランダイス裁判官のロー・クラークが Whitney 判決について指摘するとおり,本件においても,「ブランダイスの人間の性質に関する解釈」[272)]が現れていたのであった．さらに別のロー・クラークは,「人と人の可能性に関する彼の見解」からは「巨大主義の到来とそれがもたらす道徳のディレンマが,彼にとって憂うべきものであり,人間の人格を腐敗させていた」問題を対象として,人間のもろさを生じさせるこの問題こそが「ブランダイスの思考の核心」にあったと指摘する[273)]．

　ブランダイスという人物が描いた 1920 年の一連の判決,そしてそこから派生した 1927 年の Whitney 判決の同意意見と 1928 年の Olmstead 判決の反対意見は,一見すると整合性を欠いたそれらがすべて「我々を人間として定義

し，人間の可能性を促進し，そして人間の欲求を象徴する」「人間の実現（human fulfillment）」の舞台に存在し，「人間の条件（the human condition）」を映し出している点で一致している[274]．ブランダイスは「不道徳な社会における修正可能な人間の条件」[275]としての個人像を描き出していた．実際に，ブランダイス裁判官のWhitney判決での同意意見とOlmstead判決における反対意見を引用しつつ，一見矛盾するそれぞれ意見のいずれも同居させた判決がある．そこでは，まさに「人間の実現」を擁護すべく，サーグッド・マーシャル裁判官によって次のようにWhitney判決とOlmstead判決のブランダイス裁判官の意見が読み解かれている．

「もしも第1修正が何かを意味するのであれば，それは，自宅で独りで座り，どんな本を読もうとも，どんな映画を見ようとも，州は人に対していかなる干渉もできないことを意味する．我々の憲法すべての遺産は**人の精神（men's mind）を支配する権力を政府に付与する思想に反抗**するのである．」[276]

（強調引用者）

このように，「ブランダイスが見出した人間の精神性という究極の哲学は我々の憲法において具現化されたのである」[277]．ブランダイス裁判官が「アメリカ的ではない．卑劣である．へどが出そうである．」と政府の諜報活動を非難したのは，それが伝統的な表現の自由の法理に敵対的であるばかりではなく，それを超えた戦争とそれに基づく政府の諜報活動が「人の精神」を「支配」する問題であるとみなしたからである．「人の精神を支配する権力を政府に付与する思想に反抗」という点において，1927年のWhitney判決同意意見も1928年のOlmstead判決反対意見も，決して矛盾するものではなく，同じ目的を共有している．

「人の精神」それ自体を護るべきものとして，ブランダイス裁判官は，Whitney判決の同意意見において「思考，希望，想像力」[278]と著し，Olmstead判決の反対意見では「信念，思考，感情，そして思想」[279]と表現している．「人の精神」への脅威について，ブランダイス裁判官は，Whitney判

決の同意意見において「人は魔女を恐れ，女を火炙りにした」[280]と形容し，Olmstead 判決の反対意見では「もし政府が法の違反者となれば，……それはアナーキーをもたらす」[281]と嘲弄した．「人の精神」への脅威への反抗の道具として，ブランダイス裁判官は，Whitney 判決の同意意見において「考えたいように考える自由，そして考えたことを発言する自由」[282]に訴え，Olmstead 判決の反対意見において「独りにしておいてもらう権利」[283]を追求した．ブランダイス裁判官が残した Whitney 判決の同意意見も Olmstead 判決の反対意見も，「人間の精神」への「支配」に反抗するための「プライバシーと自由」において結ばれている．

ブランダイス裁判官がプライバシー権を護り抜いた Olmstead 判決の数日後にその意義をフランクファーター教授に打ち明けた手紙には，次のように書かれている．

「盗聴の判決の解説者の中には，憲法が文字通り財産を好意的に解釈されていると認める者がいるかもしれないが，厳密には**自由への支持である**」[284]

（強調引用者）

ブランダイス裁判官の「プライバシーと自由」[285]の「相互に補強する関係」[286]が，ここにも明かされている．

2 「人間の精神性，感情，そして知性」

(1) 一つ目の言葉

フランクファーター教授はブランダイスをこのように言う．「ブランダイスにとって問題は決して解決されることはない．文明化が新たな任務のつらなりとなっている」[287]．このように，ブランダイスは，34 歳から 71 歳への時の経過の中で文明化とともに大きな進歩と変革を遂げてきたことに疑いはない．しかし，ブランダイスの根本にある思考は変わらない．1890 年のブランダイス，

そして 1928 年のブランダイス，それぞれのブランダイスをつなぐ言葉がある．

> 「**人間の精神性，感情，そして知性**の承認がもたらされた（there came a recognition of man's spiritual nature, of his feelings and his intellect）」[288]（1890 年論文）（強調引用者）
> 「憲法の創設者は**人間の精神性，感情，そして知性**の重大性を認めてきた（They recognized the significance of man's spiritual nature, of his feelings and of his intellect）」[289]（1928 年意見）（強調引用者）

　ブランダイスのプライバシー権をつなぐ言葉の一つは「人間の精神性，感情，そして知性」である．ブランダイスにとっては，1890 年の論文，1928 年の意見，さらにはその過程にあった 1920 年 Gilbert 判決の意見いずれにも登場する「無形（immaterial）」[290]なるもの，「人間の精神性，感情，そして知性」こそをプライバシー権の砦としていたことが見て取れる．このテーゼは 34 歳と 71 歳のいずれのブランダイスにも共通することである．

　1890 年の論文では，「痛み，喜び，そして潤沢の一部からしか物理的な物は存在しえない．思考，感情，そして思想は法的承認を要求する」[291]と書かれていたことが，1928 年の意見には「人生の痛み，喜び，そして満足の一部だけが有形な物の中に見出すことができることを知っていた．彼らは信念，思考，感情，思想においてアメリカ人を保護することを模索した」[292]と記され，ほぼ変わらぬ言い回しが使われているのである．そして，ブランダイスが敵視していたのは，それが財産という「有形」なるものではなく，「人間の精神性，感情，そして知性」という「無形」なものへの侵入であった．「不可侵の人格」という言葉を用いて自我の造形の過程における「精神の統合」[293]をブランダイスは擁護していた．「人間の精神性，感情，そして知性」をかき乱す外部からの侵略，すなわち「無形」なものへの侵入こそがブランダイスにとっての「最大の危難（the greatest peril）」[294]であり，プライバシーの侵害を構成する論理となっていたのである．

　このように，ブランダイスにとって，プライバシー権は表現の自由と矛盾・

衝突するのではなく,「自由な言論も教育もプライバシーに依存していると想定していたことは明らかである」[295]. 自らの情報の開示の範囲を決定するのと同様に,自らが発言する内容を決定する点において「人間の精神性,感情,そして知性」を有した自律的な個人像を前提とせざるを得ない[296]. その意味で,ブランダイスにとって,「人間の精神性,感情,そして知性」は「プライバシーと自由」を並列関係に置くことができる,まさにプライバシーとあらゆる自由の源泉を意味している.

(2) 表現の自由との両立

翻って考えてみれば,Whitney 判決においてブランダイスが護ったものは,1890 年と 1928 年のそれぞれのブランダイスの言葉,すなわち「人間の精神性,感情,そして知性」でもある.「自らが考えたいように考え,そして考えたことを発言する自由」は「人間の精神性,感情,そして知性」を基底に置かざるを得ない. そして,その限りにおいて,常に公開の義務を負うのではなく,私的な空間において「自らが考えたいように考え」る自由が保障されることを前提としている. 時代をさかのぼれば,1890 年の論文には次のような一節がある.

> 「コモン・ローによって,自らの思考,思想,そして感情を他者に伝える範囲を決定する権利を各人は保障されている. 我々の統治制度のもとでは,人は表現することを決して強要されない.」[297]

「人は表現することを決して強要されない」ためには,「公開の義務」を負うことなく,「自らが考えたいように考え」る自由が保障されなければならない. ブランダイス裁判官は,ホームズ裁判官の思想の自由市場論を一度も使ったことがない[298]. これは自らの思想を常に市場に開放するのではなく,品格と礼節の境界を踏み越えないよう,各人の私的な空間において「自らが考えたいように考え」る自由が必要となるためであろう.

しかし,同時に,Whitney 判決では「考えたことを発言する自由」があり,

「公的な議論が政治的義務である」とも述べていた．ブランダイスはすでに 1890 年の「プライバシーへの権利」の論文の公表後すぐに「公開の義務」の論文を執筆することを手紙の中で明かしていた．この事実を思い返せば，ブランダイスは，1928 年のプライバシー権の再訪の前年に「公的な議論が政治的義務である」と述べていたことは決して不可思議なことではない．ブランダイス自身，1914 年の著書では，反トラスト法の制定の直前であり，大企業に対する「公開の義務」を念頭に置いているものの，「公開は何をできるか」という章を設け，次のように言う．「公開は社会と産業の病の治療として公正に推奨されている．太陽の光は最良の消毒液であり，電気の光は最も有能な警官である」[299]．問題は，「プライバシー」の「権利」として「人は表現することを決して強要されない」としても，これが「公開」の「義務」として「公的な議論が政治的義務である」こととどのような関係にあると捉えるべきかという点にある．

この問題を解決する鍵は，ブランダイスが自ら表現の自由から手を引くと述べた Gilbert 判決にある．そこで彼は「プライバシーと自由」を並列し，「第 1 修正プライバシー」[300] とも呼ばれる，あるいは思想の自由に根づいた「知的プライバシー」[301] と形容される自由論を展開し，私的な空間における自由な言論が認められることを示している．これは「市民的自由が個人の活動への政府の監視がないだけでなく，公的な言論が提示される前に話し，聴き，教える機会を要求している」[302] と見ることができる．すなわち，言論が，自ら他者に発信する「アウトプット」の保護だけでなく，「信念，思考，感情，思想」を自らのものとして体得する「インプット」への気配りをも必要としているのである[303]．この「インプット」は，Gilbert 判決においてブランダイス裁判官が護った「プライバシーと自由」と同様に，「公開の義務」の一歩前にある「プライバシー」の「権利」を前提とせざるを得ない．このように，ブランダイスにとっては，戦争により抑圧されかねない「人間の精神性，感情，そして知性」への干渉を排除するための各人の「自由なインプット（free input）」が究極的には「討議の政治に必要なのである」[304]．憲法論として言い換えるならば，第 4 修正の下プライバシー権で保護される「自我（self）」こそが，第 1 修正の下，

自由な表現を通じて「『自己』実現 (self-realization)」するための「自己」と同一視される．この「自我」の「私」から「公」への転換過程をブランダイス裁判官の意見から読み取ることができる[305]．

ブランダイス裁判官は「不合理な理性の束縛から人を自由にすることが言論の役割である」[306]と述べていた．「人間の精神性，感情，そして知性」を備えた自我でなければ，「自らが考えたいように考え，そして考えたことを発言する自由」を行使できない．「自由かつ恐れのない理性」[307]を有した人こそが「萎縮」せずに，「自らが考えたいように考え，そして考えたことを発言する自由」を享受できる．そして，ひとたびこの「自由」を獲得した者は，「公開の義務」のもと，「公的な議論が政治的義務である」というブランダイスの別のステージへとのぼることとなる．言い換えれば，1890年の論文執筆後に打ち明けた手紙と同様，Whitney 判決と Olmstead 判決を通して，ブランダイスは「プライバシー」と「パブリシティ」，そして「権利」と「義務」の断絶と連続という緊張関係の中から「人間の精神性，感情，そして知性」を護り抜こうとしたのである．

3 「品　格」

(1) 二つ目の言葉

34歳のブランダイスは，イギリスのいくつかの判例を引用していた．にもかかわらず，イギリスで発展した「信頼義務違反 (breach of confidentiality)」の射程が「あまりに狭すぎる」とウォーレンとブランダイスは考え，この法理を用いなかった[308]．信頼義務違反の代わりに用いたのが「品格と礼節の違反 (breaches of decency and propriety)」である．すなわち，1890年の論文には「公開の義務」との緊張関係において，「一般的な目的が私生活におけるプライバシーを保護すること」にあっても，「実際に問題となるのは品格と礼節への甚だしい違反だけである」と述べられている[309]．

また，71歳になったブランダイスは，Olmstead 判決において「政府は支配力があり，普遍的な教師である」[310]と述べるとおり，政府の「品格 (decency)」

を信じていた一方で,「品格」を欠いた政府の行為を敵対視し,「反全体主義 (anti-totalitarianism)」[311]の観点からプライバシー権を構成しようとした. Olmstead 判決以降も, 盗聴行為は「電子的な『大きな耳』(Big Ear)」[312],「至る所で匂いをかぎまわる (universal snooping)」[313],「現代の家を必ずガラスにしなければならない」[314],「盗聴社会 (the bugged society)」[315]と揶揄され, 批判され続けてきた. ブランダイス裁判官自身も, 盗聴を「諜報活動の一手段として……専制と抑圧のつまらない道具」と非難し, 盗聴行為をする政府を「悪の心をもった統治者 (evil-minded rules)」や「法違反者 (lawbreaker)」といって厳しく批判した[316]. このように,「政府が……紳士 (gentlemen) であるべき」こと, そして「自由かつ自己統治をする人民の間の法の尊厳, 正義を統治する機能の厳粛」としての「品格」を大切にしていた[317].

34歳のブランダイスと71歳のブランダイスをつなぐもう一つの言葉が見られる.

「プレスは礼節と**品格** (decency) の明確な境界をあらゆる方面で踏み越えている.」[318] (1890年論文) (強調引用者)

「**品格** (decency), 安全, そして自由といったものは, 政府の役人が, 市民に命じられた行為の同じルールに従わなければならないことを要求している」[319]. (1928年判決意見) (強調引用者)

「品格」は, ブランダイスのプライバシー権にとって1890年と1928年と貫く言葉となっている. さらには, 1920年, いわゆる表現の自由の問題に格闘していたブランダイスは,「法の尊重」には「品格とフェア・プレイ (decency and fair play)」[320]の必要性を指摘していた.「人間の精神性, 感情, そして知性」を尊重していたブランダイスにとって, 自らの生は自らの手によって解釈されるべきものであり, 自ら自我の造形過程にみだりに干渉することは「品格」の欠如の現れなのである. ブランダイスは, 1890年の論文のときから, 1928年の判決の意見に至るまで「文明化 (civilization)」[321]における「品格」を大切にしてきた. そして,「品格」を傷つける行為, たとえば, プレスが踏み

越えてきたり，政府が盗聴することは，ブランダイスが重んじていた「礼節と品格」，そして「品格，安全，そして自由」の観点からプライバシー権の侵害を構成する．逆に，各自に内在する「品格」という観点からは，「我々は，私人の頭の中や私生活において，人種差別主義者，性差別主義者，そして宗教的に不寛容である権利を有している．しかし，これらの権利は，公的な場ではすべて消滅することとなる」[322)] とも説明することができよう．また，「品格」という言葉は，ユダヤの教えである"tikkun olam"，すなわち，自らの壊れた世界観を自らの内に隠匿するという教えとも結びつき，ユダヤであったブランダイスはこの言葉を擁護したのかもしれない[323)]．フランクファーター教授が「ブランダイス裁判官はイギリスの伝統の文明化の基準 (the civilized standards) に忠実であった」[324)] と賛美したとおり，彼は「品格」を重んじていた．

1908年 Muller v. Oregon[325)] におけるブランダイスの上告趣意書が，州が労働時間を規制する立法を制定した背景について様々な資料を102頁以上に費やし，法律論がわずか2頁にとどまっていた，「ブランダイス・ブリーフ (Brandeis Brief)」はあまりに有名である．レッセ・フェールの時代にあって，弁護士時代に労働問題に取り組んだブランダイスが，女性労働者の「品格」の観点から，「社会の病理，すなわち品格において女性労働者を支援するのに不十分な賃金」の問題点を主張していたことにも注目すべきであろう[326)]．ブランダイスが示した「品格」は，『エチケットの法 (The Laws of Etiquette)』に見られるような「会社のいかなる者にも私事を話すな」[327)] というある種の訓示ではない．「プライバシー権が自尊と個人の尊厳を促進するもの」というのが「ブランダイス的な口調と内容 (Brandeisian tone and content)」[328)] である．ブランダイスは，「人間の品格と個人の尊厳を賛美するために」，そして「人間の品格と尊厳の一部という非常に大きな利益」[329)] を護るために，弁護士として，また裁判官として法を執行しうるプライバシー権の意義を説いてきたのである．

(2)「品格」に基づくプライバシー権

ブランダイスが論じた「品格」による私事の公開の限界という設定問題は，実務においても参照される不法行為のリステイトメントの「プライバシーの侵

害」の章において「品格の基準（decent standards）」，「言い換えれば，公開の限界は，プレスの自由と何を公衆に伝えるかを選択する合理的な自由のみならず，暴露によってその人にもたらされる個人の感情と害悪をも考慮した，共同体の品格の限界でもある」[330]と明記されることとなった．

　そして，ブランダイスの「品格」という言葉を読み解き，不法行為法上のプライバシーの意義を論じたのがロバート・ポスト教授である．ポスト教授によれば，氏名等の盗用による不法行為上のプライバシー侵害に対処するには，財産権的アプローチと尊厳の保障に基づくアプローチの二つがある．しかし，人のプライバシー侵害による名誉の低下や精神的苦痛が市場での財産的価値を正確に算定されることは現実的に不可能である[331]．そこでポスト教授によれば，ブランダイスが残したプライバシー権を「尊厳の利益（dignitary interests）」[332]を保護するものであると理解し，プライバシーの侵害行為は各人が所属する共同体における社会規範に則った人格を逸脱した「シビリティ・ルール（rules of civility）」の違反行為であるとみなされる．プライバシーを品格・尊厳と同視することは，連帯する共同体の構成員としてお互いが負っている尊敬という社会形態におけるプライバシーに根差すことを意味するのである[333]．ポスト教授によれば，「不法行為は共同体の要求に対抗する個人の利益を単に支持するだけではなく，重要な方法で個人と共同体の双方を構成するシビリティのルールを保障しているのである」[334]．ロスコー・パウンド教授が1890年の論文について「平均的な人にとって一般的な趨勢の事案における利益」[335]を保護の対象としており，「品格」であれ，「シビリティ・ルール」であれ，この利益を含むものと理解されよう．このように「共同体の品格のテスト（a community decency test）」[336]は，不法行為のリステイトメントを始め，私事の公開を制限するために現実の訴訟の場においても一定の効力を有してきたのである．また，憲法上のプライバシー権としての中絶の権利について，合衆国最高裁はプライバシー権が「個人の尊厳と自律」[337]と関連性を有することを指摘してきた．

　1890年の論文であれ，1928年判決の意見であれ，「プライバシーは人間の尊厳と関係する一貫した利益であった」[338]．1890年の論文には，「すべての不法

行為プライバシーの事案は人間の尊厳と個人性（individuality）の維持という同一の利益を伴っている」[339]ということから，これを人間の尊厳と個人性を基盤としうる提案がなされている．また，1928年 Olmstead 判決でも用いられた不合理な捜索及び押収を禁止する第4修正についても，「人間の尊厳が……第4修正の基本的な活気ある原理としてのプライバシーとともに確立されるべきである」[340]という指摘がある．1890年の論文では「公共のプレスまたは公共の討議における品格の規範を教え込もうと意図していた」[341]のであり，1928年の判決では「政府は有効でどこにでもいる教師である」[342]と政府の品格を喚起した．

このように，ブランダイスのプライバシー権は，共同体におけるシビリティのルールの尊重が「品格」に基づくプライバシー権論として発展してきた．これは，「信念・思考・感情・思想」という言葉に結びつく個人主義とは対置する共同体主義的な発想に依拠している．市民的自由の分野において「ブランダイスの目的は個人と共同体の調和であった」[343]とも言われる．しかし，不幸なことに，ブランダイスがプライバシー権を発展させようとしてきた時代はロックナー期であり，「尊厳」という価値それ自体が市場化されてしまい，品格や尊厳に基づくプライバシー権が涵養する十分な環境が整っていなかった[344]．また，尊厳を基盤としてプライバシー権を発展させてきたヨーロッパと対比した場合，特に私人間における「品格」や「尊厳」の維持を目的とした政府の介入の論理とも結びつく可能性があることから[345]，「アメリカ法は尊厳に対する侵害を規制するのが決して得意ではなかった」[346]とも言われる．

「品格」に基づくプライバシー権論は，原産国であるアメリカではなく，むしろ身分制社会の歴史と伝統から脱出する過程においてプライバシー権を保障してきたヨーロッパにおいてその発展が見られた[347]．ウォーレンとブランダイスの論文において「品格」という言葉が散見されることについては，ジェームズ・ホイットマン教授が分析するとおり，身分制社会の中から尊厳，名誉，そして人格を保障しようとしてきたヨーロッパにあって，ブランダイスの若い頃のドイツでの生活も考慮すれば，「ウォーレンとブランダイスは大陸法を原点に置いていた」[348]とも評価することができるかもしれない．ウォーレンとブ

ランダイスのプライバシー権論文は，ドイツの「人格権」への接近であり，「ドイツ法とヨーロッパの人権法理から多大な影響を受けたものと証明される」[349]，あるいはその論文からなる「果実」は「まさにフレンチ・フレーバー」[350]の香りを醸し出していると言われる．プライバシー権をより具体化し強固なものにするためのアメリカ流の「品格」の概念は，「ビクトリア朝風の上品さの感覚」[351]とは異なる．そして，アメリカにおいては，1960年代にウォーレンとブランダイスの論文における「品格」や「尊厳」に関する「これらの高度な概念をプロッサーがもぎ取ってしまった」[352]と言われる．いまや「ウォーレンとブランダイスの不法行為論はアメリカの偉大な革新としてではなく，失敗した大陸からの輸入として考えるのが最も適当である」[353]とまで評価される．

　このように，ブランダイスが残してきた「品格」という言葉は，ロックナー期を経てそれが一部では応用されてきたものの，アメリカの後の世代において十分には受け継がれてこなかった可能性もあるのかもしれない．しかし，ブランダイス裁判官は，後にロックナー期の契約の自由の法理を覆す原動力となった「公的利益を帯びるビジネス」[354]というレトリックを用いて，すでに1932年 New State Ice Co. v. Liebmann[355]の反対意見において，私的なビジネスであっても共同体に影響を及ぼし，公的利益を帯びることがあることを指摘していた．すなわち，ブランダイス裁判官のプライバシー権は，Lochner期において発展したものの，Lochner期の主要な法理である「契約の自由」には依拠せず，「品格」というブランダイス自身が生み出した言葉から発展してきたことを示している．そして，ブランダイスは1920年代のいわゆる表現の自由の判決において「理性と品格という利益の同居」[356]の方法を模索してきた．そして，34歳のときも，71歳のときもブランダイスのプライバシー権の根底にあるものは，「品格」であることは彼の言葉から証明できよう．

5 ブランダイスのプライバシー権の進化

　ルイス・ブランダイスは，顕微鏡（microscope）と望遠鏡（telescope）を備えた人物である[357]．事実関係を詳細に分析する能力と，広い視野から事案の全体像を把握する能力を備えている．また，ブランダイスは，理想主義者であり，プラグマティストでもある[358]．「法律の予言者」[359]のごとく常に未来と理想を追い求める一方で，現実を直視し研ぎ澄まされた判断力を下す．ブランダイスは，常に矛盾を抱えていた．しかし，ブランダイスは，両手に抱えた矛盾を，積み上げてきた事実と経験の緻密な分析をもとに，「生ける法」を発展させてきた．人間の精神性の追求と品格の維持，自由と尊厳の衝突，個人主義と共同体主義の緊張関係，そして「公開の義務」との矛盾・対立の図式の過程から読み解かれ，結晶化された思考と論理が，「ルイス・ブランダイスのプライバシー権」である．

　しかし，ブランダイスのプライバシー権を，それがクーリー裁判官による言葉から借りてきたものであるにもかかわらず，「独りにしておいてもらう権利」というレッテルを貼り，その意味のみを解釈しようとするのであれば，それは不当にブランダイスのプライバシー権を評価することになる．同様に，ブランダイスという人物をプライバシー権それだけから読み解くこともまた彼のなしてきた他の思考——契約の自由への抵抗，巨大企業・独占との闘争，シオニズム，あるいは表現の自由論——からすれば不当な見方なのかもしれない[360]．その意味で，本章は，1890年の論文から1928年判決の意見へのプライバシー権の進化の過程において両者をつなぐブランダイスの言葉を読み直すことにより，あくまでブランダイスのプライバシー権の一つの読み方を提示したに過ぎない．

　その読み方から導き出されたブランダイスをつなぐ言葉とは，「人間の精神性，感情，そして知性」と「品格」であった．ブランダイスのプライバシー権の一つは，ブランダイスがいわゆる「表現の自由」あるいは「公開の義務」との関係において，「アウトプット」に至るための「インプット」として必然的

になければならない自我を造形，発展，そして表現する過程で生じる「人間の精神性，感情，そして知性」である．同時に，ブランダイスのプライバシー権は，自我と他者との関係を定義するために，ある種共同体社会の中で醸成・発展されてきた社会規範や文化における「品格」を反映しているものと考えられる．「人間の精神性，感情，そして知性」と「品格」こそが，矛盾と緊張関係の中から読み解かれた「プライバシーと自由」をつなぐ「理論を維持している」[361] ブランダイスの言葉である．ブランダイスのプライバシー権は，「独りにしておいてもらう権利」から連想されるような他者との関係を遮断するための隠匿や撤退という言葉と結びつくものではない．むしろ，「人間の精神性，感情，そして知性」と「品格」は，共同体の中の自らの存在と本質的属性の会得と反芻の過程において，自我を造形し，解釈し，発展させ，そして表現するための概念であり，ひいてはそれが「公開の義務」を前提とした民主政の維持と発展にも不可欠な理念である．ブランダイスのプライバシー権はかかる概念と理念を内包している．

もっとも，ブランダイスをつなぐ「人間の精神性，感情，そして知性」と「品格」という言葉それ自体が極めて抽象的で，多義的であることから，プライバシー権は時代の変化によって，その意味を自由自在に変えることのできる「カメレオン」[362] であるのかもしれない．その意味で「人間の精神性，感情，そして知性」と「品格」というブランダイスが残した言葉に背を向けて，「ウォーレンとブランダイスの英知の神髄と決別」[363]，あるいは「ウォーレンとブランダイスが与えた哲学的係留の……綱を切断」[364] する試みが展開されてきた．むろんブランダイスのプライバシー権を，その作者の意図とは異なる形で解釈することは現在を生きる我々の特権である[365]．しかし，ブランダイスのプライバシー権を出発点とする限り，彼の残した言葉を適切に解釈することは現在を生きる我々の責任でもある．

ブランダイスは常に「巨大なもの（bigness）」[366] に立ち向かってきた．例をあげるならば，1875年ハーバード・ロー・スクールにともに入学したブランダイスと後に外交官となる小村寿太郎は，卒業後もポーツマス条約の交渉過程においてランチを一緒にする仲であった[367]．そして，ブランダイスは日露戦

争において日本に味方したと言われる．これはロシアの腐敗した皇帝の強大な権力に対する不信感であったと評されている[368]．ブランダイスは情報がもつ力を「巨大なもの」とみなし，それが人間の精神を支配することを「標的」[369] としていた．ブランダイスにとってその標的とは，1890 年はそれが一線を踏み越えたプレスであり，1928 年はそれが諜報活動に従事していた政府であった．もしも今ブランダイスが生きていたら，そして現在の情報通信技術を目の当たりにして，何を巨大なものとみなし，彼のプライバシー権はどのように進化しうるだろうか[370]．プライバシー権なるものは，科学技術それ自体の進展により，それが定義されるわけではない．むしろそれぞれの時代のそれぞれの社会がどの程度プライバシー権を願望しているかにかかっている．その意味で，「ブランダイスのプライバシー権」は「終わりなき遺産」[371] を我々に遺したとともに，それは今なお「極めて重大な影響力」[372] を有している．

注

1) Samuel D. Warren & Louis D. Brandeis, *The Right to Privacy*, 4 HARV. L. REV. 193 (1890).
2) *Id.* at 193.
3) 277 U.S. 438 (1928).
4) *Id.* at 478 (Brandeis, J., dissenting).
5) Harry Kalven Jr., *Privacy in Tort Law: Were Warren and Brandeis Wrong?*, 31 LAW & CONTEMP. PROBS. 326, 327 (1966).
6) MELVIN I. UROFSKY, LOUIS D. BRANDEIS: A LIFE 630 (2009).
7) *Katz v. United States*, 389 U.S. 347 (1967).
8) DON R. PEMBER, PRIVACY AND THE PRESS: THE LAW, THE MASS MEDIA, AND THE FIRST AMENDMENT 56 (1972).
9) Diane L Zimmerman, *Requiem for a Heavyweight: A Farewell to Warren and Brandeis Privacy Tort*, 68 CORNELL L. REV. 291, 365 (1983).
10) James H. Barron, *Warren and Brandeis, The Right to Privacy, 4 Harv. L. Rev. 193 (1890): Demystifying a Landmark Citation*, 13 SUFFOLK U. L. REV. 875, 877 (1979).
11) Edward J. Bloustein, *Privacy, Tort Law, and the Constitution: Is Warren and Brandeis' Tort Petty and Unconstitutional as Well?*, 46 TEXAS L. REV. 611, 613

(1968).
12) *Government Lawbreaking*, N.Y. Times, Jun. 6, 1928 at 24.
13) 274 U.S. 357 (1927).
14) *Id.* 375 (Brandeis, J., concurring).
15) Vincent Blasi, *The First Amendment and the Ideal of Civic Courage: The Brandeis Opinion in* Whitney v. California, 29 Wm. & Mary L. Rev. 653, 660 (1988).
16) *Whitney*, 274 U.S. at 375 (Brandeis, J., concurring).
17) Haig Bosmajian, Anita Whitney, Louis Brandeis, And The First Amendment 125 (2010). *See also* Ashutosh A. Bhagwat, *The Story of* Whitney v. California*: The Power of Ideas*, in Constitutional Law Stories 383 (Michael C. Dorf ed., 2d. 2009).
18) *See, e.g., New York Times Co. v. Sullivan*, 376 U.S. 254 (1964); *Time, Inc. v. Hill*, 385 U.S. 374 (1967); *Cox Broadcasting v. Cohn*, 420 U.S. 469 (1975); *Florida Star v. B.J.F.*, 491 U.S. 524 (1989).
19) 532 U.S. 514 (2001).
20) *See id.* at 534, 537 (Breyer, J., concurring), 553 (Rehnquist, J., dissenting).
21) *See id.* at 536 (Breyer, J., concurring).
22) *See id.* at 535.
23) Kelly O. Wallace, Bartnicki v. Vopper*: The First Amendment versus Privacy and the Ghost of Louis Brandeis*, 53 Mercer L. Rev. 893 (2002).
24) Philippa Strum, Louis D. Brandeis: Justice for The People 325 (1984).
25) Louis D. Brandeis, *The Harvard Law School*, 1 Green Bag 10, 19 (1889).
26) *The Washington Society World*, N.Y. Times, Jan. 26, 1883 at 1.
27) *A Brilliant Bridal*, Wash. Post, Jan. 26, 1883 at 4.
28) *Matrimonial*, Chicago Daily Tribune, Jan. 27, 1883 at 2.
29) *Washington Society*, Boston Saturday Evening Gazette, Jan. 27, 1883 at 2.
30) *Table Gossip*, Boston Daily Globe, Oct. 22, 1882 at 7.
31) *City Intelligence*, Wash. Post, Oct. 23, 1882 at 4.
32) 1882年12月26日のWashington Postはわずか1文であるが，ウォーレンがクリスマスにワシントンDCへ来たことを記している．*Personal*, Wash. Post, Dec. 26, 1882 at 4.
33) *Gossip of Washington*, N.Y. Times, Jan. 18, 1883 at 1. ちなみに，同記事には，「日本の大臣テラシマが金曜夕方に公館でレセプションの招待券を配布する……．テラシマの公館には女性がいないため，男性のみの招待である」とも書かれている．
34) *The Week in Society*, N.Y. Tribune, Jan. 21, 1883 at 7.
35) *See generally* Amy Gajda, *What If Samuel D. Warren Hadn't Married a Senator's*

Daughter?: Uncovering the Press Coverage that Led to "The Right to Privacy", 2008 MICH. ST. L. REV. 35, 44 (2008).

36) Warren & Brandeis, *supra* note 1, at 196.
37) PEMBER, *supra* note 8, 10-11.
38) *Id.* at 39-40.
39) Warren & Brandeis, *supra* note 1, at 196.
40) *Id.*
41) William L. Prosser, *Privacy*, 48 CAL. L. REV. 383, 383 (1960).
42) *Id.* at 423.
43) PEMBER, *supra* note 8, at 24.
44) Harry Kalven Jr., *Privacy in Tort Law: Were Warren and Brandeis Wrong?*, 16 L. & CONTEMPORARY PROBLEMS, 326, 329 n22 (1966). プロッサー教授の論文を参照している.
45) ALPHEUS THOMAS MASON, BRANDEIS: A FREE MAN'S LIFE 70 (1956).
46) UROFSKY, *supra* note 6, at 777 n98.
47) Barron, *supra* note 10, at 892-3.
48) LEWIS J. PAPER, BRANDEIS 35 (1983).
49) そのため,「プライバシーへの権利」の論文の背景について, プロッサー教授の説明はウォーレンの（娘の?）「結婚式の物語」を誇張しすぎている可能性がある. そして, 仮にプロッサー教授が「プライバシーへの権利」の論文をゴシップ記事への憂慮の一環として生じた論文として読解したうえでウォーレンの家庭に関するゴシップ記事が「プライバシーへの権利」の論文の執筆の主要な原因であるとする分析に欠陥があるならば, プロッサー教授が広めてきたプライバシーの4類型そのものもまた, もしかしたら再考を要するものとなるのかもしれない. 言い換えれば, プロッサー教授は, この論文の前半を「プレスの増え続ける乱用に救済を与えた」(Prosser, *supra* note 41, at 384) とまとめているように, メディアの不法な侵害の対抗策として不法行為法上のプライバシー権を強調しすぎた可能性を否定できなくなろう. *See generally*, Neil M. Richards & Daniel J. Solove, *Prosser's Privacy Law: A Mixed Legacy*, 98 CAL. L. REV. 1887 (2010).
50) Barron, *supra* note 10, at 894. Boston Saturday Evening Gazette については,「『イエロー・ジャーナリズム』の時代」にあって「ウォーレン夫人のパーティーを非常に私事に立ち入って困惑させるようにこと細かに報じた」(Prosser, *supra* note 41, at 383. *See also* MASON, *supra* note 45, at 70.) と指摘されるが, これが具体的にどの記事を指しているのかは示されていない. 筆者が確認した限りでは, 1883年1月27日付の Boston Saturday Evening Gazette (Harvard University, Widener Library, Microfilm NC 1251, Jan. 6, 1883-Dec. 26, 1885) のウォーレン夫婦の結婚式に関する記事は New York Times, Washington Post 等の記事とほとんど同じ内容であった. なお, Boston Saturday Evening Gazette につい

51) PAPER, *supra* note 48, at 35.
52) Barron, *supra* note 10, at 899. なお，ウォーレンの娘ではなく，「Gazette によるデルウェア出身の政治家に対する 1889 年の痛烈な批判がサミュエル・ウォーレンをいらだたせたのはもっともである。……ウォーレンが義父に関する手厳しい記事を許すことができるほどの私情をもった通常の男性であったならば……」(*Id.* at 907) とも指摘される。しかし，この指摘も論文の公刊の時期から見て無理のある説明であろう。See Gajda, *supra* note 35, at 39.
53) *Letter from Louis D. Brandeis to Alice Goldmark*, Nov. 29, 1890 in LETTERS OF LOUIS D. BRANDEIS VOL. I (1870-1907): URBAN REFORMER 94-95 (Melvin I. Urofsky & David W. Levy eds., 1971).
54) PEMBER, *supra* note 8, at 23.
55) ちなみに，1889 年 11 月には，ブランダイスが初めて合衆国最高裁で口頭弁論 (*Wisconsin Central Railroad Company v. Price County*, 133 U.S. 496 (1890)) を行った。これは，本来口頭弁論を行う弁護士が現れなかったため，急きょ代わりにブランダイスが行ったものであった。See MASON, *supra* note 45, at 70-1.
56) *Letter from Louis D. Brandeis to Alice Goldmark*, Dec. 4, 1890 in *supra* note 53, at 95.
57) *Letter from Louis D. Brandeis to Alice Goldmark*, Dec. 28, 1890 in *supra* note 53, at 97.
58) *Letter from Louis D. Brandeis to Alice Goldmark*, Feb. 26, 1891 in *supra* note 53, at 100. なお，ここで用いられている publicity は，「パブリシティ」権を指しているかどうか必ずしも明らかにはなっていないが，むしろ単純な「公開」を意味しているものと理解される。
59) *Id.*
60) *Id.* この言い回しは後のブランダイスの著書の一節（公開に何ができるか）において「太陽の光は最良の消毒液であり，電気の光は最も有能な警官である」として著される。LOUIS D. BRANDEIS, OTHER PEOPLE'S MONEY: AND HOW THE BANKERS USE IT 92 (1914).
61) Warren & Brandeis, *supra* note 1, at 214.
62) *Id.* at 198.
63) *Id.* この一節に示されるように 1890 年論文はプレスだけを対象としているわけではなく，「不正かつ同意のない」(*Id.* at 195 n.7) 私人の肖像に対する経済的搾取を問題としていた。
64) Dorothy J. Glancy, *The Invention of the Right to Privacy*, 21 ARIZ. L. REV. 1, 2 (1979).
65) *Id.* at 17.

66) Warren & Brandeis, *supra* note 1, at 214.
67) *Id.* at 214.
68) *Id.* at 196.
69) 1890年前にブランダイスを取り上げた新聞記事としては，たとえば，ブランダイスが税法の講義を担当した記事（*Surplus Revenue: A Lecture on Taxation and Finance in Dr. Hale's Church: The Various Theories Discussed*, BOSTON DAILY GLOBE, Jan. 28, 1884 at 2），また訴訟に関する記事（*Lamson Victorious: Judge Holmes Decides Against an Injunction*, BOSTON DAILY GLOBE, Dec. 13, 1889 at 5; *Disease Germs in Racs: Said to Necessary Dr. Cushing's Testimony*, BOSTON DAILY GLOBE, May 12, 1886 at 3; *The Court Record: Supreme Court of the United States. District Courts*, WASH POST, Nov. 7, 1889 at 7.）などで，ブランダイスの私事を記載するようなゴシップは現時点で見当たらなかった。
70) Barron, *supra* note 10, at 910.
71) *Letter from Louis D. Brandeis to Alice Goldmark*, Dec. 28, 1890 in *supra* note 53, at 97.
72) Warren & Brandeis, *supra* note 1, at 205.
73) PAUL A. FREUND, PRIVACY: ONE CONCEPT OR MANY 184 (1971).
74) Anita L. Allen, *Privacy Torts: Unreliable Remedies for LGBT Plaintiffs*, 98 CAL. L. REV. 1711, 1718 (2010).
75) Warren & Brandeis, *supra* note 1, at 193.
76) ブランダイスは別の機会に"The Living Law"というタイトルで論文を公表している。*See* Louis D. Brandeis, *The Living Law*, 10 ILL. L. REV. 461 (1916).
77) *Id.*
78) ALAN WESTIN, PRIVACY AND FREEDOM 338-9 (1967). 他方，ウェスティン教授は，大規模な監視に対しては，ウォーレンとブランダイスのコモン・ロー上のプライバシー権では，①そもそも盗聴等による監視は本人が必ずしも気づかないこと，②財産的な構成をしていること，③損害の認定がしづらいこと，④政府ではなく私的な侵害を念頭に置いていたこと，⑤貴族的な価値に基づく主張であったこと，⑥立法の必要があったことなどから，現実問題に対処できなかったという。*See id.* at 347-9.
79) *The Right to Be Let Alone*, 67 ATLANTIC MONTHLY 428-9 (1891).
80) LEONARD BAKER, BRANDEIS & FRANKFURTER: A DUAL BIOGRAPHY 27 (1984).
81) Barron, *supra* note 10, at 907. ブランダイスは高度な自律心をもって弁護士活動に当たっていたと言われる。*See* Clyde Spillenger, *Elusive Advocate: Reconsidering Brandeis as People's Lawyer*, 105 YALE L. J. 1445 (1996).
82) Warren & Brandeis, *supra* note 1, at 196.
83) WESTIN, *supra* note 78, at 349.
84) UROFSKY, *supra* note 6, at 82.

85) *Union Pacific Railway Co. v. Botsford*, 141 U.S. 250, 251 (1891).
86) ブランダイスは、「快適で興味深く……非常にためになる」と述べた、グレイ首席裁判官のロー・クラークをすることとなった. *Letter from Louis Brandeis to Alfred Brandeis*, Jul. 31, 1879 in supra note 53, at 44. ちなみに、この手紙にはブランダイスが法に関する執筆活動への興味が示されているものの、「私は実務家弁護士として認知されたい」と記されていた.
87) 171 N.Y. 538, 64 N.E. 442 (N.Y. 1902). 本判決以前にもウォーレンとブランダイスの論文が引用されたものとして、*Schuyler v. Curtis*, 15 N.Y.S. 787 (N.Y. Spec. Term 1891) では銅像の展示の差止を求めた事案 (控訴審で差止請求却下 42 N.E. 22 (N.Y.1895))、*Marks v. Jaffa*, 26 N.Y.S. 908 (N.Y. City Sup. Ct. 1893). でも、新聞紙における写真公表の差止が認められた事案がある.
88) *Id.* at 547.
89) *Id.* at 544. 法廷意見では、the right "of" privacy としてウォーレンとブランダイスの論文が引用され、この語が用いられている. 他方、反対意見では、the right "to" privacy と the right "of" privacy のいずれもが使われている. 当時、プライバシーへの権利という語自体が定着していなかったとも捉えることができよう.
90) 本件を審理した裁判官の一人は、判決後に「女性の美は、彼女の美徳に次いで、栄冠にほかならないのであり、土地や牛という財産に適用される規則や原則を適用することは……品位をおとしめる」と述べるとともに、「いわゆるプライバシー権は道徳主義者や社会改革者にとっては魅力的な考えの象徴であろうが、立法者にとっては……深刻な困難とともに放棄されることとなる」と Columbia Law Review で論文を公表した. See Denis O'Brien, *The Right of Privacy*, 2 COLUM. L. REV 437, 445 (1902). もっとも、翌年 1903 年には、ニュー・ヨーク州法において、宣伝商用目的で無断で氏名等を利用することを禁じられることとなった. Act of Apr. 6, 1903, ch. 132 §1-2, 1903 N. Y. Laws 308. なお、ニュー・ヨーク州法の制定の背景には私生活の暴露が「ニュース」であるとは受け止められず、表現の自由の問題ではなく、むしろ「取引または通商」への規制の問題として捉えられていた. See Samantha Barbas, *Saving Privacy from History*, 61 DEPAUL L. REV. 973, 990 (2012).
91) 122 Ga. 190; 50 S.E. 68 (Ga 1905).
92) *Id.* at 206.
93) *Letter from Louis D. Brandeis to Andrew Jackson Cobb*, Apr. 17, 1905, in supra note 53, at 303-4.
94) Warren & Brandies, supra note 1, at 197 & 206.
95) *Letter from Louis D. Brandeis to James Bettner Ludlow*, Apr. 20, 1905 in supra note 53, at 306.
96) *The Right to Privacy*, N.Y. TIMES, Apr. 23, 1905 at 8.

97) *The Right to Privacy*, N.Y. Tribune, Jul., 19, 1905 at 6.
98) *The Right of Privacy*, L.A. Times, Jul. 28, 1905 at Ⅱ 4.
99) *Foster-Milburn v. Ohinn*, 134 Ky. 424, 120 S. W. 364 (1909).
100) *Brents v. Morgan*, 221 Ky. 765, 299 S. W. 967 (1910).
101) Wilbur Larremore, *The Law of Privacy*, Colum. L. Rev. 694, 708 (1912).
102) *See* Prosser, *supra* note 41, at 386-89.
103) Artheur R. Miller, The Assault on Privacy 172 (1971). *See also* Benjamin E. Bratman, *Brandeis and Warren's* The Right to Privacy *and the Birth of the Right to Privacy*, 69 Tenn. L. Rev. 623, 628 (2002).
104) Robert F. Copple, *Privacy and the Frontier Thesis: An American Intersection of Self and Society*, 34 Am. J. of Juris. 87, 104 (1989).
105) Elbridge L. Adams, *The Right of Privacy and its Relation to the Law of Libel*, 39 Am. L. Rev. 37 (1905).
106) *Letter from Louis D. Brandeis to Samuel Dennis Warren*, Apr. 9, 1905 in *supra* note 53, at 302.
107) Adams, *supra* note 105, at 37.
108) Brandeis, *supra* note 25, at 23.
109) ブランダイスは，ハーバード・ロー・スクール修了後，ミズーリ州セントルイスで弁護士活動をしていたが，ボストンにいたサミュエル・ウォーレンからのハーバード・ロー・レビュー等の法律雑誌の編集の仕事の話がきっかけで「生活費がもらえるなら」，「ここでの地位を諦めることを快くするし，そう納得できる」と言ってボストンに戻ることとなった（*Letter from Louis Brandeis to Samuel Dennis Warren*, May 30, 1879, in *supra* note 53, at 34.）．しかし，実際は，法律雑誌の編集からの収入がほとんど見込めなかったため，ブランダイスは，しばらくの間「ウォーレンの部屋の一つを貸してもらって」いた（*Letter from Louis Brandeis to Frederika Dembitz Brandeis*, Jul. 20, 1879, in *supra* note 53, at 43.）．ブランダイスはハーバード・ロー・スクールで「evidence」の講義を担当していたものの，継続して教鞭をとるオファーを断った．
110) Samuel D. Warren Jr. & Louis D. Brandeis, *The Watuppa Pond Cases*, 2 Harv. L. Rev. 195 (1888); Samuel D. Warren & Louis D. Brandeis, *The Law of Ponds*, 3 Harv. L. Rev. 1 (1889).
111) Brandeis, *supra* note 25, at 22.「イギリス人がいまやラングデル教授の法教育への貢献の価値をも認めている事実を我々アメリカ人は誇りに感じているのかもしれない」，とも述べている．
112) この点，論文においては，イギリスの判例が紹介されているものの，たとえば，著作権保護のリーディングケースとして当時アメリカにおいても注目されていた*Woolsey v. Judd*, 11 How. Pr. 49, 55 (N.Y. Sup. Ct, 1855) を援用しなかった点など疑問も残る．*See* Ned Snow, *A Copyright Conundrum: Protecting Email Pri-*

113) Pember, *supra* note 8, at 51.
114) Edwin Lawrence Godkin, *The Rights of the Citizen to His Own Reputation*, Scribner's Magazine (July, 1890) at 65-6.
115) *Letter from Louis D. Brandeis to Samuel Dennis Warren*, Apr. 8, 1905 in *supra* note 53, at 303.

　　この手紙に対して，ウォーレンはブランダイスに対して，「この議論の重大性を示していることはとてつもなく面白い．……私はプライバシーの主要な侵害に対処しうるような立法をあなたに引き寄せてもらいたいと強く思っている」と書いていたと言われる．*See id.*

116) Randell P. Bezanson, *The Right to Privacy Revisited: Privacy, News, and Social Change 1890-1990*, 80 Cal. L. Rev. 1133, 1139 n14 (1992).
117) *See Letter from Louis D. Brandeis to Clarence Martin Lewis*, Mar. 21, 1934 in Letters of Louis D. Brandeis Vol. V (1921-1941): Elder Statesman 534 (Melvin I. Urofsky & David W. Levy eds., 1978).
118) Miller, *supra* note 103, at 170.
119) The Family Letters of Louis D. Brandeis 55 (Melvin I. Urofsky & David W. Levy eds., 2002).
120) Kalven, *supra* note 5, 327.
121) Warren & Brandeis, *supra* note 1, at 193.
122) Urofsky, *supra* note 6, at 46.
123) 40 Stat.1017-18 (1918).
124) 277 U.S. 438 (1928).
125) 第9巡回控訴裁判所の判決では，2対1で有罪とされた．*Olmstead v. United States*, 19 F. 2d 842 (9th Cir. 1927).
126) Brandeis Papers, Box 48 File 4, Feb. 4, 1928 (Harvard Law Library, Manuscript Division).
127) *Id.*
128) *Olmstead*, 277 U.S. at 438.
129) *Olmstead*, 277 U.S. at 486 (Bulter, J., dissenting). *See also id.* at 471-2 (Brandeis, J., dissenting).
130) Brandeis Papers, *supra* note 126, Box 48 File 4. 実際の判決文では，順序が入れ替えられているが，*Olmstead*, 277 U.S. at 485 (Brandeis, J., dissenting) においてほぼ同じ表現が用いられている．
131) *Id.*
132) *Id.* 実際の判決文では，*Olmstead*, 277 U.S. at 479 n18 (Brandeis, J., dissenting). Olmstead判決におけるロー・クラークの役割の意義については，*See* Brand Snyder, *The Judicial Genealogy (and Mythology) of John Roberts: Clerkships from*

Gray to Brandeis to Friendly to Roberts, 71 Ohio St. L. J. 1149, 1180 (2010).
133) *Wire Tapping Held Legal for Evidence*, N.Y. Times, Jun. 5, 1928 at 31. さらに，翌日の記事では，「政府の法違反」という見出しでブランダイス裁判官の反対意見を紹介している．*See* N.Y. Times, *supra* note 12. また，別の新聞紙は「多数意見の結論を容赦なく批判」し，「長い意見の中で少数派の見解を明らかにした」とブランダイス裁判官の意見を評している．*See Wire Tapping to Solve Crimes Constitutional: Highest Court Upholds Acts of Federal Agents in Big Prohibition Case*, Wash. Post, Jun. 5, 1928 at 1, 3.
134) Brandeis Papers, *supra* note 126, Box 48 File 4. なお，「生命への権利は人生を享受する権利」という一節は，1890 年論文では出てくるものの，この後の意見の校正過程で削除され，実際の判決文では登場しない．
135) *Id.*.
136) Paul A. Freund, *Mr. Justice Brandeis*, in Mr. Justice 116（Allison Dunham & Philip B. Kurland eds., 1956）.
137) *Id.* at 117.
138) *Id.* at 116.
139) *Wire-Tapping Dry Case Up*, N.Y. Times, Feb. 22, 1928 at 8. ブランダイス裁判官とストーン裁判官のみが通信傍受の違法性を示唆している旨報道されている．
140) Brandeis Papers, *supra* note 126.
141) *Id.*
142) Paper, *supra* note 48, at 312.
143) Memo between LDB and OWH, Feb. 23, 1928, in Brandeis Papers, *supra* note 126, Box 48 File 5. 1928 年 2 月 23 日付のブランダイス裁判官のメモランダム（12 頁）の裏に手書きで，LDB から OWH 宛で「これは君にだけです」から始まる文になっており，これに対する OWH からの返事がある．
144) ハーバード・ロー・スクール時代から親しくしていたホームズから「私はあなたの論文を非常に楽しみながら読みましたが，それはすばらしいと思います」とブランダイスの力量は評価されていた．*See Letter from Oliver Wendell Holmes Jr. to Louis D. Brandeis*, Jul. 7, 1881 in, *supra* note 53, at 34. また，ブランダイスがマサチューセッツ州の法曹に試験なしで入ることが認められた夜には，ホームズとウォーレンの 3 人でシャンパンとビールをまぜたアルコールで祝杯をあげていた．*See Letter from Louis D. Brandeis to Alford Brandeis*, Jul. 31, 1879 in *supra* note 53, at 45.
145) *Memo between LDB and OWH, supra* note 143.
146) *Letter from Oliver Wendell Holmes Jr. to Frederick Pollock*, Jun. 20, 1928, in Holmes-Pollock Letters: The Correspondence of Mr. Justice Holmes And Sir Frederick Pollock 1874-1932（VOL. 2）222（Mark DeWolfe Howe ed., 1942）.
147) *See* Samuel Joseph Konefsky, The Legacy of Holmes And Brandeis, A Study in

INFLUENCE OF IDEAS 262 (1956).
148) *Olmstead*. 277 U.S. at 469 (Holmes, J., dissenting).
149) *Id.* at 469-70.
150) *Id.* at 470.
151) *Id.*
152) *Id.* at 483 (Brandeis, J., dissenting).
153) *Id.* at 484. *See also Brandeis Stands the Test of Time*, N.Y. TIMES, Jul. 2, 1966 at 11.
154) *Id.*
155) *Id.* at 487 (Butler, J., dissenting).
156) *Id.*
157) ブランダイスは，弁護士時代から「産業界の民主主義（industrial democracy）」の考えを推進してきており，巨大な企業の呪いの束縛を論じ，ロックナー期にあっても憲法の財産権的構成には熱心ではなかったという評価がある．*See* L.S. Zacharias, *Repaving the Brandeis Way: The Decline of Developmental Property*, 82 NW. U. L. REV. 596 (1988).
158) Warren & Brandeis, *supra* note 1, at 193.
159) *Olmstead*, 277 U.S. 472 (Brandeis, J., dissenting).
160) *Id.* at 474.
161) *Id.* at 473. ブランダイス裁判官は意見執筆の過程において，新聞記事（*Television Sets in Homes Reproduce Studio Scenes: New Device Successfully Tested: Used With Radio*, WASH. POST, Jan. 14, 1928 at 1）が保管されており，すでに1920年代に「テレビ」の登場すら予測し，科学技術の進歩によるプライバシーと自由の侵害を想定していた．*See* Brandeis Papers, *supra* note 126, Box 48 File 6. *See also* Melvin I. Urofsky, *Mr. Justice Brandeis and the Art of Judicial Dissent*, 39 PEPP. L. REV. 919, 936 (2012).
162) *Boyd v. United States*, 116 U.S. 616 (1886). もっとも，財産権を保障したBoyd判決は，ロックナー期の判例と整合的であると理解することができる．*See* WESTIN, *supra* note 78, at 339-41. しかし，ブランダイス裁判官はこれを「個人の安全，個人の自由，そして私有財産のかけがえのない権利」と読み替えている．*Olmstead*, 277 U.S. at 474-5 (Brandeis, J., dissenting).
163) *Olmstead*, 277 U.S. 477-8 (Brandeis, J., dissenting).
164) *Id.* at 475.
165) *Id.*
166) *Brief of Pacific Telephone & Telegraph et. al. as Amici Curiae*, in LANDMARK BRIEFS AND ARGUMENTS OF THE SUPREME COURT OF THE UNITED STATES: CONSTITUTIONAL LAW 244 (Philip B. Kurland & Gerhard Casper eds., 1975). *See also Olmstead*, 277 U.S. at 476 (Brandeis, J., dissenting).

167) *Olmstead*, 277 U.S. at 478（Brandeis, J., dissenting）.
168) John W. Boyd, *The Reasonable Expectation of Privacy: Katz v. United States: A Postscriptum*, 9 Ind. L. Rev. 468, 474（1975-76）.
169) *Olmstead*, 277 U.S. at 475（Brandeis, J., dissenting）.
170) *Id.* at 479-481 n13.
171) *Id.* at 485.
172) Carol S. Steiker, *Brandeis in Olmstead: "Our Government is the Potent, the Omnipresent Teacher"*, 79 Miss. L. J. 149, 164 & 171（2009）.
173) *See* Alpheus Thomas Mason, William Howard Taft: Chief Justice 259（1965）. しかし，実際は，ブランダイス裁判官の意見が単に理想主義的ではないことが後に示される．*See* Urofsky, *supra* note 6, at 631.
174) *Olmstead*, 277 U.S. at 464.
175) *Id.*
176) *Id.*
177) *Id.*
178) *Id.* at 467.
179) *Tapped Wires*, Daily Boston Globe, Jun. 6, 1928 at 12.
180) *Frown on Wire-Tapping: Government Department Will Use It 'Only in Extreme Cases'*, N. Y. Times, Jun. 7, 1928 at 29.
181) *Phone Company Here to Bar Wire-tapping, Despite Supreme Court Decision on Legality*, N.Y. Times, Jun. 9, 1928 at 1; *C.&P. Telephone Co. to Fight Wire Tapping: Formal Statement Declares Act as Trespass Upon Its Property*, Wash. Post, Jun. 9, 1928 at 15.
182) Ch. 652, Title VI, §605, 48 Stat. 1103（1934）, *as amended*, 47 U.S.C. §605.
183) *Ex-King of Smugglers Gets Roosevelt Pardon*, Wash. Post, Dec. 25, 1935 at 3.
184) *Nardone v. United States*, 302 U.S. 379, 384（1937）. なお，*Goldman v. United States*, 316 U.S. 129（1942）では，Olmstead 判決法廷意見と同様に物理的な侵入を第4修正の要件とした．
185) 「偉大な裁判官」とブランダイスを追悼する新聞記事には，Olmstead 判決の反対意見の一節が引用され，「ブランダイス裁判官自身の哲学の要所」であると指摘されている．*See A Great Justice*, N.Y. Times, Oct. 6, 1941 at 16.
186) 389 U.S. 347（1967）.
187) *Electronic Searches*, Wash. Post, Dec. 23, 1967 at A10.
188) *Katz*, 389 U.S. at 351.
189) *Id.* at 352. トライブ教授は Katz 判決における「世界中に放送されることはないという想定」を「リスクの想定」と呼び，ここにプライバシー権が単にすべての事柄を秘匿するものではなく，各人が自らに関する情報を選択的に分配することを意味していると述べている．*See* Laurence H. Tribe, Constitutional Law 1391

(2d 1988).
190) *Id.* at 351-2.
191) *Id.* at 350.
192) *Id.* at 360 (Harlan, J., concurring).
193) *See, e.g., Bond v. United States,* 529 U.S. 334 (2000); *California v. Ciralolo,* 476 U.S. 207 (1986); *Smith v. Maryland,* 442 U.S. 735 (1979).
194) *Katz,* 389 U.S. at 353.
195) Laurence Tribe & Joshua Matz, Uncertain Justice: The Roberts Court And The Constitution 230 (2014).
196) Katz 判決は，Olmstead 判決を覆す立場と電子的な監視を一定程度維持したい立場との「政治的妥協」の産物であるという指摘があるとおり，合衆国最高裁は当時の連邦議会の動向とも調和的な判決を下したと考えられている．*See* Peter Winn, *Katz and the Origin of the "Reasonable Expectation of Privacy" Test,* 40 McGeorge L. Rev. 1, 4 (2009).
197) Laurence H. Tribe, The Invisible Constitution 56 (2008).
198) 381 U.S. 479, 484 (1965).
199) *Id.*
200) *Id.* at 494 (Goldberg, J., concurring).
201) 429 U.S. 589 (1977).
202) *Id.* at 599 n25.
203) *See generally,* Richard C. Turkington, *Legacy of the Warren and Brandeis Article: The Emerging Unencumbered Constitutional Right to Informational Privacy,* 10 N. Ill. U. L. Rev. 479 (1990).
204) 565 U.S. _ (No.10-1259); 132 S. Ct. 945 (2012).
205) 277 U.S. at 479 (Brandeis, J., dissenting).
206) *Jones,* 132 S. Ct. at 959 (Alito, J., concurring).
207) *Kyllo v. United States,* 533 U.S. 27, 40 (2001).
208) Jed Rubenfeld, *The End of Privacy,* 61 Stan. L. Rev. 101, 117 (2008).
209) *Cox Broadcasting Corp. v. Cohn,* 420 U.S. 469, 487 (1975).
210) 254 U.S. 325 (1920).
211) *Id.* at 335. (Brandies, J., dissenting).
212) Thomas M. Cooley, A Treatise on The Law of Torts 29 (1879).
213) Thomas M. Cooley, A Treatise on The Constitutional Limitations (1868).
214) *Id.* at 299.
215) Westin, *supra* note 78, at 348.
216) 530 U.S. 403, 716-717 (2000).
217) *Id.* at 751 (Scalia, J., dissenting).
218) もっとも，プライバシー権をコモン・ロー上の権利から憲法上の権利へと置換す

るには，当時は発展しなかった「ステイト・アクション（state action）」の要件を満たさなければならない，というステイト・アクション法理の新たな課題が生じることとなった．すなわち，政府の行為に対して向けられた憲法上のプライバシー権は，それがそのまま私人間におけるプライバシー権として通用するものではないのである．*See* Paul M. Schwartz & Joel R. Reidenberg, Data Privacy Law: A Study of United States Data Protection 35（1996）．*See also* Michael Schneiderman, *Constitutional Right of Privacy and State Action*, 6 Gonz. L. Rev. 54, 64（1971）．

219) *Letter from Louis D. Brandeis to Felix Frankfurter*, Nov. 26, 1920 in Letters Of Louis D. Brandeis Vol. Ⅳ（1916-1921）: Mr. Justice Brandeis 510（Melvin I. Urofsky & David W. Levy eds., 1975）．また，政府の諜報活動が「不名誉な公開，ヒステリックで知性を欠いた恐怖」であり，「寛大なアメリカ人の性質にとってはまったくもって相容れない」とも記していた．*Letter from Louis D. Brandeis to Susan Goldmark*, Dec. 7, 1919, in *id.*

220) Baker, *supra* note 80, at 253.

221) Philippa Strum ed., Brandeis on Democracy 198（1995）．

222) ブランダイス裁判官は 1919 年開廷期が終わり，1920 年 6 月下旬からアメリカ・シオニズム組織の代表としてユダヤの植民地であるエルサレム，ジャファ，テルアビブなどを含め，ロンドン，パリ，エジプト，パレスチナを訪問していた．*See, e.g., Brandeis Returning Feted in Palestine*, Boston Daily Globe, Aug. 1, 1919 at 9; *Justice Brandeis to Render Report on Jewish Homeland*, The Atlantic Constitution, Sep. 13, 1919 at 11. ブランダイス裁判官は 1920 年夏にもロンドンに行き，国際シオニズム会議の会長に選出されている．*See Brandeis Elected Zionist President: International Conference Convenes in London*, Jul. 8, 1920, Boston Daily Globe, at 6.

223) *Letter from Louis D. Brandeis to Felix Frankfurter*, in *supra* note 219.

224) *Id.*

225) *Id.*

226) Urofsky, *supra* note 6, at 557.

227) *Debs v. United States*, 249 U.S. 211（1919）; *Schenck v. United States*, 249 U.S. 47（1919）．

228) Brandeis Papers, *Conversations Between L.D.B. and F.F., Aug. 8 (?), Frankfurter, Felix*, Box 114, Folder 14（Harvard Law Library, Manuscript Division）．

229) *Id.* ブランダイスとフランクファーターとの会話が 8 月 8 日（?）と記載され，何年に行われたものかは明記されていない．また，この会話の解釈をめぐっても，論者の評価が異なりうるが，ここではホームズ裁判官のアプローチとの距離が明らかになる過程においてブランダイスの戦時から平時への移行における自由論に焦点を当てて，この会話を解釈した．なお，ブランダイス裁判官は，1921 年 3

月に下された Milwaukee Pub. Co. v. Burleson の反対意見において,「本件で主張された権限は戦争権限ではない」とフランクファーターとの会話に近い言い回しをしている. *See* 255 U.S. 407, 436 (1921) (Brandeis, J., dissenting). なお, ブランダイス裁判官の表現の自由論の進化については, *See* David M. Rabban, *The Emergence of Modern First Amendment Doctrine*, 50 U. CHI. L. REV. 1205, 1320 (1983).

230) Brandeis Papers, *id.* 続けて, ブランダイス裁判官は,「戦時中とその後に我々が何を発言して許されないのかを未来に知らしめよう」と述べている. *See id.* もともと, ブランダイスは表現の自由を絶対的な価値としてみなしていなかったとも言われる. *See, e.g.*, Louis L. Jaffe, *Was Brandeis An Activist?: The Search for Intermediate Premises*, 80 HARV. L. REV. 986, 999 (1986).

231) 251 U.S. 466 (1920). 本判決が下された6日後にはフランクファーター教授のところに判決のコピーを送付している. *See Letter from Louis D. Brandeis to Felix Frankfurter*, Mar. 7, 1920 in *supra* note 219, at 451.

232) *Id.* at 483 (Brandeis, J., dissenting).

233) *Id.* at 495.

234) 252 U.S. 239 (1920).

235) *Id.* at 269 (Brandeis, J., dissenting).

236) *Id.* at 270.

237) *Id.* at 273.

238) ブランダイスは, ハーバード・ロー・スクールの時代から自らがユダヤであることを秘匿していなかったが, 特に1920年頃からシオニズム団体との関わりを深めていったことはしばしば指摘されるところである. *See generally*, LOUIS D. BRANDEIS ON ZIONISM: A COLLECTION OF ADDRESSES AND STATEMENTS (1999).

239) *Letter from Louis D. Brandeis to Felix Frankfurter*, Dec. 16, 1920, in HALF BROTHER, HALF SON: THE LETTERS OF LOUIS D. BRANDEIS TO FELIX FRANKFURTER 53 (Melvin I. Urofsky & David W. Levy eds., 1991). この手紙では, この年に『表現の自由』の著書を公表したチェイフィー教授 (ZECHARIAH CHAFEE JR., FREEDOM OF SPEECH (1920)) がどのように反対意見を評価するかについても記載されている. ブランダイス裁判官は Whitney 判決においてもチェイフィー教授の著書を引用している. *See Whitney*, 274 U.S. at 376 n3, 377n4 (Brandeis, J., concurring).

240) *Gilbert*, 254 U.S. at 335 (Brandeis, J., dissenting).

241) Robert M. Cover, *The Left, the Right and the First Amendment: 1918-1928*, 40 MD. L. REV. 349, 377 (1981). ブランダイスの1920年代のいわゆるホームズ裁判官流の表現の自由の問題への「自制」は, 戦争権限への歯止めと, そして討議による政治過程の再生が動機になったと分析される.

242) PAPER, *supra* note 48, at 283.

243) ブランダイス裁判官の単独の反対意見であるにもかかわらず，ミネソタ州法が戦争政策として制定されたものではないというブランダイス裁判官の要点を新聞記事は的確に紹介している．*See Anti-War Speech False, Court Rules: Sentence of Joseph Gilbert, of Minnesota, Who Opposed Recruiting, Upheld in Decision*, WASH. POST, Dec. 14, 1928 at 13; *Anti-War Convictions Upheld by Supreme Bench: Brandeis Dissents in Gilbert Case, Condemning Decision as Beyond the Court's Powers*, BOSTON DAILY GLOBE, Dec. 14, 1928 at 10.

244) Philippa Strum, *Brandeis and the Living Constitution*, in BRANDEIS AND AMERICA 124 (Nelson L. Dawson ed., 1989).

245) *Gilbert*, 254 U.S. at 335-6 (Brandeis, J., dissenting).

246) 1920年のブランダイス裁判官による一連の個別意見は，もはやホームズ裁判官の立場に影響を及ぼすほど強力なものになった．翌年の Milwaukee Pub. Co. v. Burleson, 255 U.S. 407 (1921) では，ホームズ裁判官は立場を変更してブランダイス裁判官の意見に同調した．*See* David E. Bernstein, *From Progressivism to Modern Liberalism: Louis D. Brandeis as a Transitional Figure in Constitutional Law*, 89 NOTRE DAME L. REV. 2029, 2048 (2014).

247) UROFSKY, *supra* note 6, at 562.

248) *Gilbert*, 254 U.S. at 343 (Brandeis, J. dissenting). この判決については，ブランダイス裁判官のロー・クラークとチェイフィー教授との手紙のやり取りがあり，チェイフィー教授の自由論が一定の形で判決に影響を与えたと見られている．*See* Rabban, *supra* note 229, at 1343.

249) *Id*.

250) UROFSKY, *supra* note 6, at 633.

251) ロックナー期を象徴する Meyer v. Nebraska, 262 U.S. 390 (1923) は州における私立小学校でのドイツ語教育を行った教員が処罰された事案であり，マクレイノルズ裁判官は契約の自由の観点からこれを違法としない判決を下した．ブランダイス裁判官がこれに同調したのは，財産的構成から「契約の自由」を肯定したからではなく，むしろ第14修正から私的な空間においてドイツ語を教えることを認めたからだと考えられる．*See* Nathaniel L. Nathanson, *The Philosophy of Mr. Justice Brandeis and Civil Liberties Today*, 1979 U. ILL. L. F. 258, 284 (1979). 他方で，Meyer 判決へのブランダイス裁判官の同調とブランダイス裁判官のプライバシー権論は，いずれもロックナー期の延長上にあり，それが Griswold 判決以降の実体的デュー・プロセスに親和性のあるプライバシー権論と結びつきうる，という指摘がある．*See* Helen Garfield, *Privacy, Abortion, and Judicial Review: Haunted by the Ghost of* Lochner, 61 WASH. L. REV. 293 (1986). なお，ブランダイス裁判官とホームズ裁判官が行動をともにしなかった理由は，プライバシーと自由に関する見方が異なるだけではなく，州の権限に対する態度の違いであるとも考えられる．*See* STRUM, *supra* note 24, at 321.

252) Paper, *supra* note 48, at 283.
253) Cover, *supra* note 241, at 376.
254) ブランダイス裁判官は，この時期，言論の自由に関するデュー・プロセスの適用問題から，訴訟の権利，教育の権利，職業選択の権利，移動の権利が基本的な権利として侵害されるべきでないと第 14 修正を通じた包括的な自由論の可能性をフランクファーター教授に打ち明けていた．*See* Brandeis Papers, *supra* note 228, Box 114, File 14, Jul. 19, 1921（?）at 20．（(?) は原文のまま．）
255) Philippa Strum, Brandeis: beyond Progressivism 140（1993）．
256) Neil M. Richards, *The Puzzle of Brandeis, Privacy, and Speech*, 63 Vand. L. Rev. 1295, 1323（2010）．*See also* Bradley C. Bobertz, *The Brandeis Gambit: The Making of America's "First Freedom," 1909-1931*, 40 Wm. & Mary L. Rev. 557, 643（1999）．
257) Freund, *supra* note 136, at 119. *See also* Paul A. Freund, *Mr. Justice Brandeis: A Centennial Memoir*, 70 Harv. L. Rev. 769, 789-90（1957）．ブランダイスの愛読書は Alfred Zimmern, The Greek Commonwealth（1911）であると言われる．
258) *Whitney*, 274 U.S. at 375（Brandeis, J., concurring）．
259) Melvin I. Urofsky, Louis D. Brandeis And The Progressive Tradition 141（1981）．
260) *See* Alpheus Thomas Mason, Brandeis And The Modern State 223-4（1936）．
261) Pnina Lahav, *Holmes and Brandeis: Libertarian and Republican Justifications for Free Speech*, 4 J. L. & Pol. 451, 460（1987）．*See also* Helen Garfield, *Twentieth Century Jeffersonian: Brandeis, Freedom of Speech, and the Republican Revival*, 69 Or. L. Rev. 527, 571（1990）．
262) Blasi, *supra* note 15, at 682.
263) Philippa Strum, *Brandeis: The Public Activist and Freedom of Speech*, 45 Brandeis L. J. 659, 683（2007）．
264) Urofsky, *supra* note 6, at 637. Whitney 判決のブランダイス裁判官の意見は，「明白かつ差し迫った危険（a clear and imminent danger）」と定式化し，表現の自由をより手厚く保障するためホームズ裁判官よりも厳格な要件を提示した．*See Whitney*, 274 U.S. at 373（Brandeis, J., concurring）．また，ブランダイス裁判官は明白かつ現在の危険の法理それ自体が欠陥を抱えていることを認識していた．*See* Cover, *supra* note 241, at 385; Rabban, *supra* note 229, at 1212.
265) G. Edward White, *The First Amendment Comes of Age: The Emergence of Free Speech in Twentieth-Century America*, 95 Mich. L. Rev. 299, 325（1996）．
266) Blasi, *supra* note 15, at 696.
267) *Id.*
268) *Whitney*, 274 U.S. at 275（Brandeis, J., concurring）．
269) *Letter from Louis D. Brandeis to Robert W. Bruere*, Feb. 25, 1922 in *supra* note

117, at 46.
270) STRUM, *supra* note 255, at 124.
271) Miriam Theresa Rooney, *Law as an Instrument of Social Policy: The Brandeis Theory*, 22 ST. JOHN'S L. REV. 1, 45 (1947).
272) Henry J. Friendly, *Mr. Justice Brandeis: The Quest for Reason*, 108 U. PA. L. REV. 985, 997 n49 (1960). また, Whitney 判決では, Gilbert 判決に比べて結論を支えるだけの連邦法に関する証拠が乏しかったことから, ブランダイス裁判官が反対意見を投じなかったものと考えられる. *See also* Ronald K. L. Collins & David M. Skover, *Curious Concurrence: Justice Brandeis's Vote in* Whitney v. California, 2005 SUP. CT. REV. 333, 381.
273) Freund, *supra* note 136, at 97.
274) LOUIS MICHAEL SEIDMAN, SILENCE AND FREEDOM 1, 18 (2007). プライバシーの権利が沈黙の自由とも親和的であると考えられてきた. *See also* Henry J. Friendly, *The Fifth Amendment Tomorrow: The Case for Constitutional Change*, 37 U. CHI. L. REV. 671, 690 (1968).
275) PAUL A. FREUND, THE LIBERALISM OF JUSTICE BRANDEIS 4 (1958) reprinted from American Jewish Archive (Harvard Law Library).
276) *Stanley v. Georgia*, 394 U.S. 557, 565 (1969).
277) Freund, *supra* note 136, at 117.
278) *Whitney*, 274 U.S. at 357 (Brandeis, J., concurring).
279) *Olmstead*, 277 U.S. at 478 (Brandeis, J., dissenting).
280) *Whitney*, 274 U.S. at 376 (Brandeis, J., concurring).
281) *Olmstead*, 277 U.S. at 485 (Brandeis, J., dissenting).
282) *Whitney*, 274 U.S. at 375 (Brandeis, J., concurring).
283) *Olmstead*, 277 U.S. at 478 (Brandeis, J., dissenting).
284) *Letter from Louis D. Brandeis to Felix Frankfurter*, Jun. 15, 1928 in *supra* note 117, at 345. 1890年ブランダイスの共著論文の「個人が書いたものとその他すべての個人的な作品に対する……あらゆる形式における公開から保護するという原則は, 現実には, 私有財産の原則ではなく, 不可侵の人格の原則である」という記述とも重なり合う. *See* Warren & Brandies, *supra* note 1, at 205.
285) *Gilbert*, 254 U.S. at 335. (Brandies, J., dissenting).
286) Richards, *supra* note 256, at 1339.
287) Felix Frankfurter, *Mr. Justice Brandeis and the Constitution*, in MR. JUSTICE BRANDEIS 124 (Felix Frankfurter ed., 1932).
288) Warren & Brandies, *supra* note 1, at 193.
289) *Olmstead*, 277 U.S. at 478 (Brandeis, J., dissenting).
290) Warren & Brandeis, *supra* note 1, at 199, *Olmstead*, 277 U.S. at 479 (Brandeis, J., dissenting), *Gilbert*, at 335 (Brandeis, J., dissenting).

291) Warren & Brandeis, *supra* note 1, at 195.

292) Olmstead, 277 U.S. at 478 (Brandeis, J., dissenting).

293) David Rosen & Aaron Santesso, *Inviolate Personality and the Literary Roots of the Right to Privacy*, 23 LAW & LITERATURE 1, 5 (2011). ブランダイスのプライバシー権の根拠の「不可侵の人格」論は法律家の論理というよりも，詩人の表現とすら評価されている。

294) *Gilbert*, 254 U.S. at 338 (Brandeis, J., dissenting).

295) Strum, *supra* note 255, *at* 128.

296) ブランダイスのプライバシー権はこの意味において，プライバシーと表現の自由が調整しうるものとして，自律（autonomy）の観点から正当化されうる，という説明も決して不当なものではなかろう。*See, e.g.,* C. Edwin Baker, *Autonomy and Informational Privacy, or Gossip: The Central Meaning of the First Amendment*, 21 SOCIAL PHIL. & POL'Y 215 (2004); Louis Henkin, *Privacy as Autonomy*, 74 COLUM L. REV. 1410 (1974); Joel Feinberg, *Autonomy, Sovereignty, and Privacy: Moral Ideas in the Constitution?*, 58 NOTRE DAME L. REV. 445 (1983). もっとも，自律という言葉が多義的であるため，プライバシー権との接合が論者によって異なりうる点に注意を要する。*See* Richard H. Fallon Jr., *Two Senses of Autonomy*, 46 STAN. L. REV. 875 (1994); Julie E. Cohen, *What is Privacy For*, 126 HARV. L. REV. 1904, 1907 (2013).

297) Warren & Brandeis, *supra* note 1, at 198.

298) Blasi, *supra* note 15, at 673-4.

299) Brandeis, *supra* note 60, at 92.

300) *See* Ken Gormley, *One Hundred Years of Privacy*, 1992 WIS. L. REV. 1335, 1347 (1992).

301) See Neil M. Richards, *Intellectual Privacy*, 87 TEX. L. REV. 387 (2008).

302) Richards, *supra* note 256, at 1340.

303) *Id.* なお，リチャーズ教授の立場は，1890年の論文とWhitney判決が矛盾するという前提の下，ブランダイスが時代を経てプライバシー権を進化させていく過程において表現の自由とプライバシー権が調整しうるというものであり，本章の前提とは異なる。*See also* Neil M. Richards, *The Limits of Privacy*, 9 J. ON TELECOMM. & HIGH TECH. L. 357, 368 (2011).

304) Cover, *supra* note 241, at 377.

305) Thomas P. Crocker, *Ubiquitous Privacy*, 66 OKLA. L. REV. 791, 802 (2014).

306) *Whitney*, 274 U.S. at 376 (Brandeis, J., concurring).

307) *Id.* at 377.

308) *See* PEMBER, *supra* note 8, at 53. イギリスにおける信頼義務違反とアメリカのプライバシー法はその適用場面が異なることから「かなり異質である」と評価される。See Neil M. Richards & Daniel J. Solove, *Privacy's Other Path: Recovering*

the Law of Confidentiality, 96 GEO. L. J. 123, 159 (2007).
309) Warren & Brandeis, *supra* note 1, at 215-6. 1890 年論文を引用した 1905 年 Pavesich 判決でもプレスの自由が「合法で，品格のある，適切な行為の限界の範囲内」でしか保障されず，プライバシー権との調整が図られることを示している．*Pavesich*, 50 S.E. at 74 (1905).
310) *Olmstead*, 277 U.S. 485 (Brandeis, J., dissenting). ブランダイス裁判官のこの一節は，政府と市民の関係を示すために「**人間の条件**に関する真実を大きな意味で描写した点において正しい」（強調引用者）と評される．*See* Steiker, *supra* note 172, at 177 (2009).
311) Jed Rubenfeld, *The Right of Privacy*, 102 HARV. L. REV. 737, 807 (1989).
312) *A Plug in the 'Big Ear'*, N.Y. TIMES, Dec. 24, 1967 at 116.
313) N.Y. TIMES, *supra* note 12, at 24.
314) *The Right to Privacy*, WALL ST. J., Mar. 5, 1936 at 4.
315) *Privacy v. Protection: The Bugged Society*, N.Y. TIMES, Jun. 8, 1969, at SM 30.
316) *Olmstead*, 277 U.S. at 479 (Brandeis, J., dissenting).
317) *Letter from Louis D. Brandeis to Felix Frankfurter*, Jul. 2, 1926, in *supra* note 117, at 277-8.
318) Warren & Brandeis, *supra* note 1, at 196.
319) *Olmstead*, 277 U.S. at 485 (Brandeis, J., dissenting). 判決直後はこの一節を紹介する記事が多い．*See* WASH. POST, *supra* note 133; *Tapped Phone Calls Legal as Evidence: Supreme Court Spilt Over Decision, 5 to 4*, DAILY BOSTON GLOBE, Jun. 5, 1928 at 9; *Listening-in Approved: Court Rules on Wire-Tapping*, L. A. TIMES, Jun. 5, 1928 at 1.
320) *Burdeau v. Mcdowell*, 256 U.S. 465, 477 (1920) (Brandeis, J., dissenting).
321) Warren & Brandeis, *supra* note 1, at 195, *Olmstead*, 277 U.S. at 478 (Brandeis, J., dissenting).
322) Jed Rubenfeld, *The Right to Privacy and the Right to be Treated as an Object*, 89 GEO. L. J. 2099, 2100 (2001).
323) Erwin Chemerinsky, *Rediscovering Brandeis's Right to Privacy*, 45 BRANDEIS L. J. 643, 643 (2007).
324) Frankfurter, *supra* note 287, at 113.
325) 208 U.S. 412 (1908).
326) *See* LOUIS D. BRANDEIS, THE CURSE OF BIGNESS: MISCELLANEOUS PAPERS OF LOUIS D. BRANDEIS 56, 111 (Osmond K Fraenkel, ed., 1934). ブランダイスは，「社会の病理を詳細に分析し，社会立法に向けた具体案を提示する」ことに長けていた．*See* Marion E. Doro, *The Brandeis Brief*, 11 VAND. L. REV. 783 (1958).
327) A. GENTLEMAN THE LAWS OF ETIQUETTE OR SHORT RULES AND REFLECTIONS FOR CONDUCT IN SOCIETY 106 (1836).

328) Turkington, *supra* note 203, at 496.

329) Sheldon W. Halpern, *Rethinking the Right of Privacy: Dignity, Decency, and the Law's Limitations*, 43 Rutgers L. Rev. 539, 563 (1991). *See also* Sheldon W. Halpern, *The "Inviolate Personality": Warren And Brandeis After One Hundred Years: Introduction to a Symposium on the Right of Privacy*, 10 N. Ill. U. L. Rev. 387 (1990).

330) Restatement (Second) of Torts §652D, Comment h. Private facts 391 (1977). 私事の公共について，何が正当な公共の利益に関する事柄に当たるかを決定するには，共同体の慣例や慣習，すなわち共同体の習律（the community mores）を考慮に入れなければならないとも記述されている。

331) *See* Robert C. Post, *Rereading Warren and Brandeis: Privacy, Property, and Appropriation*, 41 Case W. Res. L. Rev. 647, 680 (1991). もっとも，ポスト教授はウォーレンとブランダイスの論文を「人格の尊厳としてのみならず，財産としての側面への法的保護」とも位置づけている。

332) Robert C. Post, Constitutional Domains: Democracy, Community, Management 61 (1995).

333) Robert C. Post, *Three Concepts of Privacy*, 89 Geo. L. J. 2087, 2092 (2001).

334) Post, *supra* note 332, at 51.

335) Roscoe Pound, *Interests of Personality*, 28 Harv. L. Rev. 343, 362 (1915).

336) *See* Linda N. Woito & Patric McNully, *The Privacy Disclosure Tort and the First Amendment: Should the Community Decide Newsworthiness?*, 64 Iowa L. Rev. 185, 198 (1979).

337) *Planned Parenthood of Southeastern Pa. v. Casey*, 505 U.S. 833 (1992). *See also* Michael Rosen, Dignity: Its History And Meaning 125 (2012); Jeremy M. Miller, *Dignity as a New Framework, Replacing the Right to Privacy*, 30 T. Jefferson L. Rev. 1 (2007).

338) Ruth Gavison, *Too Early for a Requiem: Warren and Brandeis Were Right on Privacy vs. Free Speech*, 43 S.C. L. Rev. 437, 455 (1992).

339) Edward J. Bloustein, *Privacy as an Aspect of Human Dignity: An Answer to Dean Prosser*, 39 N.Y.U. L. Rev. 962, 1005 (1964). *See also* Warren & Brandeis, *supra* note 1, at 214.

340) John D. Castigline, *Human Dignity under the Fourth Amendment*, 2008 Wis. L. Rev. 655, 660. 特に刑事分野においては，死刑問題について，「品格の進化する基準（the evolving standards of decency）」が用いられており，この基準が第4修正の解釈にも指針となりうると指摘される．*Id.* at 700.

341) Bezanson, *supra* note 116, at 1139.

342) *Olmstead*, 277 U.S. at 485 (Brandeis, J., dissenting).

343) Strum, *supra* note 255, at 116. ブランダイスの個人主義と共同体主義の緊張関係

については、*See* Daniel A. Farber, *Reinventing Brandeis: Legal Pragmatism for the Twenty-First Century*, 1995 U. ILL. L. REV. 163, 184 (1995).

344) Giovanni Bognetti, *The Concept of Human Dignity in European and US Constitutionalism*, in EUROPEAN AND US CONSTITUTIONALISM 100 (George Nolte ed., 2005).

345) 実際、プライバシー権を品格の維持に求めようとすれば、「政府に私のことについて話すことを止めてもらう権利」とも理解されかねない。*See* Eugene Volokh, *Freedom of Speech and Information Privacy: The Troubling Implications of a Right to Stop People From Speaking about You*, 52 STAN. L. REV. 1049, 1050-1 (2000).

346) Jeffrey Rosen, *Facebook, Google, and the Future of Privacy and Free Speech*, in CONSTITUTION 3.0: FREEDOM AND TECHNOLOGICAL CHANGE 76 (2011).

347) ウォーレンとブランダイスの論文もまた「金持ちのプレスに対する懇願」（PEMBER, *supra* note 8, at 23）、「不法行為における社会的身分」（Kalven, *supra* note 5, at 328）を与えた、あるいは「19世紀の男性の特権の着想」であり、「文化、経済力、地位、年齢、また性別」（*See* Anita L. Allen & Erin Mack, *How Privacy Got Its Gender*, 10 N. ILL. U. L. REV. 441, 441〔1990〕）がプライバシーと結びついてきたと批判されることがある。

348) James Q. Whitman, *The Two Western Cultures of Privacy: Dignity Versus Liberty*, 113 YALE L. J. 1151, 1205 (2004). ブランダイスは、ドイツでDresden Annen-Realschuleに通っていたが、ここでの生活がいっそうアメリカの自由な空気をあこがれのものにさせたと言われる。また、ブランダイスがドイツでの生活を送ったことを指摘し、1890年論文をドイツの人格権との類似性を読み解くこともできるのかもしれない。*See* Paul M. Schwartz & Karl-Nikolaus Peifer, *Prosser's* Privacy *and the German Right of Personality: Are Four Privacy Torts Better than One Unitary Concept?*, 98 CAL. L. REV. 1925, 1943 (2010).

349) Schwartz & Karl-Nikolaus, *id.* at 1944.

350) Jeanne M. Hauch, *Protecting Private Facts in France: The Warren & Brandeis Tort Is Alive and Well and Flourishing in Paris*, 68 TUL. L. REV. 1219, 1291 (1994).

351) Tom Gaerety, *Redefining Privacy*, 12 HARV. C.R.-C.L. L. REV. 233, 243 (1977).

352) Schwartz & Karl-Nikolaus, *supra* note 348.

353) Whitman, *supra* note 348, at 1204.

354) *Nebbia v. New York*, 291 U.S. 502, 531 (1934); *West Coast Hotel Co. v. Parrish*, 300 U.S. 379, 388 (1937).

355) 285 U.S. 262, 301 (Brandeis, J., dissenting).

356) Stanley Ingber, *Defamation: A Conflict Between Reason and Decency*, 65 VA. L. REV. 785, 858 (1979).

357) Charles E. Hughes, *Mr. Justice Brandeis* in *supra* note 287, at 3.
358) UROFSKY, *supra* note 6, at iv.
359) Stephen G. Breyer, *Justice Brandeis as Legal Seer*, 42 BRANDEIS L. J. 711 (2004).
360) *See* Larry Roth, *The Many Lives of Louis Brandeis; Progressive-Reformer, Supreme Court Justice, Avowed Zionist, and A Racist?*, 34 S.U.L. REV. 123 (2007).
361) ALEXANDER M. BICKEL, THE SUPREME COURT AND THE IDEA OF PROGRESS 29 (1978).
362) Jerry Kang, *Information Privacy in Cyberspace Transactions*, 50 STAN. L. REV. 1193, 1202 (1998).
363) Halpern, *supra* note 329, at 543.
364) Kalven, *supra* note 5, at 333.
365) ブランダイスが中絶の問題についてまで一般原理としてプライバシー権を用いることを想定していなかったことは，彼のロー・クラークが示しているとおりである．*See* Henry J. Friendly, *The Courts and Social Policy: Substance and Procedure*, 33 U. MIAMI L. REV. 21, 34 (1978). 他方で，ブランダイスのプライバシー権は，中絶，尊厳死，同性愛の文脈においても援用されてきた．*See e.g., Eisenstadt v. Baird*, 405 U.S. 438, 453 & 454 n10 (1972); *Roe v. Wade*, 410 U.S. 113, 152 (1973); *Bowers v. Hardwick*, 478 U.S. 186, 199 (1986) (Blackmun, J., dissenting); *Cruzan v. Director, Missouri Department of Health*, 497 U.S. 261, 342 (1990) (Stevens, J., dissenting).
366) BRANDEIS, *supra* note 326.
367) *See Letter from Louis D. Brandeis to Alford Brandeis*, Sep., 6, 1905 in *supra* note 53, at 358.
368) *See* ALLON GAL, BRANDEIS OF BOSTON 27 (1980). また，ブランダイスは，巨大なナチスを非難し，ナチスのユダヤ迫害に対しては，すべてのユダヤをドイツから解放するよう唱道した．*See* Allon Gal, *Brandeis, Judaism, and Zionism*, in *supra* note 244, at 77.
369) ALEXANDER M. BICKEL, THE UNPUBLISHED OPINIONS OF MR. JUSTICE BRANDEIS: THE SUPREME COURT AT WORK 121 (1957). ブランダイスは，「巨大な権力の集中が反民主的であると考えた」からこそ，巨大なものへと立ち向かったのかもしれない．*See* Mary Murphy Schroeder, *The Brandeis Legacy*, 37 SAN DIEGO L. REV. 711, 715 (2000).
370) *See e.g.*, Connie Davis Powell, *"You already have zero privacy. Get over it!": Would Warren and Brandeis Argue for Privacy for Social Networking?*, 31 PACE L. REV. 146 (2011).
371) Chemerinsky, *supra* note 323, at 657.
372) *Letter from Louis D. Brandeis to Samuel Dennis Warren*, *supra* note 53.

II

プライバシー二都物語
──「自由」と「尊厳」の衝突──

> アメリカ人の夫は妻に公の場でキスし私邸でビンタをする．
> 日本人の夫は妻に公の場でビンタし私邸でキスする．
>
> 新渡戸稲造[1]

1 過　　去

1 生誕から普及へ

「あれは最高の時代であり，最悪の時代であった．英知の時代であり，愚かな時代であった．信頼の時代であり，不信の時代であった．光の季節であり，闇の季節であった．希望の春であり，絶望の冬であった．」[2]

この125年間プライバシーの権利が歩んできた道のりを表しているかのような一節である．1890年にプライバシーの権利が産声をあげてから，紆余曲折の時代を経て，いまや世界中で受容された普遍的な権利としてその地位を築きあげた．しかし，プライバシーの法的概念をめぐっては，それぞれの時代や国・地域によってその捉え方も異なる．125年前に「プライバシーへの権利」という概念をこの世に広めた論者の一人がルイス・ブランダイスである[3]．ブランダイスの弁護士としての，合衆国最高裁の裁判官としての，そして，何よりもユダヤ人としての生き様がプライバシー権への愛情を反映しているように思われる．すなわち，ユダヤ人としてのブランダイスのプライバシーの権利は，ユダヤの概念である"tikkun olam"――各人はそれぞれの壊れた世界観を秘匿し，修繕する義務を負っているという教え――を物語っているように捉えることができる[4]．ユダヤの聖書には，近隣の壁に窓がある場合は，4キュビット（約1.8メートル）分は距離をとらなければならない，と記載されている．これは，近隣の私生活の干渉しないよう品格ある近隣関係を築くためのユダヤ人の生き方を映し出しているとも考えられる[5]．

(1) アメリカ

　プライバシー権はその生誕からして，その時代とその国・地域，さらにはそれを主張する人によって異なりうるものであり，優れて文化的価値を映し出してきた．プライバシーの原産国であるアメリカでは，その発展過程においてプライバシーの権利がいったいどのような法的概念であるかについて，様々な社会問題を反映しつつ繰り返し議論されてきた．1890 年，サミュエル・ウォーレンとルイス・ブランダイスがプライバシーの権利を口にした背景の一つには，当時のイエロー・ジャーナリズムの台頭によるマス・メディアの「行き過ぎ（overstepping）」[6] に警笛を鳴らす目的があったと言われる．その後，彼らも想像しないような科学技術の進展に伴い，大量の情報が氾濫する社会におけるプライバシーの法的性格をめぐって様々な論争がもたらされてきた．たとえば，1928 年，Olmstead v. United States[7] において，ブランダイス裁判官は，盗聴という技術が人の精神性，感情，そして知性を脅かす存在であることを悟り，政府に対抗する権利としてプライバシー権を擁護した．その後，アメリカでのプライバシーの発展は，1965 年，Griswold v. Connecticut において憲法上列挙されていないにもかかわらず，「プライバシーの圏域」が導かれることが最高裁によって認められ[8]，それ以降，中絶の権利[9]や同性愛者の権利[10]などの論争においてもこのプライバシーの圏域が基礎をなしてきた．また，1967 年，再び盗聴がプライバシー権を侵害するか否かが問われた Katz v. United States において，1928 年の時点では少数意見であったプライバシー権が，「プライバシーの合理的な期待（reasonable expectation of privacy）」[11] として登場することとなった．さらに，1977 年，Whalen v. Roe において，最高裁は，「私事を公表されない個人的利益」[12] としてのいわゆる「情報プライバシー（information privacy）」を実質的に承認するに至ったのである．

　アメリカのプライバシー保護の立法面としては，1974 年連邦プライバシー法（Privacy Act of 1974）により，公的部門におけるプライバシー保護の規制が行われるとともに，個別の立法や各州法によってプライバシーの法制度が整えられてきた．ウォーレンとブランダイスの論文から 1 世紀以上もの年月が過ぎてからも，2001 年に下された Bartnicki v. Vopper における法廷意見，同意意

見，さらに反対意見においてそれぞれ彼らの論文が支持された[13]。「独りにしておいてもらう権利」は，アメリカのコモン・ロー[14]として，制定法[15]として，そして政府の規制の限界[16]として反映されている。そして，2012年2月，オバマ大統領はブランダイスによるプライバシー権の意義に言及しつつ，「消費者プライバシー権利章典」の青写真を示し，2015年2月その法案の内容を公表した[17]。このことは，ウォーレンとブランダイスの「プライバシーへの権利」がアメリカ法の根底に根づいており，今なお彼らの主張した権利が生き続けていることを物語っている。

(2) ヨーロッパ

ヨーロッパにおいても，第二次世界大戦後に民主化と人権保障の必要性を意識した「政治の伝統，理念，自由及び法の支配の共通の遺産」としての欧州人権条約（the European Convention on Human Rights）が制定された[18]。同条約の第8条では，「私生活及び家庭」を尊重する権利が規定されて，プライバシーの法的基盤を示唆している。その後，プライバシーの権利は，ヨーロッパ各国においても法制化されてきた。たとえば，1970年ドイツ・ヘッセン州におけるデータ保護法[19]，1973年のスウェーデンのデータ保護法[20]の制定がその一例である。そして，1981年，欧州評議会による「個人データの自動処理に係る個人の保護に関する条約」[21]が発効した。同条約は，自動処理された個人データの国際流通の増加を背景に，市民の権利と基本的自由，特にプライバシーを尊重する権利の保護の拡大が望ましいことを考慮しつつ，他方で，国境に関わりなく情報の自由な流通という基本的価値を調和させる必要性を認識し制定された[22]。この条約の発効後には，ヨーロッパ諸国におけるプライバシー保護の立法化が進展していった[23]。

EUでは，EU基本権憲章において，私生活の尊重の権利（第7条）とともに個人データの保護の権利（第8条）が明文規定で保障されている。拘束力のある個人データの保護を実現するため，1995年「個人データの取扱いに係る個人の保護及び当該データの自由な移動に関する欧州議会及び理事会の指令」（以下，「EUデータ保護指令」という。）[24]が採択された。これにより，EUに加盟

する各国では，国内のプライバシー・データ保護の法制度を見直す作業を行い，EU として統一性のとれた法制度が確立した．EU データ保護指令は，EU 加盟国はもちろんのこと，加盟国以外の第三国にも影響力を及ぼすことから，プライバシーのグローバルな展開の一例として注目されてきた．そして，EU データ保護指令もまた 2012 年 1 月全面的に見直しが行われ，21 世紀のプライバシーの枠組みとしての「EU データ保護規則提案」が欧州委員会によって公表され，EU 域内での個人データ保護の権利強化が示されてきた[25]．

(3) 日　本

日本においても，1964 年，「宴のあと」事件における「いわゆるプライバシー権は私生活をみだりに公開されないという法的保障ないし権利として理解される」[26] という判決に始まり，プライバシー権は広く受容されてきた．たとえば，外国人に対する指紋押なつが問題とされた事案について，憲法 13 条を援用しつつ，「採取された指紋の利用方法次第では個人の私生活あるいはプライバシーが侵害される危険性がある」[27] ことが指摘された．また，大学の学生の氏名等を含む単純な個人情報であっても，「プライバシーに係る情報として法的保護の対象となる」[28] ことが認められてきた．さらに，いわゆる住基ネット訴訟では，「個人の私生活上の自由の一つとして，何人も，個人に関する情報をみだりに第三者に開示又は公表されない自由を有する」[29] ことが確認された．

そして，抽象的権利といわれてきたプライバシーの権利を反映する立法が整備され，2003 年，プライバシーの権利を背景にした「個人情報の保護に関する法律」が成立した．同法の基本理念では，個人情報が「個人の人格尊重の理念」（第 3 条）のもとに取り扱われるべきことが示され，憲法 13 条の「すべて国民は，個人として尊重される」こととの接点が現れている．このように，日本においても，プライバシー権がおよそ半世紀以上にわたって様々な判例・裁判例と立法において浸透してきたのであった．

(4) 普遍的価値

プライバシー権は，アメリカを出自としながらも，ヨーロッパや日本など世

界で広く共有され，さらには，国際的な法的・政治的枠組みの中においても確認することができる．たとえば，1948年に採択された「世界人権宣言」(Universal Declaration of Human Rights) においても「プライバシー」の恣意的な干渉の禁止が示された[30]．1966年に採択された市民的及び政治的権利に関する国際規約では，プライバシーへの恣意的または不法な干渉を受けない権利が規定された（第17条1項）．2013年6月，エドワード・スノーデンの告発によりアメリカ合衆国国家安全保障局による大量の個人情報収集活動[31]が明らかになってから，国際連合では，「デジタル時代におけるプライバシー権」を謳った決議が満場一致で採択された[32]．この決議においても，「通信の監視」に警戒を呼びかけ，「デジタル通信の文脈においてもプライバシーへの権利が尊重され，保障されること」が日本を含む加盟国に要請されている．

また，1980年の「OECDプライバシー保護と個人データの国際流通についてのガイドラインに関する理事会勧告」(2013年改正) は日本を含む多くの国におけるプライバシー保護法のモデルとなった．日本の個人情報保護法制は，OECDガイドラインが示す基本8原則をもとに個人情報取扱事業者の義務規定が整備され，裁判所においてもその意義が言及されてきた[33]．アジア太平洋地域においては，「APECプライバシー・フレームワーク」[34]が2004年に採択され，これまでプライバシー法制がなかった地域においても新たな立法化が見られた．APECの地域では，台湾，マレーシア，シンガポール，フィリピン，ペルーなどが新たに個人情報保護法を立法化する動向が見られ，プライバシー保護の法整備の国際的動向を確認することができる．

ヨーロッパで発展してきた各国のプライバシー・コミッショナーという独立監督機関は，プライバシー保護に向けた法執行，越境執行協力，立法過程における関与，広報啓発活動など様々な役割を担ってきた．世界中のプライバシー・コミッショナーが1979年以降毎年一度集う「データ保護プライバシー・コミッショナー国際会議」はプライバシー保護に関するグローバルな基準の作成と拘束力ある条約の発効に向けた審議を重ね，毎年様々な決議を採択してきた[35]．2015年3月現在，109カ国においてプライバシー保護に関する立法が制定されており，プライバシー保護という目的は地球上で共有された普遍的な価

値であると言うことができる[36].

プライバシーの権利の生みの親であるブランダイスが，それを「最も包括的な権利の一つであり，文明人によって最も高く評価された権利」[37]と述べたとおり，この権利の世界的な受容はプライバシーの意義が広く共有されてきた証左でもある．

2 揺らぎ

情報通信技術の発展により，大量の情報が瞬時に地球上を駆け巡り，プライバシーは国境を越えて保護される必要が生じてきた．しかし，そもそもプライバシーの法的概念の捉え方自体が各国によって異なるならば，国境を越えたプライバシー保護は困難なものとなる．

現実に，テロリズムの対策や国境を越えた取引犯罪の対処を理由としたプライバシー保護のあり方をめぐっては，アメリカとヨーロッパとの間での温度差が顕著に見られる．2001年9月11日アメリカにおける同時多発テロ後，ブッシュ政権は，愛国者法と外国諜報活動監視法に基づき，様々な監視ツールを駆使しテロ容疑者を発見するため，プライバシーよりも国土の安全を優先させてきた．国土の安全と外国の諜報活動に関する情報収集を対象とする9.11後の監視については，通常の刑事事件による場合とは異なるため，①監視の乱用の正当化の根拠のみならず，政府の活動の秘密を保全する根拠や市民的自由よりも優先する根拠となっていた[38]．テロとの戦いを掲げるアメリカは，いわゆる「データ・マイニング（data mining）」あるいは「データ監視（dataveillance）」と呼ばれる方法[39]で，これまでの監視のあり方を変えてしまった．スノーデンが明らかにした国家安全保障局による諜報活動は，潜在的なテロリストを見抜くために，テロとはまったく無関係な一般人の個人情報を含むあらゆる情報をかき集めることで成立する．一定の人物を対象とした監視は，無差別，継続的に行われることとなった．そして，事後の捜査から事前の監視へと変わり，特定の容疑者から不特定の多数者が監視の対象となった．さらに，監視の対象は，人そのものではなく，その人を記録したデータとなった．9.11後のアメリ

カの監視や諜報活動の実態は闇に包まれており，また，これまで「歯止め」となっていた諜報活動への憲法上の保障が取り払われ，プライバシーの侵害の危険性が指摘されてきた[40]．

これに対し，ヨーロッパではプライバシーを人権として掲げ，テロリストとの戦いであろうと，この人権を擁護しようとしてきた．2013 年 6 月にスノーデンが明らかにしたアメリカ国家安全保障局によるスキャンダルを強く非難したのが EU であった．レディング欧州委員会副委員長は，ニュー・ヨーク・タイムズ（オンライン版）において「またやりました．またプライバシーの基本的権利への違反です．また市民の抗議です．また個人データの安全に対する市民の信頼を棒に振りました．」[41]とただちにアメリカによる EU 市民のプライバシー侵害を痛烈に批判した．欧州議会もまた 2013 年 7 月 4 日に NSA による監視プログラムを非難する決議を採択した[42]．同決議には，PRISM 及びその他のプログラムへの深刻な憂慮と EU 外交官へのスパイ活動への強い非難が示されている．

このように，特に 9.11 テロ後のアメリカの情勢を見るだけでも，皮肉なことに，いち早くプライバシーの法的概念を真剣に議論してきたはずのアメリカが，今日，国境を越えたプライバシー保護についての「失策」[43]を指摘されることとなった．アメリカもヨーロッパもプライバシーのもつ意義については共有していても，プライバシーの保護のあり方やプライバシーの対立利益との衡量の仕方など，広くはプライバシーの意味について必ずしも同じ理解をしてきてはいなかったように思われる．

プライバシーはローカルであるのに対し，情報の流通はグローバルである．これがプライバシー保護の問題を困難なものとさせている．そして，プライバシーがローカルな形で生成され，変遷してきたからこそ，グローバルな課題においてプライバシー権は揺らぎを見せているのである．仮に国際的な法的枠組みが実現したとしても，プライバシーへの意識は一晩寝て変わるものではない．一票の較差問題で区割りが変更したり，選挙権の年齢が引き下げられたりする法的枠組み（たとえば，一人別枠方式の廃止や 18 歳以上の者への選挙権付与）とは異なり，プライバシー保護に関する枠組みは，たとえ法律が変わっても，

人のプライバシーへの意識が一日にして急変するものではない．プライバシーへの意識は，その時代に生きる，その国・地域に生きる，その人の生活様式と社会規範に深く関係しているためである．なぜプライバシーの意義と価値がここまで世界的に共有されていながらも，その意味は異なるのであろうか．なぜプライバシーという共通の言葉が用いられていながらも，その法的概念や保護の形態が国ごとにこれほどまで異なるのであろうか．

　本章では，このようにプライバシーの意義の普遍性を認識しつつ，アメリカとヨーロッパとの間でその意味の差異から生じた現実の衝突について紹介し，プライバシーの権利——特に情報プライバシー権——の法的性格について分析と検討を行っていくことを目的とする．歴史，文化，そして法制度の異なる国を比較することには，どのようなアプローチをするかによって当然異なる帰結が導かれることとなる．本章では，アメリカとヨーロッパとの間にはプライバシーの意義の重要性が共有されているものの，その意味の捉え方から生じる現実的な諸問題を浮かび上がらせようとするものである．したがって，本章は単一で普遍的なプライバシーの意味を確定するものではなく，プライバシーの意味の捉え方に関するアメリカとヨーロッパとの差異が相対的なものであることを認識しつつ，プライバシーをめぐるアメリカとヨーロッパとの距離の一つの見方を提示するに過ぎない．アメリカとヨーロッパとの間の衝突を見て取ることで，日本においてプライバシーの権利の哲学を検討する重要な手がかりを提供するものと考えている．

2　現　　在

1 デジタル・ツナミ

　アメリカとヨーロッパを隔てる大西洋には「デジタル・ツナミ」[44]が押し寄せ，プライバシーをめぐる衝突が生じている．アメリカとヨーロッパとの間にはプライバシーの法的概念の捉え方や法制度，そしてその保護の水準に違いが

見られ，それが原因となり，現実に深刻な問題が起きている．

そのきっかけとなったのが 1995 年 EU データ保護指令であった．EU データ保護指令は，「個人データの取扱いに対する自然人の基本的権利及び自由，特にプライバシー権の保護」を目的に掲げ，すべての EU 加盟国に対してこの指令の内容を国内法化する義務を負わせるという点で一定の拘束力を有している．EU データ保護指令には，センシティブ情報の保護，個人データの目的外利用の禁止，個人データの取得元の開示，利用停止，消去への権利に関する規定が設けられており，これらの内容についてすべての EU 加盟国が 1998 年の発効に向けて国内法の見直し作業を行ってきた．このようなことから，後にも紹介するが，EU データ保護指令を受けて，ヨーロッパでは，事業分野ごとの個別のプライバシー立法ではなく，プライバシー保護をするための包括的な法律が制定されてきた．

EU データ保護指令は，EU 加盟国にデータ保護法制を義務づけるものであるが，加盟国以外の国にとっても影響力をもつこととなる．すなわち，この指令の最も特徴的であり重要な規定は第 25 条の第三国への個人データの移転に関する条項である[45]．同条項は，第三国に EU 域内から個人データの移転をしようとする場合，当該第三国が「十分なレベル（adequate level）の保護措置」を確保している場合に限って，その移転を認めている[46]．裏を返せば，「十分なレベルの保護措置」を施していない，すなわち「十分性の基準」を満たしていない国への EU 域内からの個人データの移転は，原則として認められていないのである．

欧州委員会からの十分性審査については，いわゆるホワイト・リストとブラック・リストがある．すなわち，十分性審査の結果，データの移転が認められる第三国のホワイト・リストと，データ移転が禁止される第三国のブラック・リストである．これまでのところ，スイス[47]，カナダ[48]，アルゼンチン[49]，ガンジー島[50]，マン島[51]，ジャージ島[52]，フェロー諸島[53]，アンドラ[54]，イスラエル[55]，ウルグアイ[56]，ニュージーランド[57]の 11 の国・地域が通常審査によるホワイト・リストに掲載されている（2015 年 3 月時点）[58]．

これに対し，「ブラック・リストの国を明示的に列挙することは政治的に極

めてセンシティブ」[59]であることから，ブラック・リストに正式に指定された国は存在していない．しかし，オーストラリアは，「プライバシー法（Privacy Act 1988）」を 2000 年に大幅修正を施したが，欧州委員会の第 29 条作業部会（Article 29 Working Party）が 2001 年 3 月に公表した意見では EU データ保護原則のいくつかの懸念を払拭できた場合のみ「十分性の基準」を満たす，すなわち審査が行われた時点では不十分であるという結論が出されている[60]．この結論は，端的に述べるならば，ヨーロッパの目から見てオーストラリアにおけるプライバシー保護は未熟であり，ヨーロッパの国内の市民の個人データをオーストラリアには原則として明け渡すことができない，ということを意味している．これを受けて，「十分性の基準」の原則に適合しない第三国への個人データの移転については，EU データ保護指令でも認められている企業間の契約を締結するなどのコストを払うことで現実的な対応を図る道が残されている．しかし，プライバシーについての EU からの不信を払拭するため，結果として，オーストラリアでは，プライバシー法の大規模な見直しを迫られることとなっている．2008 年 8 月 11 日にオーストラリア法改革委員会によって示された 2500 頁を超える報告書には，第 29 条作業部会による十分性審査の指摘を踏まえたプライバシー保護に関する多くの重要な改革案が指摘され，2012 年に実際に法改正を行った（2014 年 3 月 12 日施行）[61]．

　日本のプライバシー保護に関する法制度については，これまでのところ欧州委員会からの「十分性」の審査を正式に受けていない状況にある[62]．このような，ヨーロッパのプライバシー・スンダードによってその国のプライバシーの水準が十分か否かの審査を行うというのは「余計なお世話」[63]にも思われるが，EU 側としてはあくまで国境を越えた個人データが膨大な量にのぼる現実のビジネス取引において EU 市民の人権を守るための措置であり決して無視できない状況にある[64]．このような十分性の基準はプライバシー保護のグローバルな水準維持を牽引してきており，ベルギー・ブリュッセルにおいて決定されたプライバシー保護の水準を世界中に輸出している「ブリュッセル効果」[65]とも形容される．もはや EU データ保護指令が突き付けたプライバシー保護の基準は「プライバシー外交」[66]という非常にセンシティブな問題にまで発展している．

中でもヨーロッパのプライバシー保護の基準と衝突してきたのがプライバシーの原産国であるアメリカである．EU データ保護指令が加盟国において施行されようとしていた当時，アメリカでは，EU とは対照的に「自己主導型のプライバシー保護措置」[67]が奨励されていた．そして，インターネットの台頭を受け，1997 年クリントン政権が，電子商取引における政府による過度な規制を排除し，「自主規制によるプライバシー体制（self-regulatory privacy regimes）」[68]の方向性を示したばかりであった．このような事情からプライバシー保護法制に遅れをとってきたアメリカもまた欧州委員会からの「十分性の基準」審査を実質的には受けたことはないが，正面からその審査を受ければ，オーストラリアの二の舞になることは十分に予測されるところである[69]．しかし，アメリカが EU からのデータ移転を自由に行うための十分性の認定を受けなければ，「プライバシー外交」による交渉にも限界がある．この交渉過程において，アメリカとヨーロッパにおいてはプライバシーをめぐる衝突が幾度となく顕在化してきた．ここでは特に問題となったアメリカとヨーロッパのプライバシーをめぐる衝突について五つの具体的な事例を紹介する．

(1) SWIFT

SWIFT（Society for Worldwide Interbank Financial Telecommunication〔国際銀行間通信協会〕）とは，電信による送金サービス等を行うため，2015 年 3 月現在，毎日約 2400 万通の電信を処理し，世界中 10,000 以上の金融機関の通信を取り扱うネットワーク運営組織である[70]．このネットワーク・オペレーション・センターがアメリカにはワシントン，EU にはブリュッセルに，それぞれ存在するが，SWIFT はベルギーに拠点を置く協同組合であることから，データ移転に際しては EU データ保護指令の規制に服することになる．2006 年 6 月に中央情報局（CIA）のプログラムの一環でアメリカ合衆国財務省外国資産管理室がテロリストへの金融送金防止の目的で電信データを監視していたことが報じられた[71]．

アメリカにおいては，いわゆる愛国者法と大統領令（Executive Order 13224）により，連邦政府はテロ組織への資金を凍結するため，金融機関に対して一定

の場合には取引履歴を開示させる法執行の権限をもつこととなった[72]．このようなアメリカのテロ対策は，かねてからプライバシーに対する懸念が指摘されていたのであるが，これがSWIFT事件においてアメリカとヨーロッパとの間でプライバシーをめぐる衝突として表面化したのである．

　これを受け，EUでは，2006年7月に欧州議会がアメリカ財務省によるEUデータ保護指令に違反した行為を非難する決議[73]を採択し，欧州委員会では第29条作業部会が中心となって本件調査を行った．ベルギーのデータ保護監督機関による調査も行われ，「個人データをアメリカ合衆国及びアメリカ財務省に移転する全体の過程を取り巻く不透明かつ十分でもなければ効果的でもない措置は，EUデータ保護指令に照らし重大な違反となり」，「データ保護に関するヨーロッパの基本原則に違反する」[74]と認定した．第29条作業部会の意見によれば，テロリズムに対する戦いは既存の国際的な枠組みでも対応しうるのであり，欧州人権条約第8条やEU基本権憲章第8条で掲げられているデータ保護への権利を尊重するべきである．そして，SWIFTを含む金融機関に対しEUデータ保護指令の法的義務の徹底を図るべき所要の措置を講ずべきことが示された．結局のところ，「犯罪やテロリズムに対する戦いにおいてとられるいかなる措置も，民主的社会の基盤となる基本的権利の保護の水準を低くすることはないし，またそうしてはならないのである」[75]．このほかに，欧州議会はSWIFTに対してヒアリングを行ったり，欧州データ保護監督官がプライバシー保護に対する懸念を表明したり，さらにベルギーのデータ保護執行機関はSWIFTが「データ保護に関するヨーロッパの基本原則に隠れて，組織的かつ大量に，そして長期にわたって違反してきた」[76]ことを指摘した．

　2007年6月以降，欧州委員会と欧州理事会がアメリカ財務省とのSWIFT問題に対処するための交渉を開始した[77]．その後，委員会の提案に議会が拒否するなどEU内部での合意に至るまでに時間を要したが，2010年7月に理事会の決定によりテロリスト金融追跡プログラムを目的とした欧州連合とアメリカの間の金融電信データの処理及び移転に関する協定が2010年8月1日発効した[78]．同協定には，ユーロポールによるデータ処理及び移転に関する比例原則が規定されており，必要最小限のデータが処理・移転されているかどうかユ

ーロポールによるチェック機能が担保されている（第4条）．また，同協定に関する施行状況の報告書が公表されるとともに，3年後に再評価が要求されている．そのような3年後の再評価を前にしてNSA問題が明らかになり，2013年10月23日，議会は同協定の停止を要求する決議を採択した[79]．

いずれにせよ，SWIFT事件におけるヨーロッパの公的機関による非難は，直接的にはSWIFTに向けられているわけではあるが，この非難はほかでもないアメリカに対しても向けられていることは明白である．つまり，SWIFT事件は，アメリカが掲げていたテロ対策を名目とした金融機関におけるプライバシー侵害をヨーロッパ側から指摘したものとして理解するべきであろう．

(2) 旅客機の乗客情報

9.11のアメリカにおける同時多発テロを受け，2001年11月19日に成立した航空運輸安全保障法に基づき，アメリカ合衆国の運輸保安局と国土安全保障省がテロリスト容疑者の事前スクリーニングを実施する目的で，アメリカ運輸保安局はアメリカを離発着する航空会社に対し航空機の乗客名簿の事前提出を義務づけることとなった[80]．乗客データには，氏名，生年月日等の情報のほかに支払情報（クレジットカード番号）や特別要求サービス情報（食事制限，車椅子の必要性）などの19項目の情報を含むものとされている[81]．同様の措置は公的部門の十分性認定が行われていないカナダと十分性審査をクリアしていないオーストラリアでも採用された[82]．運輸保安局と国土安全保障省による旅客情報の利用目的は，①テロリズム及び関連する犯罪，②越境的な性格を有する他の重大犯罪，③上記の犯罪に関する令状または拘禁からの逃亡の防止・対処という目的であると説明されている．そして，収集される情報の種類が限定されていることや法執行による担保措置が採られていることなどが示されている[83]．

そこで，EUでは欧州委員会がアメリカ国土安全保障省との交渉に当たり，2003年12月には欧州委員会が乗客データの移転に関する十分性認定を行うことを決定した[84]．もっとも，第29条作業部会のレベルでは，2002年の意見においてすでに乗客データの収集が比例原則に照らして適切でないことなどからアメリカ側との交渉の必要性を指摘し[85]，また2004年1月には航空機乗客デ

ータに関する協定が十分性認定の枠組みで議論するべきでないことを意見として表明した[86]．さらに，欧州議会からも欧州委員会の決定案を認めない決議[87]が採択されてしまい，EUの諸機関内部でも足並みのそろわない中，2004年5月17日に欧州理事会決定により乗客データの処理と移転に関する決定が下され，同年5月28日にアメリカ側との協定が署名された[88]．これに対し，欧州議会は欧州委員会及び欧州理事会の決定の取消を求め，欧州司法裁判所での審理を求めた．2006年5月30日に下された欧州司法裁判所の判決では，安全保障分野を除外しているEUデータ保護指令第25条に基づき協定を締結する権限がないため，欧州委員会及び欧州理事会の決定が無効であると判断を下した[89]．ただし，判決は，委員会と理事会の決定を2006年9月30日までは有効とした．

　この欧州司法裁判所の判決によって，2006年9月30日を過ぎてからは，EU域内の航空会社は，乗客データをアメリカ国土安全保障省に提供すれば，EUデータ保護指令の基本原則違反に問われ，また，提供しなければ，アメリカの空港での離発着を拒否されるという深刻な状況に置かれることになった．そこで，2006年10月にアメリカとEUの間で暫定協定として，2007年7月31日まで有効な協定を改めて締結した[90]．その後，アメリカとEUの間で継続的な交渉が行われ，2007年に7年間継続の新たな協定[91]合意に至り，さらにリスボン条約の後，2011年12月14日に継続協定[92]の合意に署名した[93]．

　アメリカ側からは国土安全保障省が，2012年7月から2013年8月の1年間では，乗客データのうち0.002％のみがさらなる調査対象となっていたことや27件の乗客データに特化した情報公開請求があったことなどEUのプライバシー原則から見て大きな問題がないことなどを報告書にまとめている[94]．しかし，乗客データの移転の問題は，アメリカとEUの間でのみ問題となっているわけではなく，データ保護プライバシー・コミッショナー国際会議の非公開セッションにおいても重要な審議事項として位置づけられ，大きな注目を集めてきた[95]．

(3) テロ対策のためのデータ保全と監視

　9.11後のテロ後，アメリカでは，愛国者法第215条[96]により国家安全保障局などの諜報機関は電気通信事業者に対して通話記録，Eメール，インターネットの利用履歴等の個人情報へのアクセスを行ってきた[97]．アメリカでは，1979年，Smith v. Maryland[98]で確立されたいわゆる「第三者法理（Third Party Doctrine）」の下，個人が第三者に任意に提供した通話記録等の情報が第4修正の保護の対象とならないとする法理がある[99]．この法理に従い，アメリカ国内では，通話の内容に令状なしに捜査機関がアクセスすれば第4修正の問題となりうるが，通話の発信や受信の履歴についてプライバシー権の保障が及ばないことを根拠に諜報機関は無差別的に情報収集活動を行ってきた．さらに，愛国者法第215条のほかに，1978年外国諜報活動監視法第702条[100]では，2007年アメリカ保護法の制定に伴い，国家安全保障局に対して国外にいる外国人を対象として監視活動を認めている[101]．愛国者法第215条と外国諜報活動監視法第702条の運用については，法制定当初から連邦議会の短時間で不十分な審議によりプライバシー保護の観点から問題視されてきた[102]．そして，2005年12月16日，New York Timesは，ブッシュ大統領が裁判所の令状なしに国家安全保障局が国際電話や国境を越えるEメールのやり取りを監視し続けていたことを容認していたことを報じ，外国人への監視活動が非難された[103]．しかし，その後，オバマ政権も，オバマ大統領自身がインターネットを利用した選挙活動を行ってきたことなども後押しして，ブッシュ政権の監視プログラムをそのまま継承していったとされる．そして，2013年6月，エドワード・スノーデンによる告発により，国家安全保障局による大量の個人情報を収集する監視活動プログラムPRISMの存在が明らかにされた．オバマ大統領も，100％の安全と100％のプライバシーは両立しえず，国土の安全とプライバシーがトレード・オフの関係にあることを指摘しつつ，このプログラムの存在を認めた[104]．そして，2014年1月17日にオバマ大統領は，「プライバシーと市民的自由へのコミットメント」の再確認として国内外の諜報活動によるプライバシー侵害を認め，現状のPRISM監視プログラムの見直しを公表した[105]．

　このような，アメリカにおけるNSA監視問題について，痛烈な批判を行っ

てきたのはヨーロッパであった．欧州委員会レディング副委員長は NSA 監視問題が明らかになった数日後にはアメリカ司法長官に事実の公表を要求する旨の書簡を宛てるとともに，特別作業部会を設け，2013 年 11 月には外国諜報活動監視法第 702 条の運用の改善を要求する報告書がまとめられた[106]．欧州議会は 2013 年 7 月にアメリカ国家安全保障局による EU 高官へのスパイ活動やアメリカに加担した国々（Five Eyes）の活動を含む一般市民のプライバシー侵害を非難する決議を採択した[107]．さらに，欧州議会では，PRISM 問題を念頭に置き，第三国の裁判所や行政機関の決定により個人データの開示要請がある場合でも，加盟国内の監督機関の承認がない限り当該開示を認めない条文を個人データ保護規則提案に盛り込むという対抗措置を採った（EU データ保護規則提案第 43a 条〔欧州議会 2014 年 3 月 12 日採択〕[108]）．

　EU でもテロ対策を理由とした個人情報の収集や利用について検討された経緯があるが，その帰結はアメリカとは異なるものであった．EU では，2005 年 7 月のロンドンでの爆破テロ事件を受け，加盟国間のテロ対策の捜査協力を目的として 2006 年 3 月データ保全指令[109]が採択された．データ保全指令に基づき，EU 加盟国では 2007 年 9 月 15 日までにテロ対策を目的として，主に通信事業者を対象として，通信データの 6 か月以上 24 か月以下の保全を義務づける立法措置を施すこととなった．対象となる通信データは，通話履歴，IP アドレス，ログイン・ログアウトの時刻，E メールなどのデータである．保全された通信データについては，公的捜査機関がテロ対策の目的でアクセスすることが認められ，国の安全や公の安全などの利益に資するものとして，公的捜査機関によるアクセスが正当なものと理解され，なおかつ，比例原則に照らして許容されるという整理がされてきた．

　しかし，テロ対策法制の一環として，十分な審議を経ずに，不明確な部分を残したまま採択されたデータ保全指令は「ふらふらした状態であった」[110]．欧州データ保護監督機関は，「影響を受ける人々の規模と数の観点から EU がこれまで採択した中で最大のプライバシー侵害となる文書である」[111]とデータ保全指令を批判してきた．また，欧州人権裁判所における先例（Malone v. the United Kingdom）[112]からしても，本人の同意なしにトラフィック・データを監

視することが私生活尊重の権利の侵害となることが示されており，比例原則の観点から疑問視されてきた．さらに，加盟国内の通信事業者は膨大な量のデータ保全のためのコスト増を批判してきた[113]．

このような中，欧州司法裁判所は，2014年4月8日，データ保全指令の全面無効判決を言い渡した[114]．判決では，データ保全指令が私生活の尊重と個人データの保護という基本権に深刻に干渉していることが指摘される．すなわち，データ保全の目的が究極的には公共の安全の目的に資するものであるが，①あらゆる個人のあらゆる電子通信を対象としていること，②加盟国の公的機関によるデータへのアクセスに関する客観的な基準がないこと，そして③保全期間が厳格に必要であるという客観的根拠がないことから，データ保全指令は比例原則で要求される制限を越えた立法として無効である，というのである．

これに対し，アメリカではデータ保全を義務づける判決が見られる．マイクロソフトがアイルランドに保存している電子メールなどの内容の保全をアメリカの捜査機関の要請により義務づけることができるかどうかが争われた事案において，ニューヨーク南部連邦地裁はこれを容認した（2015年3月時点で第二巡回控訴裁判所で係争中）[115]．

このように，テロ後のデータ保全をめぐる動きについても，アメリカとヨーロッパでは，両者は異なる方向性を歩み，プライバシーをめぐる緊張関係に立たされてきた．

(4) 電子証拠開示（E-Discovery）

アメリカとヨーロッパのプライバシーをめぐる衝突は，アメリカの訴訟における証拠開示手続においても見られる．これは，アメリカにおける訴訟の証拠開示の厳格な運用とヨーロッパのプライバシーの手厚い保障の対立である．日本においても証拠の開示手続におけるプライバシーや営業秘密の保護が議論されてきたが，このことが現実にアメリカとヨーロッパとの間で衝突を招いているのである．

本来，訴訟における証拠の開示は，訴訟当事者が，訴訟が提起された管轄の手続のもとで，その事案に必要かつ相当と認められる情報にアクセスできるよ

うにすることを目的としている[116]．連邦民事手続規則は，そもそも当時電子記録がない1938年に作られた法律であるが，電子媒体の量の劇的な増加などを背景に電子記録に関連する証拠開示手続を新たに取り入れたのであった．民事規則諮問委員会（Advisory Committee on Civil Rules）の報告によれば，世の中に出回っているあらゆる情報のうち92％がデジタル化されておりそのうちおよそ70％がハードコピーされないままになっている．このような現実を踏まえ，パソコンの内部の電子メールを含む電子文書等の情報へのアクセスが認められるよう法改正が行われた．そして，アメリカの連邦民事訴訟規則（US Federal Rules of Civil Procedure）26条では，訴訟当事者に電子証拠開示を通じて生じうるすべての問題を協議することを義務づけた[117]．これにより，この電子証拠開示の射程は，国外の訴訟当事者にも及ぶこととなり，アメリカ国内の訴訟において，事案によっては日本やヨーロッパにおける電子的に保存された情報の提出が求められることとなった．

　このような中，アメリカの裁判所によるヨーロッパ企業等に対する電子証拠開示はすでに"Catch-22"に陥っていると言われる[118]．アメリカの裁判所が，EU域内の企業等に対して電子証拠開示を命じる．しかし，EU域内の企業はEUデータ保護指令によって，アメリカには原則として個人のプライバシーに関する電子データを送付することができない．電子データをアメリカに送付するためには，一定の例外があるものの，アメリカがEUデータ保護指令に基づく「十分性の基準」を満たせばよいが，今のところその基準をクリアできていない[119]．したがって，アメリカの裁判所がEU域内の企業等に対して電子証拠開示を命じても，その電子データをアメリカに移転できない状況になっている．そのため，アメリカとEU加盟国との間の電子証拠開示の訴訟を担当する代理人は，仮にEUデータ保護法に従えば，アメリカの民事訴訟規則に違反する．仮にアメリカ民事訴訟規則を遵守すれば，EUデータ保護法に違反することとなる．したがって，「訴訟代理人は，EUデータ保護法か，アメリカの民事訴訟規則のいずれかの法に違反しなければならないことを選択しなければならない運命にある」[120]．

　このような状況から脱出するため，アメリカでは，国境を越えた証拠開示に

向けた枠組み構築に向けた方向性が示されている．2008年8月，この取組を先導するセドナ会議（The Sedona Conference）は，①情報がある場所の管轄におけるデータ・プライバシーの法的義務の性格，②訴訟が提起された管轄とデータが存在する管轄における関連する情報を保持・保有する訴訟当事者の義務，③開示を要求された情報を保持するべき訴訟当事者の目的とその程度，④訴訟手続の性格，⑤問題とされている証拠の量，⑥争点を解決すための証拠開示の重要性，⑦関係する情報を収集，処理，審査，産出する容易性と費用を考慮するべきであることが示されている[121]．

しかし，この枠組みには今のところ拘束力はなく，運用面での衝突は不可避な状況に陥っている．何よりも重要なことは，ヨーロッパにおけるデータ保護執行機関との対話を継続し，プライバシーに関する「衝突」を回避するべきことである．いずれにせよ，アメリカの民事訴訟における国境を越えた電子証拠開示についても，アメリカとヨーロッパとのプライバシー保護の水準が異なることから，その運用面において課題が残されたままとなっている．

(5) 公益通報者保護と個人情報保護

EUでは職場における個人情報保護を目的とする強力な規制枠組みを提示してきた．第29条作業部会では，労働者の人間としての尊厳の重要性を指摘したうえで，職場における電子通信の監視について，①透明性の確保，②必要性の有無の確認，③労働者にとって公正さの担保，④監視の比例原則の遵守といった基本原則を示してきた[122]．他方，アメリカにおいても労働者のプライバシーの保障が一定程度は及ぶが，その保障の範囲はEUに比べて狭いと理解することができる．たとえば，アメリカ最高裁は，City of Ontario v. Quonにおいて，SWAT隊員に付与された携帯電話の利用料金が多い隊員のテキスト・メッセージを上司がチェックしたことが，職場の運用の現実に照らして労働者の合理的なプライバシーの期待に反するものではないと判示した[123]．また，NASA v. Nelson[124]においても，NASAの契約職員の採用のための違法薬物使用等に関する調査の是非が問われたところ，職務遂行の効率性の必要性の観点から憲法上の情報プライバシーの侵害になるとまではいえないと判断した．

このようなアメリカとヨーロッパにおける職場におけるプライバシー保護については，現実にアメリカの2002年公益通報者保護法（Sarbanes-Oxley Act, 以下「SOX法」という．）がEUの個人データ保護法制と矛盾することが指摘された[125]．アメリカSOX法は，労働者の表現の自由の一部として，通報者の匿名による公益通報を認めており，労働者の公益通報を推奨している．他方で，被通報者のプライバシー保護の観点からして，労働者の権利を損ねる重要な個人データの処理に事前の認可を必要とする規制に違反することとなる．すなわち，労働者の内部通報をする表現の自由と，被通報者のプライバシー権の保障が対立することとなる[126]．フランスでは，実際に，2005年，データ保護監督機関のアレックス・タルク委員長が，アメリカ企業がフランス国内に進出した2社（McDonald's FranceとCompagnie Europdenne d'Accumulateurs）に対して法による定めがないにもかかわらず契約上の権利や利益を損ねる重要なデータ処理の事前認可を受けずに匿名の公益通報に関するデータ処理を行ったため，フランスデータ保護法第25条4項に違反する旨の決定を下した[127]．この決定では，通報された労働者へのスティグマが危惧され，通報制度の目的が個人データ保護の権利に比例的であるとはみなされていない．この決定は，アメリカとフランスの労働環境の違いも影響しているものの，本質的には「SOX法がヨーロッパのプライバシー法に違反する」ことを明確にしたものである．アメリカでは，ナスダック・ニューヨーク証券取引所の上場企業については，公益通報制度が義務づけられており，フランスに進出するアメリカ企業は，SOX法に従い公益通報制度を運用すれば，フランスのデータ保護法違反による制裁を受ける可能性があり，他方でフランスのデータ保護法に従い公益通報制度を廃止すれば上場企業のリストから除外される可能性が生じることとなる．

そこで，フランスにおけるアメリカSOX法の運用が問題視されたことを受け，2006年2月，第29条作業部会は，アメリカSOX法とEUデータ保護の諸原則との関係について意見を公表した[128]．この意見では，公益通報者と被通報者のいずれの個人データについても適切な保護がなされるべきことを指摘する．また，仮に公益通報を運用する場合は，データ管理者にとっての通報に伴う個人データの処理の正当な利益を証明する必要があり，通報に伴う個人デ

ータの処理よりも他の基本的権利の利益が上回ることが条件として示された．このように，ニュー・ヨークの公益通報者保護法を遵守した企業が，パリにおいてプライバシー保護の違反の疑いをかけられたという問題が生じた．

2 妥協——セーフ・ハーバー合意

　このようにプライバシーをめぐるアメリカとヨーロッパの衝突は現実に深刻な事態に陥っていた．このような事態に対応するため，EU データ保護指令に定められた「十分性の基準」の審査をアメリカが受け，EU からのお墨付きをもらうことが最も明瞭な解決策であることは言うまでもない．しかし，後にも紹介するように，ヨーロッパでは包括的な（いわゆるオムニバス方式）立法によってプライバシーを保護してきたが，アメリカでは個別の事業分野ごとのプライバシー立法，いわゆるセクトラル方式が採られており，アメリカには EU のような包括立法が存在しない[129]．このようにプライバシーの保護のあり方が異なることから，たとえ EU からアメリカが審査を受けたとしても「十分性の基準」を満たす保証はなかったのである．実際，「十分性の基準」を満たすような分野の立法もありうるが，ほとんどの分野が不十分であると考えられてきた[130]．

　そこで，アメリカとヨーロッパとの間では，特に貿易におけるデータ移転に伴うプライバシーをめぐる衝突を回避し，アメリカとヨーロッパのそれぞれ異なるプライバシー保護のあり方に和解をもたらすため，交渉を重ねてきた[131]．そして，2000 年 7 月，欧州委員会とアメリカ商務省との間で，「セーフ・ハーバー（safe harbor）」という制度を設けることに合意したことが公表された．セーフ・ハーバー合意とは，アメリカ合衆国商務省が示した「セーフ・ハーバー・プライバシー原則」と「セーフ・ハーバー・プライバシー原則に関するよくある Q&A」に基づくデータ移転について，十分な保護水準に該当すると認定された欧州委員会による決定に至る一連の交渉の結果を指す．欧州委員会が2000 年 7 月 26 日に決定し，2000 年 11 月 1 日に発効した[132]．これにより，アメリカ合衆国商務省が申請した企業がセーフ・ハーバー・プライバシー原則に

適合しているか審査の上，認証を行い，その一覧（2013年9月現在，3246社が掲載）を公表している．セーフ・ハーバー・プライバシー原則には，次の7原則が定められている[133]．

① 通知……取得・利用の目的，連絡先，第三者の類型，個人に付与された選択と手段
② 選択……オプト・アウトの機会の提供
③ 再移転……再移転のための通知及び選択
④ セキュリティ……紛失，誤用，不正なアクセス・開示，改変・破壊からの保護
⑤ データの完全性……目的の範囲内での利用，正確性・完全性・最新性のための措置
⑥ アクセス……企業が保有する個人情報へのアクセス，訂正，修正，消去
⑦ 執行……a) 苦情・紛争の調査，損害賠償，b) 実施のフォローアップ，c) 救済の義務

セーフ・ハーバーのプライバシー原則に違反した場合，アメリカ合衆国連邦取引委員会が通商に関して不公正又は欺瞞的な行為又は慣行への執行権限を有しており，プライバシー原則の履行を担保することとされている（なお，連邦取引委員会以外にも，連邦運輸省が所管する分野においても同省の執行権限が認められる）[134]．また，EU加盟国はプライバシー原則の履行をしていない企業とのデータ移転を停止する権限を行使することができる（セーフ・ハーバー決定第3条1項）．以下，欧州委員会によるセーフ・ハーバー決定に至るまでの交渉の経緯とその後の調査過程についてまとめておいた（表Ⅱ-1）．

EUとアメリカのセーフ・ハーバーの交渉は約2年間にも及び，異なる法制度の間のデータ移転の枠組み構築の難しさが明らかになった．さらに，交渉を長期化させた要因として，「1998年の春の時点では，アメリカがあらゆる分野において十分なプライバシー保護の欠如が見られるとの一般的認定を下す可能性は極めて低い．そのような無愛想な認定を行えば，深刻な政治問題をもたらし，貿易戦争を引き起こすことになろう」[135]との楽観的な見方が支配していたものと考えられる．結局，アメリカの戦略的な外交・ロビー活動とバーゲニン

1998年10月24日	EUデータ保護指令の加盟国における施行
1998年11月4日	アメリカ商務省が産業界にセーフ・ハーバー案を提示
1999年1月26日	EU作業部会がアメリカ商務省との交渉過程に関する意見公表
1999年5月3日	EU作業部会がアメリカ提案のセーフ・ハーバー原則の検討結果による不十分な点の公表（6月7日にはよくあるQ&Aの検討結果公表）
2000年3月14日	アメリカ商務省が欧州委員会域内市場局とセーフ・ハーバーの仮合意に至ったことを公表
2000年5月31日	EU第31条委員会の決定によりセーフ・ハーバー枠組みが決定
2000年7月5日	欧州議会がセーフ・ハーバー原則が十分性審査を満たすと認定しない決議を採択（賛成279票，反対259票，棄権22票）
2000年7月21日	アメリカ商務省がセーフ・ハーバー・プライバシー原則等を公表
2000年7月26日	欧州委員会がセーフ・ハーバー・プライバシー原則等を十分な保護水準にあると認定
2000年11月1日	セーフ・ハーバー枠組みの発効
2002年2月13日	欧州委員会によるセーフ・ハーバーの施行状況調査が公表（実態面における問題点を指摘）
2004年10月20日	欧州委員会によるセーフ・ハーバーの施行状況調査が公表（実態面における問題点を指摘）
2005年7月25日	欧州委員会がよくあるQ&Aに関する追加説明を公表
2012年3月19日	欧州委員会副委員長とアメリカ商務長官による共同声明でセーフ・ハーバーの継続を表明
2012年8月	アメリカ連邦取引委員会が10社の調査結果を公表（2009年～2012年）
2013年11月27日	欧州委員会がセーフ・ハーバー改善に関するコミュニケーションを公表
2014年1月21日	アメリカ連邦取引委員会が12社の調査結果を公表
2014年3月26日	アメリカ＝EUサミットで米欧両首脳がセーフ・ハーバー強化について合意した旨共同宣言

表Ⅱ-1：セーフ・ハーバー合意に至るまでの経緯と調査過程

グ力を背景とした政治的な妥協によって生み出されたのがセーフ・ハーバーである．そして，「セーフ・ハーバーの最大の功績は大西洋における大きな貿易衝突を回避できたことである」[136]と言われる．

また，アメリカのグローバル企業が，国内ではアメリカ法基準，ヨーロッパではEU法基準という二重の基準を回避し，「one-stop-shop」を実現できるという意味において，さらには，アメリカでは包括的なプライバシー法制が欠如する中，「スイス・チーズ」（固くて大きな穴だらけのチーズ）の穴を埋め合わせることができる意味において，セーフ・ハーバーはアメリカにとって絶好の道具であった[137]．

このようなセーフ・ハーバー決定について，欧州委員会は2002年2月（2001年12月時点の129社が対象）と2004年10月（2003年11月時点の403社が対象）にセーフ・ハーバーの原則の遵守状況について調査結果を公表した[138]．なお，2004年10月の委員会による公式な報告に際して，欧州委員会の依頼によりナミュール大学の研究者がアメリカの研究者と共同で具体的な調査結果を公表している[139]．これらの調査結果には，①セーフ・ハーバー・プライバシー原則を遵守していないことまたはプライバシー・ポリシーが公表されていないこと，②仮にプライバシー・ポリシーが公表されていても，セーフ・ハーバー原則を反映していないこと，③プライバシー原則がどのように適用されているかの透明性がないこと，④プライバシー原則違反の制裁を含む法執行による担保の例が見られないことなど，セーフ・ハーバーの「欠陥」が指摘されている．また，裁判外紛争処理として，いくつかの機関（TRUSTe, Direct Marketing Association Safe Harbour Program, BBBOnline, American Arbitration Association）がプライバシー原則違反のおそれがある場合，EU市民に対し仲裁手続を提供しているが，申立ての時点で200～250ドルの費用を要し，さらに手続を進めると追加費用が必要となる．EU市民が抽象的なプライバシー原則のアメリカ側による解釈の下，消費者に非好意的で高額なアメリカの仲裁に申し立てる例はないため，効果的な救済構造であるとはみなされていないという指摘もある[140]．これまでセーフ・ハーバーの法執行を怠ってきたアメリカ合衆国連邦取引委員会は，2009年から2012年の認証を受けた企業の中でプライバシー原

則を履行していない企業10社を公表したが，そのうちの7社が認証更新を怠ったことによるプライバシー原則違反であった[141]．2013年の調査によれば，認証を受けている企業のうち約10%の427社が虚偽表示をしているという結果も報告されている[142]．さらに，2015年3月現在，セーフ・ハーバーの実効性それ自体が欧州司法裁判所において審理される予定となっている[143]．このような合意それ自体の合法性が問われる事態そのものがEU側からのセーフ・ハーバー合意への不満の表れとこの合意の不安定さを物語っている．

他方で，アメリカ側セーフ・ハーバーの商務省担当官によれば，セーフ・ハーバーは「アメリカ国内におけるプライバシー法令遵守の水準の向上の観点においても，またプライバシーがグローバル市場での成功を収める不可欠な要因であるというアメリカの企業の認識を促進した点においても，目覚ましい成功であり続けてきた」[144]と指摘されている．また，EUとのセーフ・ハーバー継続の交渉に際し，オバマ政権は欧州連合米国代表部の大使にプライバシー問題に精通している前連邦通信委員会委員長を任命し，大使はブリュッセルにてセーフ・ハーバーの意義を「革新的で成功の枠組み」[145]と評価している．

このように，ヨーロッパ側からすれば，EUデータ保護指令の基本原則をアメリカに押し付けることができ，アメリカ側からすれば，国内法を改正することなく，国内のグローバル企業のデータ移転を円滑に行わせるための措置を施すことができ，両者にとって「短期的な政治的な勝利」[146]であるように思われる．しかし，そもそもセーフ・ハーバー合意は，アメリカとヨーロッパとの間の「歴史的経験，文化的価値，政治体制の組織，経済，社会に関する信念，そして表現の自由と他の社会的目的の意義における深く根づいた差異」[147]を映し出していたと言われるとおり，現実的な運用面で亀裂が見られた．結局，セーフ・ハーバー原則は，現実の運用面において必ずしもプライバシー保護の安全性が担保されておらず，「まったくセーフではない」[148]と揶揄されてきたのであった．

セーフ・ハーバー協定という妥協の後にも，プライバシーが適切に保護された国際的なデータ移転の実施に向けた対話がアメリカとヨーロッパとの間で行われ，プライバシーをめぐるアメリカとヨーロッパの緊張関係は今なお継続し

ている[149]．このように大西洋においては，「デジタル・ツナミ」が押し寄せており，アメリカとヨーロッパのプライバシーの違いが浮き彫りとなった．これまで両者は，2000年7月26日にセーフ・ハーバー合意という場当たり的な政治的妥協により，対話を重ねてきたが，両者を完全な和解へと導く糸口は一向に見えていない．事実，2014年7月にはアイルランド裁判所からセーフ・ハーバーがEUデータ保護指令第25条にいう「十分性」の基準を満たした枠組みと評価できるかどうか，欧州司法裁判所に付託され審理されることとなった[150]．ここまでプライバシーをめぐるアメリカとヨーロッパの衝突を紹介してきたが，以下では，そもそもなぜこのような衝突が生じたのか，その原因について分析する．

3 原　　因

1 文化——自由と尊厳の対立

「なぜフランス人は給料のことになると話をしたがらないのに，ビキニのトップをはずすことをするのか．なぜアメリカ人は裁判所の証拠開示命令には従うというのに，身分証明書の携帯を拒むのか．なぜヨーロッパでは人名の選択に国家の介入が許されてきたのか．なぜアメリカ人は逆らうことなくクレジット・カードの詳細な報告に従ってきたのか．」[151]．

このように例をあげるジェームズ・ホイットマン教授によれば，「大西洋の両側には二つの異なったプライバシーの文化がある」[152]．一つは，「尊敬（respect）と人格的尊厳（personal dignity）の権利の保障」[153]と結びついたヨーロッパ型のプライバシーである．いま一つが，「特に自宅がそうであるが，政府の介入からの自由の権利」[154]として古典的な形態のアメリカ型プライバシーである．このような類型は，憲法が文化と密接な関係にあり，プライバシーの衝突の原因にはこのような憲法文化（constitutional culture）[155]の違いなるものが背景にあると考えられる．もちろん，比較法研究には，唯一無二の尺度があ

るわけではなく，法制度の比較はあくまで相対的なものであるが，プライバシーをめぐるアメリカとヨーロッパとの衝突の原因をそれぞれの「プライバシー文化」から分析することができるであろう．

2 ヨーロッパ型プライバシーの文化

　ホイットマン教授によれば，ヨーロッパのプライバシー文化を理解するには，「尊厳」や「名誉」といった概念を適切に捉える必要がある[156]．まず，歴史的に見れば，ヨーロッパでは，ナチスやファシズムによる人間の「尊厳」や「名誉」を踏みにじる過去があったことは周知のとおりである．しかし，それ以前からも，ヨーロッパには，人間の「尊厳」や「名誉」が尊重されてこなかった歴史があった．身分制社会が定着していたヨーロッパにおいては，ごく一部の階層の者しか人間の「尊厳」に値する生活を送り，「名誉」をもつことができなかった．たとえば，アンシャン・レジームのもとでのフランスにおいては，市民の私生活は常に権力の監視下に置かれていたと言われる．フランスでは，市民の信書は郵便物検査室による開封の危険にさらされ，納税義務の不履行者には住居に押し入り，過酷ないやがらせが行われてきた[157]．このようなことから，フランスでは，身分制社会のありようを打破するという目的の一手段として「私生活（vie privée）」を保障するためのプライバシー権が広く主張されるようになってきた．そのため，フランスにおける私生活の秘密には，身体状況，愛情生活・家族生活のほかに，出自や雇用における身上調査等に関する「身分的事実」[158]が含まれていた．すなわち，フランスにおける私生活の保護の欲求の背景には，「社会心理学的な嫉妬・羨望は感情的なフランス人にあってはきわめて強いし，階級的な，あるいは階層的な相互不信が克服されているわけでもない」[159]ことがある．したがって，フランス版のプライバシー権として理解される私生活の尊重を求める権利は，対公権力ではなく，むしろ「主として私人相互の関係における私生活の保護，とりわけ新聞・出版・報道機関など，マス・メディア機関からの市民の私生活を保護する趣旨が，第一義的な目的となっている」[160]．その結果，フランスでは，私生活の尊重を求める権利

が「基本的に私権」として理解され，民法典9条に定められ，それがそのまま私人間適用の問題として自覚的に議論されることなく，憲法の人権においても語られることとなった[161]．

また，ドイツにおいては，ナチスがノルウェーを占拠した際，ノルウェー政府が保有していた情報が派兵するべき集団の選別に用いられ，さらなる東欧侵略の道具として使われてきたという話がある．この話のように，政府が大量の情報を収集し，保有し，処理することを許さないことこそが，ヨーロッパのプライバシー法の目的であると言われる[162]．アメリカでは，第二次世界大戦においてこのような個人の記録の乱用による惨劇を経験したことがないのに対し，ヨーロッパ，特にドイツにおいては，過去の歴史から政府による個人データの保有に対するプライバシー保護が厳格に運用されるきっかけになったのである．そして，ナチスの人間軽視に対する反作用として，そして国家に対する人間の優位という価値決定を表すものとして，「絶対的不可侵の保障」と位置づけられる基本法1条1項で「人間の尊厳」を規定するに至ったのである[163]．そして，ドイツにおけるプライバシーの権利もまた「ドイツ的な市場社会主義の世界におけるドイツ的な尊厳の核心的制度」である「人格への一般的な権利」としての地位を占めてきたのである[164]．

このような歴史的経緯から，ホイットマン教授は，何世紀にもわたって続いた身分制の特権に対する反乱として人間の「尊厳」や「名誉」が謳われてきた事実がヨーロッパにおけるプライバシーの欲求へとつながったと分析している[165]．そのため，ヨーロッパにおいては，何よりも公衆の面前の自分，すなわち「他者から見られた自我のイメージ」[166]こそがプライバシーの核心に置かれてきたのである．ホイットマン教授がこのようなヨーロッパ型のプライバシーを「すべての者が享受する『社会』のプライバシー」[167]と呼ぶように，ヨーロッパでは，国家の介入よりも，社会的関係において，そして他者との関係においてプライバシーが主張されてきたのであった．

次に，プライバシーに関するこのような文化的な差異は，プライバシー権の法的性格と政府の役割においても違いが見られる．たとえば，ドイツにおいては，もともとプライバシーに相当する言葉として「indiskret」を「人間が人間

に対して義務づけられている尊敬を破壊する」[168]ことを意味していた．その後，このような私的領域の保護とは別の権利として構成された権利もまたプライバシー権として発展してきている[169]．アメリカでは情報プライバシー権として理解される権利が，「情報自己決定権」[170]として用いられている．この権利は，①私的領域の保護とは別の権利として構成され，私的領域の保護には直接には関わらない個人情報の収集・結合・利用に特化されていること，②自己情報コントロール権が積極的権利としての内実を含むのとは異なり，防御権としての内実に限定されている．そして，古典的なプライバシー権とは異なり，情報自己決定権説に立てば，個人情報の収集の時点で情報自己決定権の制限が発生しうると説明される[171]．このように，ドイツにおいては，アメリカで発祥したプライバシー権なるものの，しかし，その性格は異なる「情報自己決定権」が判例でも確立した．

この権利は，「アメリカのプライバシー権論のドイツにおける受容の到達点とドイツの議論の独自性を示すもの」[172]であるという指摘のとおり，ドイツのオリジナルな権利の要素が含まれている．これは，ドイツにおける情報保護に関する法制度の目的が，「情報保護それ自体ではなく，市民の人格領域（プライバシー）の保護にある」[173]ためであろう．すなわち，ドイツにおいては，「ドイツの基本法2条1項には，……『人格の自由な発展の権利』があり，それが解釈準則としての『人間の尊厳』（1条1項）と結合して，一般的人格権が保障され，その中にプライバシーの権利も含まれていると考えられている」[174]のである．

人間の生の諸条件や個人の自由の到達点といった問題は，ドイツでは，人格の自由な発展の権利として位置づけられるのに対して，アメリカでは，プライバシーの権利として捉えられてきた[175]．これは，単なるターミノロジーの違いではなく，その根底にある文化と思想の違いに由来している．中絶問題を取り上げても，ドイツにおいては，中絶問題がプライバシー権の問題として処理されるのは普通ではなく，人間の尊厳の基本原理を根底に置いた人間の生命を保護するべき国の義務の問題として論じられている[176]．これに対し，アメリカでは，一定の場合，中絶が，女性の権利として，州の不当な介入を許さない

プライバシー権として保障されることが判例で確立している[177]．中絶の問題は，アメリカとドイツでは，国の介入や社会福祉のあり方，そしてそれを支持する人々の文化と結びついて，両者は異なる方向を向いているように考えられる[178]．また，情報プライバシーに関する問題についても，ドイツにおいては，住居における盗聴が「人間の尊厳保護を実効的なものとする」ために「生活形成の核心領域として」[179] 保障されうることが示されている．

　フランスにおいては，プライバシー権が，道徳的な権利から導き出される「人格権（personality rights）」以外の何物でもなく，その基礎をなすものは，人間のアイデンティティであり，その人格であることが前提とされている．そして，このような私的情報のコントロールやアクセスの権利などの私生活の保護に関する「アイデンティティ権」は，人格の真正さを一要素としているのであり[180]，フランスにおいても人間の尊厳がプライバシーのあらゆる側面を統合する原理として機能している[181]．このように，プライバシー権は，必要なときには政府の介入を含む「人が無用な侵入から自由である安全（security）」のための権利として理解されてきた[182]．さらに，ヨーロッパのプライバシー権の基盤となった，私生活の保障を規定する欧州人権条約第8条は，「国に干渉しないことを命じるのみならず，さらに，私生活・家庭生活を実際に尊重するための国の積極的な義務を含んでいる」[183] のである．

　このようにプライバシーが人間の尊厳や人格権を基盤とし，それを政府の積極的義務とする例は，その他のヨーロッパ諸国においても見られる[184]．たとえば，イタリア憲法においても，すべての市民が社会的尊厳を有していること，私的経済行為が人間の安全，自由，尊厳を害する方法でなされてはならないことが示され，判例上もプライバシー権が「人格への権利」として認められてきた[185]．そして，イタリアでは，EU加盟国の中では比較的遅かったものの，EUデータ保護指令で定められた以上に厳格な保護の対象を含む個人データの保護に関する包括法を整備している[186]．また，ヨーロッパ諸国でもいち早くプライバシー保護法制を整備したスウェーデンでは，プライバシーに相当する言葉を"personal integrity"という表現を用いており，プライバシーを人格権として位置づけている[187]．さらに，2005年にスイスで開催されたデータ保

護プライバシー・コミッショナー国際会議において，アメリカは採択に加わる資格を有していなかったが，スイスの連邦データ保護執行機関が先導し採択された，いわゆるモントルー宣言において，プライバシー権が「普遍的な権利」であることが宣言されたうえで，「テロリズムと組織犯罪との効率的な戦い……を認めつつも，人権，とくに人間の尊厳が尊重される最善の方法でこの目的が実現されること」が指摘されている[188]．ヨーロッパ諸国においては，プライバシー権が「尊厳」と「名誉」に基礎を置きつつ普遍化してきた経緯があり，たとえテロ対策であっても，性別，年齢，宗派，出自等の身分に関する情報を無差別的に大量に収集することはただちに差別問題などを引き起こすことから「基本的人権」を侵害するものと考えられてきたのであった[189]．

　もちろん，ここでの考察のみをもって，プライバシーという概念をヨーロッパ型と一括りにするのは少々雑な議論である感は否めない．しかし，それでもなお，EUデータ保護指令が採択後すぐにEU域内の各国において浸透していったのは，ヨーロッパ諸国において多様性の中にも共通するプライバシーの土壌があったからであると推察することは決して不当なことではなかろう．そして，ここでヨーロッパ諸国に共通するプライバシーの土壌とは，「尊厳」であり，また「名誉」であると考えられる．このように，戦後のヨーロッパにおいては，アメリカでしばしば主張されてきた「生命，自由，財産」といった古典的な権利の基礎となる概念よりも「人間の尊厳」が法文化として根づいていた．

3 アメリカ型プライバシーの文化

　アメリカにおいても，残虐かつ異常な刑罰の是非，適正な手続による聴聞の権利，表現の自由，そして，プライバシーの権利について最高裁が「人間の尊厳」を持ち出すことはあった[190]．しかし，それはヨーロッパに比べ，限定的な役割しか果たしてこなかった．そして，形式的には，アメリカの憲法においては「人間の尊厳」という言葉を見つけることはできない．また，実質的には，アメリカには，プライバシー権に関する次のような文化が根づいていた．

第1に，アメリカにおいては，自由，特に情報の流通に対する政府の規制・介入を嫌う憲法の伝統があった[191]．すなわち，ニュー・ディール期以降に発達したステイト・アクション法理によって，私人の行為を「ステイト・アクション」とみなすことができない限り，私人間の自由，そして情報流通が憲法上規制されることはないのである[192]．そのため，原則として，プライバシー権の名宛人は，連邦と州の公権力の担い手であって，プライバシー権は政府からの自由としての盾として用いられてきた[193]．つまり，ステイト・アクション法理の存在によって，プライバシー権とは，ヨーロッパのように「尊厳」や「名誉」を保持するために他者との関係において主張する性格ではなく，政府の介入に対抗するものとして考えられてきた．そのため，アメリカで私人間におけるデータ処理の問題はほとんどの事例においてステイト・アクションの要件を満たさず，憲法上のプライバシー権の問題が生じなかったのである[194]．尊厳や名誉を保障するための政府の介入の契機となるヨーロッパ型プライバシー権とは異なり，ステイト・アクションの要件は，政府からの私生活の保障に貢献してきた．アメリカにおいて，「我々は，私人の頭の中や私生活において，人種差別主義者，性差別主義者，そして宗教的に不寛容である権利を有している．しかし，これらの権利は，公的な場ではすべて消滅することとなる．我々は，私的には主観的な存在，公的には客観的な存在である」[195]．

このように，政府が介入するための論理としてステイト・アクション法理が発達したことと，政府の介入を阻止するための論理としてのプライバシー権の発達は，アメリカ憲法の公私区分の境界の設定にとっていずれも不可欠な要素を果たしてきた[196]．さらに，アメリカの憲法は，一般的に消極的自由の章典として理解され，「州に対して積極的な義務を課しているとまで理解することはできない」[197]．すなわち，たとえステイト・アクションの要件を満たしたとしても，ヨーロッパとは異なり，政府による直接的な侵害でない限り，一般に，私人間のプライバシー侵害の問題を防止する積極的な義務が政府には課されないのである．「……夫婦のベッドルームという神聖な領域を警察が捜索することを我々は認めるだろうか．このような考え方は，プライバシーの概念に反感を抱かせることとなる……」[198]という最高裁の一節が示すように，アメリ

カでは，政府がプライバシーを保護するための積極的な義務を有しているとは想定されていない．このように，アメリカにとってのプライバシーは，政府の介入ではなく，政府の撤退を意味してきた．ヨーロッパの伝統にない私人間の情報流通の規制に関するアメリカならではの憲法法理[199]こそが，アメリカのプライバシーを，私人間に持ち出される概念ではなく，あくまで対公権力の装置とみなすきっかけを作り出してきたのであった．ホイットマン教授が指摘するように，「アメリカのプライバシー権はいまだ18世紀に生じたときの形態をそのまま用いており，それは州からの侵入，特に私邸への侵略からの自由の権利である」[200]．

　第2に，アメリカにおいては第1修正の表現の自由が手厚く保障されてきた歴史がある[201]．プライバシーの権利の生みの親であるブランダイス自身もかつて「考えたいように考える自由，そして考えたことを伝える自由は，政治の真実を発見し，それを公にするのに不可欠の手段である」[202]と述べたように，表現の自由の意義を論じていた．アメリカの最高裁は，表現の自由とプライバシーが問題となったとき，ほぼ例外なく表現の自由を優越させてきている[203]．そのため，「情報プライバシーは，既存の自由な表現の法のもとでは容易には擁護しえない」[204]とまで主張されてきた．すなわち，私たちはクレジット・カードの利用やインターネット・通信販売等を通じて多くの個人に関する情報を提供しながら日々生活を送っているのに，このような情報が人間の尊厳や自由そして人格を実際に破壊する危険を冒していると見るのは困難である[205]．そして，インターネットでの個人情報の取引が頻繁に行われる現代社会にあっては，市場によってある程度プライバシーの保護の適正な水準の調整が行われうると考えられてきた[206]．さらに，今日のブログ，検索エンジン，ソーシャル・ネットワーキング・サービスといったインターネット環境のもとでは，これまで以上に各人の名誉，名声が公開されることとなり，自らの過去から逃れるのが困難になってきている[207]．このような中，本章で立ち入る余裕はないが，むろん表現の自由とプライバシーは「比較不能」でありながらも，立法手当ではなく，裁判官が両者を調整するべきであるとする考え方もある[208]．しかし，ヨーロッパの表現の自由の伝統と比較したとき，「リバタリアニズム，自由放

任主義，そして政府への不信」といった「文化」によって，アメリカの表現の自由の手厚い保障は「例外的」であり続けてきた[209]．このように，アメリカでは，表現の自由の伝統によって，ヨーロッパにおける「尊厳」や「名誉」と同じような存在として，プライバシーが存在してきたわけではなかったのである[210]．

　第3に，アメリカでは，プライバシー (privacy) 保護は，先に見てきたヨーロッパ諸国における私生活 (private life) の保障とは異なって扱われてきた．たとえば，同じコモン・ローの法体系であるイギリスと比べても，アメリカのプライバシー概念は「個人主義的」であるのに対し，イギリスのそれは「個人性よりも他者との関係性」を重視しているといわれる[211]．このことに付随して，アメリカとイギリスにおいては保護の対象もまた異なる．すなわち，私事や個人情報の公表によるプライバシーの侵害は，公にされた情報それ自体が保護の対象となっているが，イギリスにおける信頼違反 (the breach of confidentiality) の法理では他者との関係性，すなわち他者に対する秘密保持の義務こそが保護の対象とされている[212]．「アメリカでは，『知人との親しい過去を暴露する (kiss-and-tell)』ことが一大ビジネスである」[213]のに対し，イギリスにおいては，キスをした者の一方がその事実を他者に告げれば，相手方との信頼関係を確実になくすであろう，といわれるとおり，信頼関係とは「個人の尊厳の規範のみならず，他者との関係性からも生じた公開しないという期待」である[214]．しかし，「アメリカのプライバシー法はいまだかつて関係性を伴うプライバシーを包含したことがない」[215]．そのため，アメリカの不法行為法におけるプライバシー保護の範囲よりも，イギリスの不法行為法における信頼違反を基礎とするプライバシー保護の範囲の方が「広範であり，広がりを見せているのである」[216]．

　このように，他者との関係性に基づく「私生活」を広く保障してきたヨーロッパとは異なり，アメリカでは政府からの介入の防波堤という狭い範囲で「プライバシー」を保障してきたのであった．実際，プライバシーに関する国際的な枠組みとしての国際人権規約の審議過程においても，アメリカは，「プライバシー」と「私生活」を明確に区別していた．前者は「私邸や通信といった個

人のプライバシーの公的機関による干渉を防ぐこと」を目的としているのに対し，後者は「他者からの名誉や名声に対する不法な侵害の保護」であり，これは「個々の国内立法の問題である」ことが示されていた[217]．これに対し，当時，ヨーロッパ諸国の代表団は，国際人権規約には親密な生活（intimate life）といった「私生活」の保障を掲げるべきであることを主張していたのであった[218]．このように，ヨーロッパにおけるプライバシー保障の基礎となる欧州人権条約第8条における私生活の尊重の保障は，「プライバシーの権利を超えて保障が及ぶ」[219]と言われてきたのであった．

4 大西洋を隔てるもの

このようにアメリカにおけるプライバシーの文化は，ヨーロッパのそれと比べるとずいぶんと距離があることが理解できる．確かに，両者のプライバシー概念は一定の範囲では同じ着地点にたどり着くこともできるであろう．たとえば，2003年 Lawrence v. Texas におけるケネディ裁判官の意見は，欧州人権条約第8条に関連する欧州人権裁判所の判決を参照しつつ，「デュー・プロセス条項によって保障された自由とプライバシー」[220]の争点を取り上げ，私邸での同性愛者によるソドミー行為が「自由人としての尊厳」[221]に値することが示されている．その意味において，Lawrence 判決やその後に続く判例は，アメリカにおいても，政府からの不当な干渉の防波堤としての伝統的なプライバシー権と「自由人としての尊厳」との接点を見出していると考えることも可能である[222]．

しかし，アメリカのプライバシー文化として，「プライバシーの権利は，政府の権力に対する憲法上の制限として機能してきた」[223]事実がある．そして，ヨーロッパに見られるような社会秩序を構成してきたカント的な道徳論といった中核的価値に関するコンセンサスはアメリカにおいては存在しない．アメリカの根源にある価値は，尊厳といった道徳的概念ではなく，あくまで個人の自由（individual liberty）である[224]．これに対し，ヨーロッパのプライバシー権とは，「ファシズムに対する応答」であり，そして「身分制の特権に対する何世

紀にもわたって徐々に成長していった反抗」として,「尊厳」を法的に保障するためにすべての者が享受するべき権利として理解することができる[225]. このように, たとえアメリカにおいてプライバシーが尊厳と結びつく概念であるとしても, それはヨーロッパ人がいう尊厳とは異なり,「大陸型のエチケットが『大陸型』であるのと同じように大陸型のプライバシーもまた『大陸型』なのである」[226]. この背景には「プライバシーをめぐる自由至上主義 (the libertarian) と尊厳至上主義 (the dignitarian) のそれぞれの見方という現実の相違がある」[227].

　ヨーロッパ人にとって, アメリカのテロ対策の名の下に金融機関の顧客情報や旅客機の乗客情報のデータ分析をするような手法, いわゆるデータ・マイニングは, 明らかに「違法」と捉えられてしまう. それは, 手続的に見れば, たとえテロ対策であったとしても, 多くの者にとっては単なる政府による私生活への干渉にほかならないし, 実質的に見ても, 政府が保有する情報へのアクセス権が否定されていることは, 監視の歴史を克服してきたヨーロッパのプライバシー文化からは逸脱しているのである. 少なくともヨーロッパの諜報機関は, アメリカの同種の機関 (たとえば, 国家安全保障局 〔National Security Agency〕) 以上に, 収集し, 分析した個人データを市民に公表する傾向がある[228]. かつてアラン・ウェスティン教授が, 監視をめぐる二つの西洋国家としてアメリカと, スパルタ, ローマ帝国, 中世の教会といった大陸国家を対比させていた. そこでは, アメリカにおいては政府の役割には制限が課せられてきた傾向があるのに対し, 後者の大陸国家の歴史において監視による市民への私生活の侵害が指摘されていた[229]. しかし, いまやかつて監視の歴史を克服してきたヨーロッパの方が, その悲惨を知っている分,「人間の尊厳」を根底に置くプライバシー権が監視への安全弁として主張されるようになったのである.

　「プライバシーの権利という多彩をきわめる内容の権利が法的な保護を受けるまでに結晶したことは, その社会が一定の高度をもつ文化を享有するにいたった証拠と解してよい」[230]と指摘されるとおり, プライバシーの権利はその社会における「文化」と密接に関係しており, プライバシーの権利の欲求にはその社会の文化を反映したものと考えられる. このように, プライバシーは論理

の産物ではなく,「社会の慣習」[231]ないしは「ある種の社会的な儀礼」[232]であると理解できるならば,その国・地域の文化や慣習がプライバシーの法的性格に影響を及ぼすこととなろう.アメリカとヨーロッパを隔てるプライバシーの根底にあるもの,すなわち「自由」と「尊厳」という決して無視しえない対立軸があり,この対立こそが現実の世界における「デジタル・ツナミ」をもたらしているように思われる.

5 法 制 度

　プライバシーを保護するための法制度は,アメリカとヨーロッパで異なる.この法制度の違いもまたプライバシーをめぐるアメリカとヨーロッパの衝突の原因となっている.事業分野別の個別立法で対応してきたアメリカと包括立法としての個人データ保護法制を整備してきたヨーロッパとでは,法の形式が異なる.オプト・アウトを好むアメリカとオプト・インに固執するヨーロッパとでは,法の運用が異なる.自主規制を推進するアメリカと法執行や罰則を奨励するヨーロッパとでは,法執行の体制が異なる.個々の事案について事後的な司法的解決の経験を積み重ねてきたアメリカと一般的な規制枠組みに基づき事前の独立した監督機関によるチェックを伝統とするヨーロッパとでは,法的義務の履行の手法が異なる.いずれの法制度が優れているかどうかではなく,アメリカとヨーロッパのそれぞれのプライバシー文化に根差した法制度が構築されてきたのである.

4 アメリカ

1 立 法

　アメリカのプライバシー保護法制は,世界の潮流とは異なる「アメリカ例外主義」[233]の象徴であると言われる.すなわち,EUのオムニバス・アプローチ

による包括的なプライバシー保護法制ではなく，事業分野ごとの個別立法，セクトラル・アプローチを採ってきた．1974年，合衆国司法省プライバシー及び市民的自由局による準備を経て，一定の連邦政府機関を対象とした連邦プライバシー法が制定された[234]．この連邦政府の公的部門を規律するプライバシー法とは別に，民間部門では，電気通信分野[235]，運転免許証の個人情報[236]，医療分野[237]，金融分野[238]，児童のオンラインのプライバシー[239]，信用情報分野[240]，遺伝子情報[241]などのそれぞれの分野においてプライバシー保護立法が制定されてきた．

このような，アメリカにおけるプライバシー法制の個別立法化は時の政治背景を指摘することができる．1980年OECDプライバシー・ガイドラインが作られ，ヨーロッパでは包括的なプライバシー保護の立法化が進んだものの，アメリカでは当時のレーガン政権が個人情報の商業利用を含む自由市場への規制に懐疑的であったため，民間部門のすべてにおける包括的なプライバシー保護法制の制定に消極的であった[242]．また，実際，1974年プライバシー法が審議された際にも，民間部門を規律するための個人情報の乱用に関する強力な立法事実が存在しなかったことが指摘される[243]．

結局，アメリカの法制度は分野別の個別立法による法規範とともに，企業の準則，ビジネス慣行の積み重ねからなる「公正情報取扱慣行の原則（Fair Information Practice Principle）」を策定してきた[244]．この原則には，①本人への通知，②本人による選択の機会の付与，③本人によるデータ・アクセスの保障，④セキュリティ，⑤救済措置を主な内容としている．この原則は，単一のアクターや普遍的な法規範があるわけではなく，情報流通への制限を最小限化することに配慮し，特定の事業分野の文脈に応じた慣行原則である[245]．アメリカのプライバシー保護施策の核心には公正情報取扱慣行の原則に基づく自主規制（self-regulation）がある．その象徴が，「追跡禁止（Do-Not-Track）」の原則であり，インターネット上で事業者がユーザーの閲覧履歴などの個人情報の無断追跡を禁じる自主的な取組が推進されてきた[246]．「追跡禁止」の原則は，本人の同意を事後的に撤回できるオプト・アウト方式であり，インターネット事業者による提案の自主規制としての性格を有している[247]．このことは，事前

の同意を義務づけるオプト・インの政策を採るヨーロッパの電子プライバシー指令の枠組みとは対照的であり，アメリカではこのようなパターナリスティックな規制は正当化されにくい．

　なお，連邦制を採用するアメリカ憲法の下では，州によるプライバシー保護立法が大きな役割を果たしてきた．中でもカリフォルニア州では，州憲法においてプライバシー権の保障を明記しており，またデータ侵害の通知義務制度を設けるプライバシー保護立法を整備するなど，先進的な取組を行ってきた[248]．

　このように，アメリカのプライバシー保護法制は，公的部門と民間部門を区分した立法，そして，民間においては事業分野ごとの個別立法によるセクトラル方式，さらに，オプト・アウト方式に基づく自主規制の枠組みなどを推進させてきた．この背景には，アメリカにおける「市場の失敗」と同時に，あるいはそれ以上に政府による介入による「規制の失敗」[249]が真剣に捉えられてきたためである．政府がパターナリスティックにプライバシー保護の枠組みを提示し，強制力をもって介入することは，「規制の失敗」によって「自由」の幅を狭め，あるいは個人の「自由」そのものへの侵害につながりかねない．行政機関であれ，民間事業者であれ，個人情報の取扱いに関する規制に過度に依存することは，かえって個人の「自由」，すなわち自己の情報をコントロールする「自由」の立場とも整合しない．プライバシー保護のための「プライバシー・パターナリズム」[250]としての過剰な規制は，政府からの個人の「自由」をプライバシー権の価値と据えるアメリカにおいて警戒されてきた[251]．

2 執　行

　アメリカのプライバシー保護の規制枠組みの特徴は，一般論として，禁止事項を列挙する消極的義務を課しており，応答的（reactive）な形で，事後的に個別の違反事案について司法手続による解決を好む傾向にある．個人情報の自由な流通の過程における動態的メカニズムと科学技術の進歩に伴うプライバシーへの脅威の観点から，アメリカでは柔軟な法執行体制を整備してきた．

　そのため，アメリカにとって，ヨーロッパ諸国に見られるプライバシー・コ

ミッショナーは「プライバシー皇帝（czar）」として君臨し，このような強大な権力をもつ「プライバシー皇帝」こそが，自由な情報流通の監視役としての「究極のビッグブラザー」とみなされる[252]．政府から独立して例外的な場合を除いて解任されないプライバシー・コミッショナーは「皇帝」のごとく独裁的地位を築き，合衆国憲法で保障された第1修正のアメリカの本質的な価値と自由への危険をもたらし，さらに，アメリカの技術革新や経済的競争力への深刻な害悪の原因となりうる，と指摘される[253]．また，インターネットの特性からすれば，本来，州際通商を規制する連邦政府の権限に関する憲法上の論争は消滅し，プライバシー・コミッショナーは個人情報が関連するあらゆる通商に対して連邦上の規制を行うことができてしまう．このことは，アメリカ合衆国の200年以上にわたる連邦制の観点からしても，あらゆる通商問題に口出しをすることのできる「スーパー規制当局」[254]となりかねないという危惧がある．

そこで，アメリカは，EUとは異なる形でプライバシー保護を担保するための法執行の制度を構築してきた．インターネットの普及を背景にクリントン政権下では，1999年ホワイトハウスにおける複数の連邦機関における「ミッションの合理化」[255]を使命とする行政管理予算局（Office of Management and Budget）にプライバシー・アドバイザーのポジションを作り，政権におけるプライバシー保護の政策の推進を試みた[256]．初代プライバシー・チーフ・カウンセラーにはピーター・スワイヤー教授が任命された．スワイヤー教授は，合衆国保健福祉省と調整の上，2000年に「医療保険の相互運用性と説明責任に関する法律」のプライバシー規則を作成するなど，約2年にわたりクリントン政権のプライバシー保護の推進の一翼を担った．もっとも，このような政権内部におけるプライバシーの担当官は属人的にその力量が変わってくる可能性が否めず，何よりも連邦の行政機関としての正式な地位を有しておらず，その権限はヨーロッパに見られるコミッショナーに比べ貧弱なものである．

このような中，「行政国家」現象の下，本来競争法の分野で法執行を拡大させてきた連邦取引委員会の動向が注目されてきたが[257]，このような独立行政委員会による積極的な規制には依然として慎重であるべきとの意見もあった[258]．連邦取引委員会は，1995年からプライバシー・オンラインの調査を開

始し,以後ワークショップの開催などプライバシー保護に向けた活動を行ってきた[259].1998年6月には報告書「プライバシー・オンライン」[260]を連邦議会に提出した.同報告書には,「当委員会は,企業はオンライン・プライバシーに関する消費者の憂慮に自主規制を通じて対処することを奨励する」と結論を述べている.1999年7月には「自主規制とプライバシー・オンライン」[261]の報告書を同じく連邦議会に提出している.同報告書では,「オンライン・プライバシーに対処するための立法は現時点で適当とは言えない」と指摘し,あくまで「現在の課題は消費者プライバシーの重要性を認識していない企業への啓発活動を行うことである」[262]と結論づけている.

ところが,連邦取引委員会の法執行への消極的な姿勢は,2000年5月の連邦議会への報告書において変更した.「プライバシー・オンライン:電子市場における公正情報取扱慣行」[263]と題する報告書では,3対2の評決であるが,自主規制が依然として重要な役割を果たしているものの,「当委員会は,オンラインの公正情報取扱慣行の実施に関する企業の限られた成功例とインターネット上のプライバシーに関する消費者の継続的な憂慮からすれば,立法行為の適切な時期に差し掛かったと考える」[264]と結論づけた.連邦取引委員会が重い腰をあげ,ようやく連邦取引委員会がプライバシー保護の立法化の必要性を認識し,具体的な措置を明確にした最初の一歩である.

このような連邦取引委員会の態度の変化は,第1に,当時の消費者のオンラインのプライバシーへの不信が高まっていったことがある.2000年の報告書では,92％の消費者がオンライン情報の個人情報の乱用に対して不安を示す結果が示されている.また,このようなプライバシーへの不安から1999年のオンライン取引で28億ドルもの損失が生じているとの調査結果が併せて示された[265].このような消費者のオンラインにおけるプライバシーの不安が高まっていったことが連邦取引委員会のプライバシー政策に影響を及ぼしたと考えられる.

第2に,インターネットのグローバルな展開により,アメリカ企業がヨーロッパの監督機関から法執行を受ける事態が発生したことが要因とされよう.1999年7月には,大西洋の対岸では,アメリカのインターネット経済の牽引

役であるマイクロソフトが違法な個人データの蓄積と処理を行っていたため，スペインデータ保護機関から調査を受けていた．2000年7月には調査の結果，スペインデータ保護機関から500万ペセタ（当時約25万ドル）の制裁金を科された[266]．このようなヨーロッパの国からのアメリカ企業への法執行は連邦取引委員会の姿勢を変える一つの要因と指摘することができる．

そして，最も重要な要因として第3に，連邦取引委員会の態度の変化が2000年に生じたのは，ヨーロッパとのセーフ・ハーバー交渉が背景にある．2000年5月の連邦取引委員会による連邦議会への報告書提出の直前である2000年3月には合衆国商務省が第三次セーフ・ハーバーの草案を検討しており，その草案が公表された．セーフ・ハーバー交渉を順調に進めるため，連邦取引委員会の法執行権限がセーフ・ハーバーの担保措置として認められる必要性が生じたのであった[267]．実際，セーフ・ハーバーには，連邦取引委員会法第5条に基づく法執行を十分な保護措置を満たす調査権限としてEUが認めることが明記されている[268]．連邦取引委員会のプライバシー政策に関する態度変更とEUとのセーフ・ハーバー交渉の時期が重なったのは決して偶然ではない．

2000年以降，ヨーロッパにおける動向を注視しながら，連邦取引委員会はプライバシー保護に向けた取組を推進してきた．他方で，連邦取引委員会の権限については，連邦取引委員会法第5条に基づく通商に関連する「不公正又は欺瞞的な行為・慣習」に対してしか及ばない．したがって，そもそも連邦取引委員会は，正面からプライバシー保護に関する法整備とその執行を担うことが困難であった．

しかし，「連邦取引委員会は，事実上の連邦データ保護機関としてみなされてきた」[269]．この背景には，連邦取引委員会がプライバシー保護に関連する立法に基づく和解（settlement）の積み重ね等が実質的にコモン・ローとしての機能を有している，という見方がある．連邦取引委員会の委員長と4名の委員は，プライバシー違反の事例について審議の上，和解の裁定を下す．たとえば，2012年8月には，Google社に対して，インターネット閲覧サイトに追跡クッキーを用いて広告配信をしていたことが不公正又は欺瞞的な行為とみな

し，連邦取引委員会は 2250 万ドルの制裁金を科した[270]．これらの和解の裁定は，先例としての価値を有するのみならず，プライバシー保護に関連する実務家にとっては重大な影響力を有しており，機能的にはコモン・ローと同視することができる．さらに，連邦取引委員会は，プライバシーに関連する報告書を公表し，プライバシー保護の観点から「不公正又は欺瞞的な行為・慣習」の解釈指針を公表してきた．特にイディス・ラミレス委員長はプライバシー保護が連邦取引委員会の最重要課題であることを明確にし，セーフ・ハーバー違反の企業の調査と違反企業を公表するなどしてきた[271]．このような連邦取引委員会による一連の取組は，コモン・ローとみなすことができ，アメリカのプライバシー保護の執行の重大な一翼を担ってきた．2010 年，第 32 回データ保護プライバシー・コミッショナー国際会議（エルサレム）では，これまでアメリカが審議に加わることのできないオブザーバーから，審議に参画できる正会員になり，グローバルなプライバシー政策に関与を始めた[272]．また，2012 年 2 月 23 日，オバマ政権が公表した「消費者プライバシー権利章典」では，連邦取引委員会の権限強化が謳われ，アメリカの実質的なプライバシー保護執行機関としての地位を築いてきた[273]．

なお，連邦取引委員会とは別に，諜報活動の分野において独立した監視機関である「プライバシー及び市民的自由監視委員会」があり，2013 年 6 月の国家安全保障局による監視活動の違法性を指摘するなどの任務を果たしてきている[274]．

以上のような，連邦取引委員会の執行についてみれば，プライバシー保護団体（Electronic Privacy Information Center 等）からの申立てを受け，アメリカで特徴的な私的な遵守確保の手段を用いてあくまで司法手続に則ってプライバシー保護違反の個別事案を事後的に応答的に調査に当たってきている点が特徴である．アメリカの自由市場主義の伝統において，包括的な事前規制は適していないのである．連邦取引委員会が主要な役割を果たしてきたが，もともとは競争法分野の専門機関であって，EU とのセーフ・ハーバー交渉によりしだいにプライバシー保護の機関としての役割を果たしてきた．しかし，その性格は，アメリカの「規制の失敗」の論理から「プライバシー皇帝」としての地位を築

いてきたとまで評価するのは困難であり，少なくともヨーロッパの監督機関と比較すれば，対象とする規制分野は限定的であった．

5 ヨーロッパ

1 法制度

ヨーロッパでは，欧州人権条約第8条における私生活尊重の権利の保障と欧州司法裁判所における私生活尊重の権利に関する判例から，プライバシー権が保障されてきた．そして，EU基本権憲章において，私生活の尊重の権利（第7条）とは別に，個人データの保護が権利（第8条1項）として保障されることを宣言してきた．そして，個人データの権利の保障のためには，独立した監督機関によって監視されることも基本権憲章において規定された（第8条3項）．

ヨーロッパのプライバシー保護法制の特徴は，包括分野を対象としたオムニバス方式であり，独立したデータ保護監督が法執行を担ってきた．EUのデータ保護制度を牽引してきた1995年EUデータ保護指令は「個人データの処理に関して自然人の基本的な権利及び自由，特にそのプライバシーの権利」（第1条）の保障を目的とすることを謳っており，「尊厳」の前提条件として，人格の自由の発展を追求する人権保障としての性格を強く打ち出している[275]．そして，EUデータ保護法の特徴として，次の点を指摘することができる．

第1に，官民に共通するあらゆる分野を対象とした包括的な法制度を特徴とする．

第2に，センシティブ・データを特別列挙しつつ，広範な保護の対象を定めた個人データの概念である．EUデータ保護指令は，個人を識別することができるあらゆる情報を保護の対象としており，匿名化された情報についても厳格な要件とともに再識別化の可能性を喚起してきた[276]．EUの個人データの範囲は「極端な拡張主義」であるのに対して，アメリカの個人識別情報の概念は「極端な還元主義」であると対比されてきた[277]．

第3に，データの開示，訂正，消去等を定めた強固な権利の保障である．2014年5月欧州司法裁判所では，いわゆる「忘れられる権利」を容認し，データ主体の権利を確固たるものとして認めてきた[278]．また，開示までの時間などの一定の条件を付すような形で本人の自己情報コントロール権の制約もまたデータ保護指令に違反するとの判断が示されてきた[279]．

第4に，十分な保護措置を施していない第三国へのデータ移転の規制である．すでにEUデータ保護指令第25条における十分性認定について紹介したとおり，EUでは域内市場の保護を本来的な目的としつつ，EU域外の国や地域への実質的な規制枠組みを設けてきた[280]．

第5に，データ保護のための完全に独立したデータ保護監督機関の設置である．後に紹介するとおり，EU基本権憲章第8条3項及びデータ保護指令第28条において独立した機関による監督が条件とされている．ヨーロッパではアメリカにはなかったデータ保護監督機関が法執行を担うほか，EUにおいては，すでに1980年代から「国境を越えるデータ流通の問題に対する十分な応答（adequate responses）を見出す必要性の認識が高まっていた」[281]．そして，「個人データの越境流通が関連するデータ主体のプライバシーの十分な保護を保障できていない」[282]ことが指摘され，前述したとおり，EUデータ保護指令はEU加盟28カ国及び欧州経済領域におけるデータ管理者の個人データの移転を制限する「十分な保護の水準（adequate level of protection）」という要件を設けるに至った．なお，2012年1月25日，EUデータ保護指令は，欧州委員会の提案により，「EUデータ保護規則提案」として法改正案が公表された．改正案の中においても十分性の基準が設けられており，データ移転の規制問題はEUデータ保護法制の重要な要素をなしてきた．

2 法執行

ヨーロッパにおける法執行の特徴は，独立した行政機関であるデータ保護監督機関が事前の規制枠組みを示し，行政や事業者に積極的義務を課すプロアクティブな形であり，違反事例を監督機関の独立した判断による調査が行われる

ことである．ヨーロッパでは人権としてのデータ保護の権利を守るため，規制の枠組みは動態的というよりは静的・安定的である．アメリカの柔軟な法執行の体制と異なり，自由な個人情報の流通の要請がある場合でも，厳格な比例原則や必要性の原則の観点からデータ保護の権利が保障されなければならないと考えられてきた．

　EU基本権憲章第8条第3項では，個人データの保護に関する権利の規定を履行するため，独立した機関による監督が行われるべきことを定めている．そして，EUデータ保護指令第28条では「完全に独立した」監督機関が法執行の役割のほか，広報啓発活動なども担っている．監督機関の完全な独立性の要件は，厳格に解釈されており，欧州司法裁判の判断によれば，監督機関が政府から一切の指揮監督の影響を受けないことのほかに，監督機関のスタッフや建物も政府から独立することが要求されている．欧州司法裁判所の一連の判決，すなわち2010年3月9日 European Commission v. Federal Republic of Germany[283]，2012年10月16日 European Commission v. Republic of Austria[284]，2014年4月8日 European Commission v. Hungary[285] においてそれぞれ監督機関の独立性要件の重要性を示した．いずれの判決においても，「完全な独立性」の要件について次のように説明している．「独立性」とは，「いかなる指示を受けることもなく，または圧力の下に置かれることなく，完全に自由に行動できること」を意味する．そして，「完全に」とは，「監督機関に対する直接または間接のいかなる影響からも分離した決定権限」を含意する．すなわち，「完全な独立性（complete independence）」とは，「監督対象の機関によって行使されるあらゆる影響のみならず，直接または間接を問わず，私的な生活への権利の保護と個人データの自由な流通の公正な衡量を測るという監督機関による任務の遂行に疑義が生じうるあらゆる外部的影響を排除すること」を意味している[286]．これらの一連の判決を通して，データ保護監督機関は，単に設置法上の政府機関からの形式的独立性を意味するのではなく，権限行使のみならず，監督機関の職員や建物といった実質的独立性の要件を満たさなければならないと考えられるようになった．

　2014年まで欧州データ保護監督官を務めていたピーター・ハンスティンク

スは，データ保護分野において独立した監督機関の必要性を次のように論じる[287]．まず，歴史的見れば，個々の事業分野における個人データ保護の規律が行われていたが，あらゆる分野における規制が必要となり，データ保護の権利保障のための包括的な構造支援が必要となった．さらに，理論的に考えれば，他の基本権分野では強力な制度基盤（表現の自由によるマス・メディアや結社の自由による労働組合や政党）により基本権の複層的なチェック機能が働きやすいのに対し，データ保護の分野では裸の個人がプライバシーの危険にさらされている．そして，データ保護の侵害はそれ自体可視化されにくいこと，また専門的・技術的知見がないと侵害それ自体に対処しにくいことが指摘できる．同時に既存の法制度を用いてもデータ保護の効果的な保障が及びにくいという点も考慮する必要がある．たとえば，通常の民事訴訟であれば，情報の非対称性から権利の主張者は不利な立場に置かれていること，侵害防止のためのデータ保護という新たな分野の法規範の形成には多大な時間を要すること，さらにそれぞれの事業分野ごとの規律ではデータ保護の権利の予測可能性を担保しえないことが指摘される．このようなことから，特別の地位にあるデータ保護機関が独立して権限行使することが必要となる．

アメリカでは消費者保護の一施策として特に2000年以降，連邦取引委員会による一定の法執行の例は見られたが，ヨーロッパではEUデータ保護指令で独立した監督機関による事前の個人データの処理に関する認可や違法な個人データの取扱いに対する厳しい制裁を科してきた．

具体的な法執行の例としては，たとえばグーグル社のプライバシー・ポリシー変更（2012年3月1日付変更）について，フランスデータ保護監督機関を筆頭にEU加盟国のデータ保護監督機関が共同で調査を行い，データ処理の利用目的等の通知が不十分であることや情報蓄積がユーザーの同意原則に反することを理由として，15万ユーロの制裁金を科した[288]．また，日本を含む世界中で発生したソニー・プレイステーションの個人情報漏えいの事件について，ハッキングの防止措置が不十分であったことを指摘し，イギリスの情報コミッショナーは25万ポンドの制裁金を科した[289]．また，個人情報の越境流通を背景にして，特に近年はEU加盟国間またEU域外の国との越境執行協力の事例が見

られる．たとえば，ソーシャル・ネットワーキング・サービス「ワッツアップ（WhatsApp）」のインスタントメッセージのアプリにおいてユーザーの連絡帳へのアクセスが行われることが，本人の同意なしに不正な個人情報の収集に当たるかどうか問題とされた事案で，オランダとカナダのそれぞれのプライバシー・コミッショナーが覚書（2012年1月16日発効）を結んだうえで，情報を共有しながら共同調査を行った[290]．

　アメリカのような司法手続による法執行とは異なり，ヨーロッパにおける独立監督機関による法執行は，そのときどきのコミッショナーの政治的判断や財源などによって左右されることは否めない．特にヨーロッパの中でアイルランドでは，税制優遇が行われているため，グローバルIT企業がヨーロッパでの事業を展開するため拠点やデータベースセンターの設置を行ってきたが，アイルランドのコミッショナーは執行のための人員や予算の不足を理由に違反の可能性がある事案について十分な調査権限を行使できなかったことが指摘されたこともある[291]．

　なお，アメリカの合衆国最高裁判所についても共通することであるが，EUでは個人データ保護のための独立した監督機関以外にも，欧州司法裁判所はデータ保護に関する様々な判断を下してきた点にも注目するべきであろう．たとえば，2014年5月13日，欧州司法裁判所はいわゆる「忘れられる権利（the right to be forgotten）」を実質的に認める判決を下した[292]．本判決では，インターネットの検索エンジンが過去の社会保障費の滞納による私人の自宅の競売に関する過去の新聞記事が検索結果として表示されることについて，「本来の目的から見て，不適切で，関連性がなく，もはや無関係で，過度な情報」と認められれば，検索結果の表示を差止めることができるとの判断を言い渡した．また，2014年4月8日，すでに紹介したとおり，欧州司法裁判所は，データ保全指令を全面無効とする判決を言い渡した．このようにEUでは，独立した監督機関以外にも充実した司法的な解決の事例も見られる．

　しかし，アメリカとの対比の文脈において，一般論として，ヨーロッパの法執行の体制を概観するならば，EUの独立監督機関の集合体である第29条作業部会が発出する意見がEUデータ保護指令の解釈指針としての性格を有して

おり，個別の事案の調査というよりは，一般的な事例を想定してプロアクティブに規制の枠組みを示してきたという特徴がある．そして，具体的な法執行についても，独立監督機関のコミッショナーの判断と財源が重要となる．

6 再　訪

1 自　由

　世界最古の成文憲法としての合衆国憲法典は，「自由の恵沢（blessings of liberty）」（前文）の確保を目的としている．「自由の恵沢」としての憲法は，プライバシー権の保障においても，制限政府の理念の下，政府からの自由としての性格を有するものとして理解されてきた．

　もっとも，合衆国憲法の「自由の恵沢」を一括りに語ることは大きな誤りである[293]．しかし，アメリカのプライバシー権の特徴を浮き彫りにするべき文脈の中で「自由の恵沢」を見るならば，ローレンス・トライブ教授が，アメリカ憲法において「人格（personhood）」を根拠としたプライバシー権の発展が阻害された理由を次のように説明しているのは注目に値しよう．第1に，ロックナー期の「契約の自由」論への反省に立ち，個人の自由を改めて創出する試みが失敗に終わってきた．そして，第2に，ロックナー期の反動から，政府からの消極的な自由のみならず，一定の政府による給付の必要性が生じ，政府の積極的義務から生じる個人の自由に焦点がシフトしていった．第3に，産業・技術の変化に伴い，しだいに人の相互依存が高まり，完全に個人的な圏域を定義しづらくなってきた．このように，アメリカにおける個人の自由のあり方の変遷の過程で，プライバシー権もまた紆余曲折を経て発展してきた．

　これまでのアメリカのプライバシー権の発展を見る限り，プライバシー権は合衆国憲法の建国以来の「自由の恵沢」の血統を受け継いできた．政府からの個人の「自由」の保障というプライバシー権の哲学は，後述のヨーロッパにおける「尊厳」に基づくプライバシー権のそれとは異なる．アメリカにおいても

「尊厳」を基盤とするプライバシー権が幾度となく提唱されてきたが，その試みはいずれも時代の背景から失敗に終わってきた．その原因は三つの時代背景がある．第1に，1890年代から1930年代にかけてのロックナー期である．第2は，1960年代のプライバシー権の基礎理論をめぐる論争である．そして第3は，プライバシー保護の立法時期である1980年代における小さな政府の台頭である．以下三つの時代背景とアメリカのプライバシー権と「自由の恵沢」との関係性を俯瞰する．

(1) 1890年代～1930年代：ロックナー期

　1890年，ウォーレンとブランダイスのプライバシー権の論文が公表されて以降，州裁判所におけるプライバシー権を認める判決やプライバシー保護に関する州法が制定されてきた．1928年，Olmstead v. United States では，ブランダイス裁判官による雄弁な反対意見において「政府に対抗する権利として」[294]明確にプライバシー権の重要性が説かれた．この頃のプライバシー権は，財産権の一部として理解する立場が依然として支配的であったと見ることができる．Boyd v. United States における「人の邸宅の神聖さと生活のプライバシー」[295]が財産権の一部として保護されるとする理解をはじめ，伝統的な財産権論との親和性を有してきた．

　他方で，「大陸ヨーロッパ」の人格権を手がかりにして，ウォーレンとブランダイスのプライバシー権の論文を再解釈したハーバード・ロー・スクールのロスコー・パウンド教授による「人格の利益」の論文はあまりに有名である[296]．パウンド教授は，ローマ法などを参照しつつ，「人格権の一部としての尊厳と名誉の維持に関する利益」[297]の「恵沢」を唱道した．そして，次のようにパウンド教授は論じる．ウォーレンとブランダイス論文が示した「利益は明らかである．すなわち，純粋に個人的な関心事の私的事柄に関する公表は**人格への侵害である**」（強調引用者）[298]．パウンド教授は法的保護を受けるべき個人の利益には，①人格の利益，②家族の利益，③経済の利益に類型化したうえで，「不法行為」の文脈において人格の利益の保護の必要性を論じた[299]．「人格権」に基づくプライバシー権論は，侵害の立証責任が困難であるという指摘

があったものの，不法行為の新たな類型として位置づける動きが見られるようになった[300]．このように，アメリカ法で保障されてきた「財産権」の保障と「尊厳」や「名誉」などの「人格権」の保障を同視することで，プライバシー権を保障しようというのがパウンド教授の試みであった．

しかしながら，これらの 1890 年から 1928 年に至るまでのブランダイスの論文と彼の法廷意見への反対意見をはじめ，パウンド教授たちによる法律家の手によって築かれた「人格権」としてのプライバシー権の道筋は，時代の不幸に直面してきた．レッセ・フェールの時代にあって，1905 年 Lochner v. New York[301] 以降，憲法に書かれていない「契約の自由」によって実体的デュー・プロセス論はすでに占拠されていた．私人間における契約が政府の規制から自由であることはまさにプライバシーが保障されていることを意味しており，Lochner 判決の法理はプライバシー権の発展に寄与しうる側面を有していた．他方で，1930 年代のニュー・ディール期において，Lochner 判決の法理は，1937 年 West Coast Hotel Co. v. Parrish[302] においてロックナー期を象徴する Adkins v. Children's Hospital が覆されたことで，実質的に途絶えることとなった．ロックナー期を象徴してきた私人が営む契約の自由といえども，「公的利益を帯びるビジネス」[303] であると理解され，「私」と「公」の境界が曖昧になったのである．

しかしながら，1930 年代に至るまでのアメリカにおいて，パウンド教授が主張するような「人格権」の前提とされる「尊厳」や「名誉」という価値それ自体が市場化されるとともに，伝統的な財産権アプローチの中に統合化されてしまった[304]．後にプライバシー権がロックナー期の実体的デュー・プロセスの「再現」[305] であるという批判が，1960 年代最高裁が本格的にプライバシー権を擁護し始めた時代においても提起されてきた．憲法に書かれていない権利を新たに裁判所が承認する論理により，レッセ・フェールを後押しした Lochner 判決とプライバシー権を生み出した Griswold 判決は「双子」[306] であると見られてきたのである．このように，アメリカでは，尊厳や名誉を基調とした「人格権」としてのプライバシー権の芽は 1930 年代のレッセ・フェールという時代により摘まれてしまったのである．

(2) 1960年代：プライバシー権の基礎理論の論争期

アメリカにおいて1960年代にプライバシー権は大きな進歩を見せた．1965年，Griswold v. Connecticut[307]では，「半影理論」を用いて，合衆国憲法の様々な条項から，プライバシーの圏域が憲法上保障され，寝室への公権力の介入がプライバシー権侵害であることを肯定した．また，1967年，Katz v. United States[308]では，プライバシー権が「場所ではなく人を保障している」ことを宣言し，合衆国憲法第4修正において盗聴からのプライバシーの保障を認めた．

このような一連のプライバシー権を認める判例の背景には，プライバシー権に関する基礎理論の確立があった．しかし，このプライバシー権の基礎論をめぐって，1960年代にアメリカでは二つの異なる方向性が示された．一つは，カリフォルニア大学バークレー校のディーンを務めるウィリアム・プロッサー教授による不法行為法としてのプライバシー権である．いま一つが，エドワード・ブラウスティン教授が提唱する人間の尊厳に基づくプライバシー権である．1960年代，アメリカではプライバシー権の位置づけをめぐり，不法行為としてのプライバシー権か，あるいは人間の尊厳としてのプライバシー権か，「プロッサー＝ブラウスティン論争」[309]と呼ばれる論争が起きた．

プロッサー教授は，1890年ウォーレンとブランダイスのプライバシー権の論文以降，1960年までの約70年間の300件の不法行為法の中に位置づけることのできるプライバシーに関する裁判例を実証的にまとめ上げた[310]．1941年に出版した『不法行為法ハンドブック（初版）』において，プロッサー教授は，「プライバシー権は，①原告が独りでいることへの侵入，②氏名もしくは肖像，または自らに関する私的情報の公開，③人格という要素の商業的盗用を含むものと判示されてきた」[311]（番号は引用者が追記）と示していた．すでに「侵入」，「公開」，「盗用」という三類型をプロッサー教授は1960年の論文の19年前に公表していた．そして，1955年の第2版のケースブックでは，「公衆の視線において誤解をもたらすこと」という「誤認」を新たにプライバシー権の類型論に追加した[312]．こうして，1960年，プロッサー教授はプライバシー権に関する四類型――①「侵入」，②「公開」，③「誤認」，④「盗用」――を整理し，

改めて公表したのが「プライバシー」という有名な論文である[313]．特に「盗用」は，他の三つの類型と異なり，「財産的性格」を帯びることもプロッサー教授は示している．そして，他の三つの類型が前提とする利益が「人格権」にあることは少なくともこの論文では示されておらず，プロッサー教授の類型論がヨーロッパ的な「人格権」論と距離をとっていたことが理解できよう[314]．しかし，この論文は不法行為の分野でプライバシーが独立した利益として保障される類型を明示した点で，実務上偉大な影響力を有していた．

これに対し，ブラウスティン教授は人間の尊厳を盾にしてプロッサー教授に「挑戦状をたたきつけた」[315]．ブラウスティン教授はプロッサー教授の名声，静謐，金銭的価値の複合体としてのプライバシー権の理解は「ウォーレンとブランダイスとの絶縁」[316]を意味すると批判した．従前の不法行為法の延長上にプライバシー権を位置づけようとしたプロッサー教授の試みに対し，ブラウスティン教授は「人間の尊厳」の価値を基軸にプライバシー権の再定位を呼びかけた．ブラウスティン教授は，ウォーレンとブランダイスの論文が見境のないプレスによる私生活の暴露が「個人の尊厳と完全性を破壊」することを危惧していたと読む．しかし，プロッサー教授の「侵入」の理解は，不法行為法上の意図的な侵害による精神的苦痛の側面のみを重視しており，「侵入」が「人間の尊厳への攻撃であり，人間の人格への暴挙である」[317]という本質的な問題点を無視しているとブラウスティン教授は批判する．その他の類型論については，プライバシー権という名の下に不法行為法の四つの類型にバラバラに理解する手法についても疑問を投げかける．なぜなら，プロッサー教授が解体した「すべてのプライバシーの類型は，人間の尊厳と個人性の維持という同一の利益を有している」[318]ためである．「人間の尊厳」というプライバシー権の価値を認定しなければ，プライバシー法の発展を望むことができない，というのがブラウスティン教授の立場である．したがって，アメリカの表現の自由の強力な保障といえども，自己統治の価値を欠いた表現で「人間の尊厳」を脅かす場合には，プライバシー権によって表現の自由が劣後するとも主張してきた[319]．すなわち，プライバシー権を語るうえで，「個人性と人間の尊厳」を失った存在としての「人は個人ではないのである」[320]．実際，ブラウスティン教授の

「人間の尊厳」に基づくプライバシー権論は実際に夫婦の寝室におけるプライバシー[321]，妊娠中絶[322]，同性愛者の権利[323]といった場面において後に応用されることとなった．

　プロッサー教授もブラウスティン教授もプライバシーを明確に定義はしなかった．それでもなお，ウォーレンとブランダイスの論文を出発点とする両者にとって，プロッサー教授はプライバシー権を「公開からの自由」と解釈するのに対し，ブラウスティン教授はプライバシー権を「人間の尊厳への侵害からの自由」と理解するものとして整理されてきた[324]．しかし，結局のところ，「アメリカにおいて，プロッサーとブラウスティンの論争の結果は，バークレーのディーン（プロッサー教授）の決定的な勝利となった」[325]．「深奥な哲学へのコミットメント」[326]としての「人間の尊厳」や「個人性」という価値があまりに広範すぎ，曖昧性を含んでおり，さらに陪審員を説得するためのアメリカの実務上の運用指針とはなりえなかったことが要因といえよう[327]．1960年代のアメリカでは，ドイツが採用してきた「人格権としてのプライバシー権」が拒否されたのであった．

　しかし，プロッサー教授の「決定的な勝利」は長くは続かなかった．1960年の論文から4年後には不法行為法としてのプライバシー権が再考を迫られる判決が合衆国最高裁によって下された．「1964年にすべてが変わった」と言わしめた1964年 New York Times v. Sullivan[328]において，これまで蓄積されてきた不法行為法上の名誉毀損が表現の自由に打ち破られた．1967年 Time, Inc. v. Hill[329]においても「誤認」の不法行為法プライバシー権は表現の自由に優越するものではないことが示された．結局，プロッサー教授は，自らの四類型という枠組みは維持しつつ，1971年に公表した第4版の『不法行為法ハンドブック』では，新たに「憲法上の特権」という章を設け，自らの四類型としてのプライバシー権が憲法上の表現の自由との調整が必要となることを認めるようになった．同章の冒頭で「1964年以前には，名誉毀損とプライバシーを扱う事例において，合衆国憲法の第1修正に含まれる言論及びプレスの自由の保障への言及はほとんどなされてこなかった」[330]と述べ，1964年 Sullivan判決によって「憲法上の特権」を認めた．実際，プロッサー教授が州法の裁判

例を整理したプライバシー権の四類型論は，1964年以降，「憲法上の特権」により「不法行為の弱さ」[331]が露呈した．たとえば，カリフォルニア州において，過去の売春婦の殺人事件を映画で公表することが更生の妨げになると認定した Melvin v. Reid[332] と，過去のハイジャック事件から更生した者のプライバシー保護を認めた Briscoe v. Reader's Digest[333] は，プロッサー教授の四類型を支える「私的情報の公開」に関する判例として示されてきた．しかし，合衆国最高裁の一連の表現の自由の判例の流れから，2004年カリフォルニア州最高裁は，Gates v. Discovery Communications, Inc.[334] において，明示的に Briscoe 判決を覆し，事実上 Melvin 判決もまたその前提を掘り崩されたものとして現在の不法行為法のケースブックでは位置づけられている[335]．

1960年代のプライバシー権の基礎理論をめぐる過程における「人間の尊厳」という価値が排除され，「コンセンサス思考」[336]を通じた不法行為法としてのプライバシー権の類型論が勝利した．しかし，アメリカの表現の自由とプライバシー権の衝突が浮き彫りになった1960年代以降，アメリカにおいて第1修正は無知よりも知を保障しており，私生活に関する真実に関する情報の公開は，原則としてプライバシー権よりも表現の自由が優越してきた[337]．そのプライバシー権の類型論自体が1964年の Sullivan 判決によって一部覆されることとなり，その結果，アメリカのプライバシー権論が，実務上一見確立したかに見えつつも，迷走に入った時期であるとも言うことができる．

(3) 1970年代以降：小さな政府の台頭

1960年代の「プロッサー＝ブラウスティン論争」は，実際にその後のプライバシー保護法制の立法化に影響を及ぼした．プライバシーの立法化過程においては，ウェスティン教授のデータ・バンク社会への応答としての「(ドライな)自己情報コントロール権」[338]が台頭した．山本龍彦教授によれば，「人間的な愛，友情，信頼の関係の選択や形成に関心を向けた」「人間関係の形成にとって直接的な影響を及ぼす情報」に注目した〈フリード＝佐藤〉流の「ウェットな自己情報コントロール権」は憲法学上有力な学説となったものの，制定法への影響力は限定的であった．これに対し，ウェスティン，ミラーの流れを

汲む堀部政男教授による自己情報コントロール権説は，コンピュータ上の自己情報コントロールという文脈における「ドライ」な性格のプライバシー権論は制定法には偉大な影響力を有してきた．このように「ドライ」な自己情報コントロール権はアメリカにおいて，政治スキャンダルも後押しをして法制化されることとなった[339]．

1972年ワシントンDCの民主党本部における盗聴が発覚し，1974年ニクソン大統領が辞任に追い込まれることとなったウォーターゲート事件はアメリカのプライバシー法制の立法化の追い風となった．大統領選挙を控えた中での盗聴という政治スキャンダルは，政治家の間でもプライバシーの重要性を再認識させ，「ウォーターゲート事件がなければ，1974年にはプライバシー法が成立していなかった」[340]とも言われる．このような政治スキャンダルとは別に，アメリカの連邦政府には，858のコンピュータ化されたデータ・バンクが存在し，そのデータ・バンクには12億人以上もの市民に関する個人的な記録が保存されていた[341]．すなわち，アメリカ人の一人当たり平均して少なくとも20以上の個人記録を連保政府が保持していたこととなる．このようなデータ・バンク社会の到来の中，アメリカでは，上院における審議でウェスティン教授がプライバシー保護立法の必要性について，①自立した市民の育成，②民間による実験と革新の助長，そして③全体主義へ傾倒する政府の抑制の観点から主張した[342]．また，アーサー・ミラー教授も上院において，データ・バンクの乱用に対抗するため，自らの個人情報のコントロールの必要性を主張した[343]．

こうしてアメリカにおけるプライバシー法が実を結んだ．しかし，アメリカではプライバシーを人権として保障していることに疑いはないものの，その擁護者は事前の監視を行う独立した監督機関ではなく，裁判所であるという姿勢を崩さなかった．1974年，連邦プライバシー法案の審議過程では，プライバシー保護のための独立した監視機関の設置が下院では否決された[344]．また，1974年10月9日，ジェラルド・フォード大統領はプライバシー法案について，次のように述べ，ヨーロッパのような独立した監視機関の設置に反対を表明した．「私は独自の言い回しでプライバシーを定義する権限を付与され，市民や連邦機関のすることを二重に評価する権限を有する独立した委員会という官僚

機構の創設に好意的ではない．法的に義務づけられたプライバシー保護について十分かつ公に説明責任を連邦機関に課すアプローチや，当局自身がプライバシーの最善の利益を考えるものを実施するための十分な法的手段を個別に与えるアプローチを私は大いに好んでいる」[345]．このように，アメリカのプライバシー保護政策は，ヨーロッパとは異なり各機関が「公正情報取扱慣行の原則」を遵守する「説明責任」のアプローチを採用してきた[346]．

1974年連邦プライバシー法の制定の後，ヨーロッパでは1980年代プライバシー保護立法の動向が本格化した．しかし，アメリカでは1980年代にはレーガン政権の合衆国建国以来の制限政府の理念から政府による個人情報の流通規制には慎重な動きが見られた．むしろレーガン政権では，捜査に用いるポリグラフなど「プライバシー侵害を助長する法案を後押しした」[347]と言われてきた．

さらに，1980年代プライバシー保護の国際的枠組みができあがる中で，アメリカではデータ処理が経済的利益に適うものとして捉えられるのに対し，ヨーロッパではデータ処理が人権への脅威となることが意識され始めた．1980年に採択されたOECDプライバシー・ガイドラインについても，アメリカでは，越境データ移転の制限がアメリカ企業への足かせになることが指摘され始め，「やっかいごとで……合衆国の貿易への長期的に見て大きな影響を及ぼす」[348]または「外国投資を鈍らせ，国内経済を崩壊させる」[349]といった批判が見られるようになった．さらに，ヨーロッパのデータ保護規制や越境データ移転への規制は，アメリカの通信企業の圧倒的な地位に対抗するためのヨーロッパの産業への「経済保護主義」としての措置ともみなされてきた[350]．情報の自由な流通を通じた「個人の自由」の保障を理念に掲げるアメリカと，データ保護への規制に動き出したヨーロッパとの間には，プライバシーへの態度や法制度，そして個人情報がもたらす利益の見方についての対立が浮き彫りになっていった[351]．

アメリカにおけるプライバシー権の発展は，情報プライバシー権の分野においてもヨーロッパとは異なる道を歩んできた．1977年，合衆国最高裁判所は，Whalen v. Roeにおいて，「個人的な事柄の開示を回避する利益」が憲法上の

プライバシー権として保障されていることを明らかにし，いわゆる情報プライバシー権を認めた[352]．他方で，情報プライバシー権についても個人の「自由」の理念の下制約の方向に動く事例も見られる．2011 年，アメリカ最高裁は，Sorrell v. IMS Health, Inc[353] で，医療プライバシーの保護の観点から，マーケティング目的での処方箋の履歴の売買，移転，利用を禁止していたバーモント州が，表現の自由を保障する第 1 修正に違反するという判断を下した．判決では，たとえ医療に関する処方箋の履歴に関するデータであっても，そのような情報の拡散が第 1 修正で保障され，表現の内容に基づく差別的な規制を禁じた．本判決では，個人情報の自由な流通を促進するものであって，「プライバシーは人にとって統合化された概念であり，権利にとって自由の本質をなすからといって，政府が好む規制の考えを支持する操作を許容することとはならない」[354] と結論づけている．すなわち，プライバシーは権利として保障され，それは「権利にとっての自由の本質」をなすとしても，政府の規制根拠となりえないことを示している．プライバシー権の保障はあくまで「自由の本質」の体系の中で理解されなければならないことを法廷意見は強調している．これに対し，ブライヤー裁判官の反対意見では，「Lochner 判決によるニュー・ディール以前の脅威の復活」と批判し，マーケティング目的の個人情報の利用が「第 1 修正のパンドラの箱」を開けたものと非難する[355]．Sorrell 判決は，アメリカのプライバシー権が「自由」の体系の中で位置づけられていることを改めて確認したものであると言うことができる．このように，アメリカでは，特定の「話し手」を狙い撃ちし，個人情報の利用に過度な負担を課すとみなされれば，たとえプライバシー保護立法であっても第 1 修正違反となる運命にある[356]．アメリカの「自由」の思考は，医療データをセンシティブ・データとして本人の明示の事前同意がない限り，利用できないとするヨーロッパとはまったく逆方向を向いている．このように，アメリカでは個人情報は「データ取引」の道具としてみなすことができ，ヨーロッパとは対照的に個人情報は取引の財としての性格を帯びていた[357]．

さらに，アメリカのプライバシー権については，それが憲法上の権利である限り人権として理解されるものの，私人間においては「ステイト・アクション

法理」により，一定の条件を満たさない限り，憲法上のプライバシー権の出番がなくなる．すなわち，「アメリカではプライバシー侵害の概念は，マイクロソフトやグーグルなどの私企業に対抗するものというよりは，むしろ連邦政府に対抗するものである」[358]．私企業におけるプライバシー保護は，「市場の競争」に依拠している．これに対し，ヨーロッパでは人権条約第8条の私生活尊重の権利は，私的な行為に対する侵害にも保障が及ぶと理解されてきた[359]．このように，アメリカの厳格な公私区分の伝統により，プライバシー保護法制も公的部門と民間部門は区分けされてきた．しかし，私的空間では，実務において自主規制を推進し，市場の競争に委ね，また理論において半世紀前のプロッサー教授の不法行為法上のプライバシー権の類型論に依拠している限り，インターネット時代の複雑な個人情報の侵害に対処できない問題が生じ，プライバシー権の再構成の必要性が認識され始めている[360]．

　繰り返しになるが，アメリカにおいても「尊厳」を根拠としたプライバシー権論は，たとえば女性が妊娠を終えるべきかどうという問題が「個人の尊厳と自律の核心にある選択」[361]であり，また，同性愛者の権利が「人格と尊厳の保護の追究」[362]として保障されるのであり，「尊厳」という利益が憲法上保障され，「アメリカの今日の自己定義と国家のアイデンティティにとって不可欠である」[363]ことを合衆国最高裁も明らかにしてきた．しかし，それでもなお，「尊厳」を主たる憲法上の根拠として正面からプライバシー権を容認するのが合衆国最高裁の支配的立場であるとはいえ，ヨーロッパのように「尊厳」を憲法として立法化する動きはアメリカでは見られない．結局のところ，1970年代以降のアメリカにおいて「尊厳」という価値に基づきプライバシー権を保障することが一部の判決や見解に見られるものの，「尊厳」が「プライバシー権」の礎になっていると評価するのは困難であると言わざるを得ない．

(4) アメリカのプライバシー権の哲学を求めて

　以上のようなアメリカの時代背景を経て生成されたアメリカ型プライバシー権とは，建国以来の「自由の恵沢」を称賛する政府からの個人の「自由」という哲学の上に成り立つ．アメリカのプライバシー権は，ヨーロッパのそれと比

較した場合，政府に対抗する権利として，そして消極的な自由としての性格を有してきたと理解されてきた[364]．そして，プライバシー侵害に対しても，ヨーロッパのような独立したデータ保護監督機関による事前の規制ではなく，司法による事後的な救済を原則としてきた．

ウォーレンとブランダイスがドイツの人格権をアメリカに移植しようと試みたが，アメリカには，ドイツやフランスで見られた侮辱法や個人の名誉権の保障が当時は見られなかった．ブランダイスが1870年代にドイツの高校に通学しており，ベートーベンを愛好するなどドイツ文化に熱狂的であった．そしてドイツにおける論文やフランスにおける侮辱法を参照しつつ，1890年「プライバシーへの権利」の論文を公表した，とホイットマン教授は見る．ところが，ウォーレンとブランダイスは，アメリカに大陸型のプライバシー権が根づくかどうか，また人格権の保障という需要があるかどうか，ということまでは慎重な吟味をしていなかった．アメリカではアメリカ人ならではの人格の概念と伝統があり，それは政府権力への懐疑の上に成り立っているとされる[365]．ホイットマン教授は「ウォーレンとブランダイスの不法行為は偉大なアメリカの発明ではなく，失敗に終わった大陸型の移植であるとみなすのが適当である」[366]と結論づける．

かくして，ホイットマン教授によれば，プライバシー権の母国，アメリカ合衆国におけるプライバシー権の標準的な歴史的淵源は，1890年ウォーレンとブランダイスのプライバシー権の論文の4年前に求めることができる．すなわち，1886年のBoyd v. United States[367]であり，この判決において最高裁は「憲法上の自由と安全のまさに本質」として，財産保障の観点から「人の邸宅の神聖さと生活のプライバシー」[368]を列挙した．そして，その侵害とは，単に人の邸宅のドアを破ったり，引き出しを捜索したりすることにあるのではなく，「人の安全，人の自由，そして私有財産という不可譲の権利への侵害」[369]を意味している．ここにアメリカ流の「自由（liberty）」が現れており，同時にアメリカ流の「プライバシー」の権利の根底にあるものが示されていると受け止めることができる．すなわち，人の「安全（security）」と「自由（liberty）」は「私有財産」と並列関係にあり，憲法が保障する不合理な捜索及び押収を禁

じた第4修正と自己負罪拒否特権を認めた第5修正のいずれもが「憲法上の自由と安全のまさに本質」としての「人の邸宅の神聖さと生活のプライバシー」を保障していると理解されている．この文言の解釈は後のアメリカのプライバシー権の分岐となる．一方では，Boyd 判決をもとに，プライバシー権の核心には秘匿性の喪失ではなく，物理的な侵害が必要であるという財産的なアプローチが唱えられてきた[370]．他方で，このようなホイットマン教授の説明は，私有財産を根拠とするプライバシー権が，1928年のブランダイス裁判官のOlmstead 判決の反対意見とは整合しないばかりか，その後のアメリカのプライバシー権の射程を「狭く」解釈する契機を作り出してしまったとも考えられてきた[371]．このように，1886年 Boyd 判決，そして1890年のウォーレンとブランダイスの論文，さらに1928年のブランダイス裁判官の反対意見をどのように捉えるかによって，アメリカではプライバシー権の理解が異なりうる．すでに1960年代の「プロッサー＝ブラウスティン論争」において決着がついたものの，それでもなお，重要なことは，アメリカのプライバシー権の淵源に政府からの「自由」のための「私有財産」の保障が一定の役割を果たしてきたことを否定することは困難である，ということである[372]．特にアメリカの法と経済学派の理論によれば，そもそも消費者の個人情報は低コストで市場における取引を容易にするものであり，市場の効率性の向上につながると説明される[373]．

　そしてアメリカの財産権的なアプローチに基づき個人の「自由」の保障の砦としてのプライバシー権は，21世紀においても現実に GPS を用いて個人の行動を追跡する捜査手法について，ヨーロッパとは異なる形で，手厚い保障が及ぶことを明らかにした．2012年，United States v. Jones[374] では，コカインの不正取引の捜査を目的として，令状で定められた期間を超えて GPS 追跡を行ったことがプライバシー権の侵害に当たると認定された．法廷意見は，「政府が情報を取得する目的で**私有財産を物理的に占拠**」（強調引用者）[375] したコモン・ロー上の不法侵入型のテストからプライバシー権の侵害を認めた．政府からの個人の「自由」を財産的アプローチから正当化したアメリカのプライバシー権の典型的な例であると評価することができよう．

これに対し，ヨーロッパでは逆の結論が導かれた．2010年欧州人権裁判所は，ドイツの連邦検察庁が武装集団の一員としてテロリストの被疑者の自動車をGPS監視したUzun v. Germany[376]について，私生活尊重の権利を侵害しないと認定した．本件では，1995年12月から1996年2月までの間約3か月にわたり被疑者の自動車を追跡したことが私生活尊重の権利を侵害しているかどうかが，争点とされた．ドイツ連邦憲法裁判所においても，被疑者側の情報自己決定権の侵害になるという主張を退けていた[377]．欧州人権裁判所の判決では，GPSによる監視は，視覚・聴覚による監視と比べ，人の行動，意見，感情に関するより多くの情報を明らかにする点で私生活尊重の権利への侵害の度合いは大きいことが指摘された．しかし，判決では，テロリスト容疑者として政治家等の殺人の可能性があったこと，また3か月間（ほぼ週末）のみの比較的短期間のGPSによる追跡で「完全かつ包括的な監視」とまでは呼べないことから，捜査機関によるGPSの追跡が正当な目的に比例し，民主社会において必要であると認められた．

アメリカとヨーロッパの事案は異なる点もあり，単純に比較することは必ずしも適切ではない．それでもなお公共の安全とプライバシーにおけるGPS追跡の許否の観点から両者の比較検討がなされてきたのは，プライバシーをめぐるアメリカとヨーロッパの基本的哲学の違いを理解するうえで重要な示唆を得ることができるためである．すなわち，アメリカのJones判決は古典的な財産権侵害あるいは不法侵入という構成からプライバシー違反を導き出しているのに対し，ヨーロッパのUzun判決では，私生活尊重の権利への侵害が重大な犯罪の被疑者の捜査という他の「正統な」目的との衡量が図られている[378]．新たな技術がもたらすプライバシー権への脅威について，アメリカのコモン・ローの伝統は，先例の積み重ねを重視することから「過去志向」であるのに対し，ヨーロッパの成文法解釈では人権保障のため保護の範囲を拡張させる「未来志向」に立ってきた[379]．アメリカのJones判決からは，コカインの取引容疑がかかっている被疑者に対してGPSを用いた捜査は，「尊厳」の観点よりもむしろ政府からの個人の「自由」の圏域の保障という古典的な論理が強く働くことによって，これを排除するべきとの帰結が導かれる．これに対し，ヨーロ

ッパの Uzun 判決では，一般論として，「自由」の論理ではなく，私生活尊重という「尊厳」の保障から人の行動を逐一追跡することが不当な干渉に当たるものの，武装集団の一員としてテロリストの被疑者に対する追跡が「尊厳」の保障の観点からしても許容される捜査手法であったものと見ることができる．

　アメリカの憲法の歴史において，プライバシー権の歴史はおよそその半分しか占めておらず，伝統的なアメリカの「ロック流のリベラリズム」[380]の規制哲学の中でプライバシー権は保障されてきた．この「ロック流のリベラリズム」の規制哲学は，少なくともプライバシー権の保障の文脈では，規制の主たる対象が政府の権力の制限に向けられており，レッセ・フェールの遺産として市場における規制を避けつつ，個人の「自由」を保障する，というものである．そして，アメリカにおいて「人間の尊厳」を表現の「自由」の領域に持ち込むことは「トロイの木馬」[381]となることが警戒されてきた．佐藤幸治教授が「『人間の尊厳の一局面』論についても，広汎に過ぎ，『権利』として提示するには明確性を欠いている」[382]と指摘するように，アメリカで権利を十分に具体化できない「尊厳」への盲目的なコミットメントは避けられてきた．さらに，「もしプライバシー権を，垂訓の臭いのする人格権または人間の尊厳に関連づければ，その保護領域は拡散し，他方，表現の自由を民主制と関連づければ，その保護領域は限定される，と気づかれている」[383]という阪本昌成教授の分析は，アメリカのプライバシーと表現の自由をめぐる対立の多くを言い当てているように思われる．

　アメリカ人にとってのプライバシーの脅威はナチスやファシズムではなく，植民地時代におけるイギリス軍による人の住居への無断立ち入りや書類や所持品の押収であった．合衆国憲法の起草者たちは，プライバシーの保護の対象を「住居，書類，所持品」として第 4 修正に明示的に列挙し，不当な公権力を排除することで個人の「自由」を保障することを念頭に置いていた．ここでウォーレンとブランダイスの論文を再訪するならば，アメリカにおいてこの論文は Boyd 判決をはじめとする財産権の延長上に位置づけることができ，そして，後にブランダイス裁判官が「政府に対抗する権利として」語ったように，アメリカにおけるプライバシー権の主要な対象は政府による個人の「自由」への干

渉の問題であったということができよう．

2 尊　厳

　EU基本権憲章第1条は「人間の尊厳は不可侵である」と宣言している．道徳的自律を備えた存在としての人間には「尊厳」が保障され，この「尊厳」がヨーロッパには法文化として根づき，プライバシーの保障もまた「尊厳」の文化を基盤として発展してきた．それはヨーロッパでは身分制社会における名誉への攻撃，またナチスやファシズムの台頭によって，人間の「尊厳」を蹂躙してきた歴史があり，個人情報の取扱いの仕方によっては「尊厳」が傷つけられてしまうからである．「尊厳」という文言はアメリカ憲法には見られないし，少なくともアメリカの法学者の間で共通了解のある基本的価値であるとは言えない．ヨーロッパにおける強力な個人データ保護の法制度の背景には「尊厳」の法文化が存在してきた．

(1) 19世紀：身分制社会の克服

　ヨーロッパにおけるプライバシー権は，「身分特権の形式に対抗する一世紀にわたる徐々に作られていった帰結」であり，「歴史的に高い身分の規範の拡張という引き上げ (leveling up)」を含意する[384]．かつて低い身分の人たちが享受することのできなかった名誉や名声，さらにイメージや氏名を自らコントロールする権利が大陸型のプライバシー権の内実をなしてきた．ホイットマン教授によれば，独裁政治が跋扈する以前から，すでにヨーロッパでは，名誉を保護する規範が20世紀後半に存在し，すべての者が一定の社会的身分を得ることがきっかけとなり，「尊厳の文化」に基づくプライバシー権なるものが生成されていったと言われる[385]．

　たとえば，フランスの1819年出版法において，「私生活」についての思想が見られ[386]，また，1804年の民法の中にも離婚訴訟に関する報道制限，相隣者の所有地に対する観望規制，婚約に関する報道規制などの規定が見られる[387]．また，1868年出版法において，「私生活」の文言が初めて登場したと言われて

おり，社会的身分にかかわらず，すべての市民を対象として，「主として私人相互の関係における私生活保護，とりわけ新聞・出版・報道機関などのマスメディア機関からの市民の私生活を保護する趣旨が，第一義的な目的となっている」[388]．フランスの裁判例においても「身分，出生，財産，現在または将来の地位にかかわらず，各人は私生活尊重の権利を有する」[389]ことが指摘されてきた．ホイットマン教授の分析によれば，フランスではすでに1888年従来の身分制社会を克服するため，名誉権の中にプライバシー権が確立した．ここで重要なことは，フランスでは，むろん国家からの個人の解放という憲法の核心的価値の実現という目的があった一方で，私生活尊重権は憲法ではなく，法律で規定されているとしても，低い身分階級の者も「名誉」を保障される趣旨から「既に私人間適用が認知されていたことに他ならない」[390]のである．

ドイツにおいても，1900年民法において氏名の盗用，肖像権，信用侵害への保護が保障され，個別の分野で人格権の基礎を築いてきた[391]．カントの影響を強く受けたと言われるドイツ法では，アメリカ的な制限政府の考えではなく，人間の情熱や自己利益をチェックするため人間の尊厳と自律の不可侵性への尊重を基盤としてきた[392]．19世紀後半，フランスにおいては，名誉毀損及び侮辱に対する刑事処罰の法律が導入されたが，判例は公序良俗と民事責任に依拠しつつ人格権の保護に努めるとともに，信書の秘密と肖像権とを軸として，「実質的に私生活の尊重を求める権利を承認する判例法を築きあげていった」[393]と言われる．

ドイツにおける自由な人格発展の権利は，「クリスチャン・ヒューマニズム」[394]に淵源があると言われる．神の創造物としての人間が尊厳を有するという考え方は，特にカトリックの影響を受けているとしばしば指摘される[395]．同時に「カントの思想」にルーツを求め，エドワール・エバール教授はドイツ法における「尊厳の法理（dignitarian jurisprudence）」について，次の五つの特徴をまとめている[396]．第1に，人類の平等性の承認を意味している（基本法第3条）．すなわち，すべての人間は法の前において平等な存在である．第2に，尊厳は，生命への権利のように物理的統合性の尊重を含んでいる（基本法第2条2項）．拷問や身体への刑罰は尊厳に反する．第3に，尊厳は，知的精神的

なアイデンティティの尊重を前提としている（基本法第2条）．人格権の発展がこの例である．第4に，比例原則に基づく公権力の制限である（第19条4項）．最後に，尊厳は，社会福祉国家における個人として，そして社会の一員として存在が保障されることを意味している．

　むろん「尊厳」の意味をヨーロッパ全域に共通する形で画一的に定義することは不可能である[397]．それでもなお，ヨーロッパにおいては，アメリカの法律用語ではほとんど見られない「尊厳」という言葉を憲法，法律，判例において用いており，また「尊厳」を基盤として様々な法理を築きあげてきた．

(2) 1940～50年代：ナチスの克服

　ヨーロッパのプライバシー保護法制を語るに当たり，ナチスの歴史を避けることはできない．当時コンピュータも存在しなかった時代にどのようにしてナチスは大量の個人情報を管理し，ユダヤ人を見分けていったのだろうか．そのきっかけとなったのが，1937年IBMトーマス・ワトソンからアドルフ・ヒトラー宛の書簡である．この書簡において，IBMが開発したパンチカードを用いて，ナチスの優生学思想に基づきユダヤ人の個人情報を管理する作業，「死に導く計数作業」が始まったのであった．ナチスのユダヤ迫害の報告と同時に，絶えることのないパンチカードへの登録と国勢調査が報告されてきた．1939年5月，ヒトラー政権は国勢調査員がドイツ全土で一斉にユダヤ人種の排除を目的とした国勢調査を開始した[398]．

　ナチスの全体主義的思想の実現はホレリスのパンチカード，そしてIBM技術に大きく依存していた．60列のパンチカードを一時間に1万2000枚処理し，その要旨を80列のカードに正確にパンチすることができた．合計で8000万枚のカードが実際に使用されていた．パンチによって，各列に，居住地域，性別，年齢，母国語，職業，その他様々な特徴によってフィルタリングがされ，息をひそめて生きていったユダヤ人の存在が明らかにされていった．このパンチカードから逃れられる者はいなかった，とも指摘される．このような大量殺戮の道具として用いられたパンチカードは，税務当局が納税調査という表面的な目的を掲げつつ，実際にはユダヤ人を見つけ出す道具として使われてき

た．たとえば，ベルリンで最もユダヤ人が集中しているのはヴィルマースドルフ地区であり，約2万6000人の教義遵守ユダヤ教徒が同地区の人口の13.54％を占めているという統計結果などが示されてきた[399]．「1942年初頭までには，……ナチスドイツは，もはやユダヤ人（people）を殺害したのではない．ユダヤ民族（populations）を殺害した．この出来事は，ユダヤに対するヒトラーの戦争というデータ駆動型の結末（data-driven denouement）であった」[400]．

1939年から1944年までの間，ポーランド，フランス，オランダ，ノルウェー，ルーマニアなどにおいて国勢調査などで収集されたユダヤ人の個人情報が乱用され，大量殺戮の道具として用いられてきた歴史がある[401]．このような悲惨な歴史はヨーロッパにおけるプライバシー法制のみならず，人権の法制度に大きな影響を及ぼしてきたとしても，「アメリカ人にとっては生きた歴史ではない」[402]．しかし，わずか70年ほど前に起きた現実を体験したヨーロッパでは，ナチスのパンチカードによって人間に番号を振ることへの抵抗が忘れられることはなかった．ナチスの悲惨な過去を現実として体感したヨーロッパの人々にとって，「情報化時代の幕開けは，人間の品格の消失の始まりであった」[403]．

このような悲惨な過去を反省すべく，特にドイツの基本法では，「一般的人格権」を「人間の尊厳」と「人格の自由な発展」を明文化した基本権として承認してきた[404]．これにより，「ドイツにおける人格権法を飛躍的に発展」[405]することとなった．具体的には，著作権の保護を受けない手紙または私的文書や故人の日記を勝手に公表されない権利，自己の肖像に対する権利，医師の診断書を他人に見られない権利などが含まれていると解されてきた[406]．つまるところ，ドイツにおける個人データ保護法制の整備は「脱ナチズムの出来事」[407]の一環であった．

1950年に調印された欧州人権条約第8条では，「すべての者が私生活並びに家庭生活，住居及び通信の尊重を受ける権利」を明文規定で保障した[408]．この規定から，単に私生活や家庭生活へのプライバシー権が保障されるのみならず，欧州人権裁判所によって通信傍受，監視，公的機関による個人データの蓄積からの保障等のデータ保護の問題が含まれると解されてきた[409]．こうして，

ヨーロッパではナチスやファシズムの歴史の反省として，個人情報保護法制が整備されてきた．

(3) 1970年代以降：データ保護法制の制定期

　ナチスによる個人情報の管理という暗い過去は，その反動としてヨーロッパに強力な個人データ保護の法制度をもたらした．実際，当時の西ドイツでの国勢調査の実施に対して，「ドイツ全土で約300の反対運動」[410]が展開されるなど，ボイコットの動きが激しいことが報告されており，その原因はナチスのパンチカード利用による国勢調査の歴史が市民の警戒感を高めたことが指摘される[411]．この市民の声を反映した典型例が，ドイツ1983年連邦憲法裁判所が国勢調査法の調査事項の利用に関する届出記録簿との照合を認める規定などを「情報について自己決定を求める権利」，すなわち「情報自己決定権」に基づき一部違憲の判断を下したことである[412]．

　本判決は，日本でも多くの紹介がなされているが，「ドイツでは個人情報保護のマグナカルタと呼ばれている」[413]という紹介のとおり，EUにおけるデータ保護法制においてもしばしば引き合いに出される先例となった．判決では，統計目的のデータ調査及び処理において，重要なことは申告事項の個人に関連するデータではなく，情報技術に特有の処理可能性や結合可能性であり，その意味から重要でないデータは存在しないのである．強制的な国勢調査には，データ事項の制限を画するような目的に方向づけられた制限が当初から存しないということは，国政調査が人格権に反する各人の記録化及びカタログ化の危険につながりうることを示している．本判決で示された情報自己決定権は，明文化されていないにもかかわらず，基本法の「人間の尊厳」の原則から導き出されることを明らかにしたことが最も特徴的であると説明されている[414]．そして，この判決からドイツの「自己情報決定権が部分的に人間の尊厳の承認の保障に基づいている」[415]ことも指摘されている．

　この点，興味深いことにドイツの情報自己決定権の発展の背景には，アメリカのウェスティン教授の自己情報コントロール権などが一定の影響を及ぼしていた，ということである．松本和彦教授によれば，「すでにドイツにおいても，

アラン・F・ウェスティンの見解（A.F. Westin, Privacy and Freedom, 1967）などが取り上げられていた」[416]．また，藤原静雄教授も，当時，「西ドイツにおける『情報の自己決定権』概念に関する議論は，アメリカ合衆国におけるプライバシーの権利の概念についてのそれと符合している」[417]ことを指摘する．すなわち，1980年代，アメリカとドイツではプライバシーの権利概念について重なり合う合意があったと見ることができる．ところが，1970～80年代，アメリカにおいてプライバシー保護立法は政治状況により包括法や独立した監督機関が見送られたのに対し，ドイツではアメリカのプライバシー権を応用し，それを情報自己決定権という憲法の権利として確立していた．ドイツではすでに1977年連邦データ保護法が「尊厳」と人格の「自由な発展」の権利を保障することを明確にし，監督機関が設置されていた[418]．このように，アメリカとドイツのプライバシー権はそれが重なり合うところが当然に見られるものの，1970～80年代のそれぞれの政治状況から具体的な法制度において異なる道を歩み始めた時期でもあった．そして，この法制度の違いの背景には，ドイツにおける国勢調査への抵抗が「人間の尊厳」を脅かすものであるというプライバシー哲学を映し出しているのに対し，アメリカではかつてのナチスのような歴史は存在していなかったことが「尊厳」に基づくプライバシー法制を遅らせた原因となったものと見ることができよう．欧州人権裁判所の判決において，「個人の私生活に関するデータが単に蓄積されるだけでも，憲法で保障された私生活の保護への干渉となる」[419]という指摘は個人情報の大量の収集と蓄積から人間の尊厳を踏みにじってきた過去の反省を言い当てているように思われる．

　このような人間の尊厳を基軸にプライバシーを保護する動向は，ヨーロッパの中でドイツとともに主要な役割を果たしてきたフランスにおいても看取することができる．フランスでは，1970年7月17日法律によって，「私生活を尊重する権利」が民法第9条で保障されることとなった[420]．フランスの憲法には，すでに1946年に草案として「人間の尊厳」を一般原理としてとして位置づけた検討がされ，また1993年2月15日憲法改正諮問委員会報告書には「プライバシー及び人間の尊厳の尊重」という文言を追加する修正案が検討された経緯もある[421]．フランスにおいて私生活の保護は「人間の尊厳」の原理に依

拠してきて判例上も保障されてきた[422]．さらに，1970年代以降，アメリカではプライバシー権よりも表現の自由を重視してきたのに対し，フランスではこれとは対照的な方向性が導かれた．当時は，フランスでは，性的指向に関する個人情報を公開したことへの損害賠償を認めた事例[423]があっても，カリフォルニア州[424]ではそれが否定されたのである．すなわち，「国境を越える文化の比較が許される事例のほとんどにおいて，フランスの裁判所ではプライバシー違反の責任を認定してきたのに対し，アメリカの裁判所はそのような主張を拒絶してきた」[425]と言われる．ウォーレンとブランダイスの論文は，フランスの人格権によって育てられた．「プライバシー法のフランスの種」は，強力な表現の自由の法理がある「アメリカでは実を結ぶことがなかった」．しかし，「プライバシー法のフランスの種」はフランスで育っていった．「アメリカの著者であるウォーレンとブランダイスの不法行為の概念はフランスにおいて生存し，元気である」と指摘されるのである[426]．

　スペインにおける個人情報保護法制の核心にある「intimidad」が，憲法で規定されている「人間の尊厳」から導き出される，という見解もドイツやフランスの「尊厳」に基軸を置くデータ保護法制と重なり合うものと考えられよう[427]．イタリアにおいてプライバシー権が政治的権利，そして社会的権利に続く第三世代の市民権として承認された新しい権利と言われるものの，この新しい権利は自然人の尊厳の保障を目的として一般的人格権と結びついて成長してきたと説明される[428]．ポーランドのデータ保護法制が，旧東ドイツの諜報機関の集積した膨大な個人データファイルとしてのシュタージ・ファイルが「特殊にセンシティヴな問題」を省みて，人間の尊厳の重視への価値序列の転換の過程において成立したこともポーランドのプライバシー文化を象徴している[429]．オーストリアの番号制度が一元的な管理による個人情報の集中を回避している制度を採用しているのもかつてのナチスドイツに併合された過去があったことが一因であったことは容易に想起されうる[430]．1991年，ハンガリーの憲法裁判所が，行政が利用するための包括的な番号制度の導入について過去の独裁国家の反省に立ち，個人情報のデータベース化による中央管理は個人データの権利を侵害し違憲であるとの判断を下したのもヨーロッパの歴史と文化

を映し出している[431].

　欧州評議会では1970年代に入り，閣僚委員会において欧州人権条約第8条を参照しつつ個人データの保護に関する決議を採択していった[432]．その後，1976年11月から1979年5月までの間にデータ保護専門家委員会が4回会合を設け，データ保護に関する条約文書の作成が行われた．文書作成の過程では，OECD（経済開発協力機構）及びオブザーバーとしての四つの非加盟国（オーストラリア，カナダ，日本，アメリカ）とも緊密に連携していった．1981年1月28日にいわゆる条約第108号，「個人データの自動処理に係る個人の保護に関する条約」の署名（1985年10月1日発効）が行われた．条約第108号はデータ保護分野において唯一拘束力ある国際的文書として存在してきた．すなわち，条約の自動執行力（self-executing）がなく，条約から直接個人の権利を導き出すものではないが，条約の批准国は，データ保護の各規定について国内法に導入することが義務づけられている．国内法への導入方法は，当該国の憲法や法制度に基づき異なる形態で行われ，行動規範なども奨励されるが，拘束力ある方法での導入が前提とされている[433].

　EUでは，域内統合の要請から欧州評議会条約第108号には当時規制のなかった越境データの移転に関する規制の必要性が生じ，すでに紹介してきた1995年EUデータ保護指令を採択した．このように，1970年代以降，ヨーロッパでは域内市場の統合という要請があったにもかかわらず，人間の「尊厳」という価値それ自体は市場化されることなく，むしろ「尊厳」の価値の共有の下に域内市場の統合や個人データ保護の規制が構築されていったと見ることができる．

(4) ヨーロッパのプライバシー権の哲学を求めて

　ヨーロッパの国々が欧州評議会において拘束力あるプライバシー保護法制の初めての審議過程において，データ保護専門委員会が「人権」の場として議論が始まった．その背景には，「ヨーロッパのデータ保護法制は人口を支配するナチスやゲシュタポの繰り返しを防止するという隠れたアジェンダを含んでいた．……誰一人として第二世界大戦中におけるナチス体制の下で耐えてきた経

験を繰り返したくない」[434]という声があった．そして，1981年に署名された欧州評議会条約第108号は，特に民間部門における個人データの取扱いへの憂慮から，公的部門と民間部門を分け隔てなく，規律の対象とした．この公的部門と民間部門を区分しない包括法制がヨーロッパの特徴ではあるものの，アメリカにおけるステイト・アクション法理のように公的機関と同視しうるほどの民間部門における個人データの取扱いの場合にのみ，憲法上のプライバシー権が妥当するという思考とは相容れないこととなった．そして，この「尊厳」に基づくデータ保護の権利は，インターネット時代においても共通している．ドイツ憲法裁判所の裁判長であったエルンスト・ベンダが「人間の尊厳が抑圧という全体主義的な道具によってではなく，むしろ現代の生活の複雑さによって，また私生活のあらゆる側面に入り込む福祉国家の潜在的な侵害によって……危険にさらされてきている」[435]と指摘した．

さらに，アメリカ型プライバシー権の政府からの「自由」という論理は，ヨーロッパにおいては必ずしも当てはまらない．たとえば，フランスでは「私人間関係のみならず，国家と個人との関係においても，私生活尊重権が他者保有情報監視権へと拡大化された傾向」[436]が指摘されており，個人データ保護の権利は対私人の場合と対公的機関との明確な区別がされていないことをうかがえる．むしろ政府からの「自由」ではなく，政府による「尊厳」の実現のため，政府の「排除」ではなく，「介入」の論理を採ってきたのがヨーロッパである．児童虐待の事件を公的機関がその事実を把握しておきながら，職員が児童の救助を怠った事例において，アメリカとヨーロッパでは「憲法上の法理としての決定として根本的な衝突」[437]が見られる．アメリカでは DeShaney v. Winnebago County Department of Social Services[438] において，児童虐待を行ったのは父親であって州ではない以上，この児童を「州が保護する憲法上の義務はないのである」[439]．アメリカ合衆国憲法はあくまで消極的自由の憲章であって，政府から個人の「自由」を保障することを目的とし，政府が私人間の権利侵害に対して積極的な保護義務があるとは一般的に理解されていない．これに対し，ヨーロッパでは，少なくとも欧州人権裁判所の判決（Z v. The United Kingdom〔2001〕[440]）において，国家による基本権保障のための積極的義

務を正面から肯定している．すなわち，拷問，非人道的な取扱いや刑罰を禁じた欧州人権条約第3条を根拠として，「政府が児童を保護する積極的な義務があった」ことが認定されている．ここでは政府が児童虐待の事実を知りながら，合理的な防止措置を講じることが可能であったにもかかわらず，その措置を怠ったことが国家の積極的義務に反する，というものである[441]．

インターネットの世界においても，アメリカでは，ステイト・アクション法理により，政府との関係性を有したり公的機能を有しない限り，原則として正面から憲法上のプライバシー権の問題とはならない．他方で，ヨーロッパでは，欧州人権裁判所の判決（K.U. v. Finland〔2008〕[442]）で示されたとおり，私生活・家庭生活を保障する欧州人権条約第7条により国家の積極的な義務が肯定される．ドイツにおける個人データ保護法がカントの思想に淵源を求めることができ，そして人間が「自由に行動することのできる精神的道徳的存在としてのみならず，道徳的義務の感覚によってその行動が拘束されている」[443]と説明されるように，私人間において「道徳的義務」の問題が法的に生じうると考えられてきた．

繰り返しになるが，アメリカにおけるプライバシーの最大の脅威は政府の私生活への介入であり，政府はプライバシー権の擁護者とはみなされていない．これに対し，ヨーロッパでは，政府が人間の「尊厳」の保障の観点から私生活尊重の義務を負っており，これにより，プライバシー権を保護する義務を履行しなければならない[444]．

プライバシー・個人データの保護について，ヨーロッパと一括りにすべてを論じるのは適当ではないのかもしれない．人格権一つをとってもドイツとフランスを同列に扱うのは不当なことかもしれない．ストラスブールにおける欧州人権裁判所が積み上げてきた判例と，ルクセンブルクの司法裁判所が新たに直面してきた個人データ保護の諸課題を区別して議論するべき必要性もあろう[445]．そして，2015年3月現在，EUの加盟国内においても，データ保護規則提案をめぐる様々な駆け引きがある．それでもなお，ヨーロッパをアメリカと対比して論じる文脈においてプライバシー権を見たとき，ヨーロッパのプライバシー権は，アメリカでは聞きなれない人間の「尊厳」の保障という哲学の

上に成り立っており，政府が尊厳を保護する義務を負っている，と結論づけることは大きな誤りではないと考えている[446]．

1890年，ウォーレンとブランダイスはボストンの上流階級としての地位を築きあげていた[447]．ウォーレンと上院議員の娘との結婚式が多くの新聞紙で報道されていた．当時，フランスでは結婚や婚約に対する報道の制限は民法で保障されていた．ウォーレンとブランダイスの論文は，ドイツ人格権の接近であり，「ドイツ法とヨーロッパの人権法理から多大な影響を受けたものと証明される」[448]．ウォーレンとブランダイスは「大陸型プライバシーの保障をアメリカへ導入しようと試みたのであった」[449]．彼らもまたヨーロッパにおける上級階級がメディアの攻撃から私生活を保障する法的枠組みを構築したように，アメリカにおいて「プライバシーへの権利」を唱道したものと見ることができる．

7 未　　来

1 プライバシー権の哲学

本章が扱ったプライバシーの二都物語では，ワシントンとブリュッセルという二つの都市でのプライバシー権の保護に関する施策を比較検討してきた．そして，本章が見てきたプライバシーをめぐるアメリカとヨーロッパの衝突は，その背後にあるプライバシー権の哲学の違いを映し出している．一言でその違いを述べるのであれば，アメリカのプライバシー権は政府からの個人の「自由」の保障を主たる目的としている．これに対し，ヨーロッパのデータ保護の権利は人間の「尊厳」の価値を根底にしてきた．アメリカでは，個人の「自由」を保障することを目的としてプライバシー法制による政府の介入が認められる．しかし，ヨーロッパでは人間の「尊厳」を目的に政府は個人データの保護の義務を負っている．アメリカでは，個人の「自由」を守るため，市場の中で個人の「自由」への害悪を及ぼす情報の取扱いを規制し，司法における解決が好まれてきた．ところが，ヨーロッパでは，人間の「尊厳」を脅かす個人デ

ータの取扱いを規制するため，独立した監督機関が事前のチェックを行ってきた．アメリカでは，むしろ個人の「自由」を涵養するものであれば自由な個人情報の流通が奨励されてきた．逆に，ヨーロッパでは，個人情報の自由な流通が人間の「尊厳」を傷つけかねないというおそれから，データの移転を規制してきた．アメリカ人にとってのプライバシー権はアメリカのプライバシー文化を体現しており，ヨーロッパ人のそれはヨーロッパのプライバシー文化を反映している．プライバシーをめぐるアメリカとヨーロッパの現実の衝突は，単なる法律の条文から生じているものではない．衝突の原因は，プライバシーを権利として構成する哲学の差異にある．

　むろん本章で論じてきたアメリカとヨーロッパの違いばかりに着目することは不当である．アメリカとヨーロッパではプライバシーを権利として保障する際，多くの点で共通点も見られる．コリン・ベネット教授は，1970年代からのアメリカとヨーロッパにおける立法過程における類似性を考察したうえで，①情報技術の進展に伴うプライバシーへの脅威の認識共有，②他国の法制度の吸収，③専門家間のネットワーク構築，④OECD などを通じた国際組織における調和の努力，そして⑤他国の立法化の影響による自国の浸透をあげている[450]．このように，アメリカとヨーロッパは，特に立法化当初の1970年代にはプライバシー権の擁護の過程において同じ歩調で歩んできた．

　ところが，1980年代以降，第三国へのデータ移転の規制枠組みができ始め，1995年 EU データ保護指令が十分な保護措置を確保している第三国のみにデータ移転を原則として認める規定を整備してから，アメリカとヨーロッパの緊張関係は高まってきた．そして，その後，2001年のアメリカにおけるテロ後のアメリカの個人データの収集や利用に対して，特にスノーデン問題が明らかになって以降，既存のセーフ・ハーバーという政治的妥協が崩壊しようとしつつある．その背景には，アメリカとヨーロッパの間には無視しえないプライバシー権の哲学をめぐる対立が現存しているからである．リー・バイグレーブ教授は，功利主義的な思考に基づく個人への害悪に焦点を当てた「帰結主義者」としてのアメリカのアプローチと，カントの思想に基づく人間を自律的な存在としてみる「義務論者」としてのヨーロッパのアプローチの対比であると説明

する[451]．アメリカとヨーロッパの違いは，単なる法律の条文の表面的な違いではなく，プライバシーのDNAの差異を写し出している．

2 将来のアメリカとヨーロッパを見据えて

2012年，アメリカとヨーロッパはそれぞれプライバシー保護に関する新たな法的枠組みを示した．2012年2月26日，アメリカでは，オバマ政権が「消費者プライバシー権利章典」を公表し，連邦議会へのプライバシー保護に向けた包括的立法を整備することを求めた．また，2012年1月25日，EUでは，1995年EUデータ保護指令を全面改正するEUデータ保護規則提案が欧州委員会によって公表され，21世紀のプライバシー法制度が提唱されてきた．プライバシーをめぐり，アメリカもヨーロッパも進化し続けてきた．

しかし，その進化の過程において，アメリカとヨーロッパはプライバシー権をめぐる基本的な哲学ないし文化の違いから，現実的な衝突を繰り返してきた．プライバシー権をめぐる「自由」と「尊厳」という対立軸は，プライバシーという土俵以外の場でもアメリカとヨーロッパの衝突を見ることができる．たとえば，ヘイト・スピーチをめぐる規制の是非を考えても，アメリカではヘイト・スピーチ規制を憲法違反とする判断が積み重ねられてきたのは，他の集団を批判する言論が個人の「自由」の問題として捉えられているからであり，これに対し，ヨーロッパでは人間の「尊厳」を傷つけることとなれば，規制の対象となりうるのである．性別や人種の差別問題と平等という文脈においても，アメリカでは少数者の「自由」を損なうからこそ平等の要請が働くのに対し，ヨーロッパでは少数者の「尊厳」への敵意とみなし規制の対象となってきたと説明することができるのではないだろうか．

ここでの主張は仮説の域を出てないものであるが，「自由」と「尊厳」というプライバシー権の文脈においてみられた思想ないし哲学のアメリカとヨーロッパとの間の衝突は，人権を語るうえでのある程度普遍的な対立軸を映し出しているようにも思える．仮に「自由」と「尊厳」という大西洋での人権哲学の衝突を看取することができるならば，日本国憲法のプライバシー権に関する人

権規定の解釈にはどのような哲学ないし思想を求めることができるだろうか．

　日本国憲法第13条は，個人の「尊重（respect）」を掲げている[452]．これは，アメリカ流の個人の「自由」とも，ヨーロッパ流の人間の「尊厳」とも異なる概念である．日本国憲法はアメリカ流の「自由」の系譜を受け継いでいる．しかし，アメリカで見られたレッセ・フェールの歴史は存在しなかった．日本の民法などはヨーロッパの尊厳を基調とする「人格権」の流れを汲んでいる．しかし，ヨーロッパで見られた個人情報を利用した人間の「尊厳」を打ちのめすほどの暗い過去はなかった．その意味において，日本のプライバシー文化を踏まえたうえで，日本のプライバシー権の哲学が築かれるべきだとすれば，プライバシーの二都物語を熟慮したうえでアメリカの個人の「自由」ともヨーロッパの人間の「尊厳」とも異なる形で，個人の「尊重」の理念をもとにプライバシー権の哲学を求めるべきではないだろうか．

注

1) INAZO NITOBE, BUSHIDO, THE SOUL OF JAPAN 68 (1899, 5th ed., 1901).
2) CHARLES DICKENS, A TALE OF TWO CITIES (Penguin Books, 2003).
3) Samuel D. Warren & Louis D. Brandeis, *The Right to Privacy*, 4 HARV. L. REV. 193 (1890). *See also Olmstead v. United States*, 277 U.S. 438, 478 (1928) (Brandeis, J., dissenting).
4) *See* Erwin Chemerinsky, *Rediscovering Brandeis's Right to Privacy*, 45 BRANDEIS L. J. 643, 643 (2007).
5) Mishnah Baba Bathra 22a. *See also* Elie Spitz, *Pointers for American Legislation on Computer Privacy: Insights from Jewish Law*, 2 NAT'L JEIWSH L. REV. 63, 71 (1987).
6) Warren & Brandeis, *supra* note 3, at 196.
7) *Olmstead v. Untied States*, 277 U.S. 438, 478 (1928) (Brandeis J., dissenting).
8) *Griswold v. Connecticut*, 381 U.S. 479 (1965).
9) *Roe v. Wade*, 410 U.S. 113 (1973).
10) *Lawrence v. Texas*, 539 U.S. 558 (2003).
11) *Katz v. United States*, 389 U.S. 347 (1967).
12) *Whalen v. Roe*, 429 U.S. 589 (1977).
13) *Bartnicki v. Vopper*, 532 U.S. 514, 534 (2001). *See id.* at 535 (Breyer, J., concur-

ring); *id.* at 541（Rehnquist, C.J., dissenting）.
14）*See* William L. Prosser, *Privacy*, 48 Cal. L. Rev. 383（1960）.
15）*See e.g.,* Federal Privacy Act of 1974; Gramm-Leach-Bliley Act of 1999; Health Insurance Portability and Accountability Act of 1996; Children's Online Privacy Act of 1998.
16）*See* Children's Online Privacy Protection Rule, 16 C.F.R.（2008）.
17）White House, *Administration Discussion Draft: Consumer Privacy Bill of Rights Act of 2015*, February 27, 2015. Available at https://www.whitehouse.gov/sites/default/files/omb/legislative/letters/cpbr-act-of-2015-discussion-draft.pdf（last visited March 31, 2015）. 消費者プライバシー権利章典の青写真については，宮下紘「アメリカ・プライバシーの最前線」時の法令1932号（2013）37頁以下，石井夏生利「アメリカにおけるビッグデータの利用と規制」ジュリスト1464号（2014）32頁以下，参照.
18）欧州人権条約に関する邦語の紹介としては，江島晶子『人権保障の新局面：ヨーロッパ人権条約とイギリス憲法の共生』（日本評論社，2002）を参照．日本が批准していない欧州人権条約を日本の訴訟において援用しうるかどうかについては，議論の余地があるものの，日本国憲法の個別規定と欧州人権条約の個別規定の「規範構造が大きく異なるものではないとするならば，憲法と矛盾しない限りでそれらにそった……解釈を行うことは，ひとつの合理的解釈として許容される余地がある」という指摘がある．只野雅人『憲法の基本原理から考える』（日本評論社，2006）164頁．
19）石村善治「ヘッセン州データ保護法」ジュリスト589号（1975）127頁，参照.
20）菱木昭八朗「スウェーデンデータ法」比較法研究43号（1981）9頁，参照.
21）Council of Europe, *Convention for the Protection of Individuals with regard to Automatic Processing of Personal Data (ETS No.108)*, January 28, 1981.
22）なお，欧州評議会条約第108号は，2014年12月3日に「現代化（modernisation）」に伴う改正案が欧州評議会データ保護特別委員会において採択され，2015年3月現在，改正手続が進められる予定である.
23）ヨーロッパにおけるプライバシー関連立法の整備過程については，堀部政男『プライバシーと高度情報化社会』（岩波書店，1988），参照.
24）Directive 95/46/EC of the European Parliament and of the Council of 24 October 1995 on the protection of individuals with regard to the processing of personal data and on the free movement of such data（1995）.

　　EUデータ保護指令に関する邦語による紹介としては，新保史生「個人情報保護マネジメントシステム―EU指令の定める十分性の基準との関係を中心に―」法とコンピュータ25巻（2007）73頁以下，村上裕章「国境を越えるデータ流通と個人情報保護」川上宏二郎先生古稀記念論文集『情報社会の公法学』（信山社，2002），藤原静雄「個人情報保護法制とメディア」塩野宏先生古稀記念論集『行

政法の発展と変革〈上巻〉』(2001) 713 頁以下，山岸和彦「個人情報保護法制化の動向と課題」法律時報 72 巻 10 号 (2000) 34 頁以下，堀部政男編『情報公開・プライバシーの比較法』(1996) 1 頁以下など，参照．

25) European Commission, *Proposal for a Regulation of the European Parliament and of the Council on the protection of individuals with regard to the processing of personal data and on the free movement of such data (General Data Protection Regulation)*, January 25, 2012.
26) 東京地判昭和 39 年 9 月 28 日下民集 15 巻 9 号 2317 頁．
27) 最判平成 7 年 12 月 15 日民集 49 巻 10 号 844 頁．
28) 最判平成 15 年 9 月 12 日民集 57 巻 8 号 977 頁．
29) 最判平成 20 年 3 月 6 日民集 62 巻 3 号 665 頁．
30) United Nations, *Universal Declaration of Human Rights*, Adopted and proclaimed by General Assembly resolution 217A (III) of 10 December 1948.
31) *See NSA Collecting Phone Records of Millions of Verizon Customers Daily*, 6 June 2013, THE GUARDIAN ONLINE (Available at http://www.theguardian.com/world/2013/jun/06/nsa-phone-records-verizon-court-order (last visited 27 March 2014)); *NSA slides explain the PRISM data-collection program*, WASH. POST ONLINE, 6 June 2013 (Available at http://www.washingtonpost.com/wp-srv/special/politics/prism-collection-documents/ (last visited March 31, 2015)). *See also US Admits Secret Surveillance of Phone Calls Has Gone on for Years*, THE GUARDIAN, June 7, 2013 at 1 & 4; *U.S. mines Internet Firms' Data, Documents Show*, WASH. POST, June 7, 2013 at A1 & A12-14.
32) United Nations, *Resolution adopted by the General Assembly on 18 December 2013 68/167: The Right to Privacy in the Digital Age* (December 18, 2013). *See also* United Nations, Human Rights Council, *Report of the Office of the United Nations High Commissioner for Human Right*s, June 30, 2014.
33) OECD, *Recommendation of the Council Concerning Guidelines Governing the Protection of Privacy and Transborder Flows of Personal Data* (September 23, 1980). OECD プライバシー・ガイドラインの紹介については，堀部政男・新保史生・野村至編『OECD プライバシーガイドライン―30 年の進化と未来』(JIP-DEC, 2014), 消費者庁「個人情報保護における国際的枠組みの改正動向調査」135 頁以下 (「OECD 改正ガイドライン」〔板倉陽一郎執筆〕), 参照．
34) APEC Privacy Framework (2004). 消費者庁「アジア太平洋地域等における個人情報保護制度の実態調査検討委員会報告書」(2013 年 3 月) 10 頁以下 (「II 個人情報保護に関する APEC の取組」〔加藤隆之執筆〕), 参照．
35) 宮下紘「データ保護プライバシー・コミッショナー国際会議」比較法雑誌 48 巻 2 号 (2014) 143 頁以下，参照．
36) *See* Graham Greenleaf, *Global Data Privacy Laws 2015: 109 Countries, with*

European Laws Now in a Minority, 133 Privacy Laws & Business 14（2015）．個人情報保護法制の国際的動向の紹介については，石井夏生利『個人情報保護法の現在と未来』（勁草書房，2014），総務庁行政管理局行政情報システム参事官室監修『世界の個人情報保護法』（ぎょうせい，1989），参照．

37) *Olmstead*, 277 U.S. at 478 (Brandeis, J.,dissenting).

38) Daniel J. Solove, *Reconstructing Electronic Surveillance Law*, 72 Geo. Wash. L. Rev. 1264, 1301 (2004); Erwin Chemerinsky, *Civil Liberties and the War on Terrorism*, 45 Washbun L. J. 1, 2 (2005).

39) "dataveilannce" という言葉は，法学の世界では，Symposium, *Surveillance, Dataveillance, and Human Freedom*, 4 Col. Hum. Rts. L. Rev. 1 (1972) においてすでに用いられてきた．なお，データ監視やデータ・マイニングの邦語紹介については，名和小太郎『個人データ保護』（みすず書房，2008）162頁以下，を参照．また，アメリカにおけるデータ監視とプライバシー・リスクについては，山本龍彦「予測的ポリシングと憲法」慶應法学31号（2015）324頁以下，参照．

40) *See e.g.*, Peter P. Swire, *The System of Foreign Intelligence Surveillance Law*, 72 Geo. Wash. L. Rev. 1306, 1361 (2004). テロ戦略における情報プライバシー権の復権を指摘するものとして，山本龍彦「アメリカにおける対テロ戦略と情報プライバシー」大沢秀介・小山剛編『自由と安全』（尚学社，2009）140頁以下，山本龍彦「アメリカにおけるテロ対策とプライバシー」都市問題104巻7号（2013）24頁以下，参照．

41) Viviane Reding, *Protecting Europe's Privacy*, N.Y. Times Online, June 17, 2013. Available at http://www.nytimes.com/2013/06/18/opinion/global/viviane-reding-protecting-europes-privacy.html?_r=0&pagewanted=print（last visited 27 March 2014）.

42) European Parliament, *US NSA surveillance programme, surveillance bodies in various Member States and impact on EU citizens' privacy*, 4 July 2013.

43) *See* David A. Anderson, *The Failure of American Privacy Law*, in Protecting Privacy 139 (Basil S. Markesinis ed. 1999).

44) "digital tsunami" という言葉は，Workshop on International Transfer of Personal Data（2008年10月21日，欧州委員会）における当時イタリアデータ保護執行機関事務総長（2015年3月現在，欧州データ保護監督官）の Giovanni Butarelli 氏のプレゼンテーションにおいて用いられた．

45) EUデータ保護指令第25条1項「構成国は，処理されている又は移転後に処理が予定されている個人データの第三国への移転は，この指令に従って採択された国内規定の順守を損なうことなく，当該第三国が十分なレベルの保護措置を確保している場合に限って，行うことができることを定めなければならない．」EUデータ保護指令の仮訳については，堀部政男研究室「欧州連合（EU）個人情報保護指令の経緯とその仮訳」新聞研究578号（1999）17頁以下，庄司克宏「EU

における『個人データ保護指令』：個人データ保護と域外移転規制」横浜国際経済法学7巻2号（1999）143頁以下，参照．なお，EUのデータ移転の規制は，EU加盟国のみならず，すでに70カ国以上で採用されていると言われる．*See* Christopher Kuner, Transborder Data Flows And Data Privacy Law 158 (2013).
46) 欧州委員会による十分性審査については，1998年7月24日，第29条作業部会が公表した「第三国への個人データ移転（EUデータ保護指令第25条及び第26条の適用）に関する作業文書」(Article 29 Data Protection Working Party, *Working Document: Transfers of Personal Data to Third Countries: Applying Articles 25 and 26 of the EU Data Protection Directive*, 〔WP12 adopted on July 24, 1998〕）に基づき審査が行われる．欧州委員会によるヒアリングによれば，この作業文書は現在も有効であり，規則提案が発効するまではこの文書で示された審査を行うこととなる．審査の基準として，データ保護に関する「内容の原則」と「手続・執行の構造」の二点がある．
①内容の原則について
　a) 利用制限の原則……データは，特定の目的に処理され，利用されるべきである．（指令13条）
　b) データの質及び比例の原則……データは，正確かつ最新のものとするべきである．
　c) 透明性の原則……各人に対し，データ処理の目的及びデータ管理者に関する情報を提供するべきである．（指令11条2項，同13条）
　d) 安全の原則……技術的かつ組織的な安全管理措置が，データ管理者により施されるべきである．
　e) アクセス・訂正・異議申立の権利……データの本人は，自らに関するすべてのデータのコピーを取得し，不正確な場合には，訂正する権利を有するべきである．また，一定の場合は，データの処理に異議申立を行うことができるようにするべきである．
　f) 移転の制限……データの移転に際しては，データの受取側が十分な保護の水準を確保している場合のみに行うべきである．
　　なお，（ⅰ）センシティブ・データ（指令8条に列挙された人種，民族出自，政治的思想，宗教上・哲学上の信念，労働組合員，健康・性生活に関するデータ），（ⅱ）ダイレクト・マーケティング（オプト・アウトの要件），（ⅲ）個人の決定（データ移転に関する本人の知る権利），が補足的な原則として保護水準の十分性の判断に考慮されうる．
②手続・執行の構造
　a) 法令遵守（コンプライアンス）の十分な水準の確保……十分な体制は一般にデータ管理者の義務とデータ本人の権利と権利行使の手段に対する高い意識がある．

b) データの本人に対する支援と援助の提供……個人は法外な費用をかけることなく，迅速かつ効果的に自らの権利を執行することができなければならない．
　　c) 適切な救済の実施……独立した裁定または仲裁により，法令違反をした当事者に対して損害賠償と罰則を科すことができる体制が関与しなければならない．

　これら①内容の原則と②手続・執行の構造について，第三国・地域の審査を実施してきているが，その多くがベルギー・ナミュール大学（Université de Namur, Facultés universitaires Notre-Dame de la Paix）法・情報・社会研究所（Centre de Recherche Information, Droit et Société）に委託されて，調査が行われてきた．詳細については，消費者庁「個人情報保護制度における国際的水準に関する検討委員会・報告書」（2012年3月）55頁以下（「国際的水準の意義」〔堀部政男執筆〕，「EUデータ保護改革と国際的水準への影響」〔宮下紘執筆〕），参照．また，越境データ移転に関する問題については，中崎尚「個人データ保護法制に関する欧米間の調整と多国間のルール形成」法律時報84巻10号（2012）19頁以下，鈴木正朝「他国への個人データ越境移転制限条項の検討」ジュリスト1464号（2014）59頁以下，参照．

47) European Commission, *Commission Decision of 26 July 2000 pursuant to Directive 95/46/EC of the European Parliament and of the Council on the adequate protection of personal data provided in Switzerland*（2000/518/EC）.

48) European Commission, *Commission Decision of 20 December 2001 pursuant to Directive 95/46/EC of the European Parliament and of the Council on the adequate protection of personal data provided by the Canadian Personal Information Protection and Electronic Documents Act*（2002/2/EC）.

49) European Commission, *Commission Decision of 30 June 2003 pursuant to Directive 95/46/EC of the European Parliament and of the Council on the adequate protection of personal data in Argentina C (*2003）1731.

50) European Commission, *Commission Decision of 21 November 2003 on the adequate protection of personal data in Guernsey*（2003/821/EC）.

51) European Commission, *Commission Decision 2004/411/EC of 28.4.2004 on the adequate protection of personal data in the Isle of Man.*

52) European Commission, *Commission Decision of 8 May 2008 pursuant to Directive 95/46/EC of the European Parliament and of the Council on the adequate protection of personal data in Jersey*（2008/393/EC）.

53) European Commission, *Commission Decision of 5 March 2010 pursuant to Directive 95/46/EC of the European Parliament and of the Council on the adequate protection provided by the Faeroese Act on processing of personal data*（2010/146/EU）.

54) European Commission, *Commission Decision of 19 October 2010 pursuant to Directive 95/46/EC of the European Parliament and of the Council on the adequate protection of personal data in Andorra* (2010/625/EU).
55) European Commission, *Commission Decision 2011/61/EU of 31 January 2011 pursuant to Directive 95/46/EC of the European Parliament and of the Council on the adequate protection of personal data by the State of Israel with regard to automated processing of personal data* (2011/61/EU).
56) European Commission, *Commission Implementing Decision of 21 August 2012 pursuant to Directive 95/46/EC of the European Parliament and of the Council on the adequate protection of personal data by the Eastern Republic of Uruguay with regard to automated processing of personal data* (2012/484/EU).
57) European Commission, *Commission Implementing Decision of 19 December 2012 pursuant to Directive 95/46/EC of the European Parliament and of the Council on the adequate protection of personal data by New Zealand* (2013/65/EU).
58) EUデータ保護指令採択後の20年間でこれまで11の国と地域のみが十分性認定を受けたに過ぎず，欧州委員会の2010年1月に公表された報告書では「その手続が望まれていたよりも小さなインパクトしかなかった．そのため，EU及び欧州経済領域以外の国における強力なデータ保護法の進展が結果として実際よりも強力に推進されてこなかった」と指摘されている．他方で，同報告書では，アメリカとのセーフ・ハーバーがヨーロッパからの「信頼性（credibility）」を獲得できなかった点に言及し，「特にアジア太平洋の国々において，各国の法がヨーロッパの十分性の水準を確保するべきであるという命題は，それが貿易において恩恵的な効果をもたらすと感じられてきている点において当初から重要であった」こととも記されており，近時，欧州委員会が日本を含むアジア太平洋地域における国々を十分性審査の戦略的地域として捉えていることがうかがえる．*See* European Commission, *Comparative Study on Different Approaches to New Privacy Challenges, in Particular in the light of Technological Developments, Final Report* (January 20, 2010) at 16.
59) Article 29 Data Protection Working Party, *Discussion Document on First Orientations on Transfers of Personal Data to Third Countries Possible Ways Forward in Assessing Adequacy*, (WP4, adopted on June 26, 1997) at 4.
60) *See* Article 29 Data Protection Working Party, *Opinion 3/2001 on the level of protection of the Australian Privacy Amendment (Private Sector) Act 2000* (adopted on January 26, 2001).
61) *See* Australian Law Reform Commission, *For Your Information: Australian Privacy Law and Practice* (May 30, 2008). Available at http://www.austlii.edu.au/au/other/alrc/publications/reports/108/vol_1_full.pdf (last visited 31

March, 2010）．オーストラリアの 2012 年法改正については，消費者庁「個人情報保護における国際的枠組みの改正動向調査」，191 頁以下（「オーストラリアにおける個人情報保護に関する国際的枠組みへの対応状況」〔板倉陽一郎執筆〕），参照．

62）日本の法制度については，ナミュール大学による 2006 年に第一次審査が行われている．Cécile de Terwangne, Florence de Villenfagne, Franck Dumortier, Virginie Fossoul, Yves Poullet, Masao Horibe, *First analysis of the personal data protection law in Japan in order to determinate whether a second step has to be undertaken* (unpublished, 2006).

63）*See* Peter P. Swire & Robert E. Litan, None of Your Business: World Data Flows, Electronic Commerce, And The European Privacy Directive (1998).

64）現実に，日本と EU のビジネス界からは，日 EU ビジネス・ダイアローグ・ラウンドテーブル等を通じて，日本国政府が欧州委員会からの「十分性の基準」の審査を正式に受けるべきである，という日本国政府に対する要望がかねてからあった．*See* http://www.eu-japan.eu/global/round-table.html (last visited March 31, 2015).

65）Anu Bradford, *The Brussels Effect*, 107 Nw. U. L. Rev. 1 (2012).

66）堀部政男「グローバル社会と日本のプライバシー・個人情報の保護」NBL912 号（2009）13 頁．

67）Privacy Working Group of the United States Government Information Infrastructure Task Force, *Privacy and the National Information Infrastructure: Principles for Providing and Using Personal Information*, June 6, 1995.

68）White House, *A Framework for Global Electronic Commerce*, July 1, 1997. この枠組みにおける政府の役割は，「予測可能性があり，最小限のもので，一貫性があり，シンプルな」ものでなければならないとされている．

69）*See* Letter from Robert S. LaRussa, Acting Under Secretary for International Trade Administration, U.S. Department of Commerce, to John Mogg, Director, DG Internal Market, European Commission (July 17, 2000). Available at http://www.export.gov/safeharbor/eg_main_018263.asp (last visited March 31, 2015). 後に紹介するセーフ・ハーバー原則が「十分性の基準」を満たすことを期待する内容の書簡となっている．

70）Society for Worldwide Interbank Financial Telecommunication, *SWIFT in Figures*, March 2015. Available at http://www.swift.com/assets/swift_com/documents/about_swift/SIF_2015_03.pdf (last visited May 31, 2015).

71）*See e.g.*, *Bank Data Shifted in Secret by U.S. to Block Terror*, N.Y. Times, 23 June 2006 at A6; *Bank Records Secretly Tapped; Administration Began Using Global Database Shortly After 2001 Attacks*, Wash. Post, 23 June 2006 at A1; Treasury Tracks Financial Data in Search Effort, WSJ, 23 June 2006, at A1.

72) アメリカのテロ対策法制の憲法上の問題点については，たとえば，阪口正二郎「『自由からの逃走』と『自由のための闘争』」ジュリスト 1260 号（2004）92 頁，阪口正二郎「戦争とアメリカの『立憲主義のかたち』」法律時報 74 巻 6 号（2002）50 頁，大沢秀介「アメリカ合衆国におけるテロ対策法制」大沢秀介・小山剛編『市民生活の自由と安全』（成文堂，2006）1 頁，木下智史「憲法とテロ対策立法」森英樹編『現代憲法における安全』91 頁，参照．
73) European Parliament, *Resolution of 6 July 2006 on the interception of bank transfer data from the SWIFT system by the US secret services*, July 6, 2006.
74) Article 29 Data Protection Working Party, *Opinion on the processing of personal data by the Society for Worldwide Interbank Financial Telecommunication (SWIFT)* (WP128), adopted on November 22, 2006 at 26-27. *See also* Commission de la protection de la vie privee, *Decision on Control and recommendation procedure initiated with respect to the company SWIFT scrl*, December 9, 2008.
75) *Id.*
76) *Id.*
77) *See US Federal Register*, vol. 72 No. 204, October 23, 2007 at 60065-60066.
78) Council Decision 2010/412/EU of 13 July 2010 on Agreement between the European Union and the United States of America on the Processing and Transfer of Financial Messaging Data From the European Union to the United States for Purposes of the Terrorist Finance Tracking Program, July 13, 2010.
79) European Parliament, *European Parliament resolution of October 23, 2013 on the suspension of the TFTP agreement as a result of US National Security Agency surveillance*, October 23, 2013.
80) *Aviation and Transportation Security Act*, Pub. L. No.107-71, 115 Stat. 597 (2001). EU とアメリカとの旅客機の乗客情報に関する交渉に関する邦語の紹介としては，庄司克宏『欧州連合』（岩波新書，2014）194 頁，中川かおり「アメリカ─航空旅客の個人情報保護─米国・EU 間 PNR 協定の締結」ジュリスト 1342 号（2007）159 頁，参照．
81) Department of Homeland Security, *U.S. Customs and Border Protection Passenger Name Record (PNR) Privacy Policy*, June 21, 2013.
82) *See* 2008 Agreement between the European Union and Australia on the processing and transfer of European Union-sourced passenger name record (PNR) data by air carriers to the Australian customs service; 2006 Agreement between the European Community and the Government of Canada on the processing of Advance Passenger Information and Passenger Name Record data. なお，アジア諸国においても，たとえば，タイではルフトハンザ航空から乗客名簿の移転の拒否，シンガポールではチェコ航空からの乗客名簿の移転の拒否，がそれぞれ行われ，深刻な政治問題になったと言われる（筆者によるタイ首相府及

びシンガポールプライバシーコミッショナーからのヒアリング調査).

83) Letter to the Council Presidency and the Commission from the Department of Homeland Security (DHS) of the United States of America, concerning the interpretation of certain provisions of the undertakings issued by DHS on 11 May 2004 in connection with the transfer by air carriers of passenger name record (PNR) data. Available at http://ec.europa.eu/justice_home/fsj/privacy/docs/adequacy/pnr/2006_10_letter_DHS_en.pdf (last visited 31 March, 2015).

84) European Commission, *Communication from the Commission to the Council and the Parliament: Transfer of Air Passenger Name Record (PNR) Data: A Global EU Approach*, December 16, 2003 at 11.

85) Article 29 Data Protection Working Party, *Opinion on transmission of Passenger Manifest Information and other data from Airlines to the United States* (WP66), adopted on October 24, 2002 at 8.

86) Article 29 Data Protection Working Party, *Opinion on the Adequate Protection of Personal Data Contained in the PNR of Air Passengers to Be Transferred to the United States' Bureau of Customs and Border Protection (US CBP)* (WP87), adopted on January 29, 2004 at 12.

87) European Parliament, *Resolution on the draft Commission decision noting the adequate level of protection provided for personal data contained in the Passenger Name Records (PNRs) transferred to the US Bureau of Customs and Border Protection*, March 22, 2004.

88) European Council, *Council Decision of 17 May 2004 on the conclusion of an Agreement between the European Community and the United States of America on the processing and transfer of PNR data by Air Carriers to the United States Department of Homeland Security, Bureau of Customs and Border Protection*, May 17, 2004.

89) CJEU, *European Parliament v. Council of the European Union & Commission of the European Communities*, C-317/04 & C-318/04, 30 May 2006. See also CJEU, *Opinion of the Advocate General Leger Proposes in Cases C-317/04 and C-318/04*, November 22, 2005.

90) *Agreement between the European Union and the United States of America on the processing and transfer of passenger name record (PNR) data by air carriers to the United States Department of Homeland Security*, October 27, 2006.

91) *Agreement Between the United States of America and the European Union on the Processing and Transfer of Passenger Name Record (PNR) Data by Air Carriers to the United States Department of Homeland Security (DHS)*, July 23-26, 2007.

92) *Agreement Between the United States of America and the European Union on*

the Use and Transfer of Passenger Name Records to the United States Department of Homeland Security, December 14, 2011. この間, 2009 年 11 月 23 日には, 情報共有とプライバシー保護に関する上級会合の報告書が示され, そこでは, 取引犯罪やテロリズムに対する戦いの一環として情報の共有とプライバシー保護という基本理念については一致したものの, 司法による救済の範囲についてアメリカとヨーロッパの不一致が見られた. *See* Council of the European Union, Final Report by the EU-U.S. High Level Contact Group on Information Sharing and Privacy and Personal Data Protection (November 23, 2009).

93) なお, 2015 年 1 月のフランス紙シャルリー・エブド襲撃テロ事件を受け, 旅客機乗客記録の取扱いについて再検討が行われている. *See* European Parliament, *EU Passenger Name Record (PNR) Proposal: What's at Stake*, January 26, 2015.

94) U.S. Department of Homeland Security, *A Report on the Use and Transfer of Passenger Name Records Between the European Union and the United States*, July 3, 2013.

95) 29th International Conference of Data Protection and Privacy Commissioners, *Resolution on the urgent need for global standards for safeguarding passenger data to be used by governments for law enforcement and border security purposes*, September 28, 2007. Available at http://privacyconference2011.org/htmls/adoptedResolutions/2007_Montreal/2007_M3.pdf (last visited March 31, 2015).

96) PATRIOT Act §215, 50 U.S.C. §1861. また, 2001 年の欧州議会による報告書で問題視されたアメリカ国家安全保障局が運用し, イギリス, カナダ, オーストラリア, ニュージーランドも関与した ECHELON という監視プログラムが明らかにされている. *See* European Parliament, *Report on the Existence of a Global System for the Interception of Private and Commercial Communications (ECHELON Interception System)*, July 11, 2001. Available at http://www.europarl.europa.eu/sides/getDoc.do?pubRef=-//EP//TEXT+REPORT+A5-2001-0264+0+DOC+XML+V0//EN (last visited March 31, 2015). EU 議会以前からもECHELON の運用があったと指摘するものとして, *See e.g.*, Alexandra Renger, Privacy In The 21st Century 65 (2013); Lawrence D. Sloan, *ECHELON and the Legal Restraints on Signals Intelligence: A Need for Reevaluation*, 50 Duke L. J. 1467 (2001). *See also French Prosecutor Investigates U.S. Global Listening System*, N.Y. Times, July 5, 2000 at A9.

97) *See e.g.*, Laurie Thomas Lee, *The USA Patriot Act and Telecommunications: Privacy Under Attack*, 29 Rutgers Computer & Tech. L. J. 371 (2003); Martin Carrigan, Theodore Alex & Chris Ward, *The US Patriot Act Deconstruction, Civil Liberties And Patriotism*, 6 J. Bus. & Econ. Res. 19 (2008).

98) 442 U.S. 735 (1979).

99) 1970 年代に生成された法理であり, 今日, 電話番号や銀行口座番号等の識別子

が保護の対象とならないとすれば,「もはや日常生活のほとんどが第4修正の保護が及ばない」ことを意味する．現代の情報通信技術を前提とした第三者法理の射程は開かれた問題である．See DANIEL J. SOLOVE, NOTHING TO HIDE: THE FALSE TRADEOFF BETWEEN PRIVACY AND SECURITY 108-109 (2011).

100) Foreign Intelligence Surveillance Act of 1978, 50 U.S.C. sec. 1881a.
101) 2013年2月，合衆国最高裁は，5対4で，害悪を立証できない原告に対する訴訟の適格要件を満たしていないという判断を下している．See Clapper v. Amnesty International USA, 133S. Ct. 1138 (2013).
102) なお，2001年以前にもアメリカでは，1986年電子通信プライバシー法などにおいてペン・レジスターの監視が認められていた．See e.g., Orin S. Kerr, Internet Surveillance Law after the USA Patriot Act: The Big Brother that Isn't, 97 NW. U. L. REV. 607 (2003); Orin S. Kerr, The Next Generation: Communications Privacy Act, 162 U. PA. L. REV. 373 (2013).
103) Bush Lets U.S. Spy on Callers Without Courts: Secret Order to Widen Domestic Monitoring, N.Y. TIMES, December 16, 2005 at A1 & A16. New York Timesは，ホワイトハウスの高官からNSAによる監視活動を公表しないよう説得を受け，この記事自体が1年遅れて公表されたと報じている．
104) President Barack Obama, Statement by the President, June 7, 2013. Available at https://www.whitehouse.gov/the-press-office/2013/06/07/statement-president (last visited March 31, 2015). なお，国家安全保障局によるベライゾンのメタ・データ収集問題について，Klayman v. Obama, 957F. Supp. 2d 1, D. D.C. December 16, 2013では，第4修正に違反する判決が下されている一方で，ACLU v. Clapper, S.D. N.Y., December 28, 2013では第4修正には違反しない判決がそれぞれ下級審の判決としてある．
105) President Barack Obama, Remarks by the President on Review of Signals Intelligence, January 17, 2014. Available at https://www.whitehouse.gov/the-press-office/2014/01/17/remarks-president-review-signals-intelligence (last visited March 31, 2015).
106) See Viviane Reding, Speech: PRISM Scandal: The Data Protection Rights of EU Citizens Are Non-Negotiable, June14, 2013. See also European Commission & the Presidency of the Council, Report on the Finding by the EU-US Co-chairs of the ad hoc EU-US Working Group on Data Protection, November 27, 2013.
107) European Parliament, Resolution of 4 July 2013 on the US National Security Agency surveillance programme, surveillance bodies in various Member States and their impact on EU citizens' privacy, July 4, 2013. Available at http://www.europarl.europa.eu/sides/getDoc.do?pubRef=-//EP//TEXT+TA+P7-TA-2013-0322+0+DOC+XML+V0//EN (last visited March 31, 2015).
108) European Parliament, Resolution of 12 March 2014 on the proposal for a regu-

lation of the European Parliament and of the Council on the protection of individuals with regard to the processing of personal data and on the free movement of such data (General Data Protection Regulation). Available at http://www.europarl.europa.eu/sides/getDoc.do?pubRef=-//EP//TEXT＋TA＋P7-TA-2014-0212＋0＋DOC＋XML＋V0//EN (last visited March 31, 2015).

109) Directive 2006/24/EC of the European Parliament and of the Council of 15 March 2006 on the retention of data generated or processed in connection with the provision of publicly available electronic communications services or of public communications networks and amending Directive 2002/58/EC.

110) Francesca Bignami, *Privacy and Law Enforcement in the European Union: The Data Retention Directive*, 8 CHI. J. INT'L L. 233, 238 (2007).

111) Peter Hustinx, Speech: *The "Moment of Truth" for the Data Retention Directive: EDPS Demands Clear Evidence of Necessity*, December 3, 2010.

112) ECtHR, *Malone v. the United Kingdom*, 7 EHRR 14 (1984).

113) *See* Eleni Kosta & Peggy Valcke, *Retaining the Data Retention Directive*, 22 COMPUTER L. & SECURITY REPORT 370, 379 (2006).

114) CJEU, *Digital Rights Ireland and Seitlinger and Others*, April 8, 2014 (C-293/12 and C-594/12).

115) *Memorandum and Order, In the Matter of a Warrant to Search a Certain E-mail Account Controlled and Maintained by Microsoft Corporation*, S.D.N.Y., 13 Mag. 2814, April 25, 2014. なお, アメリカ最高裁は, 管轄の観点からインターネット・サービス・プロバイダに対する規制を行うため, アメリカ法が全世界に適用されることはないことを示している. *See Microsoft Corp. v. AT & T Corp.*, 550 U.S. 437, 454 (2007).

116) 浅香吉幹『アメリカ民事手続法〔第2版〕』(弘文堂, 2008) 73頁.

117) Rule 26 of the US Federal Rules of Civil Procedure. 電子証拠開示に関する邦語の紹介としては, リチャードL. マーカス／三木浩一訳「アメリカにおけるディスカヴァリの過去, 現在, 未来」大村雅彦・三木浩一編『アメリカ民事訴訟法の理論』(商事法務, 2006), 町村泰貴ほか編『実践的eディスカバリ』(NTT出版, 2010), 参照.

118) The Sedona Conference, *Framework for Analysis of Cross-Border Discovery Conflicts* (August 2008) at 1.

119) 電子証拠開示に伴うヨーロッパからアメリカへのデータの移転についても, ①セーフ・ハーバー原則, ②標準契約条項, ③拘束力ある企業ルールのいずれかの方法によらなければならないことが第29条作業部会から示されている. *See* Article 29 Data Protection Working Party, *Working Document 1/ 2009 on pre-trial discovery for cross border civil litigation*, adopted on February 11, 2009.

120) Carla L. Reyes, *The U.S. Discovery − EU Privacy Directive Conflict: Construct-*

ing a Three-Tired Compliance Strategy, 19 DUKE J. COM. & INT'L L. 357, 361 (2009). See also Benjamin L. Klen, Trust, Respect, and Cooperation May Keep Us Out of Jail: A Practical Guide to Navigating the European Union Privacy Directive's Restrictions on American Discovery Procedure, 25 GEO. J. LEGAL ETHICS 623 (2012).

121) See The Sedona Conference, supra note 117, at 29. また、2009年に開示要件とプライバシー保護の調整に関する報告書を公表している。See The Sedona Conference, International Overview of Discovery Data Privacy and Disclosure Requirements, September, 2009.

122) Article 29 Working Party, Working Document on the Surveillance of Electronic Communications in the Workplace (WP55), May 29, 2002.

123) 560 U.S. 746 (2010). See also O'Connor v. Ortega, 480 U.S. 709 (1987).

124) 131S. Ct. 746 (2011). 本判決の検討については、大林啓吾「アメリカにおける情報プライバシー権の法理」千葉法学論集27巻4号 (2013) 244頁以下、参照。

125) 石田信平「米国SOX法の内部通報制度とEU個人情報保護原則の衝突」比較法文化18号 (2009) 169頁以下、参照。

126) Terry Morehead Dworkin, SOX and Whistleblowing, 105 MICH. L. REV. 1757, 1763 (2007). See also Renzo Marchini, Conflict of Laws: Anonymous Whistleblowing Hotlines Under Sarbanes-Oxley and European Data Protection Laws, 2006 PRIVACY & DATA SECURITY L. J. 575 (2006).

127) See Commission nationale de l'informatique et des libertés, Délibération n° 2005-110 du 26 mai 2005 relative à une demande d'autorisation de McDonald's France pour la mise en œuvre d'un dispositif d'intégrité professionnelle, 26 Mai 2005; Délibération n° 2005-111 du 26 mai 2005 relative une demande d'autorisation de la Compagnie européenne d'accumulateurs pour la mise en œuvre d'un dispositif de «ligne éthique», 26 Mai 2005. この事例の紹介については、石田・前掲注124, 179頁、参照。See Patrick Morvan, Comparison of the Freedom of Speech of Workers in French and American Law, 84 IND. L. J. 1015, 1032 (2009). フランスにおける労働者のプライバシー保護については、砂押以久子「労働者のプライバシー権の保護について (1) ～ (3完)」季刊労働法184号 (1997) 133頁、同185号 (1998) 165頁、同186号 (1998) 195頁、参照。また、フランスデータ保護監督機関CNILの権限については、清田雄治「フランスにおける『独立行政機関 (les autorites administratives independantes)』の憲法上の位置」立命館法学13巻3号 (2006) 29頁以下、参照。

128) Article 29 Data Protection Working Party, Opinion 1/2006 on the application of EU data protection rules to internal whistleblowing schemes in the fields of accounting, internal accounting controls, auditing matters, fight against bribery, banking and financial crime, (WP117) adopted on 1 February 2006.

129) *See* Paul M. Schwartz, *Preemption and Privacy*, 118 Yale L. J. 904, 908 (2009).
130) *See* Gregory Shaffer, *Globalization and Social Protection: The Impact of EU and International Rules in the Ratcheting Up of U.S. Privacy Standards*, 25 Yale J. Int'l L. 1, 26 (2000). *See also* Henry Farrell, *Constructing the International Foundation of E-Commerce – The EU-U.S. Safe Harbor Arrangement*, 58 Int'l Org. 277, 285 (2003); Seth P. Hobby, *The EU Data Protection Directive: Implementing a Worldwide Data Protection Regime and How the U.S. Position Had Progressed*, 1 Int'l L. & Mgmt. Rev. 155, 160 (2005); Nikhil S. Palekar, *Privacy Protection: When Is "Adequate" Actually Adequate?*, 18 Duke J. Comp. & Int'l L. 549, 550 (2008);
131) 近年では，EUデータ保護指令26条による「標準契約条項（standard contractual clause）」や欧州委員会が示した「拘束的企業準則（Binding Corporate Rules）」などを用い，仮に「セーフ・ハーバー」制度の恩恵を受けることができないアメリカの事業者に対してもデータ移転が認められる制度が設けられている。*See* The Commission of the European Communities, *Commission Decision on standard contractual clauses for the transfer of personal data to processors established in third countries, under Directive 95/46/EC* (December 27, 2001). *See also* Article 29 Data Protection Working Party, *Opinion on a "Referential for requirements for Binding Corporate Rules submitted to national Data Protection Authorities in the EU and Cross Border Privacy Rules submitted to APEC CBPR Accountability Agents*, (WP212) adopted on February 27, 2014. この点については，消費者庁「国際移転における企業の個人データ保護措置調査」（2010年3月），参照．
132) European Commission, *Commission Decision of 26 July 2000 pursuant to Directive 95/46/EC of the European Parliament and of the Council on the adequacy of the protection provided by the safe harbour privacy principles and related frequently asked questions issued by the US Department of Commerce*, 26 July 2000.
133) *Id. at Annex I: Safe Harbor Privacy Principles issued by the US Department of Commerce on 21 July 2000.*
134) *Id. at Annex: List of U.S. Statutory Bodies Recognized by the European Union.*
135) Swire & Litan, *supra* note 63, at 44 (1998).
136) Dorothee Heisenberg, Negotiating Privacy: The European Union, The United States, And Personal Data Protection 96 (2005)
137) *Interview with FTC Commissioner Mozelle Thompson*, Antitrust, spring, 2002 at 25 (Comment by Commissioner Thompson).
138) *See* European Commission, *The application of Commission Decision 520/2000/EC of 26 July 2000 pursuant to Directive 95/46 of the European Parliament and of the Council on the adequate protection of personal data provided by the*

Safe Harbour Privacy Principles and related Frequently Asked Questions issued by the US Department of Commerce, February 13, 2002 ; European Commission, *Commission Staff Working Document: The implementation of Commission Decision 520/2000/EC on the adequate protection of personal data provided by the Safe Harbour privacy Principles and related Frequently Asked Questions issued by the US Department of Commerce*, October 20, 2004.

139) European Commission, *Safe Harbour Decision Implementation Study,* April 19, 2004.

140) *See* BEUC, *Posititon Paper on EU Cloud Compurting Strategy* (2013) at 10. *See also Position Paper on Data Protection: Proposal for a Regulation* (2012) at 30; Galexia, *The US Safe Harbor: Fact or Fiction?* (2008) at 13.

141) *See Federal Trade Commission Enforcement of Safe Harbor Commitments.* Available at http://export.gov/build/groups/public/@eg_main/@safeharbor/documents/webcontent/eg_main_052211.pdf (last visited March 31, 2015).

142) Galexia, *EU/US Safe Harbor: Effectiveness of the Framework in relation to National Security Surveillance* (2013) at 4.

143) CJEU, *Maximillian Schrems v Data Protection Commissioner* (Case C-362/14).

144) Damon Greer, *Safe Harbor: A Framework that Works*, 1 INT'L DATA PRIVACY L. 143, 147 (2011).

145) *See e.g.*, William E. Kennedy, *Remarks*: Forum Europe's 3rd Annual European Data Protection and Privacy Conference, December 4, 2012.

146) Joel R. Reidenberg, *E-Commerce and Trans-Atlantic Privacy*, 38 HOUS. L. REV. 717, 739 (2001).

147) Stephen J. Kobrin, *Safe Harbours are Hard to Find: The Trans-Atlantic Data Privacy Dispute, Territorial Jurisdiction and Global Governance, Review of International Studies*, 30 REV. OF INT'L STUDIES 111, 116 (2004)

148) Viviane Reding, Vice-President of the European Commission, EU Commissioner for Justice, *Speech, Justice Council Press Conference*, June 6, 2014.

149) *See e.g.*, Council of the European Union, *EU-US Summit, Joint Statement*, March 26, 2014; European Commission, *Communication from the Commission to the European Parliament and the Council: Rebuilding Trust in EU-US Data Flows*, November 27, 2013; European Parliament, Committee on Civil Liberties, Justice and Home Affairs, *Working Document on US Surveillance Activities with respect to EU Data and its Possible Legal Implications on Transatlantic Agreements and Cooperation*, December 10, 2013.

　　欧州委員会によるセーフ・ハーバーの改善については，下記の13項目が列挙されている．消費者庁『個人情報保護における国際的枠組みの改正動向調査』(「米国のプライバシー保護法制の最新動向」〔河井理穂子執筆〕，「EUデータ保

護改革」〔宮下紘執筆〕）（2014 年 3 月），参照.
〈透　明　性〉
　　① 認証を受けた企業はプライバシー・ポリシーを公表するべきである．
　　② 認証を受けた企業のプライバシー・ポリシーは，現在リストとして掲載されている商務省のセーフ・ハーバー・ウェブサイトへのリンクを常に設けるべきである．
　　③ 認証を受けた企業は，クラウド・コンピューティング・サービス等の下請会社との契約のプライバシーの条件を公表するべきである．
　　④ 商務省のウェブサイト上で現在認証を受けていない企業を"Not Current"と明確に知らせるべきである．
〈救　　済〉
　　⑤ プライバシー・ポリシーには裁判外紛争解決（ADR）機関と EU 側の担当部署のリンクを含めなければならない．
　　⑥ ADR は容易に利用でき，低廉でなければならない．
　　⑦ 商務省は透明性及び情報へのアクセス可能性に関する ADR 機関を計画的に監視するべきである．
〈執　　行〉
　　⑧ 認証または再認証を受けた企業の一定の割合が職権によるプライバシー・ポリシー遵守の調査対象とするべきである．
　　⑨ 遵守違反の認定がされた場合，当該企業は 1 年後に特定の再調査の対象とするべきである．
　　⑩ 企業の法令遵守や苦情申立に疑義がある場合，商務省は EU データ保護監督機関に通知するべきである．
　　⑪ セーフ・ハーバーの虚偽の主張は調査継続とするべきである．
〈アメリカの公的機関によるアクセス〉
　　⑫ 認証を受けた企業のプライバシー・ポリシーには，アメリカ法に基づき公的機関での移転されたデータを収集及び処理することを許容する範囲に関する情報を含まなければならない．
　　⑬ セーフ・ハーバー決定の安全保障の例外は厳密に見て必要かつ比例している限りにおいて用いることができる．

150) CJEU, *Maximillian Schrems v Data Protection Commissioner*（C-362/14）．2015 年 3 月 24 日欧州司法裁判所で口頭弁論が開催された．
151) James Q Whitman, *The Two Western Cultures of Privacy: Dignity Versus Liberty*, 113 Yale L. J. 1151, 1160（2004）.
152) *Id.*
153) *Id.* at 1161.
154) *Id.*
155) *See* Robert C. Post, *Foreword: Fashioning the Legal Constitution: Culture,*

Courts, and Law, 117 HARV. L. REV. 4, 8（2003）.

156) Whitman, *supra* note 151, at 1164. ドイツやフランスにおける「人間の尊厳」や「名誉」が重要な法的概念となってきたことをアメリカと対比しつつ描写するものとして，*See* James Q. Whitman, *Enforcing Civility and Respect: Three Societies,* 109 YALE L. J. 1279（2000）．なお，「名誉」といっても，一般に内部的名誉（客観的に存在する人の内部的価値），外部的名誉（人の価値に対する社会の評価），名誉感情（人の価値についての本人自身の評価）の三つに分けられるが（佐伯仁志「プライヴァシーと名誉の保護（1）」法学教会雑誌 101 巻 7 号〔1984〕989 頁，参照），ここでは包括的な意味合いで検討している．また，不法行為における文脈については，建部雅『不法行為法における名誉概念の変遷』（有斐閣，2014），参照．

157) この点については，大石泰彦「フランスにおける私生活と名誉の保護」ジュリスト 1038 号（1994）38 頁，参照．

158) 北村一郎「私生活の尊重を求める権利」北村一郎編『現代ヨーロッパ法の展望』（東京大学出版会，1998）226 頁，盛誠吾「フランスにおける雇用とプライバシー・個人情報保護」堀部政男編『情報公開・プライバシーの比較法』（日本評論社，1996）199 頁，参照．このほかに，フランスの私生活の保護に関する検討として，柴崎暁「フランス法における私生活・名誉・情報保護（1）」山形大学法政論叢 8 号（1997）22 頁，江藤英樹「フランスにおけるプライヴァシーの保護と公の秩序の維持について」法学研究論集 5 号（1996）93 頁，新井誠「フランス―治安法制と権力分立・私生活の尊重をめぐる憲法院判決の検討」大沢秀介・小山剛編『自由と安全』（尚学社，2009）300 頁，佐藤雄一郎「フランス憲法における私生活尊重権について」東北法学 24 号（2004）63 頁，など参照．

159) 荻野弘巳「プライバシーとフランス社会」清水英夫編『マスコミと人権』（三省堂，1987）253 頁．

160) 皆川治廣『プライバシー権の保護と限界論』（北樹出版，2000）31 頁．

161) 内野正幸「プライバシー権についての控え目な考察―フランス法をひとつの手がかりにして」公法研究 58 号（1996）81 頁．

162) *See* Francesca Bignami, *European Versus American Liberty: A Comparative Privacy Analysis of Antiterrorism Data Mining,* 48 B. C. L. REV. 609, 610（2007）.

163) 青柳幸一『憲法における人間の尊厳』（尚学社，2009），参照．

164) Whitman, *supra* note 151, at 1188-89.

165) *Id.* at 1166.

166) *Id.* at 1168.

167) *Id.* at 1171.

168) 五十嵐清・松田昌士「西ドイツにおける私生活の私法的保護」戒能通孝・伊藤正己『プライヴァシー研究』（日本評論社，1962）152 頁．五十嵐清教授は「一般

的人格権ということばは，大陸法でも，主としてドイツの学説・判例で使用されており，他の国では，人格権ということばが，ドイツの一般的人格権を意味しているようである」と述べている．

169) たとえば，小山剛「im rahmen des Rechttststes—『法治国家の枠内において』」大沢秀介・小山剛編『自由と安全』(尚学社, 2009) 227 頁, 石村修「ドイツ—オンライン判決」前掲書所収, 實原隆志「ドイツ—Ｎシステム」前掲書所収, 参照．

170) 情報自己決定権については，たとえば，玉蟲由樹「ドイツにおける情報自己決定権について」上智大学法学論集 42 巻 1 号（1998）115 頁, 倉田原志「ドイツにおける労働者のプライバシー権序説」立命館法学 299 号（2005）1 頁, 参照．なお，「自己情報決定権が，情報それ自体の価値ではなく，人格的自律を脅かすような結合・利用からの保護にあるとすれば，情報自己決定権の保護領域は侵害可能性から逆算して設定される」と理解されている．小山剛「単純個人情報の憲法上の保護」論究ジュリスト 1 号（2012）124 頁, 参照．

171) 小山剛『「憲法上の権利」の作法』(尚学社, 2009) 101-103 頁. 平松毅教授は「自己情報決定権とは，自己が社会に対して自己表現する権利を含む，自己の社会的評価を自ら形成する権利であり，この権利は，他人が自己の個人像を形成する情報に対する，処分権を含んでいる」と紹介する．平松毅『個人情報保護：理論と運用』(有信堂, 2009) 27 頁, 参照．

172) 藤原静雄「個人データの保護」『岩波講座現代の法 10 情報と法』(岩波書店, 1997) 196 頁．

173) 広渡清吾「現代社会と法—西ドイツと日本—プライバシーと監視国家」時の法令 1343 号（1988）72 頁．

174) 平松・前掲注 171, 5 頁．

175) See Edward J. Eberle, Dignity And Liberty: Constitutional Vision in Germany And The United States 5 (2002).

176) 小山剛『基本権保護の法理』(成文堂, 1998) 19 頁, 参照．

177) Roe, 410 U.S. at 113.

178) See e.g., Vicki C. Jackson & Mark Tushnet, Comparative Constitutional Law, 139-140 (2d ed. 2006). See also Donald P. Kommers, The Constitutional Law of Abortion in Germany: Should Americans Pay Attention?, 10 J. Contemp. Health L. & Pol'y 1, 28 (1993).

179) 小山剛「『戦略的監視』と情報自己決定権」法学研究 79 巻 6 号（2006）25 頁．

180) 内野・前掲注 161, 84 頁．

181) See Étienne Picard, The Right to Privacy in French Law, in Protecting Privacy 72 (Basil S. Markesinis, ed., 1999).

182) See Jeanne M. Hauch, Protecting Private Facts in France: The Warren & Brandeis Tort Is Alive and Well and Flourishing in Paris, 68 Tul. L. Rev. 1219,

1222-1228 (1994).
183) *See* RICHARD CLAYTON & HUGH TOMLINSON, PRIVACY AND FREEDOM OF EXPRESSION 85-92 (2d ed. 2010).
184) *See* Giovanni Bognetti, *The Concept of Human Dignity in Europe and U.S. Constitutionalism* in EUROPEAN AND US CONSTITUTIONALISM 92-99 (Georg Nolte ed., 2005).
185) *See* Guido Alpa, *The Protection of Privacy in Italian Law, in* PROTECTING PRIVACY 119 (Basil S. Markesinis, ed., 1999). また，初宿正典・辻村みよ子『新解説世界憲法集（第 2 版）』（三省堂，2010）（イタリア共和国・井口文男），榎原猛編『プライバシー権の総合的研究』（法律文化社，1991）285 頁（大石秀夫），参照．イタリアの個人データ保護法制については，北原仁「イタリアにおける消費者信用の進展と個人情報保護」アイ 55 号（2004）26 頁以下，参照．
186) Protection of Individuals and Legal Persons Regarding the Processing of Personal Data Act (1998), art. 1 (2) (c) (It.).
187) *See* Personal Data Act, Sec.1 (1998: 224) issued 29 April 1998. また，邦語文献としては，榎原・前掲注 185, 294 頁（平松毅）参照．
188) 堀部政男「世界の個人情報保護法と日本—全面施行後の論議と 2005 年 9 月のモントルー宣言にも触れて」都市問題研究 58 巻 1 号（2006）3 頁，参照．
189) Bignami, *supra* note 162, at 637.
190) *See* Gerog Nolte, *European and U.S. Constitutionalism: Comparing Essential Elements in* EUROPEAN AND US CONSTITUTIONALISM 10 (Georg Nolte ed., 2005).
191) Joel R. Reidenberg, *Setting Standards for Fair Information Practice in the U.S. Private Sector*, 80 IOWA L. REV. 497, 501-2 (1995).
192) アメリカにおいて，インターネット空間における私人間の情報規制については，表現の自由とプライバシーという憲法上の権利の調整が問題となると必ずステイト・アクション法理が登場することとなる．*See e.g.*, Paul Schiff Berman, *Cyberspace and the State Action Doctrine Debate: The Cultural Value of Applying Constitutional Norms to "Private" Regulation*, 71 U. COL. L. REV. 1263 (2000).
193) もちろん連邦憲法による規制がないとしても，州憲法によって私人間のプライバシーを規律することも不可能ではないが，そのような州憲法の規定を設けているのは，管見の限りではカリフォルニア州だけである．*See* Reidenberg, *supra* note 191, at 502-3.
194) *See* PAUL M. SCHWARTZ & JOEL R. REIDENBERG, DATA PRIVACY LAW: A STUDY OF UNITED STATES DATA PROTECTION 33 (1996).
195) Jed Rubenfeld, *The Right to Privacy and the Right to Be Treated as an Object*, GEO. L. J. 2099, 2100 (2001). 筆者は人が主観的に人種差別主義者，性差別主義者，宗教的に不寛容であるべきとの立場を奨励しているわけではない．
196) ステイト・アクション法理の歴史において，その拡大から縮小への転機はプライ

バシー権の登場が大きな要因となったと見ることができる. *See e.g., Moose Lodge No.107 v. Irvis*, 407 U.S. 163, 179 (1972) (Douglas, J., dissenting); *Columbia Broadcasting System v. Democratic National Committee*, 412 U.S. 94, 148 (1973) (Douglas, J., concurring). この点については, 宮下紘「ステイト・アクション法理の理論構造」一橋法学7巻2号 (2008) 271頁, 参照.

197) *DeShaney v. Winnebago County Dept. of Social Services*, 489 U.S. 189, 196 (1989).
198) *Griswold*, 381 U.S. at 485-6.
199) *See* Stephen Gardbaum, *The Myth and the Reality of American Constitutional Exceptionalism*, 107 MICH. L. REV. 391, 431 (2008).
200) Whitman, *supra* note 151, at 1161.
201) この点については, 奥平康弘『「表現の自由」を求めて』(岩波書店, 1999), が詳しい.
202) *Whitney v. California*, 274 U.S. 357, 375 (1927).
203) *See e.g., Cox v. Broadcasting Corp. v. Cohn*, 420 U.S. 469 (1975); *Smith v. Mail Publishing Co.*, 443 U.S. 97 (1979); *Florida Star v. B.J.F.*, 491 U.S. 524 (1989).
204) Eugene Volokh, *Freedom of Speech and Information Privacy: The Troubling Implications of a Right to Stop People from Speaking About You*, 52 STAN. L. REV. 1049, 1050-1 (2000).
205) *Id*. at 1111.
206) *See e.g.*, Jerry Kang, *Information Privacy in Cyberspace Transaction*, 50 STAN. L. REV. 1193, 1246 (2000).
207) DANIEL J. SOLOVE, THE FUTURE OF REPUTATION: GOSSIP, RUMOR, AND PRIVACY ON THE INTERNET 74 (2007).
208) *See e.g.*, Erwin Chemerinsky, *Balancing the Rights of Privacy and the Press*, 67 Geo. WASH. L. REV. 1152 (1999); Paul M. Schwartz, *Free Speech vs. Information Privacy: Eugne Volkh's First Amendment Jurisprudence*, 52 STAN. L. REV. 1559 (2000); Neil M. Richards, *Reconciling Data Privacy and the First Amendment*, 52 UCLA L. REV. 1149 (2005).
209) Frederick Schauer, *The Exceptional First Amendment*, in AMERICAN EXCEPTIONALISM AND HUMAN RIGHTS 47 (Michael Ignatieff ed., 2005). また, 表現の自由とプライバシーの調整の文脈において例外の国としてアメリカを紹介する論文として, 阪口正二郎「表現の自由をめぐる『普通の国家』と『特殊な国家』」東京大学社会科学研究所編『国家の多様性と市場』(東京大学出版会, 1998) 13頁, 阪本昌成「プライバシーの権利と表現の自由 (1)」立教法学76巻 (2009) 46頁, を参照.
210) Fred H. Cate, *The Changing Face of Privacy Protection in the European Union and the United States*, 33 IND. L. REV. 173, 203 (1999).

211) *See* Neil M. Richards & Daniel J. Solove, *Privacy's Other Path: Recovering the Law of Confidentiality*, 96 GEO. L. J. 123, 174 (2007).

　ドイツにおいても，プライバシー権が個人の権利というよりは社会のコミュニケーションにとって必要な利益となっており，「社会に基礎を置いた権利」として「集団の権利としてのプライバシー」が論じられている．これに対し，アメリカでは，「個人の権利としてのプライバシー」であると考えられてきた．*See* Paul M. Schwartz, *German and U.S. Telecommunications Privacy Law: Legal Regulation of Domestic Law Enforcement Surveillance*, 54 HASTINGS L. J. 751, 794-5 (2003).

212) イギリスのプライバシーに関する判例法の紹介としては，ジョン・ミドルトン「イギリスの1998年人権法とプライバシーの保護」一橋法学4巻2号 (2005) 373頁，石井夏生利『個人情報保護法の理念と現代的課題』（勁草書房，2008）67頁，参照．

213) Sanford Levinson, *Structuring Intimacy: Some Reflections on the Fact That the Law Generally Does Not Protect Us Against Unwanted Gaze*, 89 GEO. L. J. 2073, 2079 (2001).

214) Richards & Solove, *supra* note 211, at 126. そのため，憲法上のプライバシー権侵害が認められるにはアメリカではステイト・アクションの要件があるのに対し，イギリスでは，プライバシー権が私人間にも間接的に適用される．後者は私人の関係性を重視しているプライバシーの法的性格の現れであると理解できる．*See* Aurelia Colombi Ciacchi, *Horizontal Effect of Fundamental Rights, Privacy and Social Justice*, in HUMAN RIGHTS AND PRIVATE LAW 60 (Katja S. Ziegler ed., 2007).

215) *Id.*

216) *Id.* at 181. イギリスにおけるプライバシー権が，大陸型のプライバシーとは微妙に異なるものの，人間の尊厳や人格権と結びついた経緯については，*See generally* HUW BEVERLEY-SMITH, ANSGAR OHLY & AGNES LUCAS-SCHLOETTER, PRIVACY, PROPERTY, AND PERSONALITY (2005).

217) *See* United Nations, General Assembly, Fifteenth Session, Official Record, Third Committee 1018th meeting, at 183 (10 November, 1960).

218) Richards & Solove, *supra* note 211, at 183-4.

219) CLSYTON & TOMLINSON, *supra* note 183, at 93.

220) *Lawrence v. Texas*, 539 U.S. 558, 564 (2003). 北部アイルランド地方等における同姓愛を処罰する立法を欧州人権条約第8条における私生活の保障に違反するとした *Dudgeon v. United Kingdom*, A/45 ECtHR (1981) を引用している．Lawrence 判決をアメリカとヨーロッパのプライバシー権の「架け橋」と評価するものとして，*See* LORENZO ZUCCA, CONSTITUTIONAL DILEMMAS: CONFLICTS OF FUNDAMENTAL LEGAL RIGHTS IN EUROPE AND THE USA 103 (2007).

221) *Lawrence,* 539 U.S. at 567.
222) Lawrence v. Texas における口頭弁論では,「私邸というプライバシーの圏域における性的に親密な行為を営むプライバシーの権利」があるかどうかが争われていた.*See* Transcript of Oral Argument at 24, *Laurence,* 539 U.S. 558（No. 02-102）.しかし,ケネディ裁判官は,同性愛者のソドミー行為を正面から「プライバシー権」として認めたわけではない.*See e.g.,* Laurence H. Tribe, Lawrence v. Texas*: The 'Fundamental Right' That Dares Not Speak Its Name,*117 Harv. L. Rev. 1893, 1900（2004）; Pamela S. Karlan, *Foreword: Loving,* 102 Mich. L. Rev. 1447, 1463（2004）.
223) Jed Rubenfeld, *The Right of Privacy,* 102 Harv. L. Rev. 737, 737（1989）.
224) Edward J. Eberle, *Human Dignity, Privacy, and Personality in German and American Constitutional Law,* 1997 Utah L. Rev. 963, 1053（1997）.
225) *See* Whitman, *supra* note 151, at 1165-6.
　なお,アメリカにおける尊厳を基盤とするプライバシー権論としては,*See e.g.,* Edward J. Bloustein, *Privacy as an Aspect of Human Dignity: An Answer to Dean Prosser,* 39 N.Y.U. L. Rev. 962（1964）; Julie E. Cohen, *Examined Lives: Informational Privacy and the Subject as Object,* 52 Stan. L. Rev. 1373（2000）.
226) Whitman, *supra* note 151, at 1168.
227) Hans Nieuwenhuis, *The Core Business of Privacy Law: Protecting Autonomy, in* Human Rights And Private Law 19（Katja S. Ziegler ed., 2007）.
228) Bignami, *supra* note 162, at 635-6. 視線による監視に関する憲法上の問題の考察としては,駒村圭吾「『視線の権力性』に関する覚書―監視とプライヴァシーをめぐって―」『慶應の法律学公法Ⅰ』（慶應義塾大学出版会,2008）285頁,参照.
229) Alan F. Westin, Privacy And Freedom 22（1967）.
230) 伊藤正己『プライバシーの権利』（岩波書店,1963）,7頁.
231) Mark Tushnet, *Legal Constitutionalism in the U.S. Constitutional Law of Privacy,* 17 Soc. Phil. & Pol'y 141, 164（2000）.
232) Jeffrey H. Reiman, *Privacy, Intimacy, and Personhood,* in Philosophical Dimensions of Privacy 314（Ferdiand David Shoeman ed., 1984）.
233) Schwartz, *supra* note 129, at 905.
234) 5 U.S.C. §552a. なお,1974年プライバシー法の審議において,サミュエル・アーヴィン上院議員によって提出された際には,連邦機関のみならず,州なども対象としており,またデータ移転の規制に関する条項も入っていたが,廃案となった. S. 3418 93d Cong. §201（a）（1974）.
235) Electronic Communication Privacy Act, 18 U.S.C. 2701（1994）.
236) Drivers Privacy Protection Act, 18 U.S.C. §2721（1994）.
237) Health Insurance Portability and Accountability Act, Pub. L. 104-191（1996）.
238) Financial Services Modernization Act of 1999, Pub. L. 106-102.

239) Children's Online Privacy Protection Act, 15 U.S.C. §6501 (1998).
240) Fair and Accurate Credit Transactions Act of 2003, Pub. L. 108-159.
241) Genetic Information Nondiscrimination Act of 2008, Pub. L. 110-233.
242) Peter Swire, *Peter Hunstinx and Three Cliches about EU-US Data Privacy*, in DATA PROTECTION ANNO 2014: HOW TO RESTORE TRUST? 195 (Hielke Hijmans & Herke Kranenborg eds., 2014).
243) PRISCILA REGAN, LEGISLATING PRIVACY 78 (1995).
244) U.S. Department of Health, Education and Welfare, *Records Computers and the Right of Citizens: Report of the Secretary's Advisory Committee on Automated Personal Data Systems XX-XXIII* at 50 (1973).
245) Joel R. Reidnberg, *Setting Standards for Fair Information Practice in the U.S. Private Sector*, 80 IOWA L. REV. 497, 506 (1995). 公正情報取扱慣行の原則は, 「ある分野では有効であったが, そうでない分野もあった. 執行と監督は不十分であった」という評価がある. *See* Marc Rotenberg, *Fair Information Practices and the Architecture of Privacy (What Larry Doesn't Get)*, 2001 STAN. TECH. L. REV. 1, 16 (2001).
246) Federal Trade Commission, *Protecting Consumer Privacy in an Era of Rapid Change: A Proposed Framework for Business and Policymakers*, December 2010 at 63. なお, 追跡禁止に関する連邦法案が検討されたが, いずれも廃案になっている. *See e.g.*, Do Not Track Me Online Bill of 2011 (Rep. Jackie Speier) February 11, 2011; Do Not Track Online Bill of 2011 (Sen. Jay Rockefeller) May 6, 2011.
247) *See* Press Release, Interactive Advertising Bureau Press Release, Major Marketing/Media Trade Groups Launch Program to Give Consumers Enhanced Control over Collection and Use of Web Viewing Data for Online Behavioral Advertising (Oct. 4, 2010).
248) Cal. Const. Art. 1 §1; California's Song-Beverly Credit Card Act of 1971, Cal. Civ. Code §1747 (West 2009). なお, カリフォルニア州憲法でプライバシー権が保障されていたとしても, 表現の自由などの対立利益との衡量アプローチが採られ, プライバシー権が絶対的な権利として捉えられているわけではない. *See Hill v. NCAA*, 7 Cal. 4th 1, 38 (1994). *See also* Shine the Light Law, SB 27, CA Civil Code §1798.83.
249) STEPHEN G. BREYER, REGULATION AND ITS REFORM 342 (1982). ブライヤー裁判官は政府の規制の失敗の克服には規制当局の優れた人材の必要性を主張している. また, 「アメリカはフランスではない」と断りつつも, フランスのコンセイユデタにおける例を引き合いに出している. *See* STEPHEN BREYER, BREAKING THE VICIOUS CIRCLE: TOWARD EFFECTIVE RISK REGULATION 70 (1993).
250)「プライバシー・パターナリズム」と呼ばれる, プライバシー保護の過剰な規制

は，アメリカ以外の実務家からも指摘されている．*See* Ann Cavoukian, et. al., *The Unintended Consequences of Privacy Paternalism*, Information and Privacy Commissioner, Ontario, Canada, March 5, 2014. https://www.ipc.on.ca/images/Resources/pbd-privacy_paternalism.pdf（last visited March 31, 2015）． *See also* Omer Tene, *A New Harm Matric for Cybersecurity Surveillance*, 12 COLO. TECH. L. J. 391, 413（2014）．

251) *See generally* Daniel J. Solove, *Privacy Self-Management and the Consent Dilemma*, 126 HARV. L. REV. 1880（2013）．

252) Jonathan M. Winer, *Regulating the Free Flow of Information: A Privacy Czar as the Ultimate Big Brother*, 19 J. MARSHALL J. COMPUTER & INFO. L. 37（2000）．

253) *Id.* at 38.

254) *Id.* at 49.

255) Breyer, *supra* note 249（BREAKING THE VICIOUS CIRCLE）, at 68.

256) アメリカにおける「規制の失敗」への取組の一環として，行政管理予算局が費用便益分析に基づき規制のチェックを行ってきた．中でも，連邦機関の情報集積を行ってきた「情報アグリゲーター」としての役割を担ってきた Office of Information and Regulatory Affairs は政府の情報政策の推進も行ってきた．*See* Cass R. Sunstein, *The Office of Information and Regulatory Affairs: Myths and Realities*, 126 HARV. L. REV. 1838（2013）．なお，サンスティン教授の論文の草案段階でキャス・サンスティン教授から OIRA でのご自身経験をもとに規制のあり方についてご解説の機会を頂戴した．

257) *See e.g.*, JAMES M. LANDIS, THE ADMINISTRATIVE PROCESS 16（1938）．

258) *See e.g.*, Richard A. Posner, *The Rise and Fall of Administrative Law*, 72 CHI-KENT L. REV. 953, 956（1997）．

259) Federal Trade Commission, *Privacy Online: Fair Information Practices in the Electronic Marketplace*, May 2000 at 42 n21.

260) Federal Trade Commission, *Privacy Online: A Report to Congress*, June 1998.

261) Federal Trade Commission, *Self-Regulation and Privacy Online: A Report to Congress*, July 1999.

262) *Id.* at 12.

263) Federal Trade Commission, *Privacy Online: Fair Information Practices in the Electronic Marketplace: A Report to Congress*, May 2000.

264) *Id.*

265) *Id.* at 2.

266) なお，マイクロソフト事件以降，スペインでは第三国へのデータ移転の際にデータ保護監督機関からの許可を得ることとなった．欧州委員会主催 Workshop on International Transfers of Personal Data（2008 年 10 月 21 日）の Regional Approaches to Data Protection and International Transfers of Personal Data: Lat-

in America のセッションにおけるスペイン・コミッショナー（当時）アルテミ・ロンバルト教授の報告による．*See also* Christopher Kuner, *Beyond Safe Harbor: European Data Protection Law and Electronic Commerce*, 35 INT'L LAWYER, 79, 84 (2001).

267) 当時の連邦取引委員会委員である Mozelle Thompson が，セーフ・ハーバー交渉するにあたって，アメリカのプライバシー法制が固くて大きな穴だらけである「スイス・チーズ」に例え，その穴を抜け道とする企業を取り締まる役割が連邦取引委員会にあることを示している．*See Interview with FTC Commissioner Mozelle Thompson*, 16 ANTITRUST 20, 24 (2002). *See also* Tracey Dilascio, *How Safe is the Safe Harbor? U.S. and E.U. Data Privacy Law and the Enforcement of the FTC's Safe Harbor Program*, 22 B.U. INT'L L. J. 399, 408 (2004); Robert R. Schriver, *You Cheated, Your Lied: The Safe Harbor Agreement and its Enforcement by the Federal Trade Commission*, 70 FORDHAM L. REV. 2777, 2806 (2002).

268) Commission Decision, *supra* note 139, at Annex.

269) Daniel J. Solove & Woodrow Harzog, *The FTC and the New Common Law of Privacy*, 114 COL. L. REV. 583, 599 (2014).

270) Federal Trade Commission, *Complaint For Civil Penalties and Other Relief, and Exhibits A and B*, August 8, 2012; *U.S. v. Google Inc.*, FTC Docket No. C-4336 (No. CV 12-04177 SI). 近時の執行例の紹介については，消費者庁『個人情報保護における国際的枠組みの改正動向調査』（「米国のプライバシー保護法制の最新動向」〔井上穂子執筆〕）（2014年3月）167頁以下参照，石井・前掲注36，275頁以下，小向太郎「米国 FTC における消費者プライバシー政策の動向」情報通信政策レビュー4号（2013）100頁以下，宮下紘「アメリカ・プライバシーの最前線」時の法令1932号（2013）37頁以下，参照．

271) Edith Ramirez, *Remarks of Chairwoman Edith Ramirez Introducing President Obama*, January 12, 2015.

272) 32nd International Conference of Data Protection and Privacy Commissioners, *Accreditation Resolution*, October 29, 2010.

273) White House, *Consumer Data Privacy in a Networked World: A Framework for Protecting Privacy and Promoting Innovation in the Global Digital Economy*, February 2012. なお，消費者プライバシー権利章典法案が2015年2月に公表された．*See* White House, *Administration Discussion Draft; Consumer Privacy Bill of Rights Act of 2015*.

274) *See* Privacy and Civil Liberties Oversight Board, *Report on the Surveillance Program Operated Pursuant to Section 702 of the Foreign Intelligence Surveillance Act*, July 2, 2014; Privacy and Civil Liberties Oversight Board, *Report on the Telephone Records Program Conducted under Section 215 of the USA Pa-*

triot Act and the on Operations of the Foreign Intelligence Surveillance Court, January 23, 2014.

275) Yves Poullet, *The Directive 95/46EC: Ten Years After*, 22 COMPUTER L. & SECURITY REP. 206, 215（2006）.

276) *See e.g.*, Article 29 Working Party, *Opinion on the Concept of Personal Data*, June 20, 2007（WP136）.

277) Paul M. Schwarz & Daniel J. Solove, *Reconciling Personal Information in the United States and European Union*, 102 CAL. L. REV. 877, 891（2014）.

278) CJEU, *Google Spain SL and Google Inc. v Agencia Española de Protección de Datos (AEPD)*（C-131/12）, May 13, 2014. *See also* CJEU, *Rotterdam v Rijkeboer*, May 7, 2009（C-553/07）.

279) CJEU, *College van burgemeester en wethouders van Rotterdam v. M.E.E. Rijkeboer*, May 7, 2009（C-553/07）.

280) なお，データ移転規制の問題は域外適用の問題とも関連してくる．この点については，（消費者庁『個人情報保護制度における国際的水準に関する検討委員会・報告書』（2012 年 3 月）庄司克宏「リスボン条約後の EU 個人データ保護法制における基本権保護と域外適用」17 頁），参照．

281) CEES J. HAMELINK, TRANSNATIONAL DATA FLOWS IN THE INFORMATION AGE 94（1984）.

282) A.C.M. NUGTER, TRANSBORDER FLOW OF PERSONAL DATA WITHIN EC 294（1991）．この当時は，越境データ移転の枠組みが人権保障というよりはむしろ商取引の帰結であったと指摘される．*Id.* at 295.

283) CJEU, C-518/07, *European Commission v. Federal Republic of Germany*, March 9, 2010. 本判決の邦訳については，消費者庁『諸外国等における個人情報保護制度の監督機関に関する検討委員会・報告書』（2013）69 頁以下（加藤隆之「ドイツ」），参照．

284) CJEU, C-614/10, *European Commission v. Republic of Austria*, October 16, 2012.

285) CJEU, C-288/12, *European Commission v. Hungary*. *See also* András Jóri, *The End of Independent Data Protection Supervision in Hungary - A Case Study*, in EUROPEAN DATA PROTECTION: COMING OF AGE 395（Serge Gutwirth et. al. eds, 2013）.

286) CJEU, *European Commission v. Federal Republic of Germany*, para 19 & 30; CJEU, *European Commission v. Republic of Austria*, para 41.

287) Peter Hustinx, *The Role of Data Protection Authorities*, in REINVENTING DATA PROTECTION? 132-134（Serge Gutwirth et. al. eds, 2009）．第三者機関の独立性を含む論点については，宍戸常寿「パーソナルデータに関する『独立第三者機関』について」ジュリスト 1464 号（2014）18 頁以下，参照．

288) Commission nationale de l'informatique et des libertés, *Délibération de la forma-*

tion restreinte n° 2013-420 prononçant une sanction pécuniaire à l'encontre de la société Google Inc., 3 janvier 2014. Available at http://www.cnil.fr/fileadmin/documents/approfondir/deliberations/Formation_contentieuse/D2013-420_Sanction_Google.pdf（last visited March 31, 2015）．レディング副委員長によれば，グーグルのプライバシー・ポリシー変更の違法性についてフランスデータ保護監督機関が科した制裁金15万ユーロ（約2100万円）を例にとり，「ポケット・マニー」に過ぎないという．すなわち，フランスが科した制裁金15万ユーロという金額は2012年のグーグルの全世界の売上高の0.0003％に過ぎないのであって，「ヨーロッパの人々はもっと真剣に受け止めるべきである」と主張する．委員会が提案した全世界売上高の総額2％であれば，制裁金は7億3100万ユーロ（約10億2300万円）となる．このようにデータ主体の権利を意味ある形で法執行することは，プライバシー保護を競争力あるものにさせると言われる．Viviane Reding, Speech: *The EU Data Protection Reform: Helping Businesses Thrive in the Digital Economy*, January 19, 2014.

289) Information Commissioner Office, *Sony fined £250,000 after millions of UK gamers' details compromised*, January 24, 2013. https://ico.org.uk/about-the-ico/news-and-events/news-and-blogs/2013/01/sony-fined-250-000-after-millions-of-uk-gamers-details-compromised/（last visited March 31, 2015）．

290) *See* Office of the Privacy Commissioner of Canada, *Report of Findings Investigation into the personal information handling practices of WhatsApp Inc.*, PIPEDA Report of Findings #2013-001, 15 January 2013; Dutch Data Protection Authority, *Investigation into the processing of personal data for the 'whatsapp' mobile application by Whatsapp Inc., Z2011-00987, Report on the definitive findings*, 15 January 2013.

291) たとえば，フェイスブックのプライバシー・ポリシーの変更が本人の同意などの点において個人データ保護の基本原則を履行しているかどうかEUで調査が行われ，ダブリンに拠点があったためアイルランドのコミッショナーが監査を実施したが，他のEUの国からは監査という形態の調査では不十分であることが指摘された．*See* Data Protection Commissioner, Facebook Ireland Ltd. Report of Audit, December 21, 2011; Facebook Ireland Ltd. Report of Re-Audit, September 21, 2012．アイルランドの個人情報保護法制については，萩原聡央「アイルランドの個人情報保護制度」季報情報公開個人情報保護33号（2009）17頁以下，消費者庁『諸外国等における個人情報保護制度の監督機関に関する検討委員会・報告書』（2011年3月）（加藤隆之「アイルランド」96頁），参照．

292) CJEU, *Google Spain SL and Google Inc. v Agencia Espanola de Proteccion de Datos (AEPD)* (C-131/12), May 13, 2014. 第4章，参照．

293) アメリカ合衆国憲法の歴史のすべてをここで論じることなど不可能であるが，阿川尚之『憲法で読むアメリカ史』（筑摩書房，2013），がダイナミックな合衆国憲

法の歴史をわかりやすく描写している.
294) 277 U.S. at 478 (Brandies, J., dissenting).
295) *Boyd v. United States*, 116 U.S. 616 (1886).
296) Roscoe Pound, *Interests of Personality*, 28 Harv. L. Rev. 343 (1915).
297) *Id.* at 447.
298) *Id.* at 363.
299) *Id.* at 350. *See also* Roscoe Pound, *Equitable Relief Against Defamation and Injuries to Personality*, 29 Harv. L. Rev. 640 (1916). 後にパウンド教授は，人格の利益に基づき憲法上のプライバシー権の必要性についても論じている. *See* Roscoe Pound, *The Fourteenth Amendment and the Right of Privacy*, 13 W. Res. L. Rev. 34 (1961).
300) *See e.g.*, E.F. Albertsworth, *Recognition of New Interests in the Law of Torts*, 10 Cal. L. Rev. 461 (1922); Leon Green, *Notes*, 26 Ill. L. Rev. 45 (1931).
301) 198 U.S. 45 (1905).
302) 300 U.S. 379 (1937).
303) *Nebbia v. New York*, 291 U.S. 502, 531 (1934).
304) *See e.g.*, Giovanni Bognetti, *The Concept of Human Dignity* in European And US Constitutionalism 100 (Georg Nolte ed. 2005).
305) *Griswold*, 381 U.S. at 524 (Black, J., dissenting). *See also* Robert H. Bork, *Neutral Principles and Some First Amendment Problems*, 47 Ind. L. J. 1, 9 (1971).
306) *See* John Hart Ely, *The Wages of Crying Wolf: A Comment on* Roe v. Wade, 82 Yale L.J. 920, 940 (1973). なお，イリィ教授は Lochner 判決と Roe 判決を「双子」と表現している.
307) 381 U.S. 479 (1965).
308) 389 U.S. 347 (1967).
309) Paul M. Schwartz & Karl-Nikolaus Peifer, *Prosser's Privacy and the German Right of Personality: Are Four Privacy Torts Better than One Unitary Concept?*, 98 Cal. L. Rev. 1925, 1946 (2010).
310) プロッサー教授の不法行為プライバシー権についての考察は，*See* Neil M. Richards & Daniel J. Solove, *Prosser's Privacy Law: A Mixed Legacy*, 98 Cal. L. Rev. 1887 (2010).
311) William L. Prosser, Handbook of The Law of Torts 1050 (1941).
312) William L. Prosser, Handbook of The Law of Torts 635 (2d ed. 1955). ジョン・ミドルトン「アメリカにおける虚報とプライバシー侵害の成否」一橋法学 7 巻 3 号 (2008) 661 頁以下，参照.
313) Prosser, *supra* note 14.
314) プロッサー教授は「人格 (personalities)」という言葉を 2 箇所で使っているが，「公人の人格」と「有名人の人格」，というプライバシー権が及びにくい公人と公

共の利害の文脈で用いているのみである. *Id.* at 411 & 416.
315) Harry Kalven Jr., *Privacy in Tort Law: Were Warren and Brandeis Wrong?*, 31 L. & Contemp. Probs. 326, 328 (1966).
316) Edward J. Bloustein, *Privacy as an Aspect of Human Dignity: An Answer to Dean Prosser*, 39 N.Y.U. L. Rev. 962, 962 (1964). プライバシーがもつ価値をもぎ取ったプロッサー教授の不法行為法上のプライバシー権は「誤り」であるという指摘がある. *See* Kalven, *id* at 327.
317) *Id.* at 974.
318) *Id.* at 1005.
319) *See* Edwaerd J. Bloustein, *The First Amendment and Privacy: The Supreme Court Justice and the Philosopher*, 28 Rutgers L. Rev. 41 (1974).
320) Bloustein, *supra* note 315, at 1003.
321) *Griswold*, 381 U.S. 479.
322) *Roe v. Wade*, 410 U.S. 113 (1973).
323) *Bowers v. Hardwick*, 478 U.S. 186 (1986).
324) Ruth Gavison, *Privacy and the Limits of Law*, 89 Yale L. J. 421, 461 n120 (1980). プロッサー教授の解釈とブラウスティン教授の理解はいずれも正しいと考えられる. この点については, 本書第1章, 参照.
325) Schwartz & Peifer, *supra* note 309, 1946.
326) Edward J. Bloustein, *Privacy, Tort Law, and the Constitution: Is Warren and Brandeis' Tort Petty and Unconstitutional as Well?*, 46 Tex. L. Rev. 611, 619 (1968).
327) *See e.g.*, Richards & Solove, *supra* note 210, at 1914; Leon Green, *Continuing the Privacy Discussion: A Response to Judge Wright and President Blousiten*, 46 Tex. L. Rev. 750 (1968).
328) 376 U.S. 254 (1964).
329) 385 U.S. 374 (1967).
330) William L. Prosser, Handbook of The Law of Torts 819 (4th ed. 1971).
331) Harry Kalven Jr., *Privacy in Tort Law: Were Warren and Brandeis Wrong?*, 31 Law & Cotemp. Probs. 326, 337 (1969). *See also* William O. Bertelsman, *The First Amendment and Protection of Reputation and Privacy:* New York Times Co. v. Sullivan *and How it Grew*, 56 Ky. L. J. 718 (1968); J. Skelly Wright, *Defamation, Privacy, and the Public's Right to Know: A National Problem and a New Approach*, 46 Tex. L. Rev. 630 (1968); *Comments: Privacy, Defamation and the First Amendment: The Implications of* Time, Inc. v. Hill, 67 Colum. L. Rev. 926 (1967); Donald L. Smith, *Privacy: the Right that Failed*, 8 Colum. Journalism Rev. 18 (1969).
332) 297 P. 91 (Cal. 1931).

333) 483 P. 2d 34 (Cal. 1971).
334) 101 P. 3d 552 (Cal. 2004).
335) *See* GEORGE C. CHRISTIE et. al., THE LAW OF TORTS 1545 (5th ed., 2012). *See also* Sadiq Reza, *Privacy and the Criminal Arrestee or Suspect: In Search of a Right, in Need of a Rule*, 64 MD. L. REV. 755, 776 (2005); Samantha Barbas, *The* Sidis *and the Origin of Modern Privacy Law*, 36 COLUM. J. L. & ARTS 21, 67 (2012). ちなみに, 1977年に出版された『不法行為法リステイトメント（第2版）』では, Cox Broadcasting Co. v. Cohn (1975) をあげて, 私事の極めて攻撃的な公開については「開かれた問題」であると指摘されている. *See* RESTATEMENT OF THE LAW SECOND TORTS 384 (1977). なお, アメリカの表現の自由の法理と不法行為におけるプライバシー権の複雑な関係についての的確な分析として, 阪本昌成『表現権理論』（信山社, 2011）3章, 参照.
336) G. EDWARD WHITE, TORT LAW IN AMERICA: AN INTELLECTUAL HISTORY 176 (2003).
337) *See e.g.*, *Cox Broadcasting Corp. v. Cohn*, 420 U.S. 469 (1975); *Oklahoma Publishing Co. v. District Court*, 430 U.S. 308 (1977); *Florida Star v. B.J.F.*, 491 U.S. 524 (1989).
338) 山本龍彦「プライバシーの権利」ジュリスト1412号（2010）82頁, 参照.
339) このドライな自己情報コントロール権は,「法益の実質がない」という問題があり,「なにゆえコントロールできるのかという理由づけがない」.（座談会「プライバシー」ジュリスト1412号〔2010〕95頁〔阪本昌成発言〕）.
340) COLIN J. BENNETT, REGULATING PRIVACY: DATA PROTECTION AND PUBLIC POLICY IN EUROPE AND THE UNITED STATES 72 (1992).
341) *See* Project: *Government Information and the Rights of Citizens*, 73 MICH. L. REV. 971, 1223 (1974).
342) See *Federal Data Banks, Computers and the Bill of Rights: Hearings before the Subcommittee on Constitutional Rights of the Senate Committee on the Judiciary, 92d Cong., 1st Sess.* 835 (1971).
343) *Id.* at 32.
344) 仮に独立した第三者機関が個人の救済に当たるにしても, 第三者機関の決定を不服申立する手続がとられれば最終的には司法で判断されることが無駄であるという考えに基づき廃止された. *See* Note, *The Privacy Act of 1974: An Overview and Critique*, 1976 WASH. U. L. Q. 667, 692 (1976).
345) President Gerald R. Ford, *Statement on Privacy Legislation on October 9 1974*, in PUBLIC PAPERS OF THE PRESIDENTS OF THE UNITED STAETES: GERALD R. FORD, 1974-1977, 125 (1980).
346) アメリカの1974年法の審議過程については, *See* PRISCILLA M. REGAN, LEGISLATING PRIVACY: TECHNOLOGY, SOCIAL VALUES, AND PUBLIC POLICY 69 (1995).
347) *See* DAVID H. FLAHERTY, PROTECTING PRIVACY IN SURVEILLANCE SOCIETIES 342

(1989); FREDERICK S. LANE, AMERICAN PRIVACY: THE 400-YEAR HISTORY OF OUR MOST CONTESTED RIGHT (2009).

348) Garry S. Grossman, *Transborder Data Flow: Separating the Privacy Interests of Individuals and Corporations*, 4 NW. J. INT'L L. & BUS. 1, 3 (1982).

349) Kevin R. Pinegar, *Privacy Protection Acts: Privacy Protection or Economic Protectionism?*, 12 INT'L BUS. LAW. 183, 187 (1984). また，越境データ移転については，GATT のような貿易問題として取り扱うべきであるとの主張もこの頃に見られた．*See* I. Trotter Hardy Jr., *Transborder Data Flow: An Overview and Critique of Recent Concerns*, 9 RUTGERS COMPUTER & TECH. L. J. 247, 261 (1983). 邦語による考察として，國見真理子「EU 個人データ保護指令／規則と WTO 協定との関係を中心とした個人情報保護制度に関する一考察」InfoCom Review63 号（2014）26 頁以下，参照．

350) LEE A. BYGRAVE, DATA PRIVACY LAW: AN INTERNATIONAL PERSPECTIVE 123-125 (2014).

351) *See e.g.,* Ronald Wellington Brown, *Economic and Trade Related Aspects of Transborder Data Flow: Elements of Code for Transnational Commerce*, 6 NW. J. INT'L L. & BUS. 1 (1984); David P. Fransworth, *Data Privacy or Data Protection and Transborder or Transnational Data Flow, an American's View of European Legislation*, 11 INT'L BUS. LAW. 114 (1983).

352) 429 U.S. 589, 599 (1977). スティーブンス裁判官による法廷意見では，Lochner 判決を拒否したうえで「プライバシーの圏域」を論じている．*Id.* at 597.

353) 131 S. Ct. 2653 (2011).

354) *Id.* at 2672.

355) *Id.* at 2685 (Breyer, J., dissenting).

356) Agatha M. Cole, *Internet Advertising After* Sorrell v. IMS Health: *A Discussion on Data Privacy & the First Amendment*, 30 CARDOZO ARTS & ENT. L. J. 283, 310-311 (2012).

357) *See* Paul M. Schwartz, *Property, Privacy and Personal Data*, 117 HARV. L. REV. 2056, 2057 (2004); Richard S. Murphy, *Property Rights in Personal Information: An Economic Defense of Privacy*, 84 GEO. L. J. 2381, 2385 (1996). また，身体の一部である遺伝子に関する情報については，それを財産と見る立場と自己情報と見る立場で見解が割れる．*See Moore v. Regents of the University of California*, 793 P. 2d 479 (Cal. 1990). 遺伝情報をめぐるプライバシー問題については，山本龍彦『遺伝情報の法理論』（尚学社，2008），甲斐克則『遺伝情報と法政策』（成文堂，2007），参照．

358) Ronald J. Krotoszkynski Jr., *The Polysemy of Privacy*, 88 IND. L. J. 881, 897 (2013). *See also* Richard A. Posner, *The Uncertain Protection of Privacy by the Supreme Court*, 1979 SUP. CT. REV. 173, 182 (1979).

359) ECtHR, *X and Y v. Netherlands*, App. No. 8978/80, March 26, 1985.
360) Danielle Keats Citron, *Mainstreaming Privacy Torts*, 98 CAL. L. REV. 1805, 1832 (2010). また，プロッサー教授の類型論は，1974年プライバシー法の制定により，個人情報の訂正や消去といった権利を包含しておらず「失敗に終わった」という指摘もある．Gavison, *supra* note 324, at 460 n118.
361) *Planned Parenthood of Southeastern Pa. v. Casey*, 505 U.S. 833 (1992). *See also Gonzales v. Carhart*, 550 U.S. 124 (2007); Stenberg v. Carhart, 530 U.S. 914 (2000). 中絶問題と女性の尊厳との関係については，*See generally* MICHAEL ROSEN, DIGNITY: ITS HISTORY AND MEANING 125 (2012); Reva B. Siegel, *Dignity and the Politics of Protection: Abortion Restrictions under* Casey/ Carhart, 117 YALE L. J. 1694 (2008).
362) *Lawrence v. Texas*, 539 U.S. 558, 567 (2003). *United States v. Windsor*, 133 S. Ct. 2675, 2696 (2013). Windsor判決では，本判決の紹介については，根本猛「同性婚をめぐる合衆国最高裁判所の2判決」静岡法政研究18巻3－4号 (2014) 436頁以下，有澤知子「同性婚と婚姻防衛法」大阪学院大法学研究40巻1－2号 (2014) 72頁以下など参照．
363) Roper v. Simons, 543 U.S. 551, 578 (2005). *See also id*. at 605 (O'Connor J., dissenting).
364) FRED H. CATE, PRIVACY IN THE INFORMATION AGE 99 (1997).
365) ウォーレンとブランダイスの論文を財産権と人格権の融合であると読むものとして，Margaret Jane Radin, *Property and Personhood*, 34 STAN. L. REV. 957, 1013 (1982). また，Katz判決以降も，プライバシー権の財産的構成から人格的構成への完全な転換を行うだけの十分な根拠を与えてきたわけではないという指摘もある．*See* Notes, *From Private Places to Personal Privacy: A Post-Katz Study of Fourth Amendment Protection*, 43 N.Y.U. L. REV. 968, 978 (1968). なお，コモン・ローの伝統を受け継ぐイギリス，カナダ，オーストラリア，ニュージーランド等においても，プライバシー権をコモン・ローと見るか，人権と見るか論争がある．*See e.g.*, Micharl Tilbury, Privacy: Common Law or Human Right?, in EMERGING CHALLENGES IN PRIVACY LAW: COMPARATIVE PERSPECTIVES 157 (Normann Witzleb et. al. eds., 2014).
366) Whitman, *supra* note 151, at 1204.
367) 116 U.S. 616 (1886).
368) *Id*. at 630.
369) *Id*.
370) Posner, *supra* note 358, at 177. ポズナー裁判官はBoyd判決に基づくプライバシー権を「物理的プライバシー（physical privacy）」と呼んでいる．
371) Note, *The Life and Times of Boyd v. United States (1886*-1976), 76 MICH. L. REV. 184, 193 (1977).

372) 実際，Olmstead 判決における法廷意見と反対意見の違いは，まさに Boyd 判決の「私有財産」とプライバシー権との関係性を問うものであると見ることは不当ではない．法廷意見を執筆したタフト首席裁判官は，人，住居，手紙，持ち物といった有形なもののみをプライバシー権の対象としていると述べた．*See Olmstead*, 277 U.S. at 464.

373) Posner, *supra* note 358, at 178.

374) 132 S. Ct. 945（2012）．Jones 判決については，緑大輔「United States v. Jones, 132 S. Ct. 945（2012）: GPS 監視装置による自動車の追跡の合憲性」アメリカ法 2013 - 2 号（2014）356 頁以下，湯淺墾道「位置情報の法的性質：United States v. Jones 判決を手がかりに」情報セキュリティ総合科学 4 号（2012）171 頁以下，辻雄一郎「電子機器を用いた捜査についての憲法学からの若干の考察」駿河台法学 26 巻 2 号（2012）145 頁以下，大野正博「GPS を用いた被疑者等の位置情報探索」高橋則夫ほか編『曽根威彦先生・田口守一先生古稀祝賀論文集下巻』（成文堂，2014）485 頁以下，尾崎愛美「位置情報の取得を通じた監視行為の刑事訴訟法上の適法性」法学政治学論究 104 号（2015）249 頁以下，など参照．また，位置情報をめぐるプライバシー問題については，松前恵環「位置情報技術とプライバシー」堀部政男編『プライバシー・個人情報保護の新課題』（商事法務，2010）235 頁以下，参照．なお，2015 年 3 月，合衆国最高裁は，ノースカロライナ州の性犯罪者の GPS 監視プログラムが「捜索」に該当すると判断した．*Grady v. North Carolina*, 135 S. Ct. 1368（2015）．

375) 533 U.S. at 952.

376) ECtHR, *Uzun v. Germany*, (Application no. 35623/05) September 2, 2010.

377) ドイツ連邦憲法裁判所の判決の解説については，川又伸彦「GPS を利用した監視によって得られた認識を証拠として用いることの合憲性」自治研究 82 巻 6 号（2006）147 頁以下，参照．

378) *See* Federico Fabbrini & Mathias Vermeulen, *GPS Surveillance and Human Rights Review*, in SURVEILLANCE, COUNTER-TERRORISM AND COMPARATIVE CONSTITUTIONALISM 145（Fergal Davis et. al. 2014）．

379) *See* David Cole, *Preserving Privacy in a Digital Age: Lessons of Comparative Constitutionalism* in SURVEILLANCE, COUNTER-TERRORISM AND COMPARATIVE CONSTITUTIONALISM 109（Fergal Davis et. al. 2014）．

380) Schwartz & Reidenberg, *supra* note 194, at 6.

381) Guy E. Carmi, *Dignity-The Enemy from Within: A Theoretical and Comparative Analysis of Human Dignity as a Free Speech Justification*, 9 U. PA. J. CONST. L. 957, 957（2007）．これに対し，アメリカではプライバシー権の正当化と同様，表現の自由においても人間の尊厳の観点から正当化する試みもある．*See e.g.*, STEVEN J. HEYMAN, FREE SPEECH AND HUMAN DIGNITY（2008）．

382) 佐藤幸治『現代国家と人権』（有斐閣，2008）447 頁，参照．

383) 阪本・前掲注 335, 105 頁, 参照.
384) Whitman, *supra* note 151, at 1166.
385) James Q. Whitman, *On Nazi 'Honour' and the New European 'Dignity'*, in Darker Legacies of Law in Europe: The Shadow of National Socialism And Fascism over Europe And Its Legal Traditions 246 (Christian Joerges & Navraj Singh Ghaleigh eds., 2003).
386) 「これは,『私生活は覆われざるべからず La vie privée doit être murée.』という思想によるものであり, この考え方は 1819 年出版自由法とその後身である 1881 年出版自由法に受け継がれている」という指摘がある. 佐藤結美「名誉毀損罪の再構成 (1)」北大法学論集 62 巻 5 号 (2012) 1270 頁, 参照. 1881 年出版自由法については, 大石泰彦「フランス 1881 年出版自由法」青山法学論集 31 巻 4 号 (1990) 209 頁以下, 参照.
387) 皆川・前掲注 160, 30 頁, 参照.
388) 皆川・前掲注 160, 31 頁, 参照. 1868 年出版法 11 条の私生活の規定について,「アメリカ法よりもずっと以前に, プライバシーの権利がフランス法で承認されていた事実を物語るものであり, フランスがプライバシー権の法制化を世界で最初に実現した」という指摘もある (皆川・前掲注 160, 35 頁). 人格権の比較法的考察については, 三島宗彦『人格権の保護』(有斐閣, 1965), 参照.
389) Hauch, *supra* note 182, at 1253.
390) 皆川・前掲注 160, 330 頁, 参照. 内野, 前掲注 161, 81 頁, 参照.
391) 宗宮信次『名誉権論』(有斐閣, 1939) 214 頁以下, 五十嵐・松田, 前掲注 168, 153 頁, 参照. その後民法の改正に際しても, プライバシー保護が「人格と尊厳の保護」の一部として議論されてきた, という指摘がある. *See* Harry D. Krause, *The Right to Privacy in Germany: Pointers for American Legislation*, 1965 Duke L. J. 481, 494 (1965).
392) Eberle, *supra* note 175, at 19.
393) 北村・前掲注 158, 218 頁.
394) Whitman, *supra* note 151, at 1181; Patrick O'Callaghan, Refining Privacy in Tort Law 34 (2013). *See also* Vicki Jackson & Mark Tushnet, Comparative Constitutional Law 157 (3d ed, 2014).
395) Rosen, *supra* note 361, at 17.
396) Eberle, *supra* note 175, at 50-51. カントの法理論の考察については, 長谷部恭男『憲法の円環』(岩波書店, 2013) 57 頁以下, 参照.
397) たとえば, ジェレミー・ウォルドロン教授は「尊厳」をカント流の価値に求めるのではなく, 底上げによる平等化としての身分 (rank) を意味する, と論じている. *See* Jeremy Waldron, Dignity, Rank, & Rights 33 (Meir Dan-Cohen ed., 2012).
398) ナチスによる個人情報の管理については, Edwin Black, IBM And The Holo-

CAUST（2001），エドウィン・ブラック（小川京子訳・宇京頼三監修）『IBM とホロコースト』（柏書房，2001）に基づき記述している．また，筆者は 2013 年 9 月にアウシュビッツ収容所においてナチスのパンチカードの運用実態についてヒアリング調査をしてきており，その調査過程において本書の紹介を受けた．また，第 35 回データ保護プライバシー・コミッショナー国際会議（ポーランド，ワルシャワ）において，ポーランドミハエル・ボニ総務大臣は，ナチスによる国勢調査がユダヤ迫害につながり，その歴史がポーランドのデータ保護法制につながったことを指摘された．35th International Conference of Data Protection and Privacy Commissioners', September 25, 2013（Remark by Minister Michal Boni）. *See also* GOTZ ALY et. al., THE NAZI CENSUS: IDENTIFICATION AND CONTROL IN THE THIRD REICH（2004）.

399) BLACK, *id.* at 365. *See also* Richard Sobel, *The Demeaning of Identity and Personhood in National Identification Systems*, 15 HARV. J. L. TECH. 319, 345 (2002).

400) *Id.* at 365.

401) William Seltzer & Margo Anderson, *The Dark Side of Numbers: The Role of Population Data System in Human Rights Abuses*, 69 SOC. RESEARCH 481, 487 (2001)．なお，イギリスではナチスによる個人情報の管理の歴史がないため，一般論としてドイツの個人データ保護法制に比べて相対的に緩やかになった，という指摘がある．アンディ・ドラウト「ヨーロッパにおける個人データ保護法制の進化」比較法文化 19 号（2010）74 頁，参照．

402) Bignami, *supra* note 162, at 689. むろんアメリカにおいても 1930-40 年代に日系アメリカ人を収容所に送り込むために国勢調査のデータリストが用いられたという事実もある．BLACK, *supra* note 398, at 346. *See also Korematsu v. United States*, 323 U.S. 214 (1944). 人種プロファイリングを肯定した本判決は，後に「時代の過ち」であると指摘されるようになった．*See* Statement of Neal Katyal, Acting Solicitor General of the United States, *Confession of Error*, May 20, 2011.

403) BLACK, *supra* note 398, at 104.

404) DONALD P. KOMMERS & RUSSELL A. MILLER, THE CONSTITUTIONAL JURISPRUDENCE OF THE FEDERAL REPUBLIC OF GERMANY 355 (3d ed., 2012)．なお，ドイツにおいて憲法上の人格権と民法上の人格権とを混同する裁判例が少なくないという指摘があるが，「実害がない場合も多い」とも言われている．上村都「憲法上の人格権と私法上の人格権」憲法問題 21 号（2010）51 頁，参照．

405) 斉藤博『人格権法の研究』（一粒社，1979）101 頁．

406) 五十嵐・松田，前掲注 168，175 頁，参照．

407) Eberle, *supra* note 175, at 27.

408) なお，同条第 2 項では，「公的機関によるいかなる干渉もしてはならない」と公権力を権利侵害の対象としているが，第 1 項にはこのような限定が付されておら

ず私生活尊重の権利の水平効果が認められると考えられている．*See* Sir Brian Neil, *Privacy: A Challenge for the Next Century*, in Protecting Privacy 21 (Basil S. Markesinis ed., 1999). また，欧州人権条約第 8 条の積極的義務の解説については，ディートリッヒ・ムルスヴィーク・永田秀樹訳「ヨーロッパ人権条約による積極的義務」ノモス 22 号（2008）83 頁以下，渡辺豊「欧州人権裁判所による社会権の保障」一橋法学 7 巻 2 号（2008）459 頁以下，中井伊都子「私人による人権侵害への国家の義務の拡大（一）（二）・完」法学論叢 139 巻 3 号（1996）41 頁以下，法学論叢 141 巻 2 号（1997）34 頁以下，参照．

409) *See e.g.*, ECtHR, *Malone v. the United Kingdom*, No. 8691/79, 2 August, 1984（本判決の評釈は，倉持孝司「警察による電話盗聴および『メータリング』」戸波江二ほか編『ヨーロッパ人権裁判所の判例』（信山社，2008，342 頁，参照）; ECtHR, *Copland v. the United Kingdom*, No. 62617/00, 3 April 2007.

410) 松本和彦「基本権の保障と論証作法（一）」阪大法学 175 号（1995）62 頁，参照．

411) Matthew G. Hannah, *Calculable Territory and the West German Census Boycott Movements of the 1980*s, 28 Political Geography 66, 71 (2009).

412) BVerfGE 65, 1. 本判決の解説として，鈴木庸夫・藤原静雄「西ドイツ連邦憲法裁判所の国勢調査判決（上）（下）」ジュリスト 817 号（1984）64 頁以下，ジュリスト 818 号（1984）76 頁以下，藤原静雄「西ドイツ国勢調査判決における『情報の自己決定権』」一橋論叢 94 巻 5 号（1985）728 頁以下，浜砂敬郎「西ドイツ 1983 年国勢調査法にかんする連邦憲法裁判所の判決文」九州大学経済学研究 50 巻 1・2 号（1984）19 頁以下，松本和彦「基本権の保障と論証作法（一）～（四・完）」阪大法学 45 巻 2 号−6 号（1995），平松毅「自己情報自己決定権と国勢調査──国勢調査法一部違憲判決」ドイツ憲法判例研究会編『ドイツの憲法判例（第 2 版）』（信山社，2003）60 頁以下など，参照．

413) 藤原静雄「番号制度と個人情報保護法制の関係の比較法的考察──ドイツ・オーストリアを中心に」法とコンピュータ 32 号（2014）26 頁．

414) Donald P. Kmmers & Russell A. Miller, The Constitutional Jurisprudence of The Federal Republic of Germany 412 (3d ed., 2012).

415) Gerrit Hornung & Christoph Schanabel, *Data Protection in Germany I: The Population Census Decision and the Right to Informational Self-Determination*, 25 Computer L. & Security Rev. 84, 87 (2009).

416) 松本・前掲注 412（三），819 頁注 64.

417) 藤原・前掲注 412，735 頁．

418) *See generally* J Lee Riccardis, *The German Federal Data Protection Act of 1977: Protecting the Right to Privacy?*, 6 B.C. Int'l & Comp. L. Rev. 243 (1983). 邦語による紹介として，津田賛平「西ドイツ連邦データ保護法」ジュリスト 760 号（1982）29 頁，太田知行「西ドイツ連邦保護法について（上）（下）」法曹時報 30 巻 9 号（1978）1 頁，法曹時報 10 号（1978）1 頁，内田晋「データ処理に

おける個人に関するデータの乱用を防止する法律案」外国の立法14巻5号（1975）221頁，石村善治「西ドイツにおけるデータ保護法制」ジュリスト589号（1975）89頁，参照．

419) ECtHR, *S and Marper v. United Kingdom*, Dec. 4, 2008. 本判決は有罪とならなかった者のDNAをデータベース化することが私生活尊重の権利の侵害となることを認めた判決である．本判決の紹介として，江島晶子「犯罪予防におけるDNA情報・指紋の利用と私生活の尊重を受ける権利」国際人権20号（2009）120頁以下，石井夏生利「生体情報のデータベース保存とプライバシー」法とコンピュータ28号（2010）105頁以下，末井誠史「DNA型データベースをめぐる論点」レファレンス（2011）2頁以下，参照．

420) 大石泰彦『フランスのマス・メディア法』（現代人文社，1999）201頁以下，参照．

421) 小林真紀「フランス公法における『人間の尊厳』の原理 (1)」上智法学論集42巻3-4号（1999）167頁以下，参照．1993年の修正案については，「プライバシー及び人間の尊厳の尊重」への権利が，新たな権利ではなく，「既に認められた権利」として位置づけられている（191頁）．

422) 小林真紀「フランス司法裁判所の判例に見る『人間の尊厳』の原理 (1) (2・完)」愛知大学法経論集162巻（2003）1頁以下，同163号（2003）1頁以下，参照．

423) Judgment of Feburary 20, 1986, Cour d'appel de Paris, 1986 D.S. (quoted by Hauch, *supra* note 181, at 1220). フランスにおける性的指向の人権問題については，齊藤笑美子「性的指向と人権：フランスにおける同性間婚姻論議」一橋法学5巻2号（2006）555頁以下，参照．

424) *Sipple v. Chronicle Publishing Co.*, 201 Cal. Rptr. 665 (Ct. App. 1984). Newsworthiness testと呼ばれる報道価値のテストからアメリカではプライバシー権よりも表現の価値を原則として優先させてきた．この点については，阪本・前掲注335，105頁，参照．

425) Hauch, *supra* note 182, at 1288.

426) *Id.* at 1300-1301.

427) 池田実「情報の自由・個人情報の保護をめぐる法制」比較憲法学研究14号（2002）64頁注6，参照．

428) Guido, *supra* note 185, at 109.

429) 小森田秋夫「個人情報保護法制の国際比較：ポーランド」比較法研究64号（2002）67頁注1，参照．

430) 藤原・前掲注413，23頁，参照．

431) 30 MK. 805, April 13, 1991. *See* Ivan Szekely, *Hungary*, in GLOBAL PRIVACY PROTECTION: THE FIRST GENERATION 183 (James B. Rule & Graham Greenleaf eds., 2008).

432) CoE, Committee of Ministers, *Resolution (73) 22 on the protection of the privacy*

of individuals vis-a-vis electronic data banks in the private sector, 26 September 1973; CoE, *Committee of Ministers, Resolution (74) 29 on the protection of the privacy of individuals vis-à-vis electronic data banks in the public sector,* 20 September 1974.
433) 条約第108号はリスボン条約に伴う1999年の改正が行われ，2001年には条約第108号の監督機関及び越境データ流通に関する追加議定書が採択された．CoE, *Amendments to the Convention for the protection of individuals with regard to automatic processing of Personal Data (ETS No. 108)* allowing the European Communities to accede, adopted by the Committee of Ministers, in Strasbourg, on 15 June 1999; Art. 23 (2) of the Convention 108 in its amended form. CoE, *Additional Protocol to the Convention for the protection of individuals with regard to automatic processing of personal data, regarding supervisory authorities and Transborder data flows,* CETS No. 181, 2001.
434) Flaherty, *supra* note 347, at 373-374.
435) Kommers & Miller, *supra* note 404, at 411.
436) 皆川・前掲注160, 87頁.
437) Frank I. Michelman, *The Protective Function of the State in the United States and Europe: the Constitutional Question,* in EUROPEAN AND US CONSTITUTIONALISM 160 (Goerge Nolte ed., 2005). *See also* MARK TUSHNET, WEAK COURTS, STRONG RIGHTS: JUDICIAL REVIEW AND SOCIAL WELFARE RIGHTS IN COMPARATIVE CONSTITUTIONAL LAW 196 (2008).
438) 489 U.S. 189 (1989).
439) DeShaney判決の作為と不作為による区分から，州の保護義務を否定する論理については批判もある．*See e.g.,* LOUIS MICHAEL SEIDMAN & MARK V. TUSHNET, REMNANTS OF BELIEF: CONTEMPORARY CONSTITUTIONAL ISSUES 65-66 (1996).
440) ECtHR, *Z and Others v. United Kingdom,* Application no. 29392/95, May 10, 2001.
441) *See generally* DIMITRIS XENOS, THE POSITIVE OBLIGATIONS OF THE STATE UNDER THE EUROPEAN CONVENTION OF HUMAN RIGHTS 142 (2012).
442) ECtHR, *K.U. v. Finland,* Application no. 2872/02, December 2, 2008.
443) Eberle, *supra* note 175, at 43; O'Callaghan, *supra* note 394, at 37.
444) 人間の「尊厳」と政府の積極的義務の関係については，玉蟲由樹『人間の尊厳保障の法理』（尚学社，2013）96頁以下，参照．
445) *See e.g.,* Juliane Kokott & Christoph Sobotta, *The Distinction between Privacy and Data Protection in the Jurisprudence of the CJEU and the ECtHR,* in DATA PROTECTION ANNO 2014: HOW TO RESTORE TRUST? 83 (Hielke Hijmans & Herke Kranenborg eds., 2014); Paul De Hert & Serge Gutwirth, *Data Protection in the Case Law of Strasbourg and Luxemburg: Constitutionalisation in Action* in REIN-

venting Data Protection? 3（Serge Gutwirth et. al. eds., 2009）; Francesca Bignami, *Constitutional Patriotism and the Right to Privacy: A Comparison of the European Court of Justice and the European Court of Human Rights*, in New Technologies And Human Rights 128（Thérèse Murphy ed., 2009）.

446) なお，石川健治教授は，「自己決定権を，『人格』という，本来は普遍的な法観念にこっそりと道徳的な基礎付けを注入して，『人格的自律』というマジック・ワードで語り続けることが，一体いつまで可能であるかも，予測がつかないところである」と述べている．石川健治「人格と権利：人権の観念をめぐるエチュード」ジュリスト1244号（2003）30頁，参照．

447) Kalven, *supra* note 315, at 328; Anita L. Allen & Erin Mack, *How Privacy Got Its Gender*, 10 N. Ill. U. L. Rev. 441, 441 (1990).

448) Schwartz & Karl-Nikolaus, *id.* at 1944.

449) Whitman, *supra* note 151, at 1204.

450) Bennett, *supra* note 340, at Ch4.

451) Bygrave, *supra* note 350, at 112-113.

452) 「個人の尊重」を真剣に捉えて，憲法理論を構築しようと試みる論稿は多く存在する．たとえば，青柳幸一『個人の尊重と人間の尊厳』（尚学社，1996），高橋和之「すべての国民を『個人として尊重』する意味」塩野宏先生古稀記念論集『行政法の発展と変革〈上巻〉』（有斐閣，2001）269頁以下，渡辺康行「人権理論の変容」『現代の法1』（岩波書店，1997）65頁以下，押久保倫夫「個人の尊重：その意義と可能性」ジュリスト1244号（2003）13頁以下，植野妙実子「個人の尊重と幸福追求権」法学セミナー46巻8号（2001）96頁以下，参照．この点，daoism の観点から西洋と東洋の「自我像の理解」の違いを指摘し，プライバシー文化が生じうると論証するものとして，*See* Lara A. Ballard, *The Dao of Privacy*, 7 Masaryk U. J. L. & Tech. 107 (2013).

なお，我が国の個人情報保護法第3条が「個人の人格尊重の理念」という文言を用いて，憲法第13条の「個人の尊重」との関係性を示唆している．もっとも，第1条にいう「個人の権利利益」が具体的にプライバシー権あるいは人格権どのような関係にあるかについて必ずしも明らかではない，また個人の人格尊重の理念との関係性が不明確である，さらに開示請求の権利性との関係が曖昧であるという指摘がある．松井茂記「個人情報保護法基本法とプライヴァシーの権利」ジュリスト1190号（2000）42頁，座談会「個人情報保護基本法制大綱をめぐって」ジュリスト1190号（2000）9頁（棟居快行発言），宇賀克也「個人情報保護法の課題」ガバナンス64号（2006）23頁，三宅弘「個人情報の保護と個人の保護」ジュリスト1422号（2011）83頁，参照．この点，憲法上のプライバシー権の哲学が浸透していないことを主な原因として，個人情報の過度な保護へと傾倒してしまったいわゆる「過剰反応」問題として捉えられてきた．宮下紘『個人情報保護の施策』（朝陽会，2010），参照．

Ⅲ

安全 vs プライバシー

1 NSA 監視問題の告発

　2013年6月6日，アメリカ国家安全保障局（National Security Agency〔以下，「NSA」という〕）が秘密裏に電話会社ベライゾンから数百万人もの米国人の通話記録を無差別的に収集していたことがイギリス・ガーディアン紙とアメリカ・ワシントンポスト紙の報道により明らかになった[1]。電話の内容自体は収集されていないものの，通話の場所，通話時間，番号等の「メタ・データ」が収集の対象となっていた．

　オバマ大統領は，2013年6月7日，「私は漏えいを歓迎しない」とスノーデンの告発を非難する一方で，国家の安全とプライバシーに関する「議論を歓迎する」と述べ，NSAによる監視を認めた．そして，「100％の安全と100％のプライバシーを両立しえないことを認識することが重要である」ことをオバマ大統領は指摘した[2]．

　同時に，NSAによる監視が，電話会社からのアメリカ国内の人を対象としたメタ・データの収集のみならず，日本を含む世界中のインターネットの通信の内容と履歴や各国の首脳や大使を対象とした盗聴にまで及んでいたことがワシントン・ポスト紙などにより明らかになった[3]。PRISMと呼ばれるこのプログラムは，アメリカ国外の人を対象として，インターネット・サービス・プロバイダ9社から通信の内容をNSAが傍受する極秘プログラムであった．この事実を明らかにしたのが中央情報局元職員のエドワード・スノーデンであったと報じられた[4]．スノーデンが告発した事実は書籍として公表され，それによれば日本人もまたNSAの監視の対象となっていることが記されている[5]．この監視は，一般のインターネット・ユーザーのみならず，ドイツのメルケル首相の携帯電話も監視の対象となっていたことが報道された[6]．

　もっとも，2013年6月のスノーデンによる告発によってアメリカNSAの監視問題が初めて明らかにされたわけではない．2005年12月16日，ニュー・ヨーク・タイムズ紙は，ブッシュ大統領が裁判所の令状なしにNSAが国際電話や国境を越えるEメールのやり取りを監視し続けていたことを容認してい

たことを報じ，外国人への監視活動が非難されていた[7]．オバマ政権も，ブッシュ政権の監視プログラムをそのまま継承していったとされる．しかし，ブッシュ政権はNSAによる監視の実態を認めることはしなかったものの，オバマ政権は健全な民主主義の観点から国家の安全とプライバシー保護についての議論を始めたのであった．

　スノーデンによる告発によって明らかにされたNSAによる監視について，アメリカの世論は二分した．たとえば，スノーデンによる告発直後のワシントン・ポスト紙の世論調査では，NSAによる通話履歴の追跡について，56％が認められると回答し，41％が認められないと回答した．また，Eメールやその他のオンライン活動の追跡については45％がするべきであると回答し，52％がするべきでないと回答している[8]．アメリカの世論が国家の安全とプライバシー保護との間で割れていることが理解できる．また，エドワード・スノーデンがヒーローであると擁護する立場と，国家の安全を危険にさらしたスパイ容疑で訴追されるべきだとする立場でも意見が割れた[9]．さらに，本章において検討するとおり，2013年12月には，二つの連邦地方裁判所が審理したNSAの通話履歴の監視問題について，まったく異なる方向を示す判決を下した．一つは，監視の違法性を指摘するのに対し[10]，いま一つの判決では，監視の合法性が確認されている[11]．このように，NSA監視問題は，国家の安全とプライバシー保護といういずれも重要な利益のトレード・オフの関係にあり，アメリカにおいていずれの利益を選択すべきか，という問題に真剣に向き合うことによる意見の相違が見られるようになった．そこで，本章では，NSA監視問題が発覚して以降のアメリカの議論を手がかりに国家の安全とプライバシーをめぐる憲法上の問題について検討することを目的としている[12]．

2 二つのプログラム

1 国家の安全保障法制

　アメリカにおいて，諜報活動に当たる機関としては，国内の連邦犯罪に関する刑事捜査を担当する連邦捜査局（Federal Bureau of Investigation），諜報活動に資する情報収集を行うなどしてきた中央情報局（Central Intelligence Agency），さらに外国の通信に用いられる暗号解読や情報収集活動を行う国家安全保障局（National Security Agency）などが存在する[13]．

　国家の安全を担うこれらの機関も連邦憲法で保障されたプライバシー権などの市民的自由を尊重しなければならないことは言うまでもない．1967年 Katz v. United States は，1928年 Olmstead v. United States におけるブランダイス裁判官の反対意見[14]を基礎として，プライバシー権が場所ではなく，人を保障していることを言明し，盗聴には事前の適切な令状が必要であることを示した．1972年，連邦最高裁は，たとえ大統領による国家安全の要請が働く場合であっても，連邦憲法第4修正が保障するプライバシー権が免除されることがないことを明確にした．すなわち，「大統領の国内における安全保障の役割の憲法上の根拠を認めるとしても，当裁判所は第4修正と整合的な形で実施されるべきであると考えている」[15]と最高裁は認定した．

　他方で，プライバシー権を尊重しつつ，国土の安全や犯罪捜査に必要な活動を認めるため，連邦最高裁は，後にも問題となる「第三者法理（third party doctrine）」というものを確立させた．1979年，Smith v. Maryland において，自発的に第三者に開示した情報は「プライバシーの正当な期待（legitimate expectation of privacy）」[16]を有しない，と判示した．すなわち，通話の内容ではなく，電話番号や通話時間などの電話会社が記録として保有するペン・レジスターは，自発的に開示した情報であって，第4修正のプライバシー権の保障が原則として及ばないとされたのであった．

　このような中，2001年9月11日の同時多発テロを受け，ブッシュ政権はい

わゆる愛国者法[17]の成立やテロ情報共有のための大統領令[18]をはじめ，監視活動を強めていった[19]．たとえば，本来政府の電気通信情報へのアクセスを制限する1986年電気通信プライバシー法が改正され，令状によりテロ対策を目的とした電話の傍受のほかEメールへのアクセスが可能となった．また，召喚状としての性格を有する安全保障書簡（National Security Letter）により，連邦捜査局は通信，信用情報，金融情報へのアクセスが認められるようになり，事後的な司法のチェックが担保されているのみである[20]．

2 愛国者法第215条プログラム

スノーデンによって明らかにされたNSAの監視プログラムの一つは，愛国者法第215条に基づくアメリカ国内の電話会社からのメタ・データの収集に関するものであった．繰り返しになるが，メタ・データには情報の内容は含まれておらず，通話の場所，通話回数，時間，そして電話番号の収集が対象となっている．Smith判決の第三者法理を受けて，メタ・データへのプライバシーの正当な期待がないものとして扱われている．愛国者法第215条により，連邦憲法第1修正に反しない限り，FBI長官等が国際テロリズム対策及び秘密の諜報活動を目的として，通話等の記録や有形物を入手することができることとなった．このような諜報活動はレーガン大統領時代の大統領令にその起源をさかのぼることができるが[21]，実際にメタ・データの収集は2006年から実施されてきたと言われる．

外国諜報活動監視裁判所が令状審査を行っているものの，1979年から2000年までの間では，平均して毎年約600件の申請があり，申請が拒否された例はない．他方，2001年以降平均して毎年約1700件の申請が行われ，わずか11件が拒否されたに過ぎない．2012年には，1件の政府側から申請撤回を除き，1856件のすべての申請が裁判所で認められていた[22]．このように実質的なチェックが機能しているかどうか不明確であるという懸念が払拭されておらず，メタ・データの大量収集が行われてきた[23]．

3 外国諜報活動監視法第702条プログラム

　合衆国国家情報長官ジェームズ・クラッパーが2013年6月8日に公表した外国諜報活動監視法第702条に基づくプログラムは，裁判所の許可に基づき外国の諜報活動に関する情報の収集を行うための政府内部のコンピュータ・システムであり，データ・マイニング・プログラムではないとされる[24]．外国諜報活動監視法第702条を根拠とするPRISMプログラムと称され，外国諜報活動に関する情報を得ているアメリカ合衆国外の外国人を標的としており，インターネット・サービス・プロバイダからEメール等の通信の内容を監視していたとされる．

　702条プログラムについては，テロ防止などの「重大な目的」にのみ本来認められる諜報活動が，通常の国内犯罪捜査にも拡大される危険などが指摘されてきた[25]．なお，スノーデンによる告発の数か月前の2013年 Clapper v. Amnesty International USA では，5対4の判決で，702条プログラムによる監視のターゲットとされていることの立証がない以上原告適格がないという形で将来にわたるプライバシー侵害の可能性の主張を退けていた[26]．

3 「監視」に対する「監視」

1 司法判断の分裂

　2013年12月16日，Klayman v. Obama[27] においてコロンビア特別区連邦地方裁判所は，愛国者法第215条に基づくNSAのメタ・データの監視がプライバシーの合理的な期待に違反すると判断した．本判決を下したレオン裁判官は1979年 Smith 判決の効力について疑問視した．レオン裁判官によれば，Smith 判決が下された1979年の連邦最高裁は2013年における市民が電話をどのように利用しているかについて想像すらしえなかったため，NSAの監視は34年前の単なるペン・レジスターの問題に対処するための法理は通用しない．

したがって，NSA による電話会社のメタ・データの収集はプライバシーの合理的期待に違反する，という結論を導いた．

　レオン裁判官は Smith 判決以降の 34 年間の変化について次のように指摘する．第 1 に，Smith 判決のペン・レジスターはごく数日間の記録が問題とされたのに対し，NSA の監視は 5 年間にもわたる大量の個人データがデータベース化されてきた．第 2 に，Smith 判決では警察の要請に応じて電話会社が記録を提出するのに対し，NSA の監視は日常的に通信サービス・プロバイダから情報収集を行っていた．第 3 に，1979 年にはサイエンス・フィクションであった，数百万人のデータを数年間にわたって収集し続ける政府の監視技術が 2013 年には現実のものとなった．そして，第 4 に，政府の情報の収集，蓄積，分析能力のほかに，メタ・データに含まれる情報の質が格段と大きなものとなった．実際，1979 年当時，アメリカでは約 7200 万世帯が電話を有していたが，約 660 万世帯は電話を持っていなかった．「34 年前には，バス停留所，レストラン，会議室，その他の場所に電話は存在しえなかった．34 年前には，公衆電話は街路につながれていた．34 年前には，テキスト・メッセージを送信したい人々は手紙を書き，切手を貼っていた」[28]．このように，2013 年に明らかにされた NSA 監視は，1979 年 Smith 判決とは比肩することができないほどの情報の質の変化が見られる．「端的に述べれば，2013 年に生きる人々は，34 年前に生きていた人々に比べ，電話との関係において根本的に異なる関係をもつようになったのである」[29]．

　レオン裁判官の論理は，Smith 判決以降，連邦最高裁の一連の第 4 修正のプライバシー権の判例とも整合的であるように思われる．たとえば，2012 年，United States v. Jones[30] では，捜査目的の令状で定められた期間を超えて公道を走行する自動車に GPS を装着することが，第 4 修正に違反するとされた．本件では，公の場所におけるプライバシーが問題とされたが，法廷意見では，たとえ公の場所であっても，財産権保障の観点からプライバシーへの期待が保障されるべきことを示している．また 2014 年 Riley v. California において，連邦最高裁は，携帯電話のデータについても，「生活に関するあらゆるプライバシー（the privacies of life）」を象徴することから令状なしに捜索することができ

ないことを肯定している[31]．

これに対し，わずか2週間も経たない2013年12月27日，ACLU v. Clapper[32]においてニュー・ヨーク南部地区連邦地方裁判所は，コロンビア特別区とは逆の結論を導いた．判決を執筆したパウレイ裁判官は，Klayman判決を引用しつつ，Smith判決が支配する以上，NSAによるメタ・データの収集プログラムは第4修正には違反しないと指摘する．すなわち，パウレイ裁判官によれば，「電話の数が増加した事実があるからといって，通話記録のメタ・データにおける人のプライバシーの主観的な期待がないという連邦最高裁の認定が失われることにはならないのである」[33]．2013年の時点においても，1979年のSmith判決は「明確な先例として適用されるのである」[34]．なお，この連邦地裁の判決は，2015年5月7日，第二巡回控訴裁判所の判決によって覆された．控訴審の判決では，愛国者法第215条が連邦憲法が定める議会の権限を逸脱したとして違法の判断が下された[35]．

Klayman判決とClapper判決を隔てるものは，1979年Smith判決の理解である．各人が第三者に対して自発的に開示した情報への「プライバシーの正当な期待」[36]がなくなるかどうかが問題である．

2 諜報活動及び通信技術に関する大統領審査部会

オバマ大統領は，スノーデンによる告発を受け，2013年8月に「諜報活動及び通信技術に関する大統領審査部会」を設置し，5名の委員を任命した[37]．2013年12月12日に公表された「変化する世界における自由と安全」という報告書において，既存の二つのプログラムについて大統領に対する46の勧告を行った[38]．

総論（勧告4）として，外国の諜報目的でデータ・マイニングを行うため，政府は公的でない個人情報の大量の収集及び蓄積を認めるべきではないことを明確にした．そして，このようなデータの収集または蓄積に関するプログラムは重要な政府の利益に適うよう狭く作成されなければならない．また，勧告5において，215条プログラムについては，メタ・データの蓄積を終了させるた

めの立法措置を講ずるよう勧告している．さらに，勧告 14 において，702 条プログラムについては，立法に基づく監視に限定されるべきであり，1974 年プライバシー法がアメリカ人と同様に外国人にも適用されるべきことを勧告している．このほかにも，裁判所によるチェック機能の強化や諜報活動に関する NSA の任務の明確化などが指摘された．

また，この報告書でも指摘されているとおり，そもそも監視の問題を常にプライバシーや市民的自由との「衡量」の問題と捉えることが「不適切かつミスリーディング」である．すなわち，監視には正当な目的が必要とされなければならず，監視の目的自体が正当性を欠けば，衡量を論じる必要はないのである．また，仮に目的が正当であっても，政府は監視を実施する際のリスク管理を実施すべきであるとも指摘する．すなわち，プライバシーや市民的自由に関するもの以外に，他国との関係に及ぼすリスクや貿易や通商に影響するリスクなども考慮に入れるべきである．

3 市民的自由及びプライバシー監視委員会

市民的自由及びプライバシー監視委員会（Privacy and Civil Liberties Oversight Committee，通称 PCLOB）は連邦政府のテロ対策におけるプライバシーや市民的自由の侵害を防止する監視役としての独立委員会である．この委員会は，9.11 委員会の 2004 年勧告に基づき設置され，大統領から任命を受けた 5 名の委員から構成される．主な任務はテロ対策に伴う政策等の運用をチェックし，また異なる連邦機関におけるプライバシー保護の施策の調整を担うこととされている[39]．

市民的自由及びプライバシー監視委員会は 2014 年に 215 条プログラムと 702 条プログラムのそれぞれについて報告書を公表した．2014 年 1 月 23 日，同委員会が公表した 215 条プログラムに関する勧告報告書において，端的に「政府は 215 条による通話履歴プログラムを中止すべきである」との勧告を行った[40]．メタ・データの監視を可能とする法的根拠を欠いていることを指摘する．そして，215 条のプログラムによって大量のメタ・データを収集しておき

ながら，現実にテロ対策の実績に不可欠であったという証拠をほとんど見出すことができない，とも言及している．

　また，2014年7月2日には，702条プログラムの運用に関して10の勧告を含む報告書を公表した[41]．テロリズム対策や外国諜報活動という702条プログラムがもつ意義を評価しつつも，プログラムの核心でない部分において，特にアメリカ人にも影響を及ぼす運用について，プログラムの合理性が疑問視されている．そこで，NSAが標的とする諜報活動の基準の明確化とNSAによる書面の説明を要件とする手続，このほかに，外国諜報活動監視裁判所のチェック機能の強化や説明責任や透明性の確保が勧告で示された．

4　大統領による改革案公表

　2014年1月17日，オバマ大統領はNSA監視活動の改革案を公表した．この改革案は，諜報活動及び通信技術に関する大統領審査部会の勧告に基づきオバマ政権が示したものとなっている．オバマ大統領は「現在運用している215条のメタ・データプログラムを終了させ，メタ・データを政府が保有せずに私たちが必要とする機能を維持する体制を確立するための移行に関する命令を発出した」[42]と述べた．そして，オバマ政権がNSAによるメタ・データの終了に向けた移行期として2015年6月1日まで215条プログラムの延長を行った[43]．また，オバマ大統領は改革案の中で，702条プログラムについては，訟務長官等に対し，刑事事件における政府による個人情報の保有，捜索，利用について追加的な規制を命じたことを説明した．

　また，連邦議会では，2015年6月に215条プログラムを終了させるいわゆるアメリカ自由法案が可決した[44]．これにより，アメリカ自由法の施行から180日以内に，215条プログラムを終了させなければならない。

4 外からのアメリカへの圧力

1 EUとの衝突

　2013年6月にスノーデンが明らかにしたアメリカ国家安全保障局のスキャンダルを強く非難したのがEUであった．レディング欧州委員会副委員長は，ニュー・ヨーク・タイムズ（オンライン版）において「またやりました．またプライバシーの基本的権利への違反です．また市民の抗議です．また個人データの安全に関する市民の信頼を棒に振りました．」[45]とアメリカによるEU市民のプライバシー侵害を痛烈に批判した．欧州議会もまた2013年7月4日にPRISM及びその他のプログラムへの深刻な憂慮とEU外交官へのスパイ活動への強い非難を含む決議を採択した[46]．

　その後，EU-USデータ保護特別作業部会が設置され，4回の会合を経て，11月の司法閣僚会合までに調査報告書を取りまとめた．EU側からは，委員会及び理事会議長国のほか第29条作業部会議長及び10名の専門家などが，またアメリカ側からは司法省，国家情報長官室，国務省，国土安全保障省の担当官がそれぞれ構成員となった．2013年11月27日に公表された「EU-USデータ保護に関する特別作業部会のEU共同議長による認定に関する報告書」[47]によれば，特に外国人が対象となる外国諜報活動監視法第702条についていくつかの点でEU側から見てデータ保護に関する問題が指摘された．

　第1に，アメリカとEUでは個人データの「処理」の概念が異なる．すなわち，EU法の下では，データの取得自体が個人データの「処理」の一形態であると解され，データ主体の開示等の権利が適用されるのに対し，アメリカ法では人為的な介入による分析が行われた場合のみ「処理」と限定的に理解されている．

　第2に，外国諜報活動監視裁判所は，個々の令状を発給するのではなく，司法長官と国家情報長官の要請に基づき，認証という形で監視を承認しているが，この認証の実態については明らかにされていない．

第 3 に，外国人の監視について，ターゲットとされた特定の手続に服することとなるが，この手続の評価基準やデータ収集の最小限化についてアメリカ側から確たる回答が得られなかった．なお，アメリカ側によれば全世界のインターネット・トラフィックの 1.6％ が取得され，そのうちの 0.025％ が審査の対象となっている．

　第 4 に，データ保全の観点からは，データの保存期間が原則 5 年となっているが，データが消去されたかどうかを確認する手段がない．

　第 5 に，データベースに蓄積されたデータへのアクセスは限定されているが，刑事事件の可能性がある場合は情報共有が行われるおそれがある．

　第 6 に，不当な監視に対して，アメリカ人は合衆国憲法の適用が及ぶが，事後的に刑事事件とならない限り，EU 市民には及ばない．

　第 7 に，監視について対象となる市民の数量的制限がない．

　これらの問題点のほかにも，愛国者法第 215 条に基づく監視の問題点も列挙されており，異なるデータ保護の水準で異なる類型のデータが異なる段階で監視の対象となっていることが理解できる．なお，報告書にはアメリカ側の諜報活動への支障が出るおそれがあるため，いくつかの項目については回答がされていない．

　この報告書が公表される 2 週間ほど前の 2013 年 11 月 18 日，レディング欧州委員会副委員長とホルダー司法長官らがワシントンでの閣僚会合後に，法執行分野におけるデータ保護の包括的協定の促進を確約した旨の共同プレス声明を公表している[48]．

　欧州委員会と欧州理事会議長国による報告書とは別に，欧州議会はアメリカの監視活動を強く非難し，司法内務問題に関するアメリカとの協力に関する決議を 2014 年 3 月 12 日に採択した（賛成 544 票，反対 78 票，棄権 60 票）[49]．その決議には，単にアメリカによる監視活動を非難するだけでなく，以下で示すとおり加盟国がセーフ・ハーバーを「即時停止する（immediately suspend）」ことを要求する内容が盛り込まれた．さらに注意すべき点として，アメリカの監視活動に協力を行ったニュージーランド，カナダ，オーストラリアが名指されて，委員会が十分性認定を行った信頼を大きく損ねる国々であり，十分性認定

の停止と再調査を要求している．

　なお，NSA 問題を受け，アメリカ側はセーフ・ハーバー維持のためにそれなりに危機感があったものと考えられる．たとえば，2013 年の EU とアメリカの司法分野の閣僚会合の前に，連邦取引委員会イディス・ラミレス委員長がブリュッセルでの EU-US 消費者対話において「セーフ・ハーバーが最優先の執行課題」であることを宣言し，執行のための調査を開始したことを明らかにしている[50]．さらに，2013 年 9 月にレディング副委員長やアルブレヒト議員が出席したヨーロッパ・データ保護会議において，連邦取引委員会ジュリー・ブリル委員は安全保障に関する NSA 問題と商業目的のセーフ・ハーバーは異なるものであり，セーフ・ハーバーは「正しいターゲット」ではないことを主張し，セーフ・ハーバーを擁護した[51]．2012 年 3 月 19 日，EU 側レディング副委員長とアメリカ側ブライソン商務長官との間で「合衆国と欧州連合は US-EU セーフ・ハーバー・フレームワークへのそれぞれのコミットメントを再確認する」[52]ことが共同声明で決まった翌年のスキャンダルであった．そのため，アメリカとしての信頼回復のため，セーフ・ハーバー継続に向けた動きであったと見ることができる．

2 国連決議

　2013 年 12 月 18 日年，国際連合は「デジタル時代におけるプライバシーの権利」[53]を採択した．193 か国で構成される国連総会で人権としてのプライバシー権の意義が満場一致で再確認されたのである．国連決議はドイツとブラジルが主導して採択されたが，NSA による大量の個人情報収集問題がきっかけになったと考えられる．実際，決議には，大規模監視と通信傍受が人権にもたらす負の影響に深く憂慮し，公共の安全のためであっても監視・通信傍受には国際人権法の遵守が必要であることが記されている．そして，オフラインであろうとオンラインであろうと，プライバシーが権利として同様に保障される必要性が指摘されている．以下，国連決議で示された主要な 4 点について，日本の法制度との比較検討を行う．

① デジタル通信における環境を含むプライバシーの権利の尊重と保護をすること

　日本は判例・立法によってプライバシーの権利を実質的に保障してきているが，このことがデジタル通信におけるプライバシー権を含むものであることに異論はなかろう．もっとも，憲法や個人情報保護法ではプライバシー権を明文で規定していないため，個々の事例において裁判所の解釈の問題としてその権利の射程が決まることとなる．諸外国にはプライバシーの権利あるいはデータ保護の権利を憲法や個人情報保護法制で明文規定しているところも見られ，今後の検討課題となろう．

② 関連する国内法において国際人権法に基づく義務の履行を確保することを含む，プライバシーの権利の侵害を止め，またそのような違反の予防条件を作るための措置を講ずること

　私事，家族，家庭，通信の保障を謳う国連人権宣言 12 条等と整合するよう，プライバシー権が日本でも保障されなければならないことは言うまでもない．そのためには，プライバシー侵害を予防する法制度の構築とともに，プライバシー侵害とならないよう事前設計の段階で技術的にプライバシー保護を施す措置（「プライバシー・バイ・デザイン」）が要求されよう．

③ 国際人権法に基づくあらゆる義務の十分かつ効果的な履行を果たすことによって，プライバシーの権利を擁護するために，大量監視・傍受・収集を含む，通信の監視・傍受・個人データの収集に関する手続・慣行・立法を見直すこと

　一般論として日本でも通信の秘密によってプライバシー権が保障されてきている．しかし，日本の個人情報保護法には，テロ対策等のインターネット通信の傍受や防犯カメラによる監視等に関する明文規定が存在しない．公共の安全に関わる個人情報は開示・訂正・消去の対象外ともされている．これは公共の安全とプライバシー保護の調整が不可避なためであるが，NSA 問題を契機に，日本でも立法整備あるいは統一的なガイドラインの検討といった手当が必要と

なろう．

④　透明性，及び必要に応じ，国家の通信監視・傍受・個人データの収集の説明責任を確保することができる既存の独立した効果的な国内の監視体制を確立または維持すること

　ヨーロッパでは独立監視機関が不正な個人情報の収集活動の取り締まりを行い，違反事例には制裁金を科してきた．アメリカでも NSA 問題について独立監視委員会が調査に当たり，アジアでも独立機関を設ける国が見られる．インターネットがもたらすグローバルな問題に監視機関が国際連携を行っている．日本のプライバシー保護の最大の弱点は独立監視機関の欠如である．日本としてこの要求は真摯に受け止める必要がある．日本としてプライバシーが権利として効果的に保障されていることの説明責任を国内的にも対外的にも果たすために独立監視機関の設置は最重要課題である[54]．

5　安全とプライバシーの衝突

　安全とプライバシーをめぐる問題は簡単ではない．しかし，政府の健全な統治プロセスにおいて避けることのできない課題でもある．アメリカにおいて真剣に議論されてきた安全とプライバシーの問題は，ヨーロッパや国連の場においても共通する主題として議論されてきた．そこで，以下，5点に絞って，アメリカにおける安全とプライバシーをめぐる憲法上の課題を手がかりに今後の日本における示唆をまとめる．

　第1に，ここでプライバシー保護の観点からは，「監視」に対する「監視」の必要性を認識すべきである．監視プログラムの透明性の確保はテロ対策の効果を薄める可能性を有している一方で，市民からの監視への信頼を得ることができる．「視線」がもつ力はそれ自体がプライバシーへの害悪をもたらしうるのであり，ひいては人の行動の萎縮効果を生み出す．この「視線」がもつ力への対抗措置は「視線」である．これは個人のレベルでのプライバシー自己防衛

によって実現しうるものではなく，プライバシーの集合体を保障する制度として監視からの自由を保障する必要が生じることを意味する．この点，「自己情報コントロール権の予防的・構造的性格を正面から認めていくより他ない」[55]という指摘のとおり，プライバシーの「権利」論と「統治」論の架け橋が必要となる．

　ここで国家の安全との関係においてプライバシーの「統治」論を語るに当たっては，いかなる機関がプライバシー保護をチェックするかについても検討が必要である．たとえば，国家の安全が脅かされた事態が生じた場合，立法府と司法府は柔軟性に長けた執政府への敬譲を払うべきであるという立場がある[56]．他方で，執政府における自主規制では，NSA 問題のように連邦議会ですら把握できていないほどの監視活動が行われ続けてきたことが問題視されてきた[57]．テロリズム対策という「ゲーム」の名のもとに，そのときどきで人々のプライバシー侵害が放置されないよう，法の明示による事前の歯止めが必要である[58]．そのため，専門性を有する独立した監視機関である市民的自由及びプライバシー監視委員会の権限強化が指摘されてきた[59]．プライバシーに関する統治をどの機関が行うべきかについて安全とプライバシーの調整において重要な問題となる．

　第 2 に，監視の言説において，伝統的な憲法学の公私区分の枠組みはほとんど意味をなさない[60]．すなわち，監視の対象とされる者にとってそれが公的な機関であろうと，民間によるものであろうと「視線」という力によるプライバシーへの脅威は変わらない．また，NSA の監視プログラムは，公的機関が民間の情報にアクセスするという監視の手法であり，この手法それ自体が理論としての公私区分を崩壊させている．

　この点，1974 年プライバシー法は連邦機関を規制の対象としており，民間部門においては事業分野ごとの個別立法が整備されているのがアメリカのプライバシー保護法制である．また，アメリカでは刑事法分野では第 4 修正がプライバシー保護の根拠条文となるのに対し，民事法分野では主に不法行為法の分野においてプライバシー保護が議論されてきた．監視の手法において公私の区別が相対化する一方で，プライバシー保護の法制度が公私区分を前提として構

築されており，既存の硬直的な枠組みの再検討が必要となる．

　第3に，プライバシーは状況や情報の内容等に応じてその保護の要請の強弱が変わりうる．同様のことは安全についても当てはまる．一言に安全といっても，国家の安全根本そのものを意味する場合から，街路における監視カメラの設置による安全の確保までその程度も異なりうる．アメリカでは，連邦最高裁の整理により，①刑事犯罪，②国内の安全保障，③外国の諜報活動，という三つの枠組みの中でそれぞれ安全の意味が区別されてきた[61]．したがって，安全とプライバシーといういずれも重要な利益を裸の衡量によって決めるのではなく，個々の具体的な場面においてそれぞれの利益を確定したうえで，慎重な衡量が必要となる[62]．

　「安全」という言葉のレトリックにも注意を要する．215条プログラムに関する連邦地裁の二つの判決では，そもそもNSAの監視プログラムが「安全」に寄与する証拠があるかどうかについて意見が割れた．個人の通信を監視することがテロの事後的な犯人捜しのために利用されるのではなく，抑止として機能しているかどうかが重要である．監視プログラムがなければ，「安全」が確保できない，という証明ができないのであれば，そもそも「安全」とは無関係なプライバシー侵害が放置されていることを意味する[63]．「安全」というレトリックにより，個人のプライバシー侵害が容認される社会は，自由な社会ではなく，全体主義社会である[64]．1979年当時でも，Smith判決で反対意見を執筆したマーシャル裁判官が，安全のためであってもプライバシーを保障することが「真に自由な社会の証明である」[65]と述べていたことを思い返す必要がある．

　第4に，科学技術の進化に伴い，既存のプライバシーへの危険が高まっていることを認識する必要がある．NSA監視問題における連邦地裁の判断が分裂した背景には，30年以上も前のSmith判決の第三者法理の妥当性が問われている．現在の科学技術の下では，通話履歴やウェブの閲覧履歴から個人像をあぶり出し，プライバシーへのリスクが高まってきたことは明白な事実である[66]．メタ・データと通話の内容との区分はもはや不鮮明となりつつある[67]．プライバシーの合理的な期待の「合理性」それ自体が，科学技術の変化により，1979

年を生きていた時代の人々と比べ，変遷してきたと見るのは不当ではなかろう．2012年，GPS の利用による犯罪捜査が問われた Jones 判決において，ソトマイヨール裁判官が第三者に多くの情報を開示するデジタル時代において，第三者に情報を自発的に開示したことがプライバシー放棄と見ること自体「不適合である」[68]と指摘している．また，Smith 判決が前提としていたペン・レジスターの監視は，「特定性」，すなわち特定の犯罪嫌疑のある特定の者への監視を前提としており，NSA のように実際のところテロとは無関係であった不特定多数の者をも監視の対象とする手法は，第三者法理を適用する前提において異なる[69]．さらに，702条プログラムについては，合衆国外に在住する外国人を対象としており，権利救済の観点から問題が残されている．仮に監視の対象とされていることが立証できたとしても，合衆国裁判所への訴訟を提起しなければ救済が行われないとすれば，救済の容易性の観点から改善が必要である．

第5に，第4修正の法理についての考察が必須であることは言うまでもないが，そもそも愛国者法第215条に明記されているとおり，通話履歴それ自体が表現の自由や結社の自由を保障する第1修正の問題にも関連することを忘れてはならない．自らが選択した相手との通話は表現の自由として保障され，また通話により形成される結社についても第1修正の保障が及ぶ[70]．政府が通話記録を収集することは，表現の自由への「萎縮効果」をもたらしうることとなるし，また結社への不当な干渉にもなりうる．

以上のとおり，安全とプライバシーの衝突は単に裸の衡量の問題で済まされるものではない．安全の名のもとにプライバシー侵害を放置する見解も，プライバシー侵害を懸念するあまり安全の確保を無視する見解も短絡的である．プライバシーの問題は「絶対的なものでもなければ，まったく存在しないものでもない」[71]という Smith 判決でのマーシャル裁判官の反対意見の指摘のとおり，all-or-nothing ではない．近時では，技術の開発段階でプライバシー保護を設定する，「プライバシー・バイ・デザイン」という形で両者の対立図式から，安全とプライバシーの共存を選択する方向性も示されている[72]．たとえば，監視プログラムについても，情報収集の対象を個人が識別できる情報を排除し，

必要やむ得ない場合のみ司法によるチェックの下一定の手続を経て，通信の内容を監視することも技術的には不可能なことではなかろう．

注

1) *See NSA Collecting Phone Records of Millions of Verizon Customers Daily*, June 6, 2013, The Guardian Online (Available at http://www.theguardian.com/world/2013/jun/06/nsa-phone-records-verizon-court-order (last visited March 31, 2015)); *NSA slides explain the PRISM data-collection program*, Wash. Post Online, June 6, 2013 (Available at http://www.washingtonpost.com/wp-srv/special/politics/prism-collection-documents/ (last visited 27 March 2014)). *See also US Admits Secret Surveillance of Phone Calls Has Gone on for Years*, THE GUARDIAN, June 7, 2013 at 1 & 4; *U.S. mines Internet Firms' Data, Documents Show*, WASH. POST, June 7, 2013 at A1 & A12-14.

2) Barack Obama, *Statement by the President*, June 7, 2013. Available at https://www.whitehouse.gov/the-press-office/2013/06/07/statement-president (last visited March 31, 2015).

3) *See e.g., U.S. Mines Internet Firms Data. Documents Show*, WASH. POST. June 7, 2013 at A1 & A12; *Snooping Scandal Exclusive UK used Google and Facebook to Spy on Us*, THE GUARDIAN, June 8, 2013 at 1.

4) *See The Whistleblower: I Can't Allow the US Government to Destroy Privacy and Basic Liberties*, THE GUARDIAN, June 10, 2013 at 1-3.

5) GLENN GREENWALD, NO PLACE TO HIDE: EDWARD SNOWDEN, THE NSA, AND THE U.S. SURVEILLANCE STATE (2014).

6) *Berlin Complains: Did US Tap Chancellor Merkel's Mobile Phone?*, Spiegel Online International, October 23, 2013. Available at http://www.spiegel.de/international/world/merkel-calls-obama-over-suspicions-us-tapped-her-mobile-phone-a-929642.html (last visited March 31, 2015).

7) *Bush Lets U.S. Spy on Callers Without Courts: Secret Order to Widen Domestic Monitoring*, N.Y. TIMES, December 16, 2005 at A1 & A16. New York Times は，ホワイトハウスの高官から NSA による監視活動を公表しないよう説得を受け，この記事自体が1年遅れて公表されたと報じている．なお，この記事に基づく大統領権限と NSA の監視問題については，大林啓吾「執行府の情報収集権限の根拠と限界」大沢秀介・小山剛編『自由と安全』（尚学社，2009）163頁以下，参照．

8) *Poll: Investigations Still Higher Priority than Privacy Concerns*, WASH. POST,

June 11, 2013 at A5.
9) *See e.g.*, John Cassidy, *Why Edward Snowden is a Hero*, THE NEW YORKER ONLINE, June 10, 2013; Jeffrey Toobin, *Edward Snowden is No Hero*, THE NEW YORKER ONLINE, June 10, 2013.
10) *Klayman v. Obama*, 957 F. 2d 1 (D.D.C. 2013).
11) *ACLU v. Clapper*, No.13 Civ. 3994 (S.D.N.Y. 2013). 本判決は 2015 年 5 月 7 日, 第二巡回裁判所の判決によって結論が覆され, 愛国者法第 215 条が連邦憲法が定める議会の権限を逸脱したとして違法の判断が下された.
12) 389 U.S. 347 (1967). Katz 判決におけるハーラン裁判官の「プライバシーへの合理的な期待」がその後の判例においても用いられてきた. なお, Katz 判決において, 国家の安全において令状が必要とされるかどうかについては, これを不要とするホワイト裁判官と, 必要とするダグラス裁判官との間で意見の対立が見られた. *See id.* at 363 (White J. concurring); *id.* at 359 (Douglas J. concurring).
13) アメリカの諜報活動については, 土屋大洋『情報による安全保障』(慶應義塾大学出版会, 2007), 参照.
14) 277 U.S. 438, 471 (1928) (Brandeis, J., dissenting).
15) *United States v. United States District Court (Keith case)*, 407 U.S. 297, 320 (1972).
16) 442 U.S. 735, 743 (1979).
17) Uniting and Strengthening America by Providing Appropriate Tools Required to Intercept and Obstruct Terrorism (USA PATRIOT Act) Act of 2001, Pub. L. 107-56.
18) Executive Order No. 13356, 69 Fed. Reg 53, 599, September 1, 2004.
19) 9.11 後のテロ法制については, 岡本篤尚『《9.11》の衝撃とアメリカの「対テロ戦争」法制』(法律文化社, 2009), 参照.
20) 当初の運用については, プライバシー侵害の懸念が強く, Doe v. Ashcroft, 334 F. Supp 2d 471 (S.D.N.Y. 2004) と Doe v. Gonzales, 500 F. Supp. 2d 379 (S.D.N.Y. 2007) においてそれぞれ安全保障書簡による通信等へのアクセスが無効とされた.
21) Executive Order 12333, 3 C.F.R. 200, December 4, 1981, amended by Executive Order No. 13470, 3 C.F.R. 218, 227 (2008).
22) *Letter from Peter J. Kadzik, Principal Deputy Assistant Attorney General to Majority Leader, United States Senate*, April 30, 2013. Available at http://www.justice.gov/sites/default/files/nsd/legacy/2014/07/23/2012fisa-ltr.pdf (last visited March 31, 2015).
23) *See* Paul M. Schwartz, *Reviving Telecommunications Surveillance Law*, 75 U. CHI. L. REV. 287, 308 (2008).

24) *See* Director of National Intelligence, *Facts on the Collection of Intelligence Pursuant to Section 702 of the Foreign Intelligence Surveillance Act*, June 8, 2013. Available at http://www.dni.gov/files/documents/Facts%20on%20the%20Collection%20of%20Intelligence%20Pursuant%20to%20Section%20702.pdf（last visited March 31, 2015）.
25) *See* Peter Swire, *The System of Foreign Intelligence Surveillance Law*, 72 Geo. Wash. L. Rev. 1306, 1360（2004）.
26) 133 S. Ct. 1138（2013）.
27) 957 F. Supp. 2d 1（2013）.
28) *Id*. at 34.
29) *Id*.
30) 132 S. Ct. 945（2012）. *See also United States v. Knotts*, 460 U.S. 276（1983）.
31) 134 S. Ct. 2473（2014）.
32) 959 F. Supp. 2d 724（2013）.
33) *Id*. at 750.
34) *Id*. at 752.
35) *ACLU v. Clapper*, No 14-42-cv, 2d Cir., 2015 U.S. App. LEXIS 7531（2015）.
36) *Smith*, 442 U.S. at 743.
37) リチャード・クラーク，マイケル・モラル，ジェフリー・ストーン，キャス・サンスティン，ピーター・スワイヤーの5名である。なお，ピーター・スワイヤー教授によれば，この委員会が示した勧告のうち約70%は受け入れられた，とのことである。7th International Conference of Computers, Privacy & Data Protection における Democracy, Surveillance and Intelligence Agencies（January 24, 2014）のスワイヤー教授の発言。
38) The President's Review Group on Intelligence and Communications Technologies, *Report and Recommendations: Liberty and Security in a Changing World*, December 12, 2013.
39) 2013年9月に開催された第35回データ保護プライバシー・コミッショナー国際会議において，デイヴィッド・メディン委員長は，NSAの情報収集活動の合憲性・合法性・妥当性を抜本的に点検することを表明した。
40) Privacy and Civil Liberties Oversight Board, *Report on the Telephone Records Program Conducted under Section 215 of the USA PATRIOT Act and on the Operations of the Foreign Intelligence Surveillance Court*, January 23, 2014 at 16.
41) Privacy and Civil Liberties Oversight Board, *Report on the Surveillance Program Operated Pursuant to Section 702 of the Foreign Intelligence Surveillance Act*, July 2, 2014.
42) Barack Obama, *Remarks by the President on Review of Signals Intelligence*,

January 17, 2014. Available at https://www.whitehouse.gov/the-press-office/2014/01/17/remarks-president-review-signals-intelligence (last visited March 31, 2015).
43) *Joint Statement from the ODNI and the DOJ on the Declassification of Renewal of Collection Under Section 501 of the FISA*, March 11, 2015.
44) Uniting and Strengthening America by Fulfilling Rights and Ending Eavesdropping, Dragnet Collection, and Online Monitoring (USA FREEDOM Act) Act. H.R.3361 113th Congress.
45) Viviane Reding, *Protecting Europe's Privacy*, N.Y. TIMES ONLINE, June 17, 2013. Available at http://www.nytimes.com/2013/06/18/opinion/global/viviane-reding-protecting-europes-privacy.html?_r=0&pagewanted=print (last visited March 31, 2015).
46) European Parliament, *US NSA surveillance programme, surveillance bodies in various Member States and impact on EU citizens' privacy*, July 4, 2013.
47) European Commission & the Presidency of the Council, *Report on the Finding by the EU-US Co-chairs of the ad hoc EU-US Working Group on Data Protection*, November 27, 2013. See also Article 29 Working Party, *Opinion on Surveillance of Electronic Communications for Intelligence and National Security Purposes*, April 10, 2014.
48) European Commission, *Memo: Joint Press Statement following the EU-US-Justice and Home Affairs Ministerial Meeting of 18 November 2012 in Washington*, November 18, 2013.
49) European Parliament, *Resolution of 12 March 2014 on the US NSA surveillance programme, surveillance bodies in various Member States and their impact on EU citizens' fundamental rights and on transatlantic cooperation in Justice and Home Affairs*, March 12, 2014. See also MEPs want co-operation with the US to be suspended, EUROPEAN VOICE, Vol. 20 No. 10 at 5.
50) Edith Ramirez, *Keynote Address: Protecting Consumers and Competition in a New Era of Transatlantic Trade*, Trans Atlantic Consumer Dialogue, October 29, 2013.
51) Julie Brill, *Keynote Address*, European Data Protection Conference, September 17, 2013. なお，連邦取引委員会の委員や有識者は，アメリカとヨーロッパにはプライバシーの共通性が多く見られるという楽観的な姿勢を，少なくとも対EUプライバシー政策において，繰り返し示してきている。See e.g., Julie Brill, *Bridging the Divide: A Perspective on US-EU Commercial Privacy Issues and Transatlantic Enforcement Cooperation*, in DATA PROTECTION ANNO 2014: HOW TO RESTORE TRUST? 179 (Hielke Hijimans & Herke Kraneborg eds., 2014).
52) *EU-US joint statement on data protection by European Commission Vice-Presi-*

dent Viviane Reding and U.S. Secretary of Commerce John Bryson, Mar. 19, 2012.
53) United Nations, General Assembly, *Resolution 68/167: The Right to Privacy in the Digital Age*, December 18, 2013. この決議に基づき 2014 年 6 月人権高等弁務官事務所の報告書を作成し，大規模なデジタル通信の監視や傍受がプライバシー権の侵害となることを指摘している．
54) 日本の個人情報保護法の施行令（第 3 条）は，「国の安全が害されるおそれ」のほか，「犯罪の予防，鎮圧又は捜査その他の公共の安全と秩序の維持に支障が及ぶおそれがあるもの」を保有個人データから除外しており，この点も改善が求められる．
55) 山本龍彦「アメリカにおける対テロ戦略と情報プライバシー」大沢秀介・小山剛編『自由と安全』（尚学社，2009）162 頁，参照．
56) *See e.g.*, Eric A. Posner & Adrian Vermule, Terror in The Balance: Security, Liberty, And The Courts 4（2006）.
57) *See* Daniel J. Solove, *Reconstructing Electronic Surveillance Law*, 72 Geo. Wash. L. Rev. 1264（2004）; Erwin Chemerinsky, *Civil Liberties and the War Terror: Seven Years after 9/11: History Repeating: Due Process, Torture and Privacy During the War on Terror*, 62 Smu L. Rev. 3, 14（2009）.
58) Stephen Holmes, *In Case of Emergency: Misunderstanding Tradeoffs in the War on Terror*, 97 Cal. L. Rev. 301, 354（2009）.
59) David Cole, *Preserving Privacy in a Digital Age: Lessons of Comparative Constitutionalism* in Surveillance, Counter-Terrorism And Comparative Constitutionalism 112（Fergal Davis et. al. eds., 2014）.
60) Neil M. Richards, *The Dangers of Surveillance*, 126 Harv. L. Rev. 1934, 1941（2013）. 2014 年 1 月 17 日のオバマ大統領演説の中にも，プライバシーの侵害者が政府のみならず，あらゆる形態とサイズの企業も個人データを追跡し，監視を行っていることを指摘した．
61) *Keith*, 407 U.S. at 322.
62) *See* Orin Kerr, *An Equilibrium Adjustment Theory of the Fourth Amendment*, 125 Harv. L. Rev. 476（2011）. カー教授の議論は，現状をベースとした衡量論を前提としており，コモン・ローのアプローチとも親近性がある．*See also* Paul Ohm, *The Fourth Amendment in a World without Privacy*, 81 Miss. L. J. 1309（2012）.
63) 安全を確保するための手段としての国家の秘密の保護のあり方についても慎重な検討が必要である．アメリカでは，1917 年諜報法により政府の情報を漏えいさせた者を処罰してきたが，民主主義社会における情報の公開と国家の秘密の保護との緊張関係について議論となってきた．*See e.g.*, David E. Pozen, *The Leaky Leviathan: Why the Government Condemns and Condones Unlawful Disclosures*

of Information, 127 Harv. L. Rev. 512 (2013).
64) *See* Erwin Chemerinsky, *Curbing NSA's 'Orwellian' Spying*, Orange County Register, January 3, 2014. Available at http://www.ocregister.com/articles/nsa-595906-government-calls.html (last visited March 31, 2015).
65) *Smith*, 442 U.S. at 751 (Marshall J., dissenting).
66) Daniel J. Solove, Nothing to Hide: The False Tradeoff Between Privacy And Security 104 (2011).
67) Joseph D. Mornin, *NSA Metadata Collection and the Fourth Amendment*, 29 Berkeley Tech. L. J. 985, 987 (2014).
68) *Jones*, 132 S. Ct. at 957 (Sotomayor, J., concurring).
69) Randy Barnett, *Why the NSA Data Seizures Are Unconstitutional*, 38 Harv. J. L. & Pub. Pol'y 3, 11 (2015).
70) *See e.g.*, *NAACP v. Alabama*, 357 U.S. 449 (1958); *Keith*, 407 U.S. at 313; *Jones*, 132 S. Ct. at 956 (Sotomayor, J., concurring).
71) *Smith*, 442 U.S. at 749.
72) 2014年5月1日にホワイトハウスが公表した報告書では，保有する情報量の削減やデータ・タギングの技術がアクセスのために用いられるべきことなどを示している．*See* White House, Executive Office of the President, *Big Data: Seizing Opportunities, Preserving Values*, May 2014. プライバシー・バイ・デザインについては，アン・カブキアン著・堀部政男・日本情報経済社会推進協会編『プライバシー・バイ・デザイン』(日経BP社，2012)，参照．

IV

「忘れられる権利」をめぐる攻防

1 プライバシー権の新たな展開

　2012年1月25日正午，欧州委員会副委員長兼司法コミッショナーであるビビアン・レディングは，データ保護改革案を公表し，その中でインターネット上の自らのデータについて正当な理由がある場合その消去を求める「忘れられる権利（the right to be forgotten）」を提唱した[1]．同日公表されたEUデータ保護規則提案の第17条には，「忘れられる権利」が明記され，インターネットを取り巻く環境におけるプライバシー権の新世代として注目された．この権利は，欧州委員会の提案を受け，2014年3月欧州議会の審議により「削除権（the right to erasure）」と名称変更されているものの，当初提案された「忘れられる権利」自体の性格は維持されており，この修文案をもとに本会議と理事会で審議されることになっている．

　2012年のプライバシーをめぐる動向はEUだけに収まらない．2012年2月にはアメリカ合衆国オバマ大統領が「消費者データプライバシー権利章典」[2]署名し，同年11月には欧州評議会条約第108号の改正案[3]が総会で採択され，そして，日本の法制度が基盤としてきたOECDプライバシー・ガイドラインは2012年の作業部会での検討を経て2013年7月に改正ガイドラインが理事会で採択された[4]．このように，2012年にはプライバシーの権利の国際枠組みが，情報通信技術の発展と我々のプライバシーへの新たな欲求とともに新たな世代を迎えることとなった[5]．そして，プライバシー権の新世代を祝福するかのごとく，プライバシーの権利の生みの親である『ハーバード・ロー・レビュー』は——その第4巻においてサミュエル・ウォーレンとルイス・ブランダイスが"The Right to Privacy"という論文を公表したのは周知のとおりである——第126巻を迎えた2012年11月，『プライバシーと技術』をテーマにシンポジウムを開催した[6]．このシンポジウムには全米を代表するプライバシー法の研究者が集い，プライバシー権が現在直面している理論的・現実的危機への対応について議論を行った．

　さらに，2013年9月にはカリフォルニア州が18歳未満の未成年者を対象に

インターネット上から未成年者自らが投稿した内容や情報の削除を認める法律が成立し，アメリカにおいて実質的に「忘れられる権利」が認められた立法として注目を集めている[7]．

　日本でも個人情報保護に関する法制度の見直しが始まるとともに「忘れられる権利」に関する訴訟が提起された．2013年4月15日には東京地裁が，検索サイトに単語を入力すると自動的に関連する言葉を表示する機能でプライバシーを侵害されたとする原告の主張を認め，表示の差止を容認した[8]．他方で2013年5月30日の東京地裁の別の判決では検索サイト上の個人情報の削除が認められなかった[9]．また，大阪高裁では，検索サイトで公表することの必要性及び意義の観点から「本件検索サービスによる検索の結果として，リンク先サイトの存在及び所在（URL）並びにスニペットとして表示される記載内容の一部であり，その表示方法がことさら不当なものとは言えない」[10] という判決も見られる．他方で，2014年10月9日，東京地裁においてGoogleに対する検索結果削除仮処分決定が認められた事例もある[11]．日本においても「忘れられる権利」の議論が始まった．それも当然のことであり，同様のサービスが国境を越えて提供されている中，日本独自のプライバシー権論を展開しても国際社会で孤立してしまうことになる．実際，東京地裁で差止めを容認した判決は検索サイトを運用するアメリカに拠点のある企業に対して向けられたものとなっている．もはやプライバシー権は国境を越える普遍的な課題になりつつある．本章はデジタル時代に対応するプライバシー保護の法制度が大きく変動する近年の国際的動向を踏まえ，プライバシー権の現在置かれている状況について特にその象徴とも言うべき「忘れられる権利」をめぐる攻防について理論面と実務面から欧米の議論を分析及び検討することを目的としている[12]．

2 「忘れられる権利」の提唱

1 「忘れられる権利」の背景

　コンピュータを利用するのは人であり，人はコンピュータに利用される立場にはない．人は，コンピュータの前にあっても，その主体であり，その客体ではない．どれほど情報通信技術が進展しようとも，各人は，検索から導き出されたり，広告配信の対象となったり，あるいは単なる一情報として扱われるような存在ではない．すべての個人が，コンピュータの道具としてのデジタル人間を超えた生身の人間であることを自覚する必要がある．しかし，現代の情報通信技術によって追憶という人間本来が備えている営為がコンピュータにとって代わられようとしつつある[13]．もはや「忘れること自体が費用のかかるビジネスとなり」[14]，そしてデジタルによる記憶に対抗する人間の忘却の復権を標榜し，忘れるための権利が創設されようとしている．

　フランス人権宣言第2条は，自由，所有，安全及び圧政への抵抗としての自然権の保障を謳い，プライバシーの尊重（respect de la vie privée）の保障が導かれている[15]．人間が人間らしく存在するために，あるいは人間だからこそ，「忘れる」ことが自由，所有，安全及び圧政への抵抗のその構成要素として尊重されなければならない．このモチーフをもとに，ヨーロッパの中でいち早く「忘れられる権利」の必要性を唱道したのはフランスであった．2009年11月6日フランス上院において，デジタル世界におけるプライバシーの権利の保障強化に関する法案が提出された[16]．同法案の解説には，デジタル世界における「忘れられる権利（droit à l'oubli）」の意義が明記され，一定の場合，データ主体としての個人の異議申立の権利のみならず，自らのデータを容易な方法で削除（suppression）する権利をも包含している．

　また，フランスのデータ保護機関である情報処理及び自由に関する全国委員（Commission nationale de l'informatique et des libertés，CNIL）の委員長であったアレックス・タルク上院議員は，次のように「忘れられる権利」の背景を説明

する.すなわち,1978年フランスの情報と自由法が制定された当初,利用期間を制限する義務（obliger）であったが,実在する人がインターネット上の無形の人格（intangible identité）とも切り離されないための法規範が必要となったのである[17].いかなる個人情報もア・プリオリに認識しえず,個人の存在を必要とする.そして,自我それ自体は,データや情報から「単純化（irreducible）」[18]されることもできず,自我とデータや情報には常に一定の距離が存在する.そこで,理論としての「忘れられる権利」は,「自我への権利（droit d'être soi-même）」を本質に据え,自我と個人に関するデータや情報との距離の再考を迫り,一定の時期までのデータの消去の権利のみならず,データの消去を一手段として自ら過去を清算する権利,あるいはインターネット上の他者の干渉を排除した自己実現の自由として生成されてきた[19].フランスには,社会の耳目を引いた女性高校教師と男子生徒の恋愛事件について,散発的ないし断片的な報道を総合して書き下ろされた書物について,私生活侵害による出版差止が認められる例もあり,「再暴露に対しては,かつての事件当事者の側から《忘却を求める権利」（droit à l'oubli 忘却請求権）が主張されることがある」と指摘されてきた[20].さらに,フランスでは,「10年以上にさかのぼる事実」については,かつての不名誉な出来事が繰り返し表ざたになることによって,関係者の社会生活に支障をきたすおそれがあることや証人の記憶力などから,真実性の証明が許されないという説明もある[21].実際,フランスでは2012年CNILに寄せられた申立ての1050件（合計6017件）が「忘れられる権利」に関連するものであり,その現実的需要をうかがうことができる[22].

　また,提案された「忘れられる権利」は,ドイツにおいて発達した個人情報の収集・処理・移転を制限する権利としての情報自己決定権とも密接に結びついていると考えられる.たとえば,人格権の観点から,時期を無視して犯罪人の人物や私的領域について触れることを許されず,社会復帰の権利を認めたドイツ連邦憲法裁判所の判決もある[23].さらに,スイスにおいても,尊厳と名誉の保護を目的として憲法の中に組み込まれた「人格権」の一部として「忘れられる権利」は繰り返し裁判所において保障されてきたと言われる[24].そして,自然人に関するいかなるデータも保護の対象とされる個人データについては,

EU 連合基本権憲章第 8 条 1 項，欧州連合の機能に関する条約第 16 条 1 項をはじめ，欧州評議会条約第 108 号などにおいて，基本的権利であることが宣言されている．過去の身分制社会からの個人の平等な人格の創出と，第二次世界大戦中にユダヤを見つけ出すためにナチスが個人情報を管理・利用した歴史の克服を経て，「尊厳や自己発展」に依拠した基本的権利であるという大陸ヨーロッパ的思考こそが，「忘れられる権利」の基盤をなしている[25]．このように，フランスにおいて生成された「忘れられる権利」は，しだいにドイツにおける情報自己決定権ともブレンドされ，ヨーロッパ全域に浸透していったとされる．EU においては，75％の市民が，いつ何時であってもインターネット上の個人情報を削除できる権利を求めており，「忘れられる権利」の必要性が認められてきた[26]．

2 「忘れられる権利」の法的構造

2010 年 11 月 4 日，欧州委員会は，個人データの新たな包括的法的枠組みを公表し，その中で，「収集された目的にとってもはや必要でなくなった際にはデータを完全に消去してもらう」権利としての「忘れられる権利」が掲げられることとなった[27]．そして，レディング副委員長は「神は許しを与え忘れるが，ウェブは決してそうではない．だから私にとって『忘れられる権利』は極めて重要である」[28]と主張し，「忘れられる権利」の導入に意欲を見せた．さらに，データ保護改革に着手してからレディング副委員長は自ら筆をとり，「忘れられる権利」が「データ主体の権利の強化」として位置づけ，「個人データが収集された目的にとってもはや必要でなくなった場合，本人が同意を撤回した場合，または同意に基づくデータの保存期間が経過した場合に各人がデータを完全に消去してもらう権利」[29]であると論じ，ヨーロッパがデータ保護の権利について世界の「キープレイヤー」であることを宣言した．

データ保護規則提案第 17 条は，データ主体が管理者から個人データを消去する権利及びかかるデータのさらなる流通を回避する権利を有していると規定する（第 1 項）．「忘却（oblivion）」は，①既存のデータの消去と，②そのデータ

の二次的利用の禁止をも包含するものとして理解される[30]．そのため，「忘れられる権利」は，一定の場合に，現行の指令第12条に言う現存するデータの消去それ自体を超えて，データの拡散防止に力点があるものと理解されるべきであろう．すなわち，インターネットの世界においては，データが拡散しやすいことから，「忘れられる権利」は特に検索サイトやソーシャル・ネットワーキング・サービスにおける本人のデータへの支配・統制力とデータの拡散防止に対する法的措置を明らかにしたものと考えることができる．また，「忘れられる権利」は，カリフォルニア州の法律が未成年者を対象としているように，特に自我の造形過程にあり同時にインターネットの情報拡散の状況に必ずしも熟知していない若者たちを対象として想定されている[31]．

「忘れられる権利」を行使するための要件としては，次の四つの場合が想定される．①データの利用目的が必要でなくなったとき，②データ主体が同意を撤回し，同意されたデータ保有期間が経過し，もしくはデータ処理の法的根拠がないとき，③データ主体が個人データの処理に異議申立を行ったとき，または④その他の理由によりデータ処理が一般データ保護規則提案に違反したときである（第1項）．

個人データの削除権を規定した現行の指令第12条には，すでに③と④を実質的に認めた規定があり，その意味で規則提案第17条は，①利用目的の制限の強化，②本人の同意の尊重を新たな要素として「忘れられる権利」の要件としていることが理解できよう．再度指摘するがレディング副委員長の論文においても「個人データが収集された目的にとってもはや必要でなくなったとき，本人が同意を撤回したとき，または同意に基づくデータの保存期間が経過したときに各人がデータを完全に消去してもらう権利」という利用目的の制限と本人の同意に特に言及していることは注目すべきである．①については，「忘れられる権利」は，データ保護の原則である利用目的の制限の強化という側面を有している．同時に，②同意の撤回については，規則提案第7条で示されたデータ主体の同意の尊重と関係性があることを理解しなければならない．「忘れられる権利」は，それ自体で独り歩きすることはできず，データ主体の同意が重要な意味を持ってくる．後述のとおり，「忘れられる権利」の草案段階にお

いて，第29条作業部会が同意に関する意見を公表しており[32]，「忘れられる権利」の射程はデータ主体本人の同意のあり方と密接不可分に関わってくる．なお，2014年3月に採択された欧州議会の修文案では，「忘れられる権利」の明文規定が削除され，「削除権」とされたものの，同委員会が認めているとおり，欧州委員会が提案した「忘れられる権利」のデータ拡散防止の内容，すなわち「個人データのさらなる拡散からの回避」を維持し，削除のためにあらゆる合理的措置を講ずる必要性を規定している[33]．また，「忘れられる権利」を行使しうる場合として，裁判所または監督機関によるデータ削除という終局的決定が下された場合が追加された（第17条1項〔ca〕追加）．

　以上のデータ主体である本人の権利を担保するための措置として，データ管理者が個人データを公表している場合，管理者がその公表に責任を負っているデータに関して，データ主体が当該個人データへのリンク，またはその複製もしくは複写を消去するよう要請していることを当該データを処理する第三者に対してあらゆる合理的な措置を講じなければならない（第2項）．データ管理者によるこの義務の履行は，「プライバシー・バイ・デザイン」の理念の下，初期設定段階でデータ主体の権利保護を履行できるよう技術的・組織的措置を講じることが求められよう．このように，規則提案第17条は，第1項において本人のデータへのコントロールの権利の強化を，そして第2項において事業者側への義務をそれぞれ定めている．

3 「忘れられる権利」の運用

　もっとも，「忘れられる権利」については，現実の執行に疑問が投げかけられることがある．たとえば，検索サイト等のデータ管理者が，直接関係のない無数に存在する掲示板における個人データに対して消去のために通知をすることが果たして可能であるか，ソーシャル・ネットワーキング・サービスにおいて共通の写真に掲載されている複数の個人の間で，ある個人が削除を求め，別の個人がその削除を求めない場合，どのように対応すべきか，あるいはインターネット上のサーバーにおけるデータを消去するためにどのような技術的措置

を講ずべきか，といった様々な問題がすぐに提起される[34]．また，現在の個人情報の流通は，インターネット上複雑な過程を経て，収集，追跡，さらには再識別化が行われており，どの段階の個人情報を削除すべきかについても明確に定まらない[35]．

この点について，欧州ネットワーク情報セキュリティ機関による調査報告書（2012年11月公表）では，「忘れる」ことの法的性格に関して三つの解釈が示されている[36]．第1に，最も厳格な解釈として，データの複製が問題とされているあらゆるインターネット上の拠点から消去・削除され，いかなる技術的な手段を用いてもその回復が不可能とするものである．第2の解釈は，不正な第三者によって解読されない限り，暗号化されたデータ複製の維持が認められるというものである．第3に，公開されたインデックスや検索エンジンの結果に表示されない限り，データの複製が認められるという最も緩やかで実践的な解釈である．「忘れられる権利」の執行実務という観点からは，公開されたインターネットにおいてこの権利を執行することは「一般論として不可能（generally impossible）」であるものの，プラグマティックな実践方法として，検索エンジンのオペレーター等に対して忘れられるべき情報への参照にフィルターをかけるよう要請し，この権利を支えることが適当であると考えられている[37]．しかし，残された最大の問題は，何が忘れられるべき情報に該当するか，という「情報の内容」の審査であろう．

4 欧州司法裁判所判決（Google Spain SL and Google Inc. v Agencia Espanola de Proteccion de Datos）

このような中，2012年3月9日には，スペイン裁判所で係争されていたGoogleの検索結果（たとえば，検索結果において，家庭内暴力により離婚した被害者の住所がわかった件）から自らのデータの削除を求めた約90名による約150件の訴訟が，欧州司法裁判所に付託された[38]．本件では，現行のEUデータ保護指令に基づき判断されることとなるが，次の3点が審理された．第1に，EUデータ保護指令の適用範囲の問題である．すなわち，アメリカに拠点を置く

Googleが「構成国内に設置されたデータ管理者」(4条a項) といえるかどうか，あるいは域内の設置が認められない場合，「個人データの処理を目的として構成国の域内に設置された……設備を利用」しているかどうか，である．この点に関して，第29条データ保護作業部会の意見では，EU域外の情報通信を取り扱う事業者に対して，EU域内のミラーサイトを通じてデータの収集が行われる場合，そのようなクッキーなどを用いたデータの処理にもEUデータ保護指令が適用されることを示している[39]．

第2に，データ処理者及び管理者の該当性である．Googleはインターネットの検索エンジンによるインデックス情報を一時的に蓄積しているだけであり，データを処理し (2条b項)，管理している (2条d項) とみなすことができるかどうかである．第29条データ保護作業部会は，IPアドレス自体を個人データに該当すると見ており，そのためIPアドレスやクッキーを処理すれば，データ管理者を構成するものと解している[40]．この点について，特定の言葉の検索結果として単に表示・羅列する場合，検索サイトは何らのデータ処理を行っていないようにも思われる．他方で，特定の言葉とともに，一定の関連する言葉を自動表示する場合（いわゆるサジェスト機能を用いた場合），それはデータの編集・加工を行っていることからデータ管理者とみなすことができるかどうか慎重な審理が必要となろう．仮に検索サイトによるデータの編集・加工が認められれば，Googleによる表現内容の編集・加工がプライバシー侵害に加担していると考えることができよう．

第3に，検索サイトから公表された自らの情報について，データ主体が削除及びブロックする権利 (12条)，そして異議申立の権利 (14条) が認められるかどうかという問題がある．この点，現行の12条は，規則提案17条のように，「忘れられる権利」を明言しているわけではないが，「データの修正，消去又はブロック」を定めている[41]．

2013年6月25日，欧州司法裁判所による判決を前に，法務官 (advocate general) による予備意見が公表された[42]．第1の争点，EUデータ保護指令の適用範囲について，予備意見では，たとえスペイン国内で個人データの処理が行われていなくても，インターネット検索エンジンというビジネス・モデルに

着眼して，スペイン在住の者をターゲットに広告配信などしていることからEU域内に管理者を設置したものとみなし，指令の適用を受けることとなる．つまり，スペインのユーザーが被害を受けるおそれがある以上，個人データの物理的な所在それ自体は決定的な要素となりえないことを示している．

　第2に，インターネット検索エンジンが個人データの処理を行っているとしても，第三者が運用するウェブページ上の個人データをコントロールしているわけではないため，データ管理者を構成するものではない．つまり，検索エンジンは表示されてくるウェブページの内容とは何の関係も有せず，そのウェブページ上の情報を変える手段を有していない．そのため，GoogleはEUデータ保護指令が課している義務規定を法律上も事実上も履行することができず，またデータ保護機関が検索結果から情報の撤回を要請することができない．

　第3に，最も実質的な争点である削除の権利については，表現の自由との調整も必要となり，現行のEUデータ保護指令には「忘れられる権利」それ自体が規定されていないことから，既存の削除権や異議申立権を根拠に検索サイトからの情報の削除を一般的な権利として容認することはできないとされた．

　ところが，2014年5月13日，欧州司法裁判所大法廷による先決判決は，スペインの私人が16年前の社会保障費の滞納による自宅の競売に関する新聞記事の検索結果での表示について，この表示が原告のEUデータ保護指令で保障された個人データ保護の権利を侵害するという判決を言い渡した[43]．本判決の中では，原告が主張する「いわゆる『忘れられる権利』」という言葉を用いて，個人データ処理の本来の目的から見て「不適切な，無関係もしくはもはや関連性がない，または過度な」情報については検索サイトからの関連語句の削除が認められると判断した．法務官が検討した三つの論点についてはそれぞれ次のように判示している．

　第1に，EUデータ保護指令の適用の可否について，判決は，検索エンジンの運営の活動と加盟国内の設置によるその活動は密接に関係している点に着目した．なぜなら，広告のスペースに関連する活動が検索エンジンの経済的な利益を生み出しており，その経済活動を可能とする手段となっているためである．したがって，広告スペースを促進し販売を意図し，かつある加盟国の住民

に向けられた活動を方向づけている支店を加盟国内に設置している場合，加盟国内の領土において管理者の設置の活動に関連して個人データの処理が行われていると解することができる．

　第2に，データ管理者に該当するかどうかの論点について，自然人，法人，官庁または公的機関その他の団体が単独または共同で個人データの処理の目的及び手段を決定づけているかどうかを判断基準とした．先例から，たとえすでにインターネット上に公開されている情報について変更が加えられていない形態のメディアの公表のみの場合であってもデータの処理がされているものと類型化してきた．そして，検索エンジンの活動が，あらゆるインターネット・ユーザーに対し個人データの全面的な拡散の決定的な役割を果たしていることから，個人データ処理の活動の目的及び意義を決定づけているのは検索エンジンであって，個人データの処理はその活動の中で実施されていると指摘した．したがって，検索エンジンの運営者は「管理者」とみなされなければならない．

　第3に，個人情報の削除について，氏名による検索で表示される結果リストの中に，第三者によって適法に公表されかつその人に関する真実の情報を含むウェブページへのリンクを含むことは，第6条1項c号からe号と矛盾することを指摘する．なぜなら，本件のあらゆる事情を考慮して，情報が不適切 (inadequate) で，無関係 (irrelevant) で，もしくはもはや関連性が失われ (no longer relevant)，または処理の目的との関係で過度 (excessive) であるように見られるためである．したがって，検索結果のリストにおける情報及びリンクは削除されなければならない．すなわち，基本権憲章第7条（私生活の保護）及び第8条（個人データ保護の権利）に基づくデータ主体の権利は，検索エンジン運営者の経済的利益のみならず，検索から情報を知るという公衆の利益よりも優越する．もっとも，公的生活におけるデータ主体においてはこのことは当てはまらない．

　本判決は，「忘れられる権利」を明文化し審議中であったEUデータ保護規則提案ではなく，データ保護指令の解釈の問題である．裁判所の判決は従来の削除権，すなわち元となる新聞記事の削除に関する論理ではなく，新聞記事を検索結果で表示することを違法とする「リスト化されない権利」を新たに認め

たものとして大きな注目を集めた[44]．

5 欧州司法裁判所の判決後の動向

　欧州司法裁判所の判決を受けて，Google は即座に判決それ自体を批判した．しかし，判決を受け入れ，2014 年 5 月 29 日以降ヨーロッパのユーザーからの削除要請を受け付けた．2015 年 3 月までに 24 万件以上のリクエストを受領しており，約 88 件の URL について削除のために検討を行ったことを Google は公表した[45]．さらに，Google 諮問委員会は 2015 年 2 月に EU での利害関係者からのヒアリング結果を含め，削除基準に関する報告書を公表した[46]．この報告書の中では，①データ主体の公的役割（政治家，著名人，スポーツ選手等），②情報の性質（性生活，経済的情報，個人の連絡先，未成年者の情報などはプライバシー保護の要請が高いが，民主主義プロセスに関連する情報，公衆衛生や消費者保護に関する情報，犯罪行為に関する情報，歴史的記録，科学研究や芸術表現に必要な情報は公衆の知る権利の要請が高い），③情報源（報道目的，個人のブログ，同意に基づく公表），④時の経過（子どもの頃の情報は時の経過とともに削除されやすいが，犯罪事実や公的役割を担う人物の情報は時が経過しても削除されにくい），といった削除基準が示されている．

　また，EU では，第 29 条作業部会が検索サイト企業からのヒアリングを実施の後，2014 年 11 月に 13 項目にわたる削除基準を以下のとおり公表した[47]．

① 　検索結果は自然人に関するものか？（仮名化データやニックネームも関連用語）
② 　データ主体は公人か？（公人の基準については欧州人権裁判所判決 van Hannover v. Germany, 2012 に基づき検討）
③ 　データ主体は未成年者か？（18 歳未満の者のデータであればリスト化されにくい）
④ 　データは正確か？（事実に関する情報と意見との違い）
⑤ 　データは関連性があり，過度なものではないか？（データの年（age），私生活と仕事の区別，違法な表現，事実と意見との違い）

⑥　情報は指令8条のセンシティブなものか？（センシティブ・データは私生活に大きな影響を及ぼす）

⑦　データは最新のものか？利用目的にとって必要か？（合理的に判断して現在の情報といえるか）

⑧　データ処理がデータ主体に偏見をもたらすか？（偏見をもたらす証拠があればリスト化されにくい）

⑨　検索結果のリンクがデータ主体に危険をもたらすか？（ID盗難やストーカーなどのリスクがあるか）

⑩　どのような経緯で情報が公表されたか？（公表に関する同意の撤回）

⑪　オリジナルのコンテンツが報道目的で公表されたか？（メディアによる公表の法的根拠がある場合とそうでない場合との区別）

⑫　公表者が個人データの公表に法的権限を有しているか？（選挙登録などの法的義務があって公表する場合）

⑬　データは前科に関係するか？（前科情報の取扱いについては加盟国では異なるアプローチ）

　第29条作業部会の意見では，域外適用の問題についても言及しており，欧州法裁判所の判決によりEUのドメインのみで削除対応がなされても，アメリカなどのドメインで検索結果が表示されればユーザーの個人データ保護の権利が十分に保護されえないことを指摘する．したがって，インターネットという属性にかんがみて，EU域外のドメインにおいても削除できるかどうかが今後の論点の一つとなる．むろんEU内部でも「忘れられる権利」に対して慎重な見解も見られる[48]．これらの13項目の基準についても，たとえば前科情報の扱いがEU加盟国間で異なることが指摘されるなど，今後の「忘れられる権利」の法制化と運用指針の一つの基準として示されたものと理解すべきであろう．

　このような欧州司法裁判所の判決及びその後の動向に対して，以下で検討するように，アメリカでは判決直後から「忘れられる権利」への批判的な対応が見られた．ハーバード大学ロー・スクールのジョナサン・ジットレイン教授は

判決後に New York Times において EU の判決は「検閲の一形態であって，合衆国で同様のことが行われれば，違憲となるだろう」[49]と指摘する．また，EU の判決を受けて，「ヨーロッパでは，プライバシー権が言論の自由に優先される．アメリカでは逆になるのが正しい」[50]，「この判決はアメリカでは第1修正と衝突する」[51]，さらに「EU の判決はウェブを汚すものである」[52]といった形でアメリカでは批判的に受け止められてきた．もっとも，欧州司法裁判所はスペインからの約 150 件の訴訟のうち，債務不履行による財産差し押さえに関する個人情報の削除に関する判断を行った点は賢明な戦略であった．アメリカにおいても，公正信用報告法では，債務不履行による財産差し押さえ情報は支払完了から 7 年間まで信用機関等での報告・共有ができる．したがって，実質的に 7 年を超えて過去の債務に関する個人情報を保有することが禁じられ，仮に保有していれば削除の対象となることから，欧州司法裁判所はアメリカにとっても反論しにくい事案を選定していたのであった[53]．

3 「忘れられる権利」が抱える難題

1 表現の自由との衝突

ヨーロッパでの「忘れられる権利」に対して，大西洋の対岸にあるアメリカではその権利の提唱への受け止め方は冷ややかである．ジェフリー・ローゼン教授は，「忘れられる権利」の提唱が「プライバシーと自由な言論との適切な衡量に関するヨーロッパとアメリカの考え方について劇的な衝突を勃発させた」[54]と指摘する．そして，「忘れられる権利」を唱道するヨーロッパと表現の自由を崇拝するアメリカの対立を次のように問う．「忘れられる権利」をとるか，あるいは表現の自由を選ぶか．その大多数が表現の自由を称賛する．それがアメリカ流である[55]．実際，アメリカでは，表現の自由とプライバシー権が対立する問題について，前者を優先させてきた．検索サイトもまた第1修正が保障する表現の自由に寄与する重要なインフラであって，アメリカの連邦裁

判所もこのことを肯定してきた[56]．また，表現の自由の保障の観点から，アメリカの通信品位法第 230 条では，検索サイト企業などのインターネット・サービス・プロバイダに対する責任免除の規定を整備している[57]．

その発端となったのが，1967 年 Time, Inc. v. Hill であり，脱獄した囚人による人質事件をもとに事実とは異なる部分を含む演劇に関する雑誌記事と人質にされた家族が以前住んでいた家の写真の雑誌掲載がプライバシーを侵害するかどうか争われた．合衆国最高裁はウォーレンとブランダイスの「祝福された論文」[58]に言及しながらも，氏名，肖像，写真等を保護する州法が公共の利害を有する虚偽報告からの救済の名の下に「言論とプレスの憲法上の保障」に優越することはないことを示す[59]．この判決以降も，たとえば，警察から合法に入手したレイプ被害者の氏名を新聞紙が掲載したため，被害者が新聞社に対して損害賠償を求めたものの，合衆国最高裁は「合法に入手された真実に基づく情報（truthful information）」[60]として新聞社による被害者の実名公表が第 1 修正による自由な表現の下保障されることを宣言した．また，真実に基づく情報の開示については，たとえ州法で被害者の実名公表を禁止する規制があっても，「公的な裁判所の文書における真実の情報を公表することでプレスは罰せられないのである」[61]．さらに，教育委員会との団体交渉の過程の会話を何者かが違法に録音したテープがラジオで放送された件について，ラジオ放送局自体が違法な傍受に関与していないこと，テープの情報それ自体は適法に入手されていること，そして傍受された会話が公的な関心事であることから，プライバシーが表現の自由に譲歩しなければならないとも判断されてきた[62]．リチャード・ポズナー裁判官によれば，「たとえ人が心底隠したがるような事実であっても，その者の報道価値のある（newsworthy）事実の公表に対して賠償請求する私人の権利を第 1 修正は制限しているのである」[63]．

むろん，「真実に基づく情報」あるいは「報道価値がある」記事であっても，ある者の過去の反社会的行為について「隣人はその者の現在の価値を認め，過去の人生の恥を忘れるべきである」[64]といった州裁判所の事例がなかったわけではない．しかし，現代のアメリカ不法行為法の基本事項であるが，コモン・ロー・プライバシーは「連邦憲法第 1 修正の自由な言論及び自由なプレスの規

定と整合的である」[65]ことが要求される．すなわち，「不法行為リステイトメントの規定は不法行為の範囲を画定する憲法上の次元の問題の一つであり，そのため憲法上の特権の範囲は州法でなく連邦法によって支配されることとなったのである」[66]．このような，名誉毀損に関する不法行為の憲法化によって「1964 年にすべてが変わった」[67]と言わしめた 1964 年 New York Times v. Sullivan[68]，さらに憲法上の表現の自由と過去の私事に関するプライバシー権の調整についても先に紹介した Hill 判決によって，コモン・ロー・プライバシーは再考を迫られた．1960 年代にコモン・ロー・プライバシーの判例を網羅的に整理したウィリアム・プロッサー教授が，1971 年出版の『不法行為法ハンドブック第 4 版』でプライバシーの章の後に「憲法上の特権（constitutional privileges）」を新たに設け，表現の自由という憲法上の保障によって彼自身のプライバシー判例の従来の位置づけの修正が迫られたことは周知のとおりである[69]．実際に，私的情報の公開についてプロッサー教授が 4 類型の中に位置づけるために引用された判例は，一連の表現の自由の判例によって覆されたものとして理解されてきた[70]．

　『ハーバード・ロー・レビュー』のシンポジウムの場においても，アメリカのプライバシー法学者から「忘れられる権利」を歓迎する声は聴かれなかった．たとえば，ポール・シュワルツ教授は EU とアメリカのプライバシーの衝突について講演し，その中で，「忘れられる権利」がアメリカの表現の自由の伝統と歴史研究からは認め難く，アメリカは EU と異なりインターネット上での自由な情報流通に好意的であり続けてきたと主張する[71]．また，ホワイトハウスにおいてオバマ政権のプライバシー政策に関与し，「消費者データプライバシー権利章典」の実質的著者であるダニエル・ウェイツナー教授は，実際のEU との交渉をもとに，「忘れられる権利」が他の人権への脅威となり，自由な表現への萎縮効果（chilling effect）を引き起こすものであるとして警戒を呼びかけた[72]．また，カリフォルニア州の未成年者によるインターネット上の投稿の削除を認める立法は表現の内容に踏み込むことから最も厳格な審査によって判断されるべきであると言われてきた[73]．さらに，検索サイトは新聞や出版社のように情報伝達をしているに過ぎず，「検索エンジンは，内容それ自体を

作り出しているのではなく，選択された他のサイトから短い引用を示していることから十分に憲法上の保障が及ぶ」[74]とも指摘される．このように，「忘れられる権利」という企ては，「インターネット上で過去の自分を編集することを許容する法的権利」[75]と形容されるように，自身にとって都合の悪い情報だけをインターネット上から忘却させようとするご都合主義的な権利とみなされかねない．

　いずれにせよ，合衆国最高裁の判例とアメリカの支配的なプライバシー法研究からすれば，真実に基づく個人情報をプレスが公表することがアメリカの強力な表現の自由によって保障されている以上，「忘れられる権利」は報道価値がある情報や真実に基づく個人情報の公開への大きな障害となることが懸念される．かくして，「忘れられる権利」は，アメリカの表現の自由の伝統においてインターネットに対する表現の内容規制として新たな「検閲」[76]の道具となりかねないのである．このように，欧米において「忘れられる権利」をめぐり，インターネット上に自らの個人情報が掲載されることについて，「アメリカ人は有名になりたがるが，フランス人は忘れられたがる」[77]というプライバシー文化の差異を象徴している[78]．もっとも，「忘れられる権利」に対する表現の自由からの抵抗はほかならぬヨーロッパ内部においても問題とされてきた．規則提案第17条には，「忘れられる権利」の執行に際して，表現の自由，公衆衛生の維持という公共利益，歴史・統計・科学の研究目的等の理由が除外されている（第17条3項）．レディング副委員長自身も「忘れられる権利」が「絶対的な権利ではなく社会におけるその役割との関連において検討されなければならない」，また「『忘れられる権利』が歴史の完全な消去の権利に値することはありえない」と述べている[79]．スペインの裁判例のように具体的な場面における「忘れられる権利」の執行のあり方については，いまだ開かれた問題である．「インターネット上で過去の自分を編集することを許容する法的権利」と呼ばれる「忘れられる権利」がどこまで認められるべきかは，究極的には，表現の自由とプライバシー権の衡量という古くて今なお新しい問題へと昇華したのである[80]．

2 同意のパラドックス

　プライバシーとは「いつ，どのように，どの程度自らの情報を他者に伝えるかを自身のために決定する」[81]主張であるとするコミュニケーションの「コントロール」型プライバシー権を主張したアラン・ウェスティン教授は1967年時点でプライバシーに関する同意の重要性を論じていた．すなわち，「それぞれの状況において同意がどれほど自由に与えられているか，またどれだけ強制されているかを見極めるために，同意の性質を注意深く考察すべきである」[82]．このように，自己の情報をコントロールするためには，本人の同意が本質的要素となる．

　しかし，同意の概念をめぐっても，データ処理の前に本人の同意を要求するオプト・インと事後的な本人の同意によってデータ処理の停止をするオプト・アウトについて大西洋の対岸の欧米では態度が異なる．ヨーロッパでは，電子プライバシー指令（2002年，2009年改正）によって「関係する購読者またはユーザーが本人の同意が与えられた条件でのみ」（5条3項）オンライン上の情報の収集が認められる．これに対し，アメリカではユーザーのネットワーク情報の開示に本人の事前同意を要件とした連邦通信委員会の規制が表現の自由の下許容されずオプト・インの仕組みが認められてこなかった[83]．オプト・インとオプト・アウトの仕組みの違いは，単なる概念の差異ではない．臓器移植の例に見られるとおり，オプト・インによる自らの明示的な同意に基づき臓器移植に登録する場合42％が希望登録するにとどまるのに対し，オプト・アウトによる事後的な同意の場合は82％が登録する結果になる[84]．これはオプト・インとオプト・アウトのいずれを採るかによって具体的な施策の帰結に大きな違いが生じることを意味し，同意が理論的にも現実的にも重要な概念であることがわかる．

　「忘れられる権利」は，すでに紹介したとおり，規則提案第7条とも結びつき，「コントロール型権利の実質化（materialisation）」として「同意の体制」に依拠している[85]．同意の撤回をした場合，「忘れられる権利」は行使しうることになる．さらに，たとえ同意が存在したとしても，それが児童による同意で

あり，リスクを十分に認識していない場合には，後にインターネット上の個人データを削除することができる（規則提案前文53項）[86]．規則提案第7条には，データ処理に際して管理者にデータ主体の同意の存在を立証させる規定（第1項）のほか，データ主体は何時であっても自らの同意を撤回することができる規定が含まれている（第3項）．このデータ主体の同意については，「忘れられる権利」が規則提案の草案段階において，2011年7月13日に第29条作業部会が「同意に関する意見」を公表しており，注目に値する．この意見では，①本人の真正かつ自由な意思に基づき自らの合意に至る過程に不明確さを残さない明確な同意であるべきこと（ただし，すべての同意が明示的である必要はない），②透明性が確保される中で特定の文脈において同意に必要とされる情報すべてが開示されていること，③データの処理が開始される前に同意の調達が行われること，などが示されている．そして，特に同意の「撤回」については，それが「コントロールの考え方と結びついており」，単に「遡及的なものではなく，原則として，管理者によって個人データのさらなる処理の防止」をも含むものとして示されている[87]．つまり，同意の撤回は，本人のデータに対するコントロールの権利を補強するものとして，また，それが単に過去のデータの削除のみならず，将来にわたる処理をも阻止することを意図している．

しかし，ヨーロッパにおける同意の概念については，アメリカのプライバシー法研究者から悲観的な声が聴かれる．『ハーバード・ロー・レビュー』のシンポジウムの基調講演をしたダニエル・ソロブ教授は「すべて表面的なお遊びに過ぎない」と同意に基づくプライバシー保護の既存の法的枠組みを痛烈に批判した[88]．第1に，そもそも同意の前提にあるのは，コントロールであるが，もはや各人はインターネットの世界において自らのプライバシーを管理すること自体が困難であり，自らのデータがどこでどのように処理，蓄積，移転されているかをすべてコントロールすることは現実的にほぼ不可能である．このようなプライバシー管理がまともにできないインターネットの世界で同意をどれだけ強調しても，それは単なる儀式に過ぎない．

第2に，同意という法的概念自体が，法のあらゆる分野で論争的であり続けてきた．そして，人は必ずしもそのときどきに自らの最善の利益を合理的に分

析して同意するわけではない．また，そもそもすべてのユーザーがインターネットの画面上で長々とした説明文を熟読したうえで同意のボタンをクリックすること自体，想定しにくい．同意のボタンのクリック一つをもって真正な同意があったと認めるべきかどうかも検討が必要であろう．このように，現在のプライバシー管理システムは，形式的な同意を得ること自体が自己目的化しており，本来本人のコントロールを強化するはずの実質的意味での同意は空虚なものとなりつつある．

　第3に，このように実質的意味をもたなくなってきた本人の同意をプライバシーの法的枠組みに強制的に組み込むことは「パターナリスティック」[89]であると批判される．むしろ個人の選択の名の下に同意を推奨する枠組みこそ，インターネット上での自由な情報と接することができる個人の選択の幅を狭めてしまっている．さらに同意の本質を十分に理解していないユーザーが儀式としての同意を与えることでデータ処理の合法性というお墨付きを与える結果を招いている[90]．その意味で，同意への悲観的なアメリカの態度からオプト・インの仕組みが用いられてこなかった．それに代わり，インターネット上で閲覧履歴をもとに特定のユーザーをターゲットにして広告配信する追跡メカニズムについて，広告の内容中立規制としての「追跡禁止（Do Not Track）」の原則というオプト・アウトによる自主規制が奨励されてきた．追跡禁止の仕組みは，追跡をされないことで自らの情報を忘れてもらうというある種アメリカ流の「忘れられる権利」としての法的構成をしていると見ることも可能だが，ヨーロッパで主張される権利と比べ主体的な意義は損なわれている．同意の概念を基礎とする「忘れられる権利」に対するアメリカとヨーロッパの距離を暗示しているものと受け止めることができよう[91]．

　いずれにせよ，「忘れられる権利」の前提に，同意の撤回が措定されている限りにおいて，プライバシーの領域における同意という法的概念が曖昧なものとならないよう，その概念整理と現実的な運用可能性が求められることになろう．

3 公私区分

　「忘れられる権利」に伴う第3の難題は、最も根源的なものであるが、公的な空間と私的な空間における権利の構成の仕方、特に私人間におけるプライバシー権の構造にある。むろん、今日の監視の形態からして、政府による監視と民間によるインターネット上での個人情報の追跡・収集・利用による監視を区別する必要性がどれほどあるか、問い直されている。また、監視は官民が協働で行われる場合もあり、プライバシー権の公私区分論は重要な理論的争点である[92]。さらに、インターネットにおいては二人の間のメールを除き、あらゆる言論が大多数の受け手を想定している。その意味でインターネット上の通信のほとんどは公的性格を帯びており、公私区分が崩壊しつつある[93]。このプライバシー権の公私区分の構成方法あるいは公法的側面と私法的側面の区別は、アメリカとヨーロッパとでは根本的にその思考様式が異なる。

　規則提案には第1条で掲げられているとおり「基本的権利及び自由」を保障しており、「忘れられる権利」はまさに基本的権利として位置づけられる。ここで、基本的権利とは、官民問わず、あらゆる分野において通用するものとして理解されている。すなわち、「人格権の憲法化とヨーロッパ化」[94]のプロセスを経て、私人間におけるデータ保護の権利の論理は、私人が政府に対して行使する権利のそれと変わらないのである。つまり、私人間におけるデータ保護の基本的権利の侵害については、政府がその侵害から基本権を保護する義務があるとする、いわゆる保護義務論が前提とされている。実際、欧州人権裁判所の判決ではインターネットの世界においても「私生活・家庭生活の実際の尊重に内在する〔国家の〕積極的な義務」[95]が肯定されてきた。また、特にドイツにおける情報自己決定権をめぐっては、いわゆる私人間効力の問題との関連性がそれなりに意識されてきたようである[96]。

　しかし、憲法の射程の枠組みが異なるのと同様に、ヨーロッパ型の人権思考はプライバシー権の原産国であるアメリカと大きく異なる[97]。アメリカにおけるプライバシー権は、公的な分野と私的な分野において異なる。政府に対するプライバシー権はそれが憲法上の権利や連邦法で定められた権利であり、その

限りにおいてヨーロッパの人権概念と変わらない．しかし，アメリカにおいては「ステイト・アクション法理」の下，私人間におけるプライバシーの権利は，当事者の一方の行為が政府との関係性を有していることや公的機能を果たしていることなどを理由として政府の行為（state action）とみなされない限り，憲法上のプライバシー権を主張することはできないのである[98]．アメリカで私人間におけるプライバシー侵害の救済については，個別の分野別プライバシー立法による対処あるいは，①通知，②選択，③アクセス，④セキュリティ，⑤救済を含む公正情報慣行の原則（Fair Information Practice Principles）によって対応が図られてきた[99]．すなわち，憲法上のプライバシー権とは異なり，原則として，検索サイトにおいて私人が削除を求める訴訟等の私人間におけるプライバシーの問題はコモン・ロー上のプライバシーの問題であって，憲法上の権利の問題ではない．『ハーバード・ロー・レビュー』のシンポジウムにおいても，Google は憲法上の義務を履行すべき「ステイト・アクター」であるかどうか疑問が提起された[100]．アメリカにおいても，インターネット空間自体を私的な空間と見るか，公的な空間と見るかは論争があり，ステイト・アクション法理を真剣に捉え，権力の「帰属」が政府にあるかどうかではなく，権力の「性質」そのものからステイト・アクションを定義し，表現の自由とプライバシー権の調整を図るべきであるという主張も見られる[101]．しかし，欧米の異同を見た場合，プライバシー権は公私区分をめぐりその根本的思考において異なっている．

　スペインにおける検索サイト訴訟についてみれば，私人がスペインのデータ保護機関に対して個人データの削除を求めている．すなわち，プライバシー権の問題の構造は，「忘れられる権利」という基本的権利の名の下に，政府（厳密的には第三者機関）が Google に対して個人データを消去するよう命じ，私人の基本権を保護する義務がある，というものである．「忘れられる権利」はいわゆる保護義務論を前提としている．これに対し，同様の問題がアメリカで生じたと仮定すれば，そもそも私人間には憲法が直接援用できないためプライバシー権の問題とはなりえず，むしろ政府が Google に対して特定の個人データの消去を命ずることが，オンライン上の表現の内容規制，いわゆる「検閲」の

問題となってしまいかねない．すなわち，ヨーロッパにおける「忘れられる権利」は，アメリカでは「あなたが私について話すことを政府に止めてもらう権利」[102]とみなされる[103]．このようにプライバシー権の公私区分論によって，問題の構造はアメリカとヨーロッパでは根本的に異なってしまうのである．確かに，「忘れられる権利」の主たる対象は巨大なデータを蓄積している検索サイトやソーシャル・ネットワーキング・サービスを念頭に置いているものの，仮に「忘れられる権利」が，少なくとも理論的に官民の場面を問わず無差別的に行使をできる権利であるとすれば，その権利の射程はとてつもなく広大なものと言わざるを得ない[104]．

4 プライバシー権の継承

1 『ハーバード・ロー・レビュー』第4巻から第126巻へ

21世紀の我々のプライバシー権論は，我々がプライバシー権の歴史を捨象しない限り，19世紀のプライバシー権の原典の上に成り立つ．1890年，弁護士ルイス・ブランダイスは，サミュエル・ウォーレンとの『ハーバード・ロー・レビュー』共著論文において，「プレスは礼節と品格の明確な境界をあらゆる方面で踏み越えている」[105]と書き残し，1928年，裁判官ブランダイスは諜報活動に従事する政府に対して「品格，安全，そして自由といったものは，政府の役人が市民に命じられた行為と同じルールに従わなければならないことを要求している」[106]と意見を言い渡した．ブランダイスのプライバシー権には「品格（decency）」という言葉が，1890年の論文と1928年の意見において通底している．検索サイトやソーシャル・ネットワーキング・サービスは21世紀の「ゴシップ」となり[107]，まさに「品格」への脅威となりつつある[108]．そして，ブランダイスがプライバシー権を擁護したのは，1890年の論文において「人間の精神性，感情，そして知性の承認がもたらされた」[109]と書き記し，

1928年の判決において「憲法の創設者は人間の精神性，感情，そして知性の重大性を認めてきた」[110]と執筆し，「人間の精神性，感情，そして知性（man's spiritual nature …… his feelings and …… his intellect）」を護り抜こうとしていたからである．本人の必ずしも了知しないところで大量のデータの収集・管理・利用を可能とするインターネット上の追跡と監視は，「人間の精神性，感情，そして知性」の「萎縮効果」[111]を招来することとなる．

　ブランダイスの1890年と1928年を貫くプライバシー権の精巧な筆致は，21世紀におけるデジタルの世界において自らの存在と本質的属性の会得と反芻の過程において，自我を形成し，解釈し，発展させ，そして表現するための概念と，公開の義務の名の下にインターネットという公開フォーラムを道具とする民主政の維持と発展にも不可欠な理念を示していると考えられる[112]．インターネットの世界では，好むと好まざるとにかかわらず，常時他者との接続関係をもたざるを得ず，もはや独りにしておいてもらうこともできず，また自らの情報のコントロールをほぼ不可能とさせてしまった．このことから，「プライバシーの権利（privacy right）」として構成することをひとまず諦め，「コード」[113]論に象徴されるようなプライバシーを取り巻く構造に着目するプラグマティックな手法を採り「プライバシーの統治（privacy governance）」に依存する方法も想定できよう[114]．インターネット上の個人情報の削除は，もっぱら技術者の話であると済ませることも可能であろう．しかし，プライバシーが「権利」として保障されないところにプライバシーの「統治」は存在しえず，「統治」とともにプライバシーの「権利」としての法理論化の必要性は今なお強調されるべきである．インターネットの世界において，独りにしておいてもらう権利や自己情報コントロール権というプライバシーの旧世代を継承する新たなプライバシー権論の一つの候補として，「忘れられる権利」はデジタル世界におけるネットワーク化された自我を造形する権利をさらに意義あるものにするための契機になるのではなかろうか．その意義とは，かつてブランダイスが主張したプライバシー権の根底にある「人間の精神性，感情，そして知性」と「品格」の擁護である．

2 ネットワーク化された自我を造形する権利

　人は忘れる生き物である．人間の記憶の限界によって，自我は必然的に過去と現在の一定の断絶を経て造形されていくものである．過去と現在の自我の一定の断絶があるからこそ，その隙間を埋めるべく自我への内省と能動的解釈の契機が作られる．その意味で，自我造形の過程における過去と現在をつなぎ，時に忘れられることとなる運命にある，各人に属する「時間（time）」[115]は，それが「自我への権利」としてプライバシー権の保障の対象となりえよう．時間への支配は各人の自我の造形に不可欠であり，自由な時間の消尽は他者への隷従と自我の亡失へとつながる．記憶がデジタル化されることは便利である反面，その「時間」が人間の脳から忘れられることとなれば，人間らしさの本質――ジョン・ステュワート・ミルの言葉を借りるなら，不完全な人間が「生の実験」を経て，「多数者の専制」ならぬ「デジタル化の専制」から解き放たれた「自我に関する美徳（self-regarding virtues）」[116]――の再考を迫るものとなろう．その意味で，「忘れられる権利」は単に技術的にデジタルの記憶から情報を削除することを狙いとするのではなく，むしろ人間の忘却の復権，すなわち忘れるという人間の性がもつ価値の再生を標榜している[117]．

　忘れることを常とする人間にあって，人間の記憶に対する科学の挑戦の中で人間らしさへの欲求をどこまで法的にこれを承認すべきか．他方で，人間の生活を豊かなものにしてくれる技術革新をどこまで法的に許容するか．自らの生の記憶に基づく過去の能動的解釈と新たな自我の創造は，自らの手にあるのか，それともコンピュータに委ねられるのか．両者を二者択一として捉えるべきではない[118]．「忘れられる権利」の未来は，かつてブランダイスが残した言葉にあるようにプライバシー権の根底にある「人間の精神性，感情，そして知性」と「品格」を涵養しうるデジタル世界におけるネットワーク化された自我を造形する権利を尊重することができるかにかかっている．

　筆者は，「忘れられる権利」が草案段階に欧米のプライバシー保護担当官とこの権利について意見交換を重ねてきたが，忘れることを法的に強制することなどできず，この権利はEUデータ保護改革のある種スローガンに過ぎないと

当初考えていた．ところが，「忘れられる権利」は規則提案に具体的な条文として明記されただけでなく，欧州議会においてもこれが歓迎され，欧州司法裁判所ではこの権利の実現を試すべく執行を求めた訴訟においてこの権利が首肯された[119]．現時点でも，「忘れられる権利」について，その理論面に様々な困難が伴うことを指摘することができ，またその実務面における執行の実現可能性には悲観的な見通しをもたざるを得ない．しかし，「ブリュッセル効果」[120]という比喩のとおり，ブリュッセルを震源とした「忘れられる権利」の規則提案への導入は，EU 加盟国のみならず，アメリカ，さらには日本においてもそのデジタル・ツナミのごとく影響を及ぼしてきた．「忘れられる権利」の今後がどのようになったとしても，「忘れられる権利」それ自体が導入された背景とその権利の根底にあるものには，かつてブランダイスが描いたプライバシー権の核心にさかのぼるべき無視しえない魅惑を醸し出しているとともに，ネットワーク化された自我を造形するためにプライバシーを権利として構成すべき際の留意点を示しているように思われる．

　日本でも，最高裁判所はノンフィクション逆転事件において「前科等にかかわる事実の公表によって，新しく形成している社会生活の平穏を害されその更生を妨げられない利益を有する」[121]と述べ[122]，過去は第一次的には自身の手によって解釈されるべきものであり，自我造形の段階においてその者の過去について他者から不当に干渉されない法的利益を示唆している．同判決では，「ある者の前科等にかかわる事実を実名を使用して著作物で公表したことが不法行為を構成するか否かは，その者のその後の生活状況のみならず，事件それ自体の歴史的又は社会的な意義，その当事者の重要性，その者の社会的活動及びその影響力について，その著作物の目的，性格等に照らした実名使用の意義及び必要性をも併せて判断すべき」と考慮すべき事項についても説示している．そして，判決では，「本件事件及び本件裁判から本件著作が刊行されるまでに 12 年余の歳月を経過しているが，その間，被上告人が社会復帰に努め，新たな生活環境を形成していた事実」を特に考慮している．本判決は，事件後は公衆の関心が高かった事実が，いわゆる「時の経過」を判断の一要素として，公衆の関心事が薄れていったものと理解することができる[123]．もっとも，

この判決は多くの利用者によって複写・転載・検索が容易となった検索サイトのような「デジタルデータ」が問題視されていなかった時代の判決であり，データベース化された検索サイトのような場面には，この判決の判断要素に情報拡散の防止という要件が新たに生じたと考える必要もある[124]．

また，阪本昌成教授は，「ありのままの人間像」を前提とし，「人間は個別的で多様な存在」であって，「人の個別性・多様性も知らない他者は，ある人の自己愛追求過程に介入する正当な理由を，基本的には，もたない」と説く[125]．棟居快行教授は，「非公共空間」では，「本当のことでも『言ってはいけない』のである」として，「個人に確保されるべき全貌の把握，それに対する反省や内省を，当人以外の存在が代行したり脅かしたりすることこそがプライバシー権の侵害の正体なのだ」[126]と指摘する．これらの見解は，「忘れられる権利」の本質をそれなりに言い当てているとも解することができる．

さらに，我が国の個人情報保護法制における個人情報の利用停止に関する規定（個人情報の保護に関する法律第27条，行政機関の保有する個人情報の保護に関する法律第36条）は，不正な取得や本人の同意に関わる利用目的の制限違反等の場合に利用停止を認めている．これらの条文解釈からただちに「忘れられる権利」あるいはそれに類する権利・求めが成立する余地がないと解するとは言えず，究極的には法目的の「個人の権利利益を保護すること」（第1条）とプライバシーの権利の法的性格の解釈にかかっている．

このような判例，見解，立法は，情報の拡散による自我への不当な干渉に立ち向かうべく，デジタルの世界においてネットワーク化された自我を造形する権利を十分なものとするための「忘れられる権利」の萌芽ともなりうるものであり，同時に国境を超える普遍的な課題に対処する意味においても，日本におけるこのような権利が今後成長する土壌が存在しないわけでもない．

注

1) Viviane Reding, *Commission Proposes a Comprehensive Reform of Data Protection Rules to Increase User's Control of Their Data and to Cut Costs for Busi-*

ness, January 25, 2012. 筆者は，Computer, Privacy and Data Protection 国際会議に出席し，規則提案が公表されて 4 時間後には欧州委員会司法総局長が参加する規則提案に関するパネルが行われ，プライバシーの新たな幕開けにブリュッセルで立ち会うことになった．

2) The White House, *Consumer Data Privacy in a Networked World: A Framework for Protecting Privacy and Promoting Innovation in the Global Digital Economy* (February 2012). 近年アメリカでは連邦取引委員会によるプライバシー保護の執行強化が顕著であり，プライバシー保護の新たな波が押し寄せているといわれる．*See* Peter Swire, *The Second Wave of Global Privacy Protection*, 74 Oнιο Sт. L. J. 841, 848 (2013).

3) Council of Europe, *The Consultative Committee of the Convention for the Protection of Individuals with regard to Automatic Processing of Personal Data [ETS No.108]* (November 2012).

4) OECD, *Recommendation of the Council concerning Guidelines governing the Protection of Privacy and Transborder Flows of Personal Data* (amended on 11 July 2013). OECD プライバシー・ガイドラインの紹介については，堀部政男・新保史生・野村至編『OECD プライバシーガイドライン―30 年の進化と未来』(JIPDEC, 2014)，板倉陽一郎「OECD プライバシーガイドライン改正と我が国個人情報保護制度への影響」SITE113 巻 274 号（2013）19 頁以下，参照．

5) 一連の国際動向については，宮下紘「プライバシー・イヤー 2012―ビッグ・データ時代におけるプライバシー・個人情報保護の国際動向と日本の課題―」Nextcom12 号（2012）32 頁，参照．

6) Harvard Law Review, *Symposium 2012 Privacy & Technology* (November 9, 2012, Harvard Law School, Langdell South). Available at http://www.harvardlawreview.org/privacy-symposium.php (last visited March 31, 2015).

7) Senate Bill No.568 (Cal) Ch 336 SB568 (Approved by Governor on September 23, 2013).

8) 判決文未公表．朝日新聞 2013 年 4 月 16 日 38 面，読売新聞 2013 年 4 月 16 日 38 面，日経新聞 2013 年 4 月 16 日 42 面，参照．

9) 判決文未公表．朝日新聞 2013 年 5 月 31 日 37 面，読売新聞 2013 年 5 月 31 日 35 面，日経新聞 2013 年 4 月 16 日 42 面，参照．

10) 大阪高裁平成 27 年 2 月 18 日 Lex-DB 文献番号 25506059．本件は，原告がサンダルに仕掛けた小型カメラで女性を盗撮したという特殊な犯行態様の犯罪事実に係るものであり，社会的な関心が高い事柄であるといえること，原告の逮捕からいまだ 1 年半程度しか経過していないことが判断に影響している．京都地裁平成 26 年 8 月 7 日 Lex-DB 文献番号 25504803．

11) 東京地決平成 26 年 10 月 9 日判例集未登載．朝日新聞 2014 年 10 月 10 日 1 面，読売新聞 2014 年 10 月 10 日夕 17 面，日経新聞 2014 年 10 月 10 日 46 面，参照．

この点については，石井夏生利，神田知宏，森亮二「鼎談検索結果削除の仮処分決定のとらえ方と企業を含むネット情報の削除実務」NBL1044 号（2015）7 頁以下，森亮二「検索とプライバシー侵害・名誉毀損に関する近時の判例」『法律のひろば』68 巻 3 号（2015）1 頁以下，参照．

12)「忘れられる権利」が提唱された理論的背景については，宮下紘「忘れられる権利―プライバシー権の未来」時の法令 1960 号（2012）43 頁以下，杉谷眞「忘れてもらう権利―人間の『愚かさ』の上に築く権利―」Law & Practice 7 号（2013）153 頁以下，奥田喜道「実名犯罪報道と忘れられる権利（忘れてもらう）権利」飯島滋明編『憲法から考える実名犯罪報道』（現代人文社，2013）199 頁以下，参照．

13) See Viktor Mayer-Schönberger, Delete: The Virtue of Forgetting in The Digital Age 118-9 (2009).

14) Ivan Sekely, *The Right to Forget, the Right to be Forgotten: Personal Reflections on the Fate of Personal Data in the Information Society*, in European Data Protection: In Good Health 350 (Serge Gutwirth et al. eds, 2012).

15) See Décision n° 99-416 DC du 23 juillet 1999. なお，筆者が 2011 年 3 月に CNIL でのヒアリング調査を実施した際にも，担当官からフランスのデータ保護，そして「忘れられる権利」の根底にあるものとして，フランス人権宣言第 2 条の指摘を受けた．

16) Proposition de loi visant à mieux garantir le droit à la vie privée à l'heure du numérique (n° 93 (2009-2010) de M. Yves DÉTRAIGNE et Mme Anne-Marie ESCOFFIER, déposé au Sénat le 6 novembre 2009).

17) See Alex Türk, La Vie Privée En Peril: Des Citoyens Sous Contrôle 157-8 (2011). なお，アレックス・ターク上院議員（当時，第 29 条作業部会座長）とは，2008 年 10 月 21 日欧州委員会主催の"Workshop on International Transfers of Personal Data"（ベルギー・ブリュッセル）における Regional Approaches to Data Protection and Transfers of Personal Data at International Level のセッションで筆者がモデレーターを引き受けた際に，データ保護の意義について意見交換した．なお，CNIL の運用実態については，清田雄治「フランスにおける個人情報保護法制と第三者機関―CNIL による治安・警察ファイルに対する統制」立命館法学 2005 年 2・3 号（2005）145 頁，井上禎男「フランスにおける個人情報保護第三者機関の機能と運用：2004 年改正 1978 年個人情報保護法と CNIL の実務」人間文化研究 5 号（2006）155 頁以下，参照．

18) Antoinette Rouvroy & Yves Poullet, *The Right to Information Self-Determination and the Value of Self-Development: Reassessing the Importance of Privacy for Democracy* in Reinventing Data Protection? 51 (Serge Gutwirth et. al. eds., 2009).

19) See Antoinette Rouvroy, *Réinventer l'art d'oublier et de se faire oublier dans la*

société de l'information?, in LA SÉCURITÉ DE L'INDIVIDU NUMÉRISÉ: RÉFLEXIONS PROSPECTIVES ET INTERNATIONALES 270-272 (Stéphanie Lacour ed., 2008). 近時のフランスのプライバシー権論については，曽我部真裕「『自己像の同一性に対する権利』」について」法学論叢 167 巻 6 号（2010）1 頁，フランス個人データ保護法制については，清田雄治「フランスにおける個人情報保護法制の現況―2004年フランス新個人情報保護法の成立と憲法院判決」社会科学論集 42・43 号（2005）277 頁以下，参照．

20) 北村一郎「私生活の尊重を求める権利―フランスにおける《人の法＝権利》の復権」」北村一郎編『現代ヨーロッパ法の展望』（東京大学出版会，1998）242 頁，参照．「目下のところは下級審レヴェルで，かつての犯罪者が社会復帰を望むような例外的な状況に限って認められている」と紹介される．

21) 大石泰彦『フランスのマス・メディア法』（現代人文社，1999）185 頁，参照．

22) Commission Nationale de l'Informatique et des Libertés, *Rapport d'Activité* 2012. パリ大審院の判決（Jugement 11/0790, 6 novembre 2013）では，元国際自動車連盟会長のマックス・モズレーの性生活に関する検索サイト上の画像の削除を認めた例もある．

23) BVevfGE, Bd. 35, 202. レーバッハ事件については，石村善治「報道と人権：日本と西ドイツの場合―人格権，社会復帰の権利，匿名権を考える」新聞研究 4008 号（1985）60 頁以下，参照．2013 年 5 月 14 日，ドイツ連邦裁判所はインターネット検索エンジンのオート・コンプリート機能（氏名検索等とともに自動的に関連語句を表示する機能）がプライバシー権の侵害となる場合，検索エンジンから関連語句の自動表示を削除する義務が生じることを認める判決を下した．Urteil des BGH vom 14. Mai 2013 (Az. VI ZR 269/12). *See* German Federal Court of Justice, *Liability of search engine operator for autocomplete suggestions that infringe rights of privacy - "Autocomplete" function German Federal Court of Justice*, 8 J. OF INTELLECTUAL PROPERTY L. & PRACTICE 797 (2013).

24) Franz Werro, *The Right to Inform v. The Right to be Forgotten: A Transatlantic Clash*, in HAFTUNGSRECHT IM DRITTEN MILLENIUM 287 (Aurelia Colombi Ciacchi et al. eds. 2009).

25) *See* Luiz Costa & Yves Poullet, *Privacy and the Regulation of 2012*, 28 COMPUTER LAW & SECURITY REVIEW 254, 257 (2012). *See also Bruxelles veut imposer "l'oubli numérique"*, LE MONDE, 26 Janvier, 2012 at 16; *Un «droit à l'oubli» sur internet*, LE SOIR, 26 Janvier, 2012 at 20.

26) European Commission, *Special Eurobarometer 359: Attitudes on Data Protection and Electronic Identity in the European Union* (June 2011) at 158. 個人情報の削除を求めないと回答したのはわずか 4% に過ぎない．

27) European Commission, *Communication from the Commission to the European Parliament, the Council, the Economic and Social Committee and the Commit-*

tee of the Regions; A Comprehensive Approach on Personal Data Protection in the European Union, Nov. 4, 2010, at 8. なお，レディング欧州委員会副委員長は，すでに 2010 年 6 月 22 日のアメリカ商工会議所での会議において，すでに「忘れられる権利」の導入の必要性を説いていた．*See* Viviane Reding, *Building Trust in Europe's Online Single Market*, Speech at the American Chamber of Commerce to the EU Brussels, June 22, 2010.

28) Viviane Reding, *Why the EU Needs New Personal Data Protection Rules*, The European Data Protection and Privacy Conference, Nov. 30, 2010.

29) Viviane Reding, *The Upcoming Data Protection Reform for the European Union*, 1 INT'L DATA PRIVACY L., 3, 4 (2011).

30) Cécile de Terwangne, *Internet Privacy and the Right to Be Forgotten/ Right to Oblivion*, 13 REVISTA DE LOS ESTUDIOS DE DERECHO Y CIENCIA POLÍTICA, 109, 117 (2012).

31) *See* JOHN PALFREY & URS GASSER, BORN DIGITAL: UNDERSTANDING THE FIRST GENERATION OF DIGITAL NATIVES 67 (2008); DANAH BOYD, IT'S COMPLICATED: THE SOCIAL LIVES OF NETWORKED TEENS (2014). EU においても，子ども対象とした忘れられる権利が議論されてきた．*See* Rachele Ciavarella & Cécile De Terwangne, *Online Social Networks and Young People's Privacy Protection: The Role of the Right to Be Forgotten* in MINDING MINORS WANDERING THE WEB: REGULATING ONLINE CHILD SAFETY 157 (2014). また，児童のオンライン・プライバシーについては，入江晃史「オンライン上の児童のプライバシー保護の在り方—米国，EU の動向を踏まえて」情報通信政策レビュー 3 号（2012）35 頁以下，参照．

32) Article 29 Data Protection Working Party, *Opinion 15/2011 on the Definition of Consent* (WP187) adopted on July 13, 2011.

33) *See* European Parliament, *Legislative Resolution on the proposal for a regulation of the European Parliament and of the Council on the protection of individuals with regard to the processing of personal data and on the free movement of such data (General Data Protection Regulation)*, March 12, 2014.

　また，欧州データ保護監督機関の Peter Hustinx はフランスの "le droit á l'oubli" が英語に「誤訳」され，「削除」・「消去」ではなく「忘却」のプロセスが誇張されすぎていると指摘する．Peter Hustinx, *Speech: The Right to be Forgotten and Beyond: Data Protection and Freedom of Expression in the Age of Web 2.0*, Oxford Privacy Information Law and Society Conference, June 12, 2012.

　なお，「忘れられる権利」の名称変更は修正案合意の直前であったと考えられる．*See e.g.*, Viviane Reding, Speech: *Data Protection Reform: Restoring Trust and Building the Digital Single Market*, September 17, 2013; Jan Philipp Albrecht, *Keynote Presentation*, The 4th Annual European Data Protection & Privacy Conference, September 17, 2013. 名称変更を求める修正案として，議会委員会に

おける European Parliament, Committee on Civil Liberties, Justice and Home Affairs, Amendment 1380 (Alexander Alvaro), Amendment 1381 (Axel Voss), Amendment 1382 (Sylvie Guillaume, Francoise Castex), Amendment 1383 (Adina-Ioana Vălean, Jens Rohde) がある。

欧州議会での審議過程における論点については，*See* Jan Philipp Albrecht, *Uniform Protection by the EU: The EU Data Protection Regulation Salvages Informational Self-Determination*, in DATA PROTECTION ANNO 2014: HOW TO RESTORE TRUST? 125 (Hielke Hijmans & Herke Kranenborg eds., 2014). なお，ドイツのデータ保護機関は規則提案の強力な支持者であるのに対し，ドイツ政府が反対の表明を示しているのは，規則提案が公表される直前に，ドイツ憲法裁判所の裁判官が，ドイツ憲法で保障されてきたデータ保護の枠組みが失われることの悲嘆を論文で公表したことで，規則提案の正統性がドイツ国内で揺らいだ，とアルブレヒト議員は指摘する。

34) *See* Costa & Poullet, *supra* note 25.
35) *See e.g.*, *They Know What You're Shopping For*, WALL ST. J., December 8, 2012 at C1.
36) European Network and Information Security Agency, *The Right to be Forgotten- Between Expectations and Practice* (November 2012) at 7.
37) *Id*. at 14. この点，カナダでは，友人が共有した情報や他者の情報は対象とならないなどの条件付きで忘却に準ずるもの (quasi-forgetting) ともいうべき帰結であれば，法的後ろ盾がある限り実践しうるという指摘が注目される。Colin J. Bennett, Christopher Parsons & Adam Molnar, *Forgetting, Non-forgetting and Quasi-Forgetting in Social Networking: Canadian Policy and Corporate Practice*, in RELOADING DATA PROTECTION: MULTIDISCIPLINARY INSIGHTS AND CONTEMPORARY CHALLENGES 41 (Serge Gutwirth et. al. eds., 2013).
38) ECJ, Case C131/12, *Google Spain, S.L., Google Inc. v. Agencia Española de Protección de Datos, Mario Costeja González*. *See also On Its Own, Europe Backs Web Privacy Fights*, N.Y. TIMES, August 10, 2011 at A1; *Plastic Surgeon and Net's Memory Figure in Google Face-Off in Spain*, WALL ST. J., March 7, 2011 at B1. なお，スペインの国内裁判所及びデータ保護監督機関の決定については，*See* Artemi Rallo Lombarte, *'Right to be forgotten' ruling is an Internet Privacy Watershed*, PRIVACY LAWS & BUSINESS; INTERNATIONAL REPORT Vol. 129 (2014) at 1. スペイン元データ保護機関のディレクターであったアルテミ・ロンバルテ教授からは国内の情勢等について直接ご教授いただいた。ここに謝意を記す。スペイン語による詳細な考察については，Artemi Rallo Lombarte, *El debate europeo sobre el derecho al olvido en internet*, HACIA UN NUEVO DERECHO EUROPEO DE PROTECCIÓN DE DATOS (Artemi Rallo Lombarte & Rosario García Mahamut eds., 2015) のご紹介をいただいた。

39) Article 29 Working Party, *Working Document on Determining the International Application of EU Data Protection Law to Personal Data Processing on the Internet by non-EU Based Websites* (WP56) adopted on May 30, 2002 at 10. なお，EU データ保護指令の域外適用の問題については，消費者庁『個人情報保護制度における国際的水準に関する検討委員会報告書』（庄司克宏「リスボン条約後のEU 個人データ保護法制における基本権保護と域外適用」）17 頁以下，参照．
40) Article 29 Working Party, *Opinion 1/2008 on Data Protection Issues related to Search Engines* (WP148) adopted on April 4, 2008 at 9.「ネットの世界では管理権限の所在の特定は難しい」のみならず，「この権利をネット情報の権利とするためには，ヨーロッパの外の国々がこの提案を受け入れる必要がある」（藤原靜雄「国家による個人の把握と行政法理論」公法研究 75 号（2013）39 頁）．
41) Google が提供するサービスについては，特に本人の同意の観点からその不十分さが指摘され，「忘れられる権利」の基盤となる同意のあり方との関係で問題となる．*See* Bart van der Sloot & Frederik Zuiderveen Borgesius, *Google and Personal Data Protection* in GOOGLE AND THE LAW 109（Aurelio Lopez-Tarruella ed., 2012）．
42) CJEU, Case C131/12, *Google Spain, S.L., Google Inc. v. Agencia Española de Protección de Datos, Mario Costeja González*. Opinion of Advocate General JÄÄSKINEN, June 25, 2013. 本判決の邦語紹介については，平野晋「Google Spain SL and Google Inc. v. AEPD and González─欧州司法裁判所が『忘れられる権利』を認めたとされる事例」国際商事法務 42 巻 6 号（2014）984 頁以下，中西優美子「Google と EU の「忘れられる権利（削除権）」(62) EU 法における先決裁定手続に関する研究（7）」自治研究 90 巻 9 号（2014）96 頁以下，参照．なお，本判決は EU 機能条約第 267 条に基づく先決判決である．庄司克宏『新EU 法基礎篇』（岩波書店，2013）141 頁，参照．
43) この点，本判決の結論は決して想定外のものと見るべきではなかろう．欧州司法裁判所は，個人データの権利の侵害などを理由として EU データ保全指令の全面無効判決（CJEU, *Digital Rights Ireland and Seitlinger and Others*, Joined Cases C-293/12 and C-594/12, April 8, 2014.）を 2014 年 4 月 8 日に下しており，2013年 12 月 12 日の法務官の意見では「……人間は，一定の期間を経て自らの存在を全うしている．……異論のないことと思われることとは，現在という時の認識と過去という時の認識の間の区別の可能性である．いずれの認識においても，各人は，『記録された』生として自らの生，特に『私生活』を意識することが一定の役割を果たす．」と述べていた．すなわち，法務官は，『現在という時』のみならず，『過去という時』を一定の「時」を国家が保全することを必要かつ比例原則に照らして判断すると，『過去という時』への国家による干渉の正当化理由を見出せない，と指摘しており，データ保全を定めた指令を違反とした論理が，忘れられる権利なるものへの接近と見ることができる．CJEU, Opinion of Advocate

General Cruz Villalon, *Digital Rights Ireland Ltd v. The Minister for Communications*, C-594/12, December 12, 2013.

44) 本判決以外に忘れられる権利に関連するものとして，See Muge Fazlioglu, *Forget Me Not: The Clash of the Right To Be Forgotten and Freedom of Expression on the Internet*, 3 INT'L DATA PRIVACY L. 149, 153 (2013). なお，アルゼンチンにおいては，ある歌手が検索サイト（Google, Yahoo）上に出てくる自身のデータの消去を求め，一審において歌手側の主張が認められ，二審で検索サイト側の主張を認める判決が出されている事例がある。See Edward L. Carter, *Argentina's Right to be Forgotten*, 27 EMORY INT'L L. REV. 23 (2013). See also *Google and Yahoo Win Appeal in Argentine Case*, N.Y. TIMES, August 20, 2010 at B4. また，イタリアにおける動画サイト YouTube からの情報削除もまた「忘れられる権利」の一環として位置づけられている。See Steven C. Bennett, *The "Right to Be Forgotten": Reconciling EU and US Perspectives*, 30 BERKELEY J., INT'L L. 161, 164 (2012). メキシコでは，連邦データ保護機関による Google の検索結果の削除を求める手続が開始されたが，Google のデータベースがメキシコ国内にはないという主張がされ，管轄が争点となっている。See Instituto Federal de Acceso a la Información y Protección de Dato, *Responsible Google Mexico, S. de R.L. de C.V., Expediente: PPD.0094/14*, September 9, 2014. 香港では，控訴裁判所の判決（Eastweek Publisher Limited & Another v. Privacy Commissioner for Personal Data [2000] 2 HKLRD 83）により，Google が単なる情報媒介者であってデータ管理者であるとは認められなかった旨の報告がある。

45) Google 透明性レポート．http://www.google.com/transparencyreport/removals/europeprivacy/?hl=ja (last visited March 31, 2015).

46) The Advisory Council to Google on the Right to be Forgotten, *Final Report*, February 6, 2015.

　また，「果たしてこの判決の求める措置がどの程度忘れられる権利に寄与するのかはっきりしないのに対し，これに応じるためにはサーチエンジンは個人からの削除請求を受け付ける手続を設け，削除請求に対し審査して削除を決定する手続を設ける必要がある．公人に関する場合や，公共の利益に関する場合にはたとえ古い個人情報であっても，削除を拒否すべき場合もあろう．果たしてそれだけのコストを正当化するだけの利益がありうるのかどうか疑問も提起されよう」という指摘がある．松井茂記『インターネットの憲法学〔新版〕』（岩波書店，2014）397 頁，参照．

　なお，日本では 2015 年 3 月 30 日ヤフー株式会社が「検索結果とプライバシーに関する有識者会議報告書」をもとに「検索結果の非表示措置の申告を受けた場合のヤフー株式会社の対応方針について」を公表している．

47) Article 29 Working Party, *Guidelines on the implementation of the Court of Justice of the European Union judgment on "Google Spain and inc v. Agencia*

Española de Protección de Datos (AEPD) and Mario Costeja González, C-131/12, November 26, 2014.

なお，アジア太平洋地域におけるプライバシー執行機関の会合では，EU の動向を踏まえつつ共同調査の可能性を示している．*See* Asia Pacific Privacy Authorities, *42nd APPA Forum — Communiqué* (Vancouver, December 1-4, 2014). Available at http://www.appaforum.org/resources/communiques/42ndforum.html (last visited March 31, 2015).

48) *See* House of Lords in the United Kingdom, *EU Data Protection law: a 'right to be forgotten'?*, July 23, 2014. Available at http://www.publications.parliament.uk/pa/ld201415/ldselect/ldeucom/40/40.pdf (last visited March 31, 2015).

49) Jonathan Zittrain, *Don't Force Google to 'Forget'*, N.Y. TIMES, May 15, 2014 at A29.

50) Jeffry Toobin, *The Solace of Oblivion*, THE NEW YORKER, September 29, 2014 at 26.

51) *European Court Lets Users Erase Records on Web*, N. Y. TIMES, May 14, 2014 at A1.

52) *Ruling in E.U. May Roil the Web*, WASH. POST, May 14, 2014 at A1.

53) Fair Credit Reporting Act, 15 U.S. Code §1681c. 公正信用報告法の紹介については，堀部政男「個人信用情報の保護・利用の考え方」クレジット研究 20 号（1998）7 頁以下，堀部政男「改正割賦販売法と個人信用情報の法的保護」クレジット研究 41 号（2009）142 頁以下，参照．なお，日本では，全国銀行個人情報保護協議会「全国銀行個人信用情報センターにおける個人情報保護指針」（2005 年 4 月）により，借入金額，借入日，最終返済日等の契約の内容及びその返済状況（延滞，代位弁済，強制回収手続，解約，完済等の事実を含む．）は，契約期間中及び契約終了日（完済していない場合は完済日）から 5 年を超えない期間登録されることとなっている（第 31 条）．

54) Jeffrey Rosen, *The Right to Be Forgotten*, 64 STAN. L. REV. (ONLINE) 88 (2012).

55) Jeffrey Rosen, *Free Speech, Privacy, and the Web That Never Forgets*, 9 J. ON TELECOMM. & HIGH TECH. L. 345, 347 (2011).

56) *See e.g., Seach King, Inc. v. Google Technology Inc.*, Case No. Civ-02-1457-M (W.D. Okla., Jan. 13, 2003); *Landon v. Google, Inc.*, 474 F. Supp. 2d 622 (D. Del. 2007). 検索サイトと表現の自由の関係については *See generally* Eugene Volokh & Donald M. Falk, *First Amendment Protection for Search Engine Search Results*, 8 J. L. ECON. & POL. 883 (2012). また，成原慧「情報流通の媒介者と表現の自由」NextCom21 号（2015）60 頁以下，参照．

57) Section 230 of the Communications Decency Act of 1996, 47 U.S.C. §230. アメリカでは，性表現の書籍販売店に対する厳格責任を課す立法が第 1 修正により違憲となるとした Smith v. California, 361 U.S. 147（1959）以降，表現の「媒介者」

が第 1 修正で手厚く保障されてきた．なお，EU では，電子商取引指令（第 12 条〜第 15 条）においてインターネット・サービス・プロバイダの免責条項がある．インターネット・サービス・プロバイダの責任に関する米欧の比較については，See JORIS VAN HOBOKEN, SEARCH ENGINE FREEDOM: ON THE IMPLICATIONS OF THE RIGHT TO FREEDOM OF EXPRESSION FOR THE LEGAL GOVERNANCE OF WEB SEARCH ENGINES 129 (2012).

58) 385 U.S. at 380 (1967).

59) Id. at 387-88. ちなみに，本判決は当初 6 対 3 でプライバシー侵害を認める投票がなされていたが，2 度目の口頭弁論を経て結局 5 対 4 で表現の自由に好意的な判決となった．See BERNARD SCHWARTZ, THE UNPUBLISHED OPINIONS OF THE WARREN COURT 240 (1985). なお，Hill 判決の射程は Gertz v. Robert Welch Inc., 418 U.S. 323 (1974) によって私人間のプライバシー訴訟に当てはまるものではないとされる．

60) Florida Star v. B.J.F., 491 U.S. 524, 541 (1989).

61) Cox Broadcasting Corp. v. Cohn, 420 U.S. 469, 491 (1975). この判決に続く先例として，See Smith v. Daily Mail Publishing Co., 443 U.S. 97 (1979); Oklahoma Publishing Co v. Distruct Court, 430 U.S. 308 (1977).

62) Bartnicki v. Vopper, 532 U.S. 514 (2001). ちなみに，本判決では，法廷意見，同意意見，反対意見のいずれもがウォーレンとブランダイスのプライバシー権の論文に依拠しているが，結論が割れている．

63) Haynes v. Alfred A. Knopf, Inc., 8 F. 3d 1222, 1232 (7th Cir 1993). ポズナー裁判官によれば，人が過去の出来事を隠匿するのは恥から生じるものではなく，人との交流において負の要素となりうる可能性が生じるためであるとされる．See also RICHARD A. POSNER, THE ECONOMICS OF JUSTICE 260 (1983).

64) Briscoe v. Reader's Digest, 4 Cal. 3d 529, 540 (Cal. 1971). 判決では「人間の忘却は，時を経て，明日の汚れたアーカイブの中で今日の『ホット』ニュースとして残る」と指摘される．Id. at 539-40.

65) See RESTATEMENT OF THE LAW: TORTS 2D §652D (1977) at 383.

66) Virgil v. Time, Inc, 527 F. 2d. 1122, 1128-29 (9th Cir. 1975). See also Gates v. Discovery Communications, Inc., 101 P. 3d 552, 560 (Cal. 2004).

67) See e.g., Neil M. Richards & Daniel J. Solove, Prosser's Privacy Law: A Mixed Legacy, 98 CAL. L. REV. 1887, 1902 (2010); Eugene Volokh, Tort Liability and the Original Meaning of the Freedom of Speech, Press, and Petition, 96 IOWA L. REV. 249, 259 (2010).

68) 376 U.S. 254 (1964). 1964 年 Sullivan 判決以降，合衆国最高裁は，コモン・ローそれ自体をステイト・アクションと見立て，名誉毀損等と表現の自由との関係を憲法の中で議論するようになった．See LAURENCE H. TRIBE, CONSTITUTIONAL CHOICES 258 (1985).

69) WILLIAM L. PROSSER, HANDBOOK OF THE LAW OF TORTS 826-7 (4th ed., 1971). ちなみに，プロッサー教授の影響を大きく受けた『不法行為リステイトメント（第2版）』については，2013年夏以降，ダニエル・ソロブ教授とポール・シュワルツ教授が中心となって「情報プライバシーの原則」を含む第3版に向けた改定作業が始まった.
70) アメリカ不法行為法のベーシックとして，古典的な事例 *Melvin v. Reid*, 297 P. 91（Cal.1931）（かつての売春婦であり殺人事件で無罪となった人物が，後に更生し社交界での地位を築いていたがある映画で彼女の過去が上映されたため，プライバシー侵害が認められた事例）は Briscoe 判決とともに，合衆国最高裁の一連の判例により「その前提が葬り去られた」例として紹介される. *See e.g.*, GEORGE C. CHRISTIE et. al., THE LAW OF TORTS 1545 (5th ed. 2012). ちなみに，Melvin 判決については，裁判当時も売春婦をやめておらず複数の夫もおり，実際人生をやり直しているとは言えず，法廷での茶番劇であったことも後の研究でしばしば指摘される. *See e.g.*, LAWRENCE M. FRIEDMAN, GUARDING LIFE'S DARK SECRETS: LEGAL AND SOCIAL CONTROLS OVER REPUTATION, PROPRIETY, AND PRIVACY 218 (2007).
71) *See* Paul M. Schwartz, *The EU-US Privacy Collision: A Turn to Institutions and Procedures*, 126 HARV. L. REV. 1966, 1995 (2013).
72) Panel on The EU-US Privacy Collision in Harvard Law Review Symposium on Privacy & Technology (Comment by Danny Weitzner). Weitzner 教授はプライバシーの規制が事前のものではなく，事後的なものに力点を置くべきであるとも論じていた. *See* Daniel J. Weitzner et al., *Transparent Accountable Data Mining: New Strategies for Privacy Protection*, in Computer Science and Artificial Intelligence Laboratory Technical Report, January 27, 2006. Available at http://18.7.29.232/bitstream/handle/1721.1/30972/MIT-CSAIL-TR-2006-007.pdf?sequence=2 (last visited March 31, 2015).
73) *See California's Latest Effort to 'Protect Kids Online' is Misguided and Unconstitutional*, FORBES, September 30, 2013. また，カリフォルニア州法の意義を表現の自由の観点から批判する論稿のほか，他州のインターネット・サービス・プロバイダにも過度な負担を課すことから連邦主義の下でも憲法違反が指摘される. *See e.g.*, Stephen J. Astringer, *The Endless Bummer: California's Latest Attempt to Protect Children Online Is Far Out (Side) Effective*, 29 NOTRE DAME J.L. ETHICS & PUB. POL'Y 271 (2015); James Lee, *SB 568: Does California's Online Eraser Button Protect the Privacy of Minors*, 48 U.C.D. L. REV. 1173 (2015).
74) Volokh & Falk, *supra* note 56, at 891.
75) Jeffrey Rosen, *Facebook, Google, and the Future of Privacy and Free Speech* in CONSTITUTION 3.0: FREEDOM AND TECHNOLOGICAL CHANGE 81 (Jeffrey Rosen & Benjamin Wittes eds., 2011).

76) Peter Fleischer, *Foggy Thinking About the Right to Oblivion*, in Peter Fleischer: Privacy? http://peterfleischer.blogspot.com/2011/03/foggy-thinking-about-right-to-oblivion.html（last visited March 31, 2015）．なお，「忘れられる権利」と検閲の論争はイギリスにおいても話題となっている．*See The Web Has a Long Memory- So Do We Have the Right to be 'Forgotten'?*, THE GUARDIAN, April 5, 2013 at 20.

77) Jeffrey Rosen, *The Deciders: The Future of Privacy and Free Speech in the Age of Facebook and Google*, 80 FORDHAM L. REV. 1525, 1533 (2012).

78) *See also* James Q. Whitman, *The Two Western Cultures of Privacy: Dignity versus Liberty*, 113 YALE L. J. 1151 (2004).

79) Viviane Reding, *The European Data Protection Framework for the Twenty-First Century*, 2 INT'L DATA PRIVACY L. 119, 125 (2012).

80) この点，「忘れられる権利」が，プライバシーの権利の内実を豊かにするのか，それとも，同権利の本来的な弱さを新奇な概念で補正しようとするものか，という指摘があるとおり，具体的な事例における表現の自由との調整は極めて重要な問題である．阪本昌成「プライバシー保護と個人情報保護の違い」Nextcom12号（2012）30頁．また，インターネット空間における表現の自由とプライバシーの対立については，松井茂記『インターネットの憲法学』（岩波書店，2002），阪本昌成『表現権理論』（信山社，2011），小倉一志『サイバースペースと表現の自由』（尚学社，2007）参照．

81) ALAN F. WESTIN, PRIVACY AND FREEDOM 7 (1967).

82) *Id*. at 375.

83) *U.S. West Inc. v. FCC*, 182 F. 3d 1224 (10th Cir 1999).

84) RICHARD H. THALER & CASS R. SUNSTEIN, NUDGE: IMPROVING DECISIONS ABOUT HEALTH, WEALTH, AND HAPPINESS 180 (2009).

85) Jef Ausloos, *The "Right to be Forgotten" – Worth Remembering?*, 28 COMPUTER LAW & SECURITY REVIEW 143, 147 (2012).

86) 児童による同意については，アメリカにおいても問題とされてきており，連邦取引委員会は3対1（1委員棄権）の評決によって，親の同意による認証制度を設けるなどの児童オンライン・プライバシー規則改正が行われた．Federal Trade Commission, *Children's Online Privacy Protection Rule*, 16 CFR Part 312, December 19, 2012.

87) Article 29 Data Protection Working Party, *supra* note 40, at 9. CNILの主導の下，欧州のデータ保護監督機関が連名で示した手紙の中で，Googleプライバシー・ポリシーの変更について調査したうえで，Googleに示した勧告には明示的な同意の収集が含まれている．*See Letter from Isabelle Falque-Pierrotin et al., to Mr. Page*, October 16, 2012. Available at http://ec.europa.eu/justice/data-protection/article-29/documentation/other-document/files/2012/20121016_

letter_to_google_en.pdf（last visited March 31, 2015）．なお，Google のストリートビューや行動ターゲティングについては，明示の同意を取得していないオプト・アウト方式による広範なデータ処理の合法性には疑義が提起されてきた．*See* Bart van der Sloot & Frederik Zuiderveen Borgesius, *Google and Personal Data Protection*, in Google And The Law 109（Aurelio Lopez-Tarruella ed., 2012）．

88) Daniel J. Solove, *Introduction Remark*（draft speech）in Harvard Law Review Symposium on Privacy & Technology.

89) Daniel J. Solove, *Privacy Self-Management and the Consent Paradox*, 126 Harv. L. Rev. 1880, 1881（2013）．*See also* Anita L. Allen, Unpopular Privacy: What Must We Hide? 6（2011）．なお，ヨーロッパでは，データの蓄積それ自体が人権侵害につながる可能性があることから，プロファイリングを行う場合，本人の同意を必要とするが，たとえ本人の同意があったとしてもデータ処理の合法性の観点からデータの処理が認められないことがある．*See* Serge Gutwirth & Paul De Hert, *Regulating Profiling in a Democratic Constitutional State*, in Profiling The European Citizen: Cross-Disciplinary Perspectives 276（Mireille Hildebrandt et. al. eds., 2008）．

90) 近時の調査では同意を含むプライバシー保護の枠組みが，市場における選択の意義に重みを与え，常時追跡されている消費者により多くの自由を与えていると指摘するものもある．*See also* Chris Jay Hoofagle, Ashkan Soltani, Nathaniel Good, Dierich J. Wambach, & Mika D. Ayenson, *Behavioral Advertising: The Offer You Cannot Refuse*, 6 Harv. L. & Pol'y Rev. 273（2012）．ちなみに，この号もまたハーバード大学ロー・スクールの編集雑誌であるが，2012年発行の6巻2号は「21世紀におけるプライバシーと説明責任」というシンポジウム号である．

91) 連邦取引委員会ジョン・レイボウィッツ委員長が2012年10月11日ハーバード大学ロー・スクールにおいて講演した際，追跡禁止の原則がオンライン広告の内容規制ではないことを示している．*See* Jon Leibowitz, *The Federal Trade Commission: 'Fighting for truth and justice'*, Harvard Law School, Austin Hall West, October 11, 2012. 自主規制としての追跡禁止の法的性格については，*See* Omer Tene & Jules Polnetsky, *To Track or "Do Not Track": Advertising Transparency and Individual Control in Online Behavioral Advertising*, 13 Minn. J. L. Sci. & Tech. 281（2012）．

92) 『ハーバード・ロー・レビュー』のシンポジウムの冒頭の歓迎挨拶において，マーサ・ミノウ教授はプライバシーの公私区分の意義について問題提起をした（Dean Martha Minow, *Introduction Remark* in Harvard Law Review Symposium on Privacy & Technology.）．ニール・リチャーズ教授もまた，監視については理論的に公的分野と私的分野では異なるが現実においては両者が混合状態に

あることを指摘した．*See* Neil M. Richards, *The Dangers of Surveillance*, 126 Harv. L. Rev. 1934, 1958 (2013).

　なお，日本におけるプライバシー権の公法と私法の連続と断絶については，千葉邦史「日本国憲法における個人主義とプライバシー」法律時報 84 巻 3 号（2011）106 頁，浅野有紀「プライヴァシーの権利における公法と私法の区分の意義」初宿正典ほか編『国民主権と法の支配 ［下巻］』（成文堂，2008）179 頁，松井茂記「個人情報保護法とプライヴァシーの権利」ジュリスト 1190 号（2000）50 頁，参照．

93) *See* Geoffrey R. Stone, *Privacy, the First Amendment, and the Internet*, in The Offensive Internet: Speech, Privacy, And Reputation 187 (Saul Levmore & Matha C. Nussabaum eds., 2010).

94) Werro, *supra* note 24, at 288.

95) European Court of Human Rights, *K.U. v. Finland*, 2 December 2008 (Appl.no. 2872/02). 欧州における私生活保護に関する基本権保護義務論については，*See* Jorg Polakiewicz, *Profiling: The Council of Europe's Contribution*, in European Data Protection: Coming of Age 371 (Serge Gutwirth et. al. eds., 2013). 基本権保護義務論については，小山剛『基本権保護の法理』（成文堂，1998），参照．

96) ドイツにおける情報自己決定権に関する考察として，平松毅『個人情報保護』（有信堂，2009）25 頁，小山剛「『安全』と情報自己決定権」法律時報 82 巻 2 号（2010）99 頁，倉田原志「ドイツにおける労働者のプライバシー権序説」立命館法学 299 号（2005）1 頁，玉蟲由樹「ドイツにおける情報自己決定権について」上智法学論集 42 巻 1 号（1998）115 頁，参照．他方，フランスでは「人権の中でも少なくとも私生活保護に関わる人権については，それの私人間適用が認められたのと同じ結果になっていたが，このことが，憲法の人権規定の私人間への適用という枠組みの下で自覚的に議論されることは少なかった」と指摘される．内野正幸「プライバシー権についての控え目な考察―フランス法をひとつの手がかりにして」公法研究 58 号（1996）81 頁，参照．

97) *See* Paul M. Schwartz & Joel R. Reidenberg, Data Privacy Law: A Study on United States Data Protection 35 (1996). ステイト・アクション法理の縮小過程にプライバシー権の登場――特にプライバシー権を擁護したウィリアム・ダグラス裁判官による憲法における統制の公的空間の拡大とプライバシー権に基づく私的空間の保障との緊張関係――があることを指摘するものとして，宮下紘「ステイト・アクション法理における公私区分再考（1）（2・完）」一橋法学 5 巻 3 号（2006）961 頁，6 巻 1 号（2007）157 頁，参照．

98) ステイト・アクション法理とは，①私人の行為が政府の援助と恩恵に依存している場合，②私人の行為が伝統的な政府の機能を果たしている場合，あるいは③私人による侵害行為が政府の権威によってさらに重いものとされている場合には，裁判所が私人の行為を憲法によって規律する法理（*Edmonson v. Leesville Con-*

crete Co., 500 U.S. 614, 621-2 〔1991〕) である. *See e.g., Burton v. Wilmington Parking Authority*, 365 U.S. 715 (1961); *Marsh v. Alabama*, 326 U.S. 501 (1944); *Shelley v. Kraemer*, 334 U.S. 1 (1948).

99) *See* U.S. Department of Health, Education and Welfare, *Records, Computers and the Rights of Citizens: Report of the Secretary's Advisory Committee on Automated Personal Data Systems* XX-XXIII, at 50 (1973); Federal Trade Commission, *Privacy Online: Fair Information Practices in the Electronic Marketplace* (2000). 2012 年 2 月にオバマ政権が公表した消費者プライバシー権利章典においても公正情報慣行の原則の遵守と立法化が謳われている.

100) Panel on The Harms of Surveillance in Harvard Law Review Symposium on Privacy & Technology (Comment by Joel Reidenberg). *See* Joel R. Reidenberg, *Setting Standards for Fair Information Practice in the U.S. Private Sector*, 80 Iowa L. Rev. 497, 502 (1995).

101) *See* Daniel J. Solove & Neil M. Richards, *Rethinking Free Speech and Civil Liability*, 109 Colum. L. Rev. 1650, 1695 (2009). *See also* Jonathan L. Zittrain, The Future of Internet And How to Stop It 213 (2008).

102) Eugene Volokh, *Freedom of Speech and Information Privacy: The Troubling Implications of a Right to Stop People from Speaking About You*, 52 Stan. L. Rev. 1049, 1051 (2000). 「私に関する個人識別可能な情報についてあなたの通信をコントロールする権利」であるとも揶揄される. *Id.* at 1050.

103) アメリカにおいても表現の自由とプライバシー権を調整しようとする見解がある. *See e.g.,* Neil M. Richards, *Reconciling Data Privacy and the First Amendment*, 52 UCLA L. Rev. 1149 (2005); Paul M. Schwartz, *Free Speech vs. Information Privacy: Eugene Volokh's First Amendment Jurisprudence*, 52 Stan. L. Rev. 1559 (2000).

104) 「人間の尊厳」を基調とするプライバシー権論が公法上・私法上のプライバシーの諸問題を統一的に理解することができるものの,「広汎にすぎ,『権利』として提示するには明確性を欠いている」という佐藤幸治教授の指摘は「忘れられる権利」の射程の広さを言い当てていると思われる. 佐藤幸治『現代国家と人権』(有斐閣, 2008) 447 頁.

105) Samuel D. Warren & Louis D. Brandeis, *The Right to Privacy*, 4 Harv. L. Rev. 193, 196 (1890).

106) *Olmstead v. United States*, 277 U.S. 438, 485 (1928) (Brandeis, J., dissenting).

107) *See* Daniel J. Solove, The Future of Reputation: Gossip, Rumor, And Privacy on The Internet 4 (2007).

108) プライバシーが単に個人の権利としての価値を有するのみならず, 社会の「品格」, 別の言い方をすれば「シヴィリティ・ルール」とも密接に結びついていると言われる. *See e.g.,* Robert C. Post, Constitutional Domain: Democracy, Com-

MUNITY, MANAGEMENT 51 (1995). 他者のプライバシー侵害を放置するインターネット上の表現については，論争のあるところであるが「品格」の観点からも問題視されうる（平地秀哉「『品格ある社会』と表現」駒村圭吾・鈴木秀美編『表現の自由 I』〔尚学社，2011〕317 頁）．

109) Warren & Brandeis, *supra* note 105, at 193

110) *Olmstead*, 277 US at 478 (Brandeis, J., dissenting). *See also Whitney v. California*, 274 U.S. 357, 375 (Brandeis, J., concurring).

111) *See e.g.*, Richards, *supra* note 92, at 1950; DANIEL J. SOLOVE, UNDERSTANDING PRIVACY 193 (2008); Julie E. Cohen, *Privacy, Visibility, Transparency, and Exposure*, 75 U. CHI. L. REV. 181, 193 (2008).

112) 本書第 I 章，参照．

113) LAWRENCE LESSIG, CODE VERSION 2.0 (2006). *See also* Orin S. Kerr, *Accounting for Technological Change*, 36 HARV. L. & POL'Y REV. 403, 407 (2013).

114) *See* Julie E. Cohen, *What is Privacy For?*, 126 HARV. L. REV. 1904, 1927 (2013). プライバシーを論じるに当たっては，「権利」論と「統治」論とのギャップを理解することが重要である．*See* JULIE E. COHEN, CONFIGURING THE NETWORKED SELF 148 (2012). この点，山本龍彦「プライバシーの権利」ジュリスト 1412 号 (2010) 80 頁は，プライバシーの「構造」論を展開しており注目に値する．

115) JED RUBENFELD, FREEDOM AND TIME: THEORY OF CONSTITUTIONAL SELF-GOVERNMENT 254 (2001).

116) JOHN STUART MILL, ON LIBERTY 146 (2d ed. Boston: Ticknor and Fields, 1863). 過去の情報をもとに他者から判断されることがプライバシー法によって「勝者」と「敗者」という差別と偏見を生み出す危険性があるとも指摘される．*See* Anita L. Allen, *Privacy Law: Positive Theory and Normative Practice*, 126 HARV. L. REV. 241, 244 (2013). 忘れられる権利は人間の誤謬性に基づいている．かつてジェームズ・マディソンが，次のようなことを述べている．「もしも人間が天使であるならば，政府など必要ないであろう．もしも天使が統治するのであれば，外部からのものであれ内部からのものであれ，政府に対するコントロールなど必要ないであろう」．ALEXANDER HAMILTON, JAMES MADISON & JOHN JAY, THE FEDERALIST 281 (J.R. Pole ed., 2005).

117) *See* MAYER-SCHONBERGER, *supra* note 13, at 185.

118) この点，デジタルの記憶がもたらす恩恵，たとえば真理の発見あるいは歴史研究等についても留意する必要があろう．*See e.g.*, GORDON BELL & JIM GERMMELL, TOTAL RECALL: HOW THE E-MEMORY REVOLUTION WILL CHANGE EVERYTHING 166 (2009).

119) この条文を起草した欧州委員会司法総局の担当官と何度か意見交換をした際にも，「忘れられる権利」が規則提案の核心をなしており，この権利について譲歩するつもりがない強いこだわりを感じた．この点については，その一例を公表し

たものとして，消費者庁「個人情報保護制度における国際的水準に関する検討委員会報告書」（2012 年 3 月）78 頁，参照．
120) Anu Bradford, *The Brussels Effect*, 107 Nw. U. L. Rev. 1 (2012).
121) 最判平成 6 年 2 月 8 日民集 48 巻 2 号 149 頁．この利益は「忘却」の利益と評される（大村敦志「『逆転』事件——公私の境界（2）」法学教室 356 号（2010）128 頁）．むろん，「忘れられる権利」の行使については，「実施機関の有する対外的な調査権限におのずから限界があること」や本人の「権利利益に直接係るものということは困難であると考えられる」場合，一定の制約があると解される（最判平成 18 年 3 月 10 日判時 1932 号 71 頁）．また，下級審の裁判例として，医師によるセクシャルハラスメント等の訴訟で弁護士が記者会見したことがプライバシー侵害になるとした例（東京高判平成 17 年 3 月 14 日判時 1893 号 54 頁），過去の言動や賭博の逮捕歴や不倫関係などの公表が不法行為を構成しないとした例（東京地判平成 21 年 1 月 28 日判時 2036 号 48 頁）等がある．
122) 滝澤孝臣「ある者の前科等にかかわる事実が著作物で実名を使用して公表された場合における損害賠償請求の可否」法曹時報 49 巻 2 号（1997）475 頁，堀部政男「ノンフィクション作品と前科等にかかわる事実の公表」ジュリスト 1053 号（1994）85 頁，参照．
123) もっとも，判決のこの部分をもっぱら「時の経過」とともに情報が保護されると理解すると，「時の経過」とともに情報が公開されるとするアーカイブズ研究の本旨と矛盾することとなろう．*See* Jean-Francois Blanchette, *The Noise in the Archive: Oblivion in the Age of Total Recall*, in Computers, Privacy And Data Protection: An Element of Choice 25 (Serge Gutwirth, et. al. eds., 2011). *See also Archivists in France Fight a Privacy Initiative*, N. Y. Times, June 17, 2013 at B7.
124) この点については，宍戸常寿「デジタル時代の事件報道に関する法的問題」東京大学法科大学院ローレビュー 6 号（2011）207 頁以下，参照．なお，忘れられる権利が検索サイトで問題となる場合，一般論として，「検索エンジンは，……『個人情報データベース等』には該当しない」（園部逸夫編『個人情報保護法の解説〔改訂版〕』（ぎょうせい，2005）53 頁）と考えられており，個人情報保護法の義務規定が及ぶかどうかについて別途検討が必要となる．
125) 阪本昌成『憲法理論 II』（成文堂，1994）68 頁．阪本昌成『プライバシー権論』（日本評論社，1986）4 頁，参照．
126) 棟居快行『憲法学の可能性』（信山社，2012）297 頁，310 頁．なお，棟居教授は自説を展開する際に，人が家族，交遊関係，地域，職場，市民運動，街の雑踏などで多様な社会関係に身を置きながら，それぞれの社会関係ごとに特定の自己イメージを主張し，人間関係の成立させてゆくことのうちにあるとされる「個人の尊厳」に依拠している．

V

ビッグ・データ&モノの
インターネットとプライバシー保護

1 ビッグ・データがもたらすビッグ・リスク

1 ビッグ・データ

　「ビッグ・データ」の定義それ自体は定まったものがなく，その名のとおり「大量のデータ」を意味するが，データの量（volume），種類（variety），速度（velocity）——三つの"v"——を備え，このデータを駆使して事業に活かそうという試みの文脈で用いられる[1]．

　オバマ政権は2012年3月29日，「ビッグ・データ・イニシアチブ」を公表し，「ビッグ・データはビッグ・ディール」[2]と銘打って六つの連邦機関に2億ドルを投じてビッグ・データの利活用に向けたツールと技術の開発を行ってきた．さらに，2013年に入ってからオバマ政権はバイオ医療でのデータ活用やオープンデータの活用などの施策を打ちだしている．個人情報は21世紀の共通貨幣となりうるのであり，もはや個人情報を管理するだけの時代は終わり，その情報をいかに分析するかの時代である．21世紀の最もセクシーな仕事はビッグ・データという大量の個人情報が押し寄せる大波を前に波乗り技術を身に着けたデータ・サイエンティストであるとすら言われる[3]．ビッグ・データは大量のデータが収集・分析・利用されることによって，疫学研究をはじめインターネットの閲覧履歴やスマートフォンの位置情報を用いたデータ解析による新たな商品開発・営業等のビジネス，さらには2012年オバマ大統領の再選を支えた大量のデータ分析による選挙活動の場面においてすら大きな恩恵をもたらすことができる[4]．

　また，「モノのインターネット（Internet of Things）」と呼ばれる，モノがセンサーネットワークを通じて接続されたデバイスが私たちの日常生活にあふれている．たとえば，介護や生活習慣病の改善に向けたヘルスケア機器，交通渋滞の緩和に役立つ車載センサー，さらに食材や素材の生産，加工，流通の履歴管理のためのトレーサビリティはその一例であるが，近時では無人飛行機の遠隔操作という技術までもが登場している．人手不足の農家では，自動運転で上

空から田んぼや畑を撮影して収穫時期を判断したり，広い農場にいる多くの牛の健康状態を観察することも可能である．このほか，福島原発の内部の観察や，沿岸警備・不審者監視のための警備会社による利用など，多くの場面で日常生活の実用品として利用される日は遠くない．モノのインターネットと呼ばれる接続されたデバイスは，私たちの生活を豊かにするとともに次々と個人に関するデータを生み出している．

2 ビッグ・リスク

ビッグ・データはプライバシーの危機をもたらした．ユーザーの予期せぬところで個人データが収集・追跡・分析・利用・提供され，さらにはそこから個人像が浮き彫りにされ，将来の個人の行動が予測される．これは単に心理的な不安感や抵抗感にとどまるものでない．現実にデータから導き出された個人像によって人は差別を受ける可能性もあり，場合によっては財産的・人格的損害を被るおそれもある．

第1に，ビッグ・データによって大量のデータが常時自動処理され，二次利用されることによって，データに基づく差別や選択肢の減少が行われるおそれがある．たとえば，大量の患者のデータとともにその人の病歴・治療歴，さらには遺伝情報をもとに患者ごとの個別化医療が提供されることになれば医師にも患者にも大きなメリットを期待できそうである[5]．他方で，特定の患者に病歴や治療歴から健康保険加入の拒否や高額負担を強いる事態が生じれば，その患者は「個人情報」をもとに差別を受け，損害を被ることになろう．また，日本でもインターネットの検索機能によって，ある者の氏名検索とともに犯罪を想起させるような言葉が検索候補キーワードとして表示された事案について，関連する検索キーワードの表示の差止を認める裁判例も報道された[6]．ビッグ・データは，必ずしも正確とは限らないデータによる差別と偏見を生み出す大きな危険を有している．

第2に，ビッグ・データは個人が予期しないところでのデータ処理によって自らのデータへのアクセスや消去といったコントロールを弱体化させてしま

う．ビッグ・データは本人が了知しないところで大量のデータが収集，追跡，分析，利用，提供の対象となっている．たとえば，フランスやドイツにおいては Google 社が Wi-Fi を通じて個人の政治的見解や性的嗜好といったセンシティブなデータを本人の知らないところで違法に収集していたことからデータ保護機関が制裁金を課している．また，アメリカにおいても 2013 年 6 月には国家安全保障局が PRISM というプログラムを通じて九つのインターネット通信会社から通信履歴を傍受していたことが明らかにされているが，このスキャンダルもまた告発がなければユーザーは知ることができなかったのである[7]．また，裸の個人情報が大量に売買されるデータ・ブローカーの存在がアメリカでは問題視され，自らの情報コントロールの限界が露呈してきた．

第 3 に，モノのインターネットにせよ，ビッグ・データにせよ，個人情報の収集，分析，利用，蓄積，提供のそれぞれのプロセスにおいて従来とは異なる形で個人に対して影響を及ぼす．たとえば，ドローンは個人情報を上空から収集することができ，高いところからの覗き見によるプライバシー侵害や恒常的な追跡による個人情報の分析が行われる危険を有している[8]．また，ビッグ・データは大量の個人情報からこれまで以上に正確に個人像を浮き彫りにすることが可能となった．実際，アメリカではこんな事例が報道された．高校生の娘宛に送られてきたベビー服を紹介するスーパーのダイレクトメールを父親が受け取り，父親が抗議した．しかし，過去の妊娠者の購入履歴のデータと照らし合わせ，ローションやサプリメント等の妊娠女性の購入品目から予測したスーパーの分析は正しく，実際にその娘が妊娠していたことをスーパーよりも遅れて父親は知ることとなった[9]．

私たちは知らないうちにデータを作り出すデジタル人間としての存在となり，そのデータがどこでどのように利用されているかを逐一コントロールできる状況にはなく，また利用次第では人格的・財産的な損害が生じることもある．言うまでもないが，ビッグ・データという時代が到来したからといって，従前のプライバシー・個人情報保護の諸原則を放逐する口実とはならない．以下，ビッグ・データやモノのインターネットの時代におけるプライバシー保護の具体的な政策について検討していく．

2 プライバシーの麻痺

1 データの二次利用とデータ売買

「ビッグ・データの時代にあっては，ほとんどの革新的二次利用は，データが収集された当初では想像されえないものとなっている」[10]．すなわち，ビッグ・データは，大量のデータを収集し，分析の過程を経て，事後的にビジネスでの利用が行われるため，個人情報保護の基本原則である利用目的の制限と緊張関係に立つ[11]．それ自体では特別の意味をもたない無色透明な個人情報であっても，他の情報と結びつくことによって初めて新たな個人像が浮かび上がってくる．そのため，ビッグ・データにおいては，個人情報の「収集」ではなく，むしろ「利用」が問題となる．「収集」時には明らかにされていない価値が，「利用」のプロセスで新たな価値を生み出し，同時に個人への害悪をもたらしたり，影響を及ぼすことがある．ビッグ・データのプライバシーの主要な問題は，個人情報の「収集」ではなく，「利用」に向けられるべきである[12]．

アメリカでは，金融機関が顧客の経済状況のスクリーニングを行う例をはじめ，性的暴行の被害者リストや性感染症の名簿の売買が行われる個人データの闇市場の問題が指摘されてきた[13]．データ・ブローカーの中には，アメリカのいかなる連邦機関よりも個人情報を保有しており，様々なデータをマッチングさせることにより，顧客の購入履歴をもとに正確なお薦め商品を割り出すことが可能となってきた[14]．このようなデータの取扱われ方はデータの二次利用と売買に基づくものである．

しかし，コンピュータが割り出す個人像がしだいに正確になってきているとはいえ，あらゆる個人像が正確に反映されているとはいえない．人種や宗教といった機微情報をもとに誤った個人像が導き出されれば，大きな害悪を及ぼしかねない．さらに，本人が知らないところで個人像が作られており，本人のアクセスが十分に担保されていないことも問題となる[15]．このように，データの二次利用や売買，そして不正確な個人情報の取扱いは，「利用」の段階の問題

であり，利用目的の制限の原則と矛盾する．

2 ユーザー・コントロールの喪失

　日常生活にある接続化されたデバイスの多くは，ユーザーが知らないところで個人情報が生成され，移転されている．ユーザーの知らないところでの個人情報の収集や移転は，本人への通知と本人による同意という基本原則を無視するものである．たとえば，2012年1月，オランダでは，カーナビ会社（Tom Tom）が監視カメラ設置のためスピードの出やすい場所等を示すカーナビゲーションのデータを警察に売却していたことが問題とされた．ここでは，カーナビ会社は匿名化されたデータを売却していることを主張したが，オランダのデータ保護機関は再識別が可能であり，ユーザーへの周知がされていない中ナビゲーションデータを警察に売却したことは本人の同意のない第三者提供として違法である旨決定が下された[16]．また，グーグル・グラスの利用について，センサーで接続された装着可能なメガネから検索，写真撮影等ができる装置についてもプライバシー侵害の問題が生じうる．そこで，2013年6月には，カナダ等のプライバシー監督機関はグーグル・グラスの利用による違法な個人情報の収集や通知等の観点からプライバシー侵害への懸念を表明し，各国で共同調査に当たってきた[17]．このように，ビッグ・データやモノのインターネットは利用者やその周囲の者への通知が不十分であり，知らないところで同意もなしに接続されデータが移転されることでプライバシーが侵害されるという問題が生じてきている．ビッグ・データの世界では，通知と同意の原則が形骸化してしまい，理論としての自己情報コントロール権は実務において幻想化されつつある[18]．

　また，ビッグ・データは大量に情報を保有する組織と，情報の取扱いに無知なユーザーとの間の「情報の非対称性」という問題がある．ユーザーにプライバシー・ポリシー等で事前に周知徹底をすれば，自由にビッグ・データの利活用ができるという誤解は深刻である．ある調査によれば，個人が利用する様々なサービスで「プライバシー・ポリシー」をすべて読むとなると平均で年間約

244 時間＝30 日分の労働時間を要するという結果が公表されている[19]．ビッグ・データの利活用においてユーザーに対して周知徹底をするにしても長々とした「プライバシー・ポリシー」という説明書の読解を前提とした同意の擬制はプライバシー保護の世界では再考すべきである．わかりやすい簡潔な説明が本人に提供されないビッグ・データの利活用はプライバシー侵害の温床となりかねない．

3 プロファイリングによる差別と偏見

　モノのインターネットは多くの恩恵とリスクをもたらす．たとえば，スマートメーターと呼ばれる無線による双方向の通信機を利用してほぼリアルタイムで各家庭の電気の使用状況を把握する次世代電力計は，すでに関西・九州電力で導入が開始され，東京電力でも東京都小平市での実証実験が開始された．スマートメーターの利用の工夫次第では，単に電力節約のみならず，自治体による孤独死問題にも対処することができよう．高齢者単身世帯に一軒ずつ見守り活動を行うよりも，スマートメーターの電力消費の動向を注視し，異変に気づけば迅速な救済にもつながりうる．他方で，スマートメーターは悪用されることもある．消灯による就寝時間や留守にしている時間がわかってしまい，実際，アメリカでは電力データが読み取られ，留守中の自宅侵入の犯罪も報告されている．リアルタイムで送信されるデータから各電化製品の特長を読み取り，ドライヤーの使用による入浴時間の推測や，電気ポットの湯沸し頻度からコーヒー・紅茶等の消費の推測も可能である．このように，スマートメーターは単なる電力消費データではなく，個人や家庭の生活リズムを丸裸にしてしまうというプライバシーのリスクをもたらす[20]．電力消費のデータ送信について，本人への通知または公表が必須である．そのうえで，本人による選択の機会が与えらなければならない．仮に消費者からデータ送信を断ることを希望する者が出た場合（いわゆるオプト・アウト方式），その消費者には拒否する選択権が与えられなければならない．消費者による選択権は，個人情報保護法が定める個人の権利利益を基盤とする．アメリカの州レベルでは，電力会社などにオプ

ト・アウトによる書面があらかじめ用意されており，本人の申し出により電力消費のデータ送信を止めることが可能になっている．

　また，遺伝情報ビジネスの進展に伴い，病気のリスク判定を知ることができるようになった．インターネット販売で肌老化，肥満，ダイエット対策などを宣伝し，5000円程度から遺伝子検査キットを購入できる．ヤフーやDeNAなど700の事業者が遺伝子に関する情報の解析ビジネスに乗り出した[21]．2013年5月，アメリカの女優アンジェリーナ・ジョリーが乳がんになるリスクが高い遺伝子変異が見つかったため，乳房切除手術を受けたことは注目を集めた．しかし，アメリカでは遺伝情報をもとに病気の危険のある遺伝子をもつ者には医療保険の加入拒否や高額な保険料請求などの事例が報告されている[22]．遺伝子に関する情報の収集と利用については，インフォームド・コンセントの徹底が必要である．こうした情報は専門家のみが識別しうるような情報であり，本人はその情報がもつ重大性を必ずしも理解していないことがある．したがって，事前の十分な説明の下，本人の自由な意思に基づく書面による同意があった場合にのみ，遺伝情報の取扱いが認められるべきである．遺伝情報の機微性を考慮すれば，事後的な同意の撤回により，遺伝情報の提供を取りやめるオプト・アウト方式は禁止されるべきである．このように，ビッグ・データやモノのインターネットは，データから寄せ集められた特定の個人像を浮き彫りにしプロファイリングすることで，アルゴリズムによる差別や偏見を生み出す危険が問題視されている．

　ここで指摘したデータの二次利用と売買，ユーザー・コントロールの喪失，そして，プロファイリングによる差別と偏見の問題は決して誇張しているわけではない．以下で見るとおり，諸外国ではこれらの現実を深刻に受け止め，これらの問題に対応する法制度が整備されつつある．

3 ビッグ・データへの処方箋

1 国境を越える普遍的課題

　2013年9月23日から26日にかけてポーランド・ワルシャワにて約70カ国500名が参加したプライバシーに関する最大の会議である「第35回データ保護プライバシー・コミッショナー国際会議」が開催された[23]。この会議では各国のプライバシー保護の法執行を担う第三者機関のプライバシー・コミッショナーが出席しプライバシーの国際的な問題を討議し，決議を採択する．「ビッグ・データ」はこの国際会議でも注目の話題の一つとなり，これに関連する決議も採択された．

　ビッグ・データ時代におけるプライバシー保護は日本固有の課題ではない．「世界最先端IT国家創造宣言」（2013年6月14日閣議決定）には「ビッグ・データ利活用による新事業・新サービス創出の促進」が謳われているが，プライバシー・ルールの国際的な仕組み作り等を通じ「国際的な連携を推進する」ことが指摘されている．日本にはコミッショナー国際会議の非公開セッションに正式に出席できる第三者機関が存在しないため，プライバシーの規制に関する国際枠組みへの発言権がなく，また国際的な議論を的確に理解・吸収できる環境が限られている．

　EUにおいても仮名化データの法制化が検討されたり，初期設定でのプライバシー保護を強化する「プライバシー・バイ・デザイン」としての匿名化技術の向上に関する動向があるほか，アメリカにおいてもデータ・ブローカーからの消費者保護の一環として匿名化データの利用に関する議論が活発になりつつある[24]．また，「モノのインターネット」についても，プライバシーとセキュリティの観点から基本原則の履行が喚起されている[25]．アメリカでは2012年2月にオバマ政権が消費者プライバシー権利章典を公表し（2015年2月に法案概要を公表），EUでは2012年1月にEUデータ保護規則提案が公表された．また，唯一の法的拘束力のある欧州評議会条約第108号も2012年に現代化作業

	EUデータ保護規則提案	アメリカ消費者データ・プライバシー権利章典	欧州評議会第108条約改正案	OECDプライバシー・ガイドライン改正
公表時期	2012年1月	2012年2月	2012年11月	2013年7月
目的	自然人の基本的権利及び自由,特に個人データの保護への権利保障	ネットワーク化された技術における消費者データ・プライバシー保護	尊厳の保障,基本的権利と自由,特に自らのデータのコントロールと利用への権利の保障	プライバシー及び個人の自由の保障
適用範囲	EU市民の個人データの処理,EU域外でも商品・サービス提供またはモニタリングは該当	消費者のデータ・プライバシーが主な対象	官民問わず,管轄内で処理されたデータに適用	官民問わず,個人データに適用
本人の権利	本人同意,忘れられる権利,データ・ポータビリティを追加	消費者プライバシー権利章典,公正な情報慣習の原則に基づく7原則	すべての情報源へのアクセス,データ処理の根拠説明を追加,本人の同意を強化	八つの基本原則に変更なし
事業者の義務	データ保護バイ・デザイン,データ保護違反通知義務,データ保護影響評価,データ保護担当者の設置など	Do-Not-Track原則などを用いたプライバシー強化技術,執行可能な行動規範の策定	データ処理の合法性の強化	プライバシー・マネジメント,セキュリティ違反の通知の導入,プライバシー・リスク評価に基づく保護措置など
データ移転	十分性の要件の具体化,拘束的企業準則の明記	グローバルな相互運用(相互認証,利害関係者との対話と行動規範の策定)	適切性の要件を導入	越境プライバシー法執行の協力促進
監督・執行	独立性の確保,相互支援,欧州データ保護委員会の設置	連邦取引委員会の権限強化	諮問委員会の権限強化	プライバシー執行機関の設置

表V-1:プライバシー保護法に関する国際的枠組みの動向

が始まった．世界中における法改正は必ずしもビッグ・データやモノのインターネットが直接の引き金となったわけではないが，現在直面する課題について共通の方向性を示しているように思われる（表V-1，参照）．

　また，日本の法制度が依拠している OECD プライバシー・ガイドラインもビッグ・データの脅威を受けている．OECD ガイドラインは，1980 年の段階で目的明確化の原則とその利用目的に従った利用制限の原則を設けている[26]．2013 年のガイドライン改正においても，基本原則の変更はなかったが，ビッグ・データ・ビジネスの観点から利用目的の制限の原則を撤廃する動きが見られてきた．2014 年 3 月 21 日に開催された OECD のプライバシー専門家委員会には，OECD 加盟国のデータ保護監督機関，アメリカ連邦取引委員会，政府関係者，研究者，ビジネス専門家が参加し，「データ駆動型経済におけるプライバシー保護：現在の思考の蓄積」というテーマで議論を交わした[27]．筆者は結論のセッションである「基本への回帰：OECD ガイドラインにおける基本原則再訪」において，日本の法改正論議を紹介するとともに，プライバシー保護のパターナリスティックにならない規制のあり方について報告を行った．セッションには，カナダのプライバシー・コミッショナー事務局のカーマン・バガレイとインディアナ大学のフレッド・ケイト教授がともに参加した．このセッションで，ケイト教授は共著で公表した「21 世紀のデータ保護原則：1980 年 OECD ガイドライン再訪」において利用目的制限の原則の撤廃を唱導した[28]．しかし，データの二次利用を本質とするビッグ・データを目の前にして，利用目的の制限規制を廃止することには，EU データ保護監督機関の関係者から会議でも多くの異論が提出された．たとえば，元カナダ・オンタリオ州のプライバシー・コミッショナーであるアン・カブキアン博士は，利用目的の制限規制を撤廃する動きを批判している[29]．ビッグ・データの場面において，個人の同意の力が相対的に低下する中で，差別を生み出す可能性のある一方的な監視やプロファイリングの抑止の原則として，利用制限の原則がある．このように，ビッグ・データによるプライバシー保護の枠組みは依然として国際的な課題となっている．

　また，ビッグ・データの実務においては，大量の個人データがクラウドコン

ピューティングに蓄積・共有されている．そこで，どこの国の法律によってクラウドを規制するべきかという，管轄に関する難しい問題に直面することとなる．国際標準化機構では，2014 年にクラウドにおける個人情報の処理者向けに実務規範を公表し，個人情報の概念が管轄ごとに異なるため，各処理者による対応の必要性を指摘している．クラウドに象徴されるように，国境を越える個人情報の流通への法的規制はいまだ未発達である[30]．

　ビッグ・データは国境を越えてデータが流通する「グローバル」な課題であり，各共同体の文化に根差した「ローカル」なプライバシーをいかに克服し，プライバシー権のコンセンサスをいかに見出していくことができるか．本章では，ビッグ・データの脅威に直面した国際的な動向を踏まえプライバシー権のあり方を考察することを目的とする．

2 プロファイリング規制

　ビッグ・データというグローバルな課題に対しどのような国際的対応が検討されてきたのか．2013 年のコミッショナー国際会議では「プロファイリングに関する決議」[31]が満場一致で採択された．プロファイリングは，2013 年 6 月に明らかになったアメリカ国家安全保障局の情報収集活動 PRISM のように，潜在的なテロリスト容疑者を発見するために，特定の容疑者ではなく不特定多数の市民に対し，人そのものではなく人のデータを監視の対象とし，事後の捜査ではなく事前の監視によって，特定の個人像を浮かび上がらせる技術によって実施される．プロファイリングはテロ対策以外にも，ある本を検索・購入した人にお薦めの関連する書籍を紹介する例のようにインターネット上における特定の人を対象とした追跡とマーケティングにも用いられている．その意味でプロファイリングの射程は広く理解される．コミッショナーらが採択した決議によれば，①プロファイリング実施前にその必要性と実用性の点検，②合法的な目的のために必要な限りにおいて行われるデータ収集の制限，③プロファイリングによる誤った結果回避の適当な措置，④プロファイリングが実施されていることの周知徹底，⑤個人のデータへのアクセス・訂正の権利保障，⑥すべ

てのプロファイリングが適切な監督を受けていること，がプロファイリングの実施条件として列挙されている．「個人の私生活に関するデータが単に蓄積されるだけでも，憲法で保障された私生活の保護への干渉となる」[32] という欧州人権裁判所の指摘を真剣に受け止める必要がある．また，欧州司法裁判所判決 Huber v. Germany[33] においても，ドイツに3か月以上居住する外国人を登録したデータベースが国籍に基づく差別的な個人データの蓄積として認められないことが明らかにされた．判決では，利用目的の制限の必要性とデータの質に関する比例原則のいずれからも認められないことを示した．このようなデータベースによる運用が結局は差別をもたらすプロファイリングを助長すると認められた[34]．

EUでは1995年に制定されたEUデータ保護指令に代わるEUデータ保護規則提案が2012年1月に欧州委員会によって公表された．その後，欧州議会で審議が行われ，その修文案にはプロファイリングを規制する条文が追記された[35]．プロファイリングが，特定の個人像を評価し，個人の労働力，経済状況，位置情報，健康，選好，信頼性，行動等を分析，予測する目的で個人データを自動処理することと定義され，「プロファイリングに対する異議申立の権利」または「プロファイリングされない権利」が明文化されようとしている．

欧州評議会では2010年にプロファイリングに関する勧告が採択された．同勧告は，プロファイリングが個人の気づかないところで実施され，監視・追跡の透明性と可視性が失われていることを憂慮し，データ収集と処理が過度なものとならないよう比例原則に基づき行われなければならないことやセンシティブ情報の収集の原則禁止などを謳っている[36]．なお，EUのデータ保護を専門的に審議する第29条データ保護作業部会は民間における個人データの二次利用に伴うビッグ・データの危険性に着目し，個人データの収集の経緯，そして利用目的の特定と目的内の利用制限というデータ保護の従来の基本原則の徹底化を示している[37]．その意味でビッグ・データという一見新奇な概念によってプライバシー保護の枠組みの根本的な変容が迫られているわけではなく，従前の枠組みも尊重されなければならない[38]．

インターネット上のプロファイリングに関する規制については，アメリカで

も早くから提唱されてきた．2000年6月に連邦取引委員会による連邦議会への「オンライン・プロファイリング報告書」[39]は，閲覧履歴等のウェブを通じて収集されたデータが統計・消費者心理の観点から極めて詳細に分析されている事実を指摘する．また，近年アメリカでは連邦取引委員会が主導して，オンラインの個人の行動追跡に基づく広告配信についてウェブ上での追跡を禁止する「追跡禁止（Do-Not-Track）」の仕組みの導入を奨励するとともに，欺瞞的な慣行を行った事業者に課徴金制裁を含む法執行を行ってきている[40]．そして，2012年2月にはオバマ大統領が署名した「消費者プライバシー権利章典」にも「追跡禁止」の仕組みが明記され，これに関連する法案も提出されてきた[41]．さらに注目すべき動向として全米の中で最も先進的なプライバシー保護の取組を先導してきたカリフォルニア州では2013年9月に18歳未満の未成年者のオンライン・プロファイリングを制限する規定とともに未成年者自身が投稿した内容または情報のインターネットウェブサイトからの削除の要請に応じなければならないとする法改正を行った[42]．児童へのプロファイリングによるマーケティング活動や広告配信を制限するのみならず，後に紹介するとおり，児童にある種の「忘れられる権利」を付与したものと見ることができる．

このように爆発的な量のデータが瞬時に国境を越える時代にあって，ビッグ・データの脅威に対応したプライバシー保護の国際的枠組みが形成されつつある．

3 匿名化——現実とフィクション

ビッグ・データの時代にあってもプライバシー・個人情報保護の基本原則が変化するわけではない．しかし，一度で大量の個人データが容易に収集・分析される時代にあっては，既存の法制度の根本的な命題に疑問を投げかけられることとなる．本章では，大量のデータが処理される時代にあってビッグイシューであり，近年揺らぎを見せている個人情報の概念と範囲に焦点を絞り，以下検討する．すなわち，それは，何が守るべき「個人情報」であるか（たとえば，IPアドレス，クッキー，通信機器の個体番号は「個人情報」に該当するか），という技

術の発展とともに提起される常に新鮮な問いである．大量のデータの収集・分析・適用が可能となった今，データの「収集」・「分析」・「適用」はそれぞれ別の過程にあると考えるべきであろう[43]．つまり，裸の個人情報を「収集」し，そのまま分析することはプライバシーの観点から危険を伴う．そこで，特定の個人を識別できる情報を「収集」しても，それを誰の情報であるかを判別できない形で技術処理を施し「分析」することによってプライバシーへの脅威を克服しようとする試みが重要となる．大量のデータを処理するに当たっては，特定の個人を識別できない形でデータを処理する「非識別化（de-identification）という状態」を作り出したうえでデータの解析を行うことが望ましい．「分析」の過程で非識別化されたデータであれば，それが誰の情報であるかがわからないためただちにプライバシーの侵害をもたらすとは考えにくい．しかし，「適用」の場面では，ひとたび非識別化された情報が他の情報と結びつくことで，再度特定の個人が識別される危険がある．

　すでにヨーロッパでは大量のデータ解析を経て商品開発や疫学研究に役立たせるためには，個人情報の非識別化の措置が推奨されてきた[44]．たとえば，もともとのアイデンティティとは異なる別の識別情報を割り振る仮名化（pseudonymized data）があり，ペンネームのようにデータに仮名を用いて処理する手法がある．あるいは，情報に記号を付す符号化（key-coded data）では，氏名の代わりにX1234といった番号等を割り振り統計調査に用いられてきた．さらに，監視カメラで撮影された映像分析をする際に，被撮影者の顔にぼかしを入れるなどして合理的な手段を用いて個人の識別を不可能とする匿名化（anonymous data）といった技術を用いた例が見られる．他方で，イギリスの匿名化に関する実務規範では，匿名化されたデータを再識別化しうるリスクを喚起している．そして，再識別化の動機を有している者への対抗策を講ずるよう，各組織における効果的で包括的な統治について言及しており，注目に値する[45]．

　また，アメリカでも「個人を識別することができる情報（personally identifiable information）」の概念が精緻化されており，連邦取引委員会によれば，①データが合理的に非識別化されていること，②企業が再識別化をしないと公約していること，③委託先での再識別化の禁止を条件としていることの3要件を満

たしている場合は，情報が合理的に見て連結されていないとみなされる[46]．この点，非識別化が一定の「状態」であるということは，それが改めてデータ処理を繰り返し，特定の個人像を浮かび上がらせる「再識別化（re-identification）」の危険性について注意を払うべきである．個人情報と非個人情報は「不変の類型ではない」[47]．2015年2月にオバマ政権が公表した消費者プライバシー権利章典の法案には，匿名化データが明文化されておらず，あくまで「非識別データ」にとどまったことがこの証左である[48]．

　実際このような非識別化の措置は日本でも疫学研究の分野において特に応用されてきた．オーダーメイド医療の実現化に向けたプロジェクトにおいて，自分のDNA及び血清に添付されている診療情報や生活習慣，親族の病歴などの個人情報が匿名化されID番号を付与した状態で，かつ，ID番号から氏名の照会を求めないことを条件に医療機関から収集し研究利用しても，それがID番号と特定の個人を結びつける資料が存在しない場合，そもそも研究機関においては特定の個人を識別できず個人情報には該当しないという答申例[49]があり，参考になる．

　このように，個人情報の非識別化の措置がビッグ・データの救世主となると考えられるが，しかし，「非識別化」に対抗する「非匿名化（de-anonymization）」[50]の存在を無視し続ければ，個人情報保護法制も失敗に終わることとなる．たとえば，大量のデータを分析対象としており，さらに個々の個人データを匿名化すれば，プライバシー・個人情報保護の問題が消滅するという誤解がある．しかし，匿名化されたデータであれば，ビッグ・データを自由に利活用できるということはフィクションである．2006年8月には，AOLが検索履歴の一覧をユーザーネームとIPアドレスを匿名化したうえで約2000万件公表したものの，他の情報と突合するとジョージア州在住の特定の人物であることが判明した[51]．これによりAOLの最高技術責任者が辞任に追い込まれるなどのスキャンダルに発展し，たとえ個人データを匿名化しても，約2000万件の中から特定の人物が再識別化される恐怖が明らかになった．この2か月後には，Netflixのオンライン映画のレンタルサービスについて，1999年12月から2005年12月までの間の，約100万人のレンタル履歴についてテキサス大学オースティン

校の教授が再識別化に成功したことを公表した[52]．

このような再識別化のリスクについては，特に医療現場などでの母体数の少ない非識別化情報の利活用は，プライバシーの「時限爆弾」を抱えているようなものである．すなわち，匿名化されたデータが，再識別化されるのは時間の問題であって，匿名化措置が施されたとしても依然としてプライバシー・個人情報保護の問題が生じうることを認識しなければならない．行政や民間においてビッグ・データの利活用が進展する過程において，匿名化措置がパーフェクトな解決策とならないことには注意を要する．

確かに，アメリカでは識別情報と非識別情報との区分の相対化が指摘されてきているとおり，個人情報にはプライバシーのリスクに応じた段階的（graduated）アプローチが奨励されている[53]．情報の特定・非特定あるいは識別・非識別という all-or-nothing のアプローチによって個人情報の範囲が理路整然と画定されるわけではない．将来の技術革新を見据えたうえで，プライバシーの問題を惹起せしめる課題についてプライバシー保護の基本原則に基づき弾力的な対応も必要となろう．

4 リスク分析評価

匿名化措置がパーフェクトな解決策とならない以上，匿名化措置はリスクを削減する有効な手段とみるべきである．そこで，プライバシーへのリスクを分析評価することが重要となる．一般論として，ユーザーとデータを取り扱う企業との間の情報の非対称性により，ユーザーは自らの情報を開示するための適切な判断を行いうるとは限らない[54]．また，仮にプライバシー・ポリシー等から個人情報の取扱いについて正確な情報を得たとしても，ユーザーは短期的な利益を考慮して行動することがあり，必ずしも合理的な判断を下しうるとは限らない．さらに，個人情報の価値ないし値段については，情報の主体や内容，また時の経過によって変わりうる[55]．このようなことから，個人情報を財の取引として扱うには困難を伴う．ビッグ・データ時代の個人情報の取扱いについては，処理や分析の過程で生じる不正確性や，適用の過程で生じる再識別リス

	TRUSTe	BBBOnLine	ESPB Privacy Online	EuroPriSe	WebTrust	CNIL
認証機関とその性格	TRUSTe	民間企業	非営利団体	ドイツ・シュレスヴィッヒ・ホルシュタイン州	米国・カナダ会計士協会	データ保護監督機関
認証国	アメリカ	アメリカ	アメリカ	ヨーロッパ	アメリカ・カナダ	フランス
開始年	1997年	1999年	1999年	2007年	1998年	2011年
有効期間	1年	—	—	2年間	1年間、90日間の猶予	3年間
認証数	4000以上	145,700	400	22	—	—
基準	TRUSTeプライバシープログラム	BBBトラスト基準	ESPBプライバシー・オンライン・プログラム	EuroPriSe基準	WebTrust原則及び基準	CNILの基準
認証の類型	ウェブ・シール、モバイル・シール	ビジネス・プログラム	ESRBプライバシー・オンライン認証シール	ヨーロッパ・プライバシー・シール	WebTrustオンライン・プライバシー、消費者保護、認証	監査手続及び研修
費用	企業の規模による	330〜7000ドル	年会費と審査費	専門家費用等	基準履行による	—
認証取消	プログラム違反	プライバシー・ポリシー違反	苦情やプライバシー・オンライン基準に対する適切な措置の不履行等	原則と基準違反	サービス原則と基準違反	—
遵守・監視	自主的継続中	自主的継続中	自主的Sentinelプログラム	自主的専門家	自主的専門家による定期的	法的強制継続中
オンライン認証	○	○	○	×	○	○

表V-2：認証制度の導入例

クを考慮した，リスク・ベネフィット分析が求められる．

たとえば，フランスでは，2012年7月に「プライバシー・リスク管理ガイド」[56]を公表した．フランス情報処理，情報ファイル及び自由に関する1978年1月6日の法律（2004年改正）第34条における安全管理措置を補強するガイドという性格であるが，ガイドにはリスク管理の観点から具体的な実施フロー及び質問項目が含まれており，データ保護影響評価に類似するガイドあるいは制度構築の準備段階にあるものと見ることができる．このガイドラインにより，データ保護監督機関への届出が必要なデータ管理者はリスク評価を行い，セキュリティ措置を講じなければならない．具体的には，①個人データ処理の経緯，②データ処理の特定の経緯において生じるリスク，③潜在的な脅威，④処理に関連するリスク，⑤リスクに対処するための適当な措置，という5段階でリスク評価の実施が義務づけられている．このフランスでの取組をもとに，EUでは，安全管理措置の一環としてリスクに基づくアプローチ（risk-based approach）が奨励されてきた[57]．アメリカでも，モノのインターネットの文脈において，連邦取引委員会は，組織が大量の個人情報を保有することで漏えいやハッキングのリスクとともに消費者の期待を裏切る個人情報の取扱いのリスクという二つの「プライバシー・リスク」を指摘する[58]．そして，同委員会は，各組織におけるリスクの低減に向けたリスク管理の必要性を呼びかけている．

さらに，リスク評価を担保するための認証制度の導入例も見られる（表V-2，参照）[59]．また，日本でもプライバシー・マーク制度が広く利用されてきた（2015年4月現在で1万4000社以上が認証を受けている）[60]．このような認証制度は，特にグローバル企業にとって，実質的にはグローバルな「ソフト・ロー」として機能している[61]．消費者は多くのウェブサイトを閲覧しており，個々の異なるプライバシー・ポリシーを熟読することを要求するのではなく，個人情報保護の一定水準を満たしたことを証明する認証により消費者からの信頼を得ることができそうである．国境を越えるデータ移転や個人情報の取扱いについて，「ハード・ロー」としての法執行が担保された国内法よりも国境を越えて柔軟に対処できる点で優れている．もっとも，認証制度は認証を受ける側がコスト

を支払うことで認証を与える側が運営を行っており，ウェブ上の追跡プログラムを推進する支配的企業などから大きな影響を受ける可能性があり，「規制の虜」となる危険がある[62]．認証を用いた越境データ移転の取組がAPECとEUの間でも検討されており，今後の運用を注視していく必要がある[63]．

4 接続化された世界におけるプライバシー保護

1 アメリカのプライバシー保護

ビッグ・データ時代への対応に向けたプライバシー保護の法制度はアメリカとヨーロッパにおいて対照的な方向で議論されてきた．プライバシー権の原産国アメリカでは，1890年のウォーレンとブランダイスの「プライバシーへの権利」の論文[64]以降，ブランダイス自身が最高裁裁判官に就任しプライバシー権を保障する意見を執筆するなどして，判例や立法でプライバシーが権利として保障されてきた．しかし，日本の個人情報保護法のようなすべての事業分野をカバーする包括的な法制度が存在せず，事業分野ごとに個別の立法によって対応が図られてきた．

オバマ政権はこのような分野ごとに異なるプライバシー法制を克服すべく，2012年2月，「消費者プライバシー権利章典」を公表し，分野横断型のプライバシー保護政策と法制化を提唱した．他方で，この権利章典の公表の翌月には，ビッグ・データの利活用を牽引してきた多くのIT企業を抱えるアメリカの実情を考慮し，オバマ政権がビッグ・データの利活用をさらに促進をするための「ビッグ・データ・イニシアチブ」も採択している．2013年6月に国家安全保障局による諜報活動の一環でソーシャルネットワーキングサービス等から大量の個人情報を収集していた事実が発覚し，ビッグ・データの影が明らかになった．このようなビッグ・データの光と影を目の当たりにしてきたアメリカでは，依然としてプライバシー保護法制の改革が進行中であるが，1970年代に発展してきた「公正情報慣習の原則（fair information practice principles）」

というプライバシー保護の基本原則（①通知，②選択，③アクセス，④セキュリティ，⑤救済）の遵守を維持してきている．2014年5月には，ホワイトハウスが，ビッグ・データとプライバシーについて五つの勧告を公表した[65]．すなわち，①市場における個人情報を保護することによるプライバシーの価値の維持，②学校を学習機会の向上のためビッグ・データの利用の重要な場として認識すること，③ビッグ・データがもたらす新たな差別の類型の防止，④法執行，公の安全，国土の安全におけるビッグ・データの取扱いの責任確保，⑤データを公共の資源として活用，公務の改善，研究技術への投資，という勧告内容となっている．そして，具体的には消費者プライバシーを保護するための包括的な法整備，連邦レベルでのデータ漏えいの通知義務に関する立法，諜報機関の情報収集活動に外国人にもプライバシー法を適用することなどの必要性を提言しており，今後，オバマ政権がビッグ・データ時代のプライバシー保護に向けた取組を促進するものと考えられる．

　また，このようなプライバシー保護法制を執行すべく連邦取引委員会は，これまでも違法な個人情報の取扱いを行ってきた事業者に対する高額の制裁金を課してきた．さらに，アメリカでは個人情報の売買が一つのビジネスとして確立しており，日本でいうところの名簿業者に当たるデータ・ブローカー問題について，2014年5月，連邦取引委員会がその実態を明らかにする報告書を公表し，透明性の確保と本人関与の仕組みとしての開示，訂正，削除の権利を徹底するようこれらの業界に呼びかけている[66]．

2 ヨーロッパのプライバシー保護

　ヨーロッパでは，かつての身分制社会による民族出自や階級と結びつけられる個人情報による差別の歴史や，ユダヤ人の絶滅を企てドイツ民族の品種改良の御旗を掲げたナチスの優生政策の過去を省みて，データ保護は人権として強固に保障されてきた．

　1995年EUデータ保護指令は，データ保護を人権として保障することを宣言し，十分な保護措置を採らない第三国への個人データの移転の制限をするな

どの対外的な措置を施してきた．ちなみに，2015年3月現在，日本は個人情報保護の十分な保護水準に達した国とはみなされていない．EUが日本を個人情報保護が不十分な国とみなしている理由として，現実にアメリカとEUとの間での貿易交渉に見られるように，日EU経済連携協定（EPA）などの貿易においてもEUと日本との間の個人データの自由なやり取りが制限される事態をもたらす可能性があることも忘れてはならない．

EUでは，2012年1月，「EUデータ保護規則提案」等が公表され，既存のデータ保護の枠組みを強化するとともに，データのグローバルな流通に伴い日本にも直接適用される域外適用を認める内容となっている．中でもいわゆる「忘れられる権利（the right to be forgotten）」は，インターネット上に残る不都合な個人情報の削除を認める内容の権利となっている．この権利については現実の執行面における課題が指摘されてきたものの，私人は「本来の目的から見て，不適切で，関連性がなく，もはや無関係で，過度な情報」について検索サイトからの表示を削除する権利が2014年5月13日の欧州司法裁判所の判決[67]によって認められた．忘れられる権利は，インターネット検索サイトを念頭に置いているが，ビッグ・データや接続化されたデバイスを通じて収集される個人データの分析もまた対象から当然に除外されるものではない．なお，2015年3月現在，EUデータ保護規則提案は依然として閣僚理事会において審議中である[68]．

EUでは，ビッグ・データへの対処について，いち早く利用目的の制限の徹底を示している．第29条作業部会による意見では，二次利用を特徴とするビッグ・データは収集時の利用目的を事後的に本人の同意なしに変更することが多いため，当初の利用目的と「両立可能（compatible）」であるかどうかを基準として判断し，当初の利用目的と両立不可能な利用は禁止されることを指摘する[69]．たとえば，店頭での有機野菜の購入者に対して，購入履歴等を分析してカイスタマイズ化を行い，購入者のパソコンの種類（Apple製・Windows製）を自動的に判別してディスカウント広告を配信することは当初の利用目的と両立可能ではない，と示されている．顧客の有機野菜の購入という目的とパソコンの利用種類の判別という目的は整合しないと解釈されているためである．事後

的な利用目的の変更には，本人の同意が原則として必要となる．

　また，接続化されたデバイスなどを対象とするモノのインターネットについては，第29条作業部会が，個人情報のコントロールの喪失の危惧を表明している[70]．たとえば，ウェアラブルの健康関連器具について，静脈から心拍数の測定を表示しておきながら，血液酸素測定も自動的に起動してアプリの会社に情報が送られていたとすればユーザーへの通知が不十分である．開発者とユーザーの情報の非対称性から，ユーザーへのきめ細やかな情報提供と通知の必要性の上で，開発者が効率性を重視するあまりに，プライバシー保護の観点からのセキュリティをおろそかにする傾向があることが指摘されている．

3 アジア等における動向

　アジア諸国においてもビッグ・データを見据えたプライバシー保護法制の整備がすでに見られる．たとえば，香港では，2010年に公共交通機関で利用されるICカード240万人の個人データが売買されていたことが告発で明るみにでた．プライバシー・コミッショナーは調査のうえ，利用制限に違反しているとの決定を下し，個人データ保護条例の改正とともに個人情報の売買を制限するガイドラインを公表した．さらに，香港では，2014年2月にビッグ・データの利活用を背景にリスク評価を含むプライバシー・マネジメント・プログラムのガイダンスが公表され，個人データの取扱いに関する説明責任の重要性が示された[71]．また，韓国では，韓国通信委員会が2014年12月にビッグ・データとデータ保護に関するガイドラインを公表し，非識別化が奨励されており，またデータ処理の透明性確保が指摘されている[72]．また，スマートフォンアプリをめぐるトラブルの急増に伴い，アプリの提供者は事前にユーザーの同意を義務づける勧告を発出している．さらに，シンガポールでは2014年1月に新たな個人データ保護法が整備され，匿名化措置と再識別化の注意喚起やリスク評価の実施に関するガイドライン[73]がすでに公表されている．

　また，欧米のみならず，アジア諸国やアフリカ等のプライバシー監督機関等により構成される第36回プライバシー・コミッショナー国際会議は，2014年

10月にモーリシャスで開催され,「ビッグ・データに関する決議 (Resolution on Big Data)」が採択された[74]．この決議では,すべての加盟国に次の11項目の遵守を呼びかけている．ちなみに,日本はプライバシー保護のための独立した監督機関が存在しないため,オブザーバーとして参加し,審議に参画することが認められていない．

① 二次利用の多いビッグ・データ分析は利用目的の制限を遵守すべきこと
② 利用目的に必要な範囲でのみデータの収集・蓄積を限定すること
③ データ分析やプロファイリングの際の本人からの有効な同意の取得
④ 収集されたデータの透明性を確保すること（第三者提供を含む）
⑤ 個人データへの本人のアクセス権と利用方法への決定権を保障すること
⑥ プロファイリングに利用される方法（アルゴリズム等）を本人に公開すること
⑦ プライバシー影響評価を実施すること
⑧ プライバシー・バイ・デザイン（技術開発段階でプライバシー保護の設計）に基づく技術の利用
⑨ 匿名化利用とプライバシーのリスク削減を検討すること
⑩ 仮名化データや間接的に識別可能なデータの共有の際のデータ保護立法を遵守すること
⑪ ビッグ・データの利活用を取り巻く様々な決定が公正で,透明かつ説明責任あるものとするべきよう証明すること

このように,ビッグ・データとモノのインターネットがもたらすプライバシーへの脅威が指摘され,新たな規制枠組みが示されてきた．今後は,適正な手続に則った個人情報の利活用が求められることとなり,消費者への害悪を最小限化する政策やプライバシー・コミッショナーや司法による具体的な救済のあり方も検討されるべきであろう[75]．

5　日本の課題――個人情報の利活用と保護の適正なバランスに向けて

　ビッグ・データの時代に即応するための個人情報保護法の改正に向けた検討が行われてきた．2014年6月，「パーソナルデータの利活用に関する制度改正大綱」が公表され，「平成27年（2015年）1月以降，可能な限り早期に関係法案を国会に提出する」ことが明記された．この制度大綱には，①個人が特定される可能性を低減したデータの取扱い，②民間主導による自主的な取組の活用，③既存の個人情報保護法にはない監督機関としての第三者機関の設置，④グローバル化への対応，⑤小規模事業者の取扱い等のその他の事項がビッグ・データ時代の制度設計として掲げられている．この制度大綱は，ビッグ・データ利活用の促進が引き金となっており，全体としてプライバシー保護の側面が比較的弱いものとなっていた．

　しかし，この制度大綱が公表された後，2014年7月のベネッセコーポレーショによる大量の個人情報漏えい事件は，ビジネス利活用に傾倒した個人情報保護法改正の議論に歯止めをかけ，改めて保護と利活用の適正なバランスの重要性を認識させた．漠然とした消費者のプライバシーへの不安感と，企業や行政によるビッグ・データであれば何でも利活用できるという誤解によりビッグ・データの利活用は停滞してきた．大綱をもとに，2015年3月には個人情報保護法の改正案が閣議決定された．ビッグ・データの利活用とプライバシー保護の適正なバランスを図るために，以下3点に絞って指摘する[76]．

1　第三者機関の不在

　日本の個人情報保護法改正に向けた議論においては，国際的な整合性を謳いながらも，前述の欧米やアジア等の議論や国際的水準とはかけ離れた検討が行われてきた．しかし，このことは，日本には国際的な場において議論をフォローアップすべき第三者機関が存在していないことが原因であって，ここに諸外

国のビッグ・データの利活用とプライバシー保護の適正なバランスを図るための最重要課題がある．日本の個人情報保護法制は，専門的知見を有する独立した監督機関の不在が最大の原因となり，欧米との比較はおろか，「データ・プライバシー法を有するアジア太平洋諸国において最も貧弱なプライバシー原則を設定している」結果，日本のグローバル企業とのデータ移転などを行うに際して日本の「国際信用力が危うくなっている」と指摘されている[77]．もはや日本の個人情報保護法制は，グローバルにデータ移転が行われる不可避の現実とビッグ・データの利活用による国際競争力の強化という観点からは，韓国や台湾でも実践されているが，外国の専門家による検討会を設けるなどしてグローバルな対応をすべきである．

　ビッグ・データの利活用とプライバシー保護という動態的な課題については，あらゆる課題を条文で規定する立法によって対処することは不可能であり，法律家のみならず技術専門家を含むプライバシー保護の専門集団である第三者機関による機動的かつ弾力的な監督が国際的潮流である．このような専門的知見を有する独立した第三者機関による監督は，技術のアップデートに対応したきめ細やかなガイドラインや解説の公表，また省庁の縦割りによる業種別ガイドラインではなく，複数の業種に共通する新たな技術がもたらす分野横断型のガイドラインの公表，個人からの開示等の請求対応，さらに違反事例に対する制裁金を含む法執行などを通じて，消費者の適切なプライバシー保護と企業のビッグ・データ・ビジネスの予測可能性を担保する役割が期待されよう．新たに設置が予定されている第三者機関の権限と機能については，既存の主務大臣制や自治体の審査会との調整が今後の課題である．

2　説明責任とリスク評価

　第2に，ビッグ・データやモノのインターネットについては，サービス開発者，そしてこれらを利用する行政や企業には個人情報の取扱いに関する説明責任の原則がますます重要になってくる．日本の法制度の基盤となったOECDプライバシー・ガイドラインは2013年に改正され，説明責任の実施の一項目

として，「プライバシー管理プログラム」の公表を準備することとされている[78]．具体的には，「個人のプライバシーへのリスクの認識，分析，評価するプロセスを通じて」実施される「プライバシー・リスク評価に基づく適切な保護措置を策定するプログラム」を意味している．すでに欧米諸国では，プライバシー影響評価が制度化されており，スマートメーターやモバイルアプリなどの特に新たな技術がもたらすプライバシーのリスク評価の実施が奨励されてきた．リスクを公表することは一見すると行政や企業にとってはマイナスに思えるが，漠然としたプライバシーに対する不安感よりもはるかに具体的であり，開発段階でプライバシーに優しいモノのインターネットによるサービスの透明化を図るうえでも有益である．環境に優しくないという不安感よりも，環境にもたらす具体的な評価の実施を義務づける環境アセスメントと同様に考えるべきであろう．

　個人へのプライバシーの害悪を除去または最小限化することは万国普遍の原理であり，今後個人情報を取り扱う組織では「事後」の救済体制の整備のみならず，「事前」のリスク評価の実施による透明性と説明責任の向上が推奨されることになろう．リスク評価は，単に文書作成を自己目的化しているわけではなく，ユーザーへの通知と周知徹底の意味合いが含まれており，個人データをどのような目的でどのように処理するかについて説明責任の原則を補完している．また，個人情報は当初の利用目的の範囲内でしか処理することができず，データの二次利用がしばしば行われるビッグ・データについては特に当初の利用目的との整合性に配慮する必要がある．いわゆる番号制度の下では，マイナンバーを取り扱う行政機関や自治体等においては特定個人情報保護影響評価の実施が義務づけられており，この影響評価を番号制度以外のビッグ・データやモノのインターネットの分野にも拡張することが検討されるべきであろう．

　また，ビッグ・データやモノのインターネットにおいて，リスクがゼロで個人情報を取り扱うことは不可能であり，万一セキュリティの不備による個人データの漏えい事案が生じた場合，データ保護監督機関と本人に通知する義務を課すべきである．データ侵害通知義務は，すでに2013年改正OECDガイドラインで「個人データに影響を及ぼす重大なセキュリティ侵害が生じた場合プラ

イバシー執行機関または関係する当局への通知を必要に応じて行うこと」[79]と規定された．アメリカでは2015年3月時点で47州の州法でデータ侵害通知義務が法制化されている[80]．EUでは，データ保護規則提案で漏えい事案の発生を知ってから24時間以内（議会修正案では72時間以内）に監督機関と本人に通知を義務づけ，これを怠った場合は罰則が科せられるよう立法審議が行われている[81]．漏えい等の事案が発生して，事実関係をプレスリリースで公表するだけでは，いたずらに消費者の不安感をあおることとなり，個々の消費者に対して速やかに通知することが重要である．大量の個人データを取り扱う時代にあって，説明責任の一環として，漏えい等の事案が発生した場合の対策まで準備することが要請されている．

3 同意モデルの限界とプライバシー保護の再考

最後に，制度的な課題とは別に，ビッグ・データの時代を迎え，伝統的なプライバシーの権利論を見直す時期にも差し掛かっている．自らの情報はどのように利用されるか自らが選択することを前提とした自己情報コントロール権として捉えられてきたプライバシー権には限界がある．自己情報コントロール権は，本人の同意を前提として，ビッグ・データに関連するサービスが行われる．しかし，ビッグ・データの実務において，すべての個人から本人の同意を調達し，同意が撤回されるたびにサービスを中止するという同意のモデルにはもはや限界がある．アメリカの連邦取引委員会もまた同意モデルの限界を認識したうえで，ビッグ・データやモノのインターネットの分野においては，行政や企業の透明性の確保に力点を置くべきことを指摘してきた．

国際会議の場で，ヨーロッパとアメリカからのパネリストが同じ席に着けば，決まり事のようにオプト・インとオプト・アウト論争が始まる．ヨーロッパにおいては，いわゆる電子プライバシー指令（電子通信分野における個人データの処理及びプライバシー保護に関する指令）が2009年に改正され，5条3項はオンラインで「関係する購読者又はユーザーが本人の同意を与えた条件でのみ」事業者による情報の蓄積やアクセスが認められる，オプト・インを採用してき

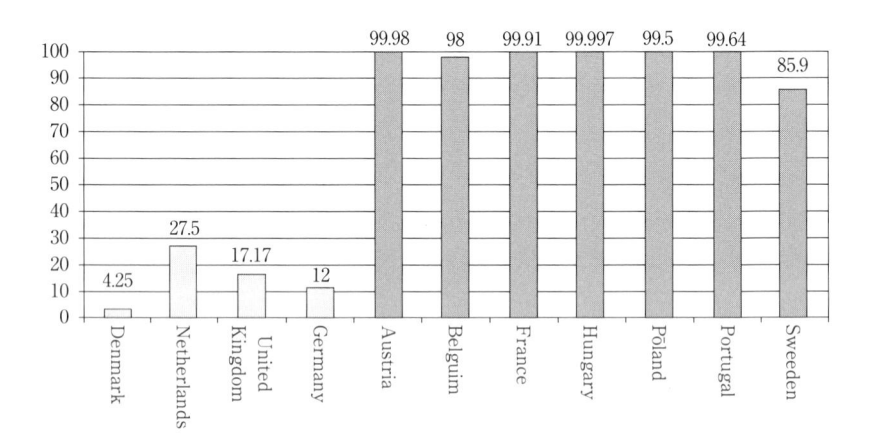

表V-3：臓器移植における欧州における事前の同意がある場合と
事後的な同意の撤回がある場合との違いについて

(オプト・インはデンマーク・オランダ・イギリス・ドイツで，オプト・アウトはオーストリア・ベルギー・フランス・ハンガリー・ポーランド・ポルトガル・スウェーデンでそれぞれ採用.)

国	値
Denmark	4.25
Netherlands	27.5
United Kingdom	17.17
Germany	12
Austria	99.98
Belgium	98
France	99.91
Hungary	99.997
Poland	99.5
Portugal	99.64
Sweeden	85.9

た．これに対し，アメカの追跡禁止の原則は，消費者にオプト・アウトを提供する構造である．むろんアメリカ側の主張のように，すべてのユーザーがプライバシー・ポリシーを熟読して，そのうえでオプト・インをするのは非現実的であるという指摘は理解の及ぶところである．しかし，ユーザーに事前の同意なく，情報を収集しておき，事後的にしか追跡を拒否できない仕組みは本人の権利を軽視しているというヨーロッパ側の言い分も納得のいくものである．いわゆるオンライン行動ターゲティング広告をめぐり，国境なきインターネットの世界においても，アメリカではオプト・アウト，ヨーロッパではオプト・インという決定的な違いが生じている．

現実に，本人の同意が個人情報の処理の根拠となりうるかどうかについては，臓器移植のオプト・インとオプト・アウトの違いからも理解することができる．表V-3（臓器移植における欧州における事前の同意がある場合と事後的な同意の撤回がある場合との違いについて[82]）に示したとおり，本人の事前の同意がなければ臓器移植ができないとするオプト・インの仕組みを採れば，多くの者が臓器移植をしないものの，本人の事後的な同意の撤回がない限り臓器移植ができ

るとするオプト・アウトの仕組みを採用すれば，ほぼすべての者が臓器移植をするという結果が出ている．人の行動は初期設定に大きく影響を受けており，大きなリスクが見えない限り，プライバシー保護の初期設定に依存してしまう傾向にある[83]．このように，特に「情報の非対称性」が存在するビッグ・データにおいて，本人の同意を唯一の個人情報の利活用の拠り所とすることは大きな危険を伴う．

他方で，同意モデルの限界が指摘されるからといって，自己情報コントロール権が消滅したわけではない．情報の非対称性がみられるからこそ，権利基底的なアプローチから，消費者・ユーザー側の明示の同意が好まれるのがヨーロッパのアプローチである[84]．依然として，EUでは個人の権利の強化が謳われており，いわゆる「忘れられる権利」はビッグ・データの時代の切り札ともなりうる．「忘れられる権利」の法的性格については依然として検討すべき事柄が残されているものの，行政であれ，企業であれ，個人情報保護の原則を考慮しつつ，事後的に個人データの削除の要請に応えていくことがプライバシー権の保護に資するものである．

4 ネットワーク化された世界における自我造形の権利

筆者は，ネットワーク化された世界における自我造形の権利としてプライバシー権を再構成すべきであることを論じてきた．ビッグ・データの世界においては，自己情報コントロール権が神話であり，事前の規制としては，個人情報の漏えい防止等の適切なプライバシー保護を実施するための「プライバシーの構造」が必要とされる．他方で，情報の流通，収集，利用のプロセスにおいて個人の関与が満足にできないとしても，プロファイリングによる勝手な自我像の構築による私生活への不当な干渉を排除するため，事後的に，各人はデジタル人間と生身の人間との距離を自ら埋め，自らの手で自我を取り戻すために個人情報の開示，訂正，消去の権利が認められる「プライバシーの権利」が必要となる．このような「プライバシーの構造」と「プライバシーの権利」という二重のプライバシー保護がビッグ・データの世界では要請されていると考え

る．

　以上のとおり，プライバシー権を具体的に保障していくためには，諸外国におけるビッグ・データやモノのインターネットの動向を注意深く検討し，国際的な整合性を担保するとともに諸外国のベスト・プラックティスを吸収していくことが必要である．「技術大国」日本として，モノのインターネットの分野では世界への貢献が期待される．同時に，日本が「プライバシー大国」となれるかどうかも問われている．

注

1) *See* Andrew McAfee & Erik Brynjolfsson, *Big Data: The Management Revolution*, Harv. Bus. Rev. (2012) at 4-5. 筆者が「ビッグ・データ」という言葉を初めて耳にしたのは 2011 年 11 月に開催された第 33 回データ保護プライバシー・コミッショナー国際会議であった．*See* 33rd International Conference of Data Protection and Privacy Commissioners, *Mexico City Declaration*, November 1, 2011. Available at http://privacyconference2011.org/htmls/adoptedResolutions/2011_Mexico/Mexico_City_Declaration_ENG.pdf（last visited March 31, 2015）．ビッグ・データの実態と課題については，小林慎太郎『パーソナルデータの教科書』（日経 BP 社，2014），参照．

2) White House, *Big Data Initiative*, March 29, 2012. Available at https://www.whitehouse.gov/sites/default/files/microsites/ostp/big_data_press_release_final_2.pdf（last visited March 31, 2015）．

3) Thomas H. Davenport & D. J. Patil, *Data Scientist: The Sexiest Job of the 21st Century*, Harv. Bus. Rev., October 2012 at 70.

4) Michael Scherer, *Inside the Secret World of the Data Crunchers Who Helped Obama Win*, Time: Commemorative Election Special, November 19, 2012 at 58.

5) *Sorrell v. IMS Health, Inc*, 131 S. Ct. 2653（2011）において，合衆国最高裁は医療プライバシーの保護の観点から，マーケティング目的での処方箋の履歴の売買，移転，利用を禁止していたバーモント州法が，表現の自由を保障する第 1 修正に違反するという判断を下した．これに対し，EU では，第 29 条作業部会の意見により，疫学研究の場合であっても厳格な匿名化措置をとらない限り，個人データの提供は認められない．病院や個人医師患者の医療記録のデータについて，患者の氏名は用いられていないが，異なる患者情報との間違いを避けるため，個々の臨床につきランダムに番号が使われている状況下であれば，データ保

護機関は，製薬会社によって行われる処理においてデータ主体を識別するために用いられるいかなる可能な合理的手段も存在していないとみなされる．*See* Article 29 Data Protection Working Party, *Opinion on the Concept of Personal Data* June 20, 2007.
6) 2013年4月15日東京地裁判決（判例集未登載）．他方，これを認めない裁判例（2013年5月30日東京地裁〔判例集未登載〕）も報道されている．
7) PRISM問題については，山本龍彦「アメリカにおけるテロ対策とプライバシー：議会による『監視の監視』システム」都市問題104巻7号（2013）24頁以下，参照．
8) ドローンの法的規制については，アメリカとEUではそれぞれすでに検討が行われてきた．Federal Aviation Administration, *Small UAS Notice of Proposed Rulemaking*, February 15, 2015. 連邦運輸局は，小型機（25kg以下）の利用について，利用者が目視できる範囲とし，日中のみの利用とする規則を公表している．オバマ大統領が連邦機関のドローン利用におけるプライバシー保護の諸原則を示したメモランダムを公表した．第1に，ドローンによって収集・利用できる情報は正当な目的の範囲内である．第2に，ドローンによって収集された個人情報の保有期間は，原則として180日以内とされている．第3に，ドローンによって収集された情報は，法で認められている場合などを除いて拡散することが禁止されている．さらに，市民権の保障の観点から，各人に収集された自らの個人情報の開示を認めるとともに，民族，人種，性別，国籍，宗教，性的指向，性アイデンティティに基づく差別となる情報の収集，利用，保全，拡散を禁止している．EUでは，欧州委員会が「飛行の新たな時代」というコミュニケーションを公表し，無人飛行機の利用がデータ保護の諸原則を遵守すべきことを示している．無人飛行機が記録するデータは絶対的に必要な場合に限定されるべきであるとするデータ収集の最小限化の原則を強調する．また，人の顔の画像に自動的にぼかしを入れるなど，開発段階でのプライバシー保護に優しいデザイン設計が推奨されている．*See* European Commission, *Communication from the Commission to the European Parliament and the Council; A New Era for Aviation: Operating the Aviation Market to the Civil Use of Remotely Piloted Aircraft System in a Safe and Sustainable Manner*, April 8, 2014.
9) *How Companies Learn Your Secrets*, N.Y. Times, February 16, 2012.
10) Viktor Mayer-Schönberger & Kenneth Cukier, Big Data; A Revolution That Will Tranform How We Live, Work, And Think 153 (2013).
11) Information Commissioner Office, *Big Data and Data Protection*, July 2014 at 3. Available at https://ico.org.uk/media/for-organisations/documents/1541/big-data-and-data-protection.pdf (last visited March 31, 2015).
12) Fred H. Cate & Viktor Mayer-Schönberger, *Notice and Consent in a World of Big Data*, 3 Int'l Data Privacy L. 67, 69 (2013).

13) *The Dark Market of Personal Data*, N.Y. TIMES, October 17, 2014 at A31. *See also* A *Data Broker Offers a Peek Behind the Curtain*, N.Y. TIMES, September 1, 2013 at BU1. アメリカでは，ID 犯罪も問題視されている．堀田周吾「個人識別情報の不正取得・不正使用に対する刑事訴追」駿河台法学 23 巻 1 号（2009）214 頁以下，参照．

14) *You for Sale*, N.Y. TIMES, June 17, 2012 at BU1.

15) Omer Tene and Jules Polonetsky, *Big Data for All: Privacy and User Control in the Age of Analytics*, 11 NW. J. TECH. & INTLL. PROB. 239, 254 (2013).

16) College Bescherming Persoonsgegevens, *Report of Findings: Official Investigation by the CBP into the Processing of Geolocation Data by TomTom N.V.*, December 20, 2014. Available at https://cbpweb.nl/sites/default/files/downloads/mijn_privacy/en_pb_20120112_investigation-tomtom.pdf (last visited March 31, 2015). *See also* Raffaele Zallone, *Here, There and Everywhere: Mobility Data in the EU (Help Needed: Where is Privacy?)*, 30 SANTA CLARA HIGH TECH L. J. 57, 83 (2013).

17) Office of the Privacy Commissioner of Canada, *Data Protection Authorities Urge Google to Address Google Glass Concerns*, June 18, 203. Available at https://www.priv.gc.ca/media/nr-c/2013/nr-c_130618_e.asp (last visited March 31, 2015).

18) Cate & Mayer-Schönberger, *supra* note 12, at 69. *See also* Omer Tene & Jules Polonetsky, *Privacy in the Age of Big Data: A Time for Big Decisions*, 64 STAN. L. REV. ONLINE 63 (2012).

19) Aleecia M. McDonald & Lorrie Faith Cranor, *The Cost of Reading Privacy Policies*, JOURNAL OF LAW AND POLICY FOR THE INFORMATION SOCIETY (2008) (Privacy Year in Review issue). 1 分間で 250 ワード読むことを前提とした調査結果である．

20) アメリカと EU では，スマートメーターの利用によるプロファイリングが問題となり，プライバシー影響評価の実施が奨励されてきた．*See* U.S. Department of Commerce, National Institute of Standards and Technology, *Guidelines for Smart Grid Cyber Security: Vol. 2, Privacy and the Smart Grid*, August 2010; European Commission, *Commission Recommendation on Preparations for the Roll-out of Smart Metering*, March 9, 2012; Article 29 Working Party, *Opinion on Smart Metering*, April 4, 2011. また，湯淺墾道「スマートメーターの法的課題」九州国際大学社会文化研究所紀要 69 号（2012）35 頁以下，参照．

21) 日本経済新聞 2014 年 6 月 4 日 13 面（ネット起業 狙うは遺伝子），参照．遺伝情報とビッグ・データの実態と課題については，「AYUMI 医療・医科学分野のパーソナルデータ：社会的・法的・倫理的側面」医学のあゆみ 251 巻 3 号（2014）の各論稿，参照．

22) *See* ADAM TANNER, WHAT STAYS IN VEGAS: THE WORLD OF PERSONAL DATA- LIFE-BLOOD OF BIG BUSINESS? AND THE END OF PRIVACY AS WE KNOW IT 107（2014）. 遺伝情報のプライバシー問題については，山本龍彦『遺伝情報の法理論：憲法的視座の構築と応用』（尚学社，2008），甲斐克則編『遺伝情報と法政策』（成文堂，2007），参照．
23) 第35回会議の様子については，金融情報システム調査部「パーソナルデータ保護の国際的動向とわが国の個人情報保護制度を巡る動き」金融情報システム331号（2014）56頁以下，またデータ保護プライバシー・コミッショナー国際会議については，宮下紘「データ保護プライバシー・コミッショナー国際会議：プライバシー保護の国際基準と越境執行協力」比較法雑誌48巻2号（2014）143頁以下，参照．
24) Federal Trade Commission, *Data Brokers: A Call for Transparency and Accountability*, May 2014. Available at https://www.ftc.gov/system/files/documents/reports/data-brokers-call-transparency-accountability-report-federal-trade-commission-may-2014/140527databrokerreport.pdf（last visited March 31, 2015）.
25) Federal Trade Commission, *Internet of Things: Privacy & Security in a Connected World*, January 2015; Article 29 Working Party, *Opinion on the on Recent Developments on the Internet of Things*, September 16, 2014.
26) 日本の個人情報保護法制が基盤としてきたOECDプライバシー・ガイドラインが2013年7月に改正されたが，EUデータ保護規則提案や欧州評議会条約第108号の現代化に比べ，国際的なインパクトは限定的なものとなっており，参照すべき国際的枠組みの選択は慎重に検討すべきである．プライバシー保護法制に関する国際動向については，宮下紘「プライバシー・イヤー2012－ビッグ・データ時代におけるプライバシー・個人情報保護の国際動向と日本の課題」Nextcom12号（2012）32頁以下，参照．OECDプライバシー・ガイドラインの紹介については，堀部政男・新保史生・野村至『OECDプライバシー・ガイドライン：30年の進化と未来』（JIPDEC，2014），堀部政男「グローバル社会と日本のプライバシー・個人情報の保護―OECD情報セキュリティ・プライバシーWP副議長12年の経験」NBL912号（2009）9頁以下，板倉陽一郎「OECDプライバシーガイドライン改正と我が国個人情報保護制度への影響」SITE技術と社会・倫理113号（2013）19頁以下，参照．
27) OECD, Working Party on Security and Privacy in the Digital Economy, *Summary of the OECD Privacy Expert Roundtable: Protecting Privacy in a Data-driven Economy: Taking Stock of Current Thinking*, March 21, 2014. Available at http://www.oecd.org/officialdocuments/publicdisplaydocumentpdf/?cote=dsti/iccp/reg%282014%293&doclanguage=en（last visited March 31, 2015）.

28) Fred H Cate, et. al. *Data Protection Principles for the 21st Century: Revisiting the 1980 OECD Guidelines,* December 2013. Available at http://www.oii.ox.ac.uk/publications/Data_Protection_Principles_for_the_21st_Century.pdf (last visited March 31, 2015).

29) Ann Cavoukian, *Evolving FIPPs: Proactive Approaches to Privacy, Not Privacy Paternalism,* in Reforming European Data Protection Law 298 (Serge Gutwirth et. al. eds., 2014).

30) International Organization for Standardization, *ISO/IEC 27018:2014, Code of Practice for Protection of Personally Identifiable Information (PII) in Public Clouds Acting as PII Processors* (2014). *See also* 34th International Conference of Data Protection and Privacy Commissioners', *Resolution on Cloud Computing,* October 26, 2012.

31) 35th International Conference of Data Protection and Privacy Commissioners, *Resolution on Profiling,* adopted on September 24, 2013.

32) ECtHR, *S. Marper v. UK,* December 4, 2008, Application no. 30562/04.

33) CJEU, *Huber v Federal Republic of Germany,* C-524/06, December 16, 2008.

34) Gellert Raphael, De Vries Ekaterina, De Hert Paul & Gutwirth Serge, *A comparative analysis of anti-discrimination and data protection legislations,* in Discrimination And Privacy in The Information Society 77 (Bart Custers et. al. eds., 2012).

35) European Parliament, *Legislative Resolution on the proposal for a regulation of the European Parliament and of the Council on the protection of individuals with regard to the processing of personal data and on the free movement of such data (General Data Protection Regulation),* March 12, 2014.

36) Council of Europe, *Recommendation on the Protection of Individuals with regard to Automatic Processing of Personal Data in the Context of Profiling,* adopted on November 23, 2010.

37) Article 29 Data Protection Working Party, *Opinion on Purpose Limitation* (WP203), adopted on April 2, 2013 at 44-47. ビッグ・データ概念の新奇性に警戒感を示す論稿として，新保史生「クリシェとしてのビッグ・データ？」情処研報 EIP55 巻（2012）1 頁，参照。

38) EU では利用目的の制限と匿名化以外に，ビッグ・データとの関連では，データ処理のための正当な利益（Article 29 Working Party, *Opinion on the Notion of Legitimate Interests of the Data Controller under Article 7 of Directive 95/46/EC,* adopted on April 9, 2014）や必要性と比例原則の遵守（Article 29 Working Party, *Opinion on the Application of Necessity and Proportionality Concepts and Data Protection within the Law Enforcement Sector,* adopted on February 27, 2014）を呼びかけている。

39) Federal Trade Commission, *Online Profiling: A Report to Congress*（June 2000）.
40) Federal Trade Commission, *Protecting Consumer Privacy in an Era of Rapid Change*（Dec. 2010）．具体的な法執行の事例として，2012 年 8 月連邦取引委員会は追跡禁止の設定を迂回しウェブ閲覧履歴を集積していたとしてグーグル社に対し 2250 万ドルの課徴金を命じた．追跡禁止原則は自主規制の取組の一環として位置づけられてきた．*See* Omer Tene & Jules Polonetsky, *To Track or "Do Not Track": Advancing Transparency and Individual Control in Online Behavioral Advertising*, 13 MINN. J. L. SCI. & TECH. 281（2012）．なお，アメリカの追跡禁止の議論を参照にして，シンガポールの個人情報保護法では「電話勧誘禁止（Do-Not-Call）」が法制化された．*See* Warren B Chik, *The Do Not Call Registry* in DATA PROTECTION LAW IN SINGAPORE: PRIVACY AND SOVEREIGNTY IN AN INTERCONNECTED WORLD 174（Simon Chesterman ed., 2014）.
41) The White House, *Consumer Data Privacy in a Networked World*, February 23, 2012.
42) Senate Bill No.568（Cal）Ch 336 SB568 Approved by Governor on Sep. 23 2013.
43) *See e.g.*, K. Krasnow Waterman & Paula J. Bruening, *Big Data Analytics: Risks and Responsibilities*, 4 INT'L DATA PRIVACY L. 89（2014）.
44) Article 29 Working Party, *Anonymisation Techniques* April 10, 2014.
45) *See* UK Information Commissioner Office: *Anonymisation: Managing Data Protection Risk Code of Practice*, November 20, 2012.
46) Federal Trade Commission, *Protecting Consumer Privacy in an Era of Rapid Change*（2012）.
47) Paul M. Schawartz & Daniel J. Solove, *The PII Problem: Privacy and a New Concept of Personally Identifiable Information*, 86 N.Y.U. L. REV. 1814（2011）.
48) White House, *Administration Discussion Draft: Consumer Privacy Bill of Rights Act*, February 27, 2015. Available at https://www.whitehouse.gov/sites/default/files/omb/legislative/letters/cpbr-act-of-2015-discussion-draft.pdf（last visited March 31, 2015）．法案概要の中では，「非識別データ」が次のように定義されている．すなわち，対象事業者が，①変更を加えることで，データが特定の個人又は装置と事実上結び付けることができないと信じる合理的な根拠があること，②個人又は装置と識別を試みることを禁止することを公に約束し，識別を防止する適切な管理を行うこと，③対象事業者がデータを提供した事業者に対し特定の個人又は装置とデータの結合をしないよう契約又は法的執行可能な形で禁止によって保護し，すべての移転先にも同様のことを要求すること，④対象事業者がデータを提供した各事業者に特定の個人又は装置と結合することを禁止することを公に約束するよう要求すること，を満たした場合，当該データは個人デー

タに含まないものとする．なお，連邦取引委員会は，個人情報の識別・非識別の区別についてではなく，不公正・欺瞞的な行為等に対して法執行する権限が限定されており，この観点から公のコミットメントが重要な要件として理解されている．

49) 内閣府情報公開・個人情報保護審査会・独個答申第3号（2006年9月1日）．「バンクジャパンは，提供された試料及び臨床情報について，個人を特定する情報を保有していないだけでなく，個人を特定する情報を協力病院から入手することもできず，異議申立人が主張する『協力病院が持っている個人を識別する情報と結び付けることが可能な状態にある』とは認められない」ことが認定されている．

　医療の現場においてアメリカの既存の基準の下では14の事例から二つの事例（成功率は0.013％）で再識別化されるリスクが報告されている．Khaled El Emam, et. al., *A Systematic Review of Re-Identification Attacks on Health Data*, PLoS ONE（2011）．Available at http://journals.plos.org/plosone/article?id=10.1371/journal.pone.0028071（last visited March 31, 2015）．

50) *See* Paul Ohm, *Broken Promises of Privacy: Responding to the Surprising Failure of Anonymization*, 57 UCLA L. Rev. 1701, 1703（2009）．

51) *A Face Is Exposed for AOL Searcher No. 4417749*, N. Y. Times, Aug. 9, 2006.

52) *See* Arvind Narayanan & Vitaly Shmatikov, *How to Break Anonymity of the Netflix Prize Dataset*, March 2, 2007. Available at http://citeseerx.ist.psu.edu/viewdoc/download?doi=10.1.1.100.3581&rep=rep1&type=pdf（last visited March 31, 2015）．

53) *See* Schwartz & Solove, *supra* note 47, at 1870; Paul Ohm, *Changing the Rules: General Principles for Data Use and Analysis*, in Privacy, Big Data, And The Public Good 105（Julia Lana et. al. eds., 2014）．

54) *See* Alessandro Acquisti, *The Economics and Behavioral Economics of Privacy*, in Privacy, Big Data, And The Public Good 87（Julia Lane et. al. eds., 2014）．

55) 個人情報の値段に関する問題については，膨大な日本の判例を分析した論稿として，升田純「プライバシーの値段（1）～（4完）」NBL870号（2007）19頁，NBL871号（2007）24頁，NBL872号（2008）83頁，NBL873号（2008）20頁，参照．また，個人情報の経済的分析については，高崎晴夫ほか「パーソナライゼーション・サービスにおける利用者のプライバシー懸念の要因に関する研究」公益事業研究66巻2号（2014）25頁以下，参照．

56) Commission nationale de l'informatique et des libertés, *Guides "Gestion des risques vie privee*. Available at http://www.cnil.fr/la-cnil/actualite/article/article/deux-nouveaux-guides-securite-pour-gerer-les-risques-sur-la-vie-privee/.（last visited March 31, 2015）．英語版 Methodology for Privacy Risk Management も公表されている．本章は基本的に英語版をもとにしている．

57) Article 29 Working Party, *Statement on the Role of a Risk-based Approach in*

Data Protection Legal Frameworks, May 30, 2014.
58) Federal Trade Commission, *supra* note 25, at iv.
59) Rowean Rodrigues, David Wright & Kush Wadhwa, *Developing a Privacy Seal Scheme (that Works)*, 3 INT' L. DATA PRIVACY L. 100, 102-103 (2013) に基づき表を作成．アメリカでは民間による自主的な認証制度が広く利用されており，またヨーロッパの中ではドイツ，シュレスヴィッヒ・ホルシュタイン州が，国レベルとしては 2011 年 9 月にフランスが先駆けて認証制度を導入してきた．Commission nationale de l'informatique et des libertés, Délibération n° 2011-249 du 8 septembre 2011 portant modification de l'article 69 du règlement intérieur de la Commission nationale de l'informatique et des libertés et insérant un chapitre IV bis intitulé «Procédure de labellisation», 22 septembre 2011.

また，プライバシー影響評価については，瀬戸洋一編『プライバシー影響評価 PIA と個人情報保護』（中央経済社，2010），宇賀克也「プライバシー影響評価」長谷部恭男ほか編『現代立憲主義の諸相』（有斐閣，2013）197 頁以下，村上康二郎「プライバシー影響評価（PIA）に関する国際的動向と我が国における課題」情報ネットワーク・ローレビュー 13 巻 2 号（2014）33 頁以下，参照．なお，プライバシー影響評価とデータ保護影響評価の関係については，それがプライバシーとデータ保護との関係にさかのぼることができるであろうが，両者は「決して同一の性質を有するものではない」と一般的に考えられている．すなわち，「データ保護影響評価は本来的にコンプライアンス・チェックであり，したがって，プライバシー影響評価よりもいくらかその範囲が制限されているのである」．*See* David Wright & Paul De Hert, *Introduction to Privacy Impact Assessment*, in PRIVACY IMPACT ASSESSMENT 8 (David Wright & Paul De Hert eds., 2012).
60) 関本貢「プライバシーマーク制度の現状と課題」季報情報公開個人情報保護 25 号（2007）2 頁以下，参照．
61) *See* Marvin Ammori, *The "New" New York Times: Free Speech Lawyering in the Age of Google and Twitter*, 127 HARV. L. REV. 2259 (2014).
62) *See* Ian Goldberg, Austin Hill & Adam Shostack, *Trust, Ethics, and Privacy*, 81 B. U. L. REV. 101, 105 (2001).
63) APEC, *Referential on Requirements for Binding Corporate Rules Submitted to National Data Protection Authorities in the EU and Cross Border Privacy Rules Submitted to APEC CBPR Recognized Accountability Agents*, February 2014. Available at http://www.apec.org/~/media/Files/Groups/ECSG/20140307_Referential-BCR-CBPR-reqs.pdf (last visited March 31, 2015).
64) Samuel D. Warren & Louis D. Brandeis, *The Right to Privacy*, 4 HARV. L. REV. 193 (1890).
65) White House, *Big Data: Seizing Opportunities, Preserving Values*, May 2014. https://www.whitehouse.gov/sites/default/files/docs/big_data_privacy_report

_may_1_2014.pdf.
66) Federal Trade Commission, *Data Brokers: A Call For Transparency and Accountability*, May 2014. 名簿業者間での個人データ売買が行われている複雑な実態と，名簿業者5社の個人データの売買だけでも年間1億9600ドル（約250億円）以上もの収入を得ていることが明らかにされている．
67) CJEU, C-131/12, *Google Spain v AEPD and Mario Costeja Gonzalez*, May 13, 2014.
68) Jan Philipp Albrecht, *Uniform Protection by the EU: The EU Data Protection Regulation Salvages Informational Self-Determination*, in DATA PROTECTION ANNO 2014: HOW TO RESTORE TRUST? 125 (Hielke Hijmans & Herke Kranenborg eds., 2014).
69) Article 29 Working Party, *supra* note 37, at 23.
70) Article 29 Working Party, *supra* note 25, at 16.
71) Office of the Privacy Commissioner for Personal Data, Hong Kong, *Privacy Management Programme: A Best Practice Guide*, February 2014. Available at http://www.pcpd.org.hk/english/resources_centre/publications/files/PMP_guide_e.pdf (last visited March 31, 2015).
72) Korea Communications Commission, *Guidelines on Big Data for Data Protection*, December 23, 2014. ガイドラインの内容については，韓国個人情報保護委員会からご教示いただいた．
73) Personal Data Protection Commission Singapore, *Advisory Guidelines On The Personal Data Protection Act For Selected Topics*, September 11, 2014. Available at https://www.pdpc.gov.sg/docs/default-source/advisory-guidelines---selected-topics/selected-topics-guidelines-15-may-2014.pdf?sfvrsn=2 (last visited March 31, 2015).
74) 36th International Conference of Data Protection and Privacy Commissioners, *Resolution on Big Data*, October 14, 2014.
75) See e.g., Kate Crawford and Jason Schultz, *Big Data and Due Process: Toward a Framework to Redress Predictive Privacy Harms*, 55 B.C. L. REV. 93 (2014).
76) パーソナルデータ大綱については，宇賀克也「パーソナルデータの利活用に関する制度改正大綱について」季報情報公開個人情報保護55号（2014）64頁以下，岡村久道「パーソナルデータの利活用に関する制度見直しと検討課題（上）〜（下）」NBL1019号（2014）17頁以下，NBL1020号（2014）68頁以下，NBL1021号（2014）49頁以下，「特集 ビッグデータの利活用と個人情報保護」自由と正義65巻12号（2014），「特集 パーソナルデータの利活用における技術および各国法制度の動向）」情報処理55巻12号（2014），「小特集 パーソナルデータの利活用をめぐる方向性」NBL1029号（2014），「特集 パーソナルデータ 企業法務の視点」Business Law Journal 7巻5号（2014），「特集ビッグデータの利活用に向

けた法的課題：パーソナルデータ保護法制の展望」ジュリスト 1464 号（2014）の各論稿，参照．

77）Graham Greenleaf, *International Credibility at Risk*, Australian Privacy Foundation International Committee submission to the Government of Japan (2014). なお，グリーンリーフ教授は，日本の個人情報保護法制は第三者機関の不在が決定的な理由で世界的に見て最も貧弱な法制度である指摘する．See GRAHAM GREENLEAF, ASIAN DATA PRIVACY LAW 227 (2014).

78）*OECD Recommendation of the Council concerning Guidelines governing the Protection of Privacy and Transborder Flows of Personal Data*, (2013) at Art. 15 b) & Supplementary Explanatory Memorandum to the Revised OECD Privacy Gudelines. また，プライバシー保護の自主規制には限界があり，エチケット違反としての社会的制裁というプライバシーの見えざる手に訴えかけるのでは不十分であるため，ビッグ・データ時代にあっては特に構造重視という主張がある．大谷卓史「プライバシーの情報コントロール理論再考」電子情報通信学会技術研究報告 SITE 技術と社会・倫理 113（2013）10 頁，参照．

79）*Id.* at Art. 15 c) ．

80）*See e.g.*, KEVIN ROEBUCK, DATA BREACH NOTIFICATION LAWS: HIGH-IMPACT STRATEGIES (2011). アメリカのデータ侵害通知義務の概要については，湯淺墾道「アメリカにおける個人情報漏洩通知法制に関する考察」情報ネットワーク・ローレビュー 11 巻（2012）72 頁以下，参照．

81）European Commission, *Proposal for a Regulation of the European Parliament and of the Council on the Protection of Individuals with regard to the Processing of Personal Data and on the Free Movement of Such Data (General Data Protection Regulation)* Art. 31. また，EU 加盟国についてみると，イギリスでは情報通信分野（インターネット・サービス・プロバイダを含む）については，セキュリティ侵害の事案を知ってから 24 時間以内に最低限の情報を情報コミッショナー・オフィスに通知しなければならない．この通知を怠った場合，1000 ポンドの制裁金が科されることとなる．*See* Information Commissioner Office, *Guidance on Data Security Breach Management (Version 2.1)* (2012). フランスでは，電気通信事業分野のデータ侵害事案について，その事案を知ってから 24 時間以内に最低限の情報をデータ保護監督機関（CNIL）へのウェブサイトからのオンライン通知を義務づけ，仮に必要な情報をすべて通知できない場合は 72 時間以内に通知しなければならない．仮に通知を怠った場合は，30 万ユーロ及び 5 年以内の禁固の罰則が科されうる．*See* Art. 34 bis de la loi 78-17 du 6 janvier 1978 modifiée.

82）Eric Johnson & Daniel Goldstein, *Defaults and donation decisions*, 78 Transplantation 12 (2004). *See also* Jan Bouckaert & Hans Degrse, *Opt in versus opt out: a Free-entry Analysis of Privacy Policies*, CESifo working paper 1831 (2006).

Available at http://www.econstor.eu/handle/10419/25876 (last visited March 31, 2015).
83) *See generally* CASS R. SUNSTEIN, WHY NUDGE?: THE POLITICS OF LIBERTARIAN PATERNALISM (2014).
84) ELENI KOSTA, CONSENT IN EUROPEAN DATA PROTECTION LAW 385 (2013). *See also* Article 29 Working Party, *Opinion on the Definition of Consent*, July 13, 2011.

VI

プライバシー・個人情報保護の新世代

1 1890年生まれのプライバシー権

「私たちはすでにプライバシーの新世代へと突入している」[1].

プライバシーが権利の名に値すると主張されてからおよそ120年が経過した．この約120年の間にプライバシーは大きく分けて二つの世代が時代を築きあげてきた．第1世代は，「独りにしておいてもらう権利」[2]に始まる私生活の保障を謳ったプライバシー権である．第2世代は，自己の情報をコントロールすることができる権利[3]として理解されてきたプライバシー権である．

しかし，これらの提唱者が当時予想することができないほどの情報通信技術の進展に伴い，いまやインターネットの世界において，独りにしておいてもらうことも，自己情報のコントロールも難しくなってしまった．1890年にウォーレンとブランダイスが想定していたゴシップの「広められる (spread broadcast)」[4]方法・手段は様変わりし，1967年にウェスティン教授が前提としていた「監視技術」[5]もいまやはるかに容易になり，そして正確になった．インターネットの普及により，ウォーレンとブランダイスが警戒していた当時のイエロー・ジャーナリズムの読者をはるかに超える，「グローバルな聴衆 (global audience)」[6]を前にして一個人が情報を発信できるようになった．巨大なデータベースを保有する特定の行政機関のみが限られた情報のみを利用できたが，企業が保有するデータベースからその人物の行動パターンが予想することもでき，いまや誰もが検索サイトやソーシャル・メディアから特定の個人に関する情報を入手でき，同時に個人が様々な情報を発信することさえできるようになった．

私たちを取り巻く環境の変化により，プライバシーの旧世代はもはや通用力を失いつつある．その証左として，新世紀を迎える頃からは『プライバシーの限界』[7]，『プライバシーの崩壊』[8]，『プライバシーの終末』[9]といった旧世代のプライバシーの「レクイエム」[10]の音響が高まっていった．

他方で，プライバシーがますます危険にさらされる時代にあっては，他人の視線を遮断したいという欲求は絶えることがない．むしろプライバシーは，

「人が繁栄するための不可欠の要素」[11]であることが再認識されつつある．すなわち，第1に，プライバシーは，「ひとりの人となり，人であり，人であり続ける利益を保障」[12]し，自己実現という自己の人格の発展の価値を有している．第2に，プライバシーは，政府からの永続的な監視から解放された自律的な個人が利用できる情報を吟味したうえでの自己決定による統治をもたらし，政治から不要な私事を遮断し，健全な公的空間を維持するという側面を有している[13]．つまり，私的空間において自己決定を行うための自身の情報を整理・吟味し，私事を公的空間に持ち込まないことで，理性的な討議を行うことが可能となる[14]．インターネット空間においてプライバシーが保障されることによって，一定の社会的な交流を促進したり，またはそれに歯止めをかけることによりインターネットが討議民主政の空間となりうる[15]．このように，プライバシーは討議の「参画（participation）」[16]の基盤となる価値を有しているのである．今なおプライバシーの意義は失われていないどころか，その重要性は情報化社会においては増すばかりである．

　本章は，プライバシー・個人情報保護をめぐる新たな課題から突き付けられたプライバシー権の再考のための予備的考察を行うことを目的としている．すなわち，「21世紀の始まりに伴うアイデンティティへの不安」[17]とは具体的にどのようなものであり，そしてプライバシーが「限界」，「崩壊」，「終末」とまで形容されるようになった原因と考えられる現実の問題を取り上げることで，プライバシー権の現在地を明らかにすることを狙いとしている．本章は，第1に，プライバシー・個人情報保護をめぐる状況から危機が生じていること，そしてプライバシーをめぐる環境の変化を具体的な事例をもとに明らかにする．第2に，旧世代のプライバシー権がなぜ現代の情報通信技術には対応しえないかを指摘する．最後に，今現在プライバシー権はどこにあるのか，現在地を確認するとともに，新世代の生誕を歓迎する議論を分析する．

2 プライバシー・個人情報保護の危機

　旧世代のプライバシー・個人情報保護が危機に瀕しているとしたら，現実問題としてプライバシー・個人情報をめぐる変化としてはどのようなものがあるのか．ここでは，三つの具体的事例を取り上げつつ，従来のプライバシー・個人情報保護の見直しが迫られていることについて論証していくこととする．

1 ストリートビュー

　日本においても広く知られているとおり，グーグル社が提供するストリートビューは新たなプライバシー・個人情報保護の課題を提示した．ストリートビューとは，公道から撮影した道路周辺の画像を編集し，インターネット上で閲覧可能となるよう公開するサービスである．2008年8月上旬からこのサービスが展開され，地方公共団体からの意見書も含め，プライバシーや肖像権の観点から問題点がたびたび指摘されてきた[18]．また，同様のサービスが提供されている諸外国においては，ストリートビューが「プライバシー及びデータ保護の法と文化規範」に抵触する可能性があることから，カナダをはじめとする10カ国のプライバシー・コミッショナーによるグーグル社に対し改善を求める書簡を宛てている[19]．

　日本では，2011年3月福岡地方裁判所は，「本件住居のベランダに洗濯物らしきものが掛けてあることは判別できるものの，それが何であるかは判別できない」画像について，「元来，当該位置にこれを掛けておけば，公道上を通行する者からは目視できるものであること，本件画像の解像度が目視の次元とは異なる特に高精細なものであるといった事情もないことをも考慮すれば，被告が本件画像を撮影し，これをインターネット上で発信することは，未だ原告が受忍すべき限度の範囲内にとどまるというべきであり，原告のプライバシー権が侵害されたとはいうことができない」[20]と判断した．

　他方で，福岡高等裁判所の判決では，地裁と結論は同じであるが，プライバ

シー保護の対象を容ぼう・姿態以外の私的事項にも拡張した点で注目に値する．「プライバシーを人格権の一つとして保護する趣旨は，人が私的な空間・時間において，社会から解放されて自由な生活を営むという利益を法的に保護することであるが，容ぼう・姿態以外であっても，人におよそ知られることが想定されていない私的な営みに関する私的事項が，他人からみだりに撮影されることになれば，私生活において安心して行動することができなくなり，実際に撮影された場合には，単に目視されるのとは異なり，その私的事項に関する情報が写真・画像として残ることにより，他人が客観的にそれを認識できる状況が半永続的に作出されてしまうのであり，そのために精神的苦痛を受けることもあり得る．そうであれば，容ぼう・姿態以外の私的事項に対する撮影も，プライバシーを侵害する行為として，法的な保護の対象となる」[21]と判断している．

　ここでは公道における人物や公道から撮影した自宅の写真がプライバシーの侵害になるかどうか，または個人情報保護法に違反するかどうかが争点として議論されてきた．総務省の提言において，ストリートビューのサービスに伴いグーグル社が個人情報取扱事業者である場合，不正な手段を用いて個人情報の収集を禁止する規定（個人情報の保護に関する法律17条）に抵触する可能性やプライバシー侵害の一定の法的リスクが残ることが指摘されている[22]．また，撮影する際に集合住宅等の部外者の立ち入りが禁止されている場所での撮影について，集合住宅におけるビラ配布の自由とも比較して，問題が残されている[23]．そして，同様のサービスは欧米諸国においても展開されているが，特に日本の地理的・社会的状況とそれに伴う日本の文化から生じたプライバシーを受け止めるのに失敗した，と指摘される[24]．ストリートビューにより，私たちは監視される存在であり，また同時に監視することができる存在となり，プライバシーの言説の前提となっていたはずの監視の主体と客体の分離を崩壊させた例である．

2 行動ターゲティング広告

　賢いビジネスを行う者は，猫の飼い主に対してドッグ・フードの広告を送ることなどしない[25]．広告はビジネス成功の秘訣であることは言うまでもない．行動ターゲティング広告（behavioral advertising）とは，蓄積されたインターネット上の行動履歴（ウェブサイトの閲覧履歴・回数・時間や電子商取引サイト上での購買履歴等）から利用者の興味・嗜好を分析して利用者を小集団（クラスター）に分類し，クラスターごとに広告を出し分けるサービスを指す[26]．これまでの購入履歴から特定の消費者像を浮かび上がらせること（consumer profiling）で，効果的なダイレクト・マーケティング，広告配信をできることから，その消費者情報を売買あるいは共同利用することで成り立つデータ・マイニング企業が登場してきた[27]．

　実際に，アメリカではダブルクリック事件[28]において，11,000人以上のインターネット・ユーザーに対してクッキーを利用して広告を配信した行為がプライバシー侵害になるかどうかがクラス・アクションで争われた．連邦地方裁判所は，連邦議会において消費者のプライバシー問題の審議過程にあり，このような「センシティブ」[29]な問題に裁判所として正面から結論を下すことを回避し，結局クッキーを用いたユーザー情報の収集が違法ではないと判断した．その後，アメリカにおいては行動ターゲティング広告をどのように規制すべきかについて議論されてきた．たとえば，アメリカ連邦取引委員会のコミッショナーは2007年の時点で「オンライン行動ターゲティングそれ自体がデータ収集の範囲やプライバシーの侵害の問題を提起している」[30]と指摘している．そして，同委員会はオンライン行動広告のためのプライバシー原則を公表し，消費者のプライバシー保護に向けた自主規制の枠組み構築に向けた議論を開始した[31]．2010年12月には，同委員会が統一的かつ包括的な消費者の選択の枠組みを推進するため，消費者がクッキーを通じて追跡されることを望むかどうか，広告配信を受領したいかどうかについて本人に知らしめるための仕組みを策定することが最も実践的な方法として，「追跡禁止（Do-Not-Track）」原則を掲げた[32]．

また，欧州委員会第29条データ保護作業部会の2010年の意見において，1995年EUデータ保護指令及び2002年のいわゆる電子プライバシー指令に基づき，オンライン行動ターゲティング広告についてはユーザーに情報が十分与えられたうえでの同意が与えられなければならないことが示されている[33]．

我が国においても，2010年に総務省が「利用者視点を踏まえたICTサービスに係る諸問題に関する研究会（第二次提言）」において一定の情報を対象として六つの配慮原則（①広報，普及・啓発活動の推進，②透明性の確保，③利用者関与の機会の確保，④適正な手段による取得の確保，⑤適切な安全管理の確保，⑥苦情・質問への対応体制の確保）が提示されるとともに，2011年に消費者庁が「インターネット取引に係る消費者の安全・安心に向けた取組について」において，法的規制，自主規制，技術的対応に関する検討の必要性が示されている．

行動ターゲティングについては，そもそも消費者にとってのメリットがある．インターネット上でのユーザーの閲覧履歴等が分析されることで，消費者自らがインターネット上でカスタマイズされた広告のみに触れることができれば，大量の商品があふれる現代社会において合理的な生活を送ることができるともいえる．

3 オーダーメイド医療

日本においてもカルテの電子化により医療・健康情報を管理・活用する方策が検討されている[34]．このような医療・健康情報のデータベース化は，患者には異なる医療機関においても一貫した治療を受けることができる．個々の患者のオーダーメイド医療が実現しうるのである．また，医療機関は患者に対する治療がスムーズに行えるだけではなく，長期的には大量のデータベースから疫学研究等にも役立つことになる．他方で，患者の過去の病歴や遺伝情報から保険への加入が拒否されたり，高額な保険加入金を請求される可能性すらある．すでにアメリカにおいては，このような個別化医療に伴う遺伝情報の差別問題やプライバシーに関する配慮原則などをまとめた政府による報告書が示されている[35]．日本においては，文部科学省・厚生労働省「疫学研究に関する倫理指

針」において，個人情報の保護に配慮する観点から連結（不）可能匿名化に関する指針が定められている．

　また，具体的な事例としては，東京大学医科学研究所ヒトゲノム解析センター内バイオバンクにおいて保管されている本人の DNA 等の開示請求について，内閣府情報公開・個人情報保護審査会は，「バイオバンクジャパンは，提供された試料及び臨床情報について，個人を特定する情報を保有していないだけでなく，個人を特定する情報を協力病院から入手することもできず，異議申立人が主張する『協力病院が持っている個人を識別する情報と結び付けることが可能な状態にある』とは認められない」[36] ため，保有個人情報に該当しない旨の答申を出している．いずれにせよ，このような私たちの医療・健康情報は，そもそもその情報を医療に携わる専門家でなければ判別することができないプライバシーに関わる情報が収集，利用，蓄積されているのである．

4 プライバシーをめぐる環境の変容

　これらの例からわかるようにプライバシーに対する脅威は変わり，同時にプライバシー保護のあり方は大きく変容してきた．ここではプライバシーをめぐる環境の変化として3点指摘する．

　第1に，科学技術の進展に伴い，監視の形態が変容した．監視は，監視する主体と客体が分離・固定化することで，目に見えない支配を意味あるものとし，「個人の内面にある秩序感覚に働きかけ……秩序の内面化を果たそうとすることを典型とする『操作型権力』」[37] をもたらした．しかし，誰もが誰かを監視しうる社会にあっては，監視する主体と客体の境界が崩壊し，監視がもつ支配性の威力が失われつつある．Big Brother と呼ばれ，真理省や愛情省なる人の思想・行動を取り締まることを想定された巨大な機関[38] のみが監視という特権を有しているわけではない．また，監視の対象も変わった．すなわち，人そのものではなく，人を記録したデータが監視の対象となった．このようなデータの監視については，"dataveillance" という言葉がしばしば用いられるが，data（データ）と surveillance（監視）の二つの言葉を併せた造語であり，

「個人データの電子的な監視」という意味で用いられている[39]．この技術により，たとえば，特定の人物のデータが監視の対象となるわけではなく，その個人そのものと会うことも話すこともなく，膨大な量のデータの中から当該個人の行動パターンを分析することで，テロの容疑者や特定の商品を購入しそうな顧客を割り出すことが可能となった．このように，監視の態様が変わり，現在のプライバシーの脅威はBig BrotherというよりもLittle BrotherやLittle Sistersにある[40]．

　第2に，プライバシーの基盤をなしていた公私区分が崩壊した．プライバシーの権利それ自体はコモン・ロー上発展し，後に政府に対して主張することのできる憲法上の権利としての地位を獲得するに至った．しかし，後に考察するとおり，情報プライバシーが問題とされている場面において，不法行為上のプライバシーはもはや何の役にも立たない，という指摘がされることは何ら不思議ではない[41]．なぜなら，「もはや情報に完全に公的なものも，完全に私的なものもない」[42]と指摘されるとおり，情報がいつどこでどのような場合に私的なものとして保障されるべきかどうかの明確な境界線が失われつつあるからである．プライバシーの法体系，すなわち，その公法上の側面と私法上の側面という区分自体が問い直されている[43]．同時に，プライバシーが問題されると場面についても，科学技術の進展に伴い，公的空間におけるプライバシーがしだいに問題とされるようになった．ストリートビューの例のように公的空間においても監視の手は行き届いている．かつて，Katz v. United Statesにおいて，憲法は「場所ではなく，人を保障」[44]していることが明らかにされたが，その人を記録するデータは，公的な空間において利用される場合において，公的なものか，あるいは依然として私的なものか，そしてどのような法体系によって保障されるべきかなどプライバシーの理論的な課題が浮かび上がってくる[45]．

　第3に，必ずしも本人が了知しないところにおいてプライバシーの侵害の発生が生じている．プライバシーの理論の世界においては，個人情報をコントロールできるという建前がとられているが，インターネットの現実の世界においては，もはやどこでどのように個人情報が流通しているか，または漏えいされているかなど本人は知らないことすらある．あるいは，行動ターゲティング広

告のように，多くの者が知らないところでプライバシーに関わる情報や個人情報が収集されることすらある．プライバシーという主観的な概念を法的に救済するために，保護の対象を客観化したはずの「個人情報」[46]すら，何が個人情報に該当するのかどうかという判定が困難（たとえば，行動ターゲティング広告におけるアクセスログやIPアドレスは個人識別情報となりうるか[47]）になってきている．さらに深刻なことに，各人は自らのプライバシーに関わる情報，あるいは個人情報であると判別できないことすらある．コントロールできない情報としては，生体情報や遺伝子情報などが典型例であろう[48]．DNAはまさにその個人を形作り，特定の個人を識別する決定的な情報であるにもかかわらず，DNA鑑定を職業とする者を除いて，およそ本人が自らのDNA配列を把握していることなどなかろう．このように，もはやプライバシーの侵害を主張の前提となる，基礎事実，すなわち，「私の情報」がどこにあるかという事実すら把握できなくなってしまったのである．

3 プライバシー・個人情報保護の旧世代

1 旧世代の歩み

日本においてもプライバシーの権利がどのようなものであるかについて，プライバシー権の原産国であるアメリカの議論が広く紹介されてきた．たとえば，伊藤正己博士は，1963年『プライバシーの権利』において「デリケートな問題——それは法のみならず，他の多くの社会規範とも関係してくる——が社会にあらわれることそのことが，その社会の文化的水準の発展段階を示していることである．つまり，プライバシーの権利という多彩をきわめる内容の権利が法的な保護をうけるまでに結晶したことは，その社会が一定の高度をもつ文化を享有するにいたった証拠と解してよい」[49]と指摘し，ウォーレンとブランダイス，そしてウィリアム・プロッサー教授の論文[50]をもとに日本におけるプライバシー権の幕開けを示唆した．そして，憲法の人権の基本書において

もプライバシーが登場することになるが，当初，憲法21条2項の通信の秘密の中にプライバシー権は位置づけられていた[51]．その後，佐藤幸治教授が不法行為法上のプライバシーを憲法上のそれに昇華させる過程において，個人の自由な人格の発展にとって必要な権利が憲法13条によって包括的に保障されていることを論証し，このような理解が浸透していった[52]．佐藤教授は，人間にとって最も基本的な，愛，友情及び信頼の関係にとって不可欠の生活環境の充足に必要な権利として，幸福追求権の一部を構成するにふさわしいとしてプライバシーの権利を捉えている[53]．そして，佐藤教授は伝統的な独りにしておいてもらう権利，あるいは私生活上の保障といった消極的な権利のみならず，自己についての情報をコントロールする権利として「かなり積極的な意味合い」[54]をプライバシーの権利に含意させることとなった．

また，最高裁判所においても，私生活上の自由として，「何人も，その承諾なしに，みだりにその容ぼう・姿態……を撮影されない自由」[55]を有することを認めた．さらに，大学生の学籍番号，氏名，住所，電話番号という単純な情報であっても「プライバシーに係る情報として法的保護の対象とな」り，これらの情報を無断で開示したことは「プライバシーに係る情報の適切な管理についての合理的な期待を裏切るもの」[56]となることを明らかにしている．このように，プライバシーについては，独りにしておいてもらう権利から発展した私生活上の保障，そして自己情報をコントロールする権利というプライバシー世代が活躍をしてきた[57]．

2　第一世代の限界──コモン・ロー上のプライバシー権／独りにしておいてもらう権利

旧世代のプライバシー権には限界がある．すでにプライバシーをめぐる環境の変化について指摘したとおり，もはや我々は独りにしておいてもらうことはできないのみならず，自己情報のコントロールもままならないインターネットの時代に置かれている．プライバシーの旧世代は，新たな科学技術を前にもはやその限界が明らかになりつつある．

ここでは，プライバシーの旧世代としての私生活の保障と自己情報コントロールについて限界を説明する．まず，伝統的な理解として発展してきた私生活情報の保障としてのプライバシー権については，次の2点で現実的な限界が指摘される．第1に，メディアやインターネットに対する保障が明らかに脆弱であると指摘される[58]．ウォーレンとブランダイスが想定していた不法行為は，法が報道価値のあるもの（newsworthy）と報道価値のないもの（non-newsworthy）を区分し，後者のみを規制するという建前をとっていたが，もはやインターネットの世界ではそのような規制をプライバシー侵害とすることは法の合理的な能力を超えている[59]．1890年当時自らの名声を保護するためにイエロー・ジャーナリズムに対抗する武器として提唱されたプライバシーは，誰もがグローバルな聴衆に向けて情報を発信できるインターネットの世界においてもはや武器とはなりえないのである．第2に，コンピュータによる大量で容易なデータ処理により，個人情報の収集，利用，蓄積という過程において伝統的なプライバシーは「太刀打ちできない（stopped being malleable）」[60]状況になっている．

　さらに，プライバシーには理論的な限界も指摘できる．ここでは，不法行為上のプライバシーの限界，自己情報コントロールの限界，そしてテロ対策の文脈における限界をそれぞれ説明する．まず，不法行為におけるプライバシーの4類型については，ダニエル・ソロブ教授がその理論的限界があることを論じる[61]．1960年プロッサー教授は約300件の判例を考察し，独りにしておいてもらう権利を4類型に精緻化した．すなわち，①断絶された状態への侵入，②私事の公表，③誤った事実公表，④氏名等の盗用である．

　ソロブ教授によれば，これらの4類型はいずれも現代のデータベースあるいはサイバースペースにおける個人情報が流通する社会への適合に失敗しているという．断絶された状態への侵入について，データベース化それ自体はたとえその人物が物理的に他者とは断絶していても，その情報それ自体は収集・利用され続けるのである．もはや情報化社会にあって，自らの情報を一切他者に与えない断絶などほぼ不可能になった．

　私事の公表については，記録されたデータそれ自体が企業の取引等において公然と利用される状況にあっては，もはやこの公表を一切避けることは困難で

ある．たとえば，他者クレジットカード番号を知られたくない，という人であっても，買い物をする際にはそのカードを利用し，たとえ番号それ自体が安全に管理されていても，カードから割り出された購入履歴からその人物像や行動パターンが浮かび上がってくる．旧世代のプライバシーは限定的な役割しか果たせないのである．

また，誤った事実公表については，たとえ公表の段階に至らなくても，データベースに個人情報が収集・利用された段階でその人物の名声が害されることがあり，ここでも旧世代のプライバシーには限界がある．

さらに，氏名等の盗用としてのプライバシーはデータベースに蓄積された個人情報についても一定の威力をもちうる．しかし，過去の判例からはそれが蓄積されただけで商業的な利益の損失が生じない場面ではプライバシー侵害を主張できないことがある．このように，プロッサー教授が半世紀ほど前に類型化したプライバシーの4類型によって対処することには限界がある．データベース化社会においては，プライバシーの最大の問題は大量の個人情報の流通に伴うものであり，そこには単一の侵害者がいるわけではない．「単独かつ個別」[62]の侵害を対象として伝統的なコモン・ロー上のプライバシー侵害に対する従来の救済に対して，現代社会においては様々なアクターが様々なときに情報の取引，連結，消滅の過程における集合的な効果からプライバシーの侵害の可能性が生じているのである．

3 第二世代の限界——自己情報コントロール権

プライバシーの世代として脚光を浴びてきた自己情報コントロール権もまたその存在意義が問い直されている．かつて「プライバシーは，その人に関する情報の個人のコントロールを包含している」[63]として，自己情報コントロール権が保障されてきた．

しかし，データベースにおいてパノプティコンが想定していた塔から監視する看守の存在は見えない．この可視性の欠如によりインターネット上での消費者が同意のしやすい環境と，サービスの継続性による同意の撤回の困難な環境

が形成されてきた[64]．このように，データベース化された情報について，個人が真正な同意を行えていない状況にあっては，自己情報をコントロールなどできず，各人はデータベースにいつのまにかコントロールされる立場に置かれてしまった．そもそも，各人は企業がどのような情報を保有しているかどうかについて，開示する権利があったとしても，どの企業が自らの情報を保有しているのか，情報それ自体へのアクセスが困難な状況にある[65]．仮に自らの情報を保有している企業に対してアクセスできたとしても，そこでの同意は「法的な擬制」に過ぎず，「情報自己決定」には常に限界がつきまとう[66]．ポール・シュワルツ教授は，オンライン・オフラインに関係なく，もはや自己情報コントロールとしてのプライバシー権を用いるべきでないと主張する[67]．

第1に，個人情報の取扱いについてユーザーと事業者との間の知識のギャップがある．特に個人情報が社会的・組織的な構造における体系的な形で処理されていることに多くのユーザーが気づいていない．

第2に，データの利用に関する同意にはしばしば瑕疵がある．多くの場合，ユーザーはプライバシー・ポリシーを熟読してから同意に至るという実質を欠いた合意となっている．

これとも関連し，第3に，ユーザーに対する通知と選択という自律に訴えかけること自体が個人情報を収集する正当化根拠となり，一種の「わな（trap）」となっている．ユーザーに対する通知それ自体が黙示の同意という法的な擬制である．個人情報の開示をするか否かの実質的な決定がないにもかかわらず，同意が自律的な自己情報コントロールとみなされてしまうのである．

最後に，データの脱却という欺瞞である．個人は選択から逃げることのできない状況に置かれ，説明責任を果たさず，個人情報を提供しないことは自らの情報を隠ぺいする欺瞞的な行為とみなされてしまうためである．

このように，もはや大量の個人情報がデータベース化される中，自己情報のコントロールは本来の人間の尊厳や自律性といった根源的な価値を基盤としていたはずであるものの，インターネットの世界では「上っ面の儀式」[68]でしかありえなくなっている．

4 旧世代の限界——アメリカにおける表現の自由とテロ対策

　アメリカにはプライバシーをめぐる特有の状況も存在した．第1に強力な表現の自由の保障である．アメリカには「公正情報取扱慣行（Fair Information Practice）」において個人情報の取扱いの基本原則が定められているが，このような基本原則が，情報プライバシーの名の下に果たして自由な表現を妨ぐことができるかどうかについて激しい論争がある．たとえば，ユージン・ボロク教授は，表現の自由を制限する根拠として情報プライバシーが理由であっても，そのような制限がなぜ公正情報取扱慣行における公正であるか正面から批判する[69]．そして，プライバシーは「人が仕事であれ私事であれ日々どのように振る舞うか——仕事で誰と親しくなるか，自分のお金を誰に託すか——を決定する言論がもつ利益」[70]を害し，表現の自由を奪い去ってしまうと主張する．

　さらに，9.11後のアメリカにおいては，プライバシーはセキュリティと対比され，「ゼロ・サムのトレードオフ」[71]の関係にあるとして扱われてきた．近年は，人ではなく，データに焦点を絞った監視が行われてきているため，かつての「場所ではなく，人を保障する」憲法上の仕組みは現在さほど役に立たない[72]．他方で，不合理な捜索・押収を禁止する第4修正によって，「プライバシーはテロリストの最良の友である」[73]とも言われ，プライバシーが国土の安全保障の妨げになっているかのように扱われてきた．

　アメリカにおいてはこのような特殊な事情もあるものの，いずれにせよ，このような情報通信技術の進展等に伴い従来のプライバシーの形が余儀なく変形を迫られることとなったのである．

4 プライバシー・個人情報保護の現在地

1 プライバシーの類型化

　今プライバシー権はどこにたどり着いたのだろうか．旧世代のプライバシー

が通用力を失う中，新たな世代のプライバシーの登場を期待する声が高まりつつある．

たとえば，ソロブ教授は，かつてプロッサー教授が類型化した，秘匿（secrecy）によるプライバシー概念を廃棄し，現代のインターネット社会に適合しうるようにプライバシー権を16の性格ごとに類型化を行う[74]．まず，情報の①収集，②処理，③流通，そして④侵害という4段階に分類する．この4類型をさらに次のとおり細分化する．

① 収集の段階
   監視，尋問
② 処理の段階
   集積，同一化，安全管理，二次利用，消去
③ 流通の段階
   信頼義務違反，開示，漏えい，アクセス，無断利用，盗用，情報内容の変更
④ 侵害
   侵入，決定への干渉

ソロブ教授によれば，プライバシーを概念化するには以上の16の類型に注意を払う必要がある．プライバシーを画一的に概念化するのではなく，プライバシーが問題となる場面ごとにプライバシー概念の精緻化の過程を経て，現代のプライバシーの法的・政策的課題に対処しうることを指摘している．

2 著作権法的思考の導入

ジョナサン・ジットレイン教授は，次世代のプライバシーとして"privacy2.0"を提唱する[75]．ジットレイン教授は，1970年代の"privacy1.0"は政府のデータベースを対象としていたが，現在は安価で，迅速で，完全なデータのコピーを成功させ，この技術が新たなプライバシー侵害を生み出したと指摘する[76]．科学技術だけが進歩し，法制度は1970年代のままにあっては，プライバシー

侵害に対しては十分な救済を行えず,「プライバシーの現状はまったくもって先行き不透明 (murkier) である」[77]. そこで, 個人がデータを作り出し, 対等な存在 (peer-to-peer) として通信を行うことができる時代にあっては, "privacy2.0" が顕在化する. そして, 著作権もプライバシーも, いずれも自分のデータであるにもかかわらず, そのデータに対するコントロールが失われることに対する保護をする点で両者は同じ法の構成をとりうる. このデータに対する侵害が, 経済的な利益であろうと, 人間の尊厳であろうと, 情報に対するコントロールを喪失することに対して保護を図るという点において「著作権もプライバシーも同一の目的を目指している」[78].

もっとも, プライバシーと著作権は, 侵害されている利益に対する救済の態様が異なる. 著作権の場合, 著作者が直接的な商業的利益を主張しうるので, その侵害が明確になり技術的に自力救済を行うことができる. また, 多くの場合, 著作者は著作権侵害に対する侵害に対する明確な要件の下, 類型的な法適用・判断——差止 (著作権法112条), みなし侵害 (113条1項) など——を期待することができる. これに対し, プライバシーの侵害の場合, 一個人が, 必ずしも商業的・経済的利益について具体的損失がない事案について, 救済を求めることとなる. つまり著作権とプライバシーには, データのコントロールという同一目的を共有しているにもかかわらず, 特に「侵害の特定化と侵害に対する執行」[79] の面においてこれまで両者の違いが生じていた. このような差を埋めるため, 各人は, 著作物の利用と同様に, 個人情報の利用に対するそれなりの対価を請求する論理を展開しうるのである. ローレンス・レッシグ教授もまたジットレイン教授の議論を参照しつつ,「プライバシーが知的財産以上に真の財産に近い」として, プライバシーの財産的構成を唱導する[80]. こうした理解は, もともとウォーレンとブランダイスのプライバシーの権利それ自体が「著作権」をかなり意識していたこととも重なり合う[81].

ジュリー・コーエン教授もまたプライバシーの法執行が著作権と関係性を有することを比較的早くから主張していた[82].「知的自由 (intellectual freedom)」[83]を保障するには, 著作者が自らの著作物に対してアクセスや利用を認める Digital Rights Management (DRM) 技術があるのと同様に, プライバシーも

またDRM技術の重要な側面を有することができる．すなわち，プライバシーはその人の知的活動の消耗（intellectual consumption）の一種である．知的活動をむやみに消耗させることは著作権を侵害するのと同様に，その人のプライバシーを侵害する．そして，知的探究をするためには「息をつくことのできる場（breathing space）」[84] としての私的空間が必要となる．したがって，プライバシーと著作権との関連性を見出すことができるのである．所有，言論，真実，選択といった著作権的要素を用いることで，「賢明な情報政策」[85] を展開する可能性を示している．ニール・リチャーズ教授は，知的活動それ自体を法的保障に値する「知的プライバシー（intellectual privacy）」と呼び，このプライバシーを保障すること自体が表現の自由の発展に寄与することを論証している[86]．思想の自由，空間プライバシー，知的探究の自由，通信の秘密を基本要素とする「知的プライバシー」なるものの発想もまたその知的財産権（intellectual property）を手がかりにしていることは多言を要しない．

　本章では，このような著作権法的思考の導入の可能性について詳細に検討することはしないが，intellectual "property" と intellectual "privacy" に関連性があるとすれば，究極的には財産権とプライバシー権との類似性を検討することに行きつくはずである．プライバシーの財産的構成といえば，すでに1970年代にリチャード・ポズナー裁判官が真実発見と経済効率性の観点から主張していた．すなわち，プライバシー（privacy）と詮索（prying）という二つの経済的財がある中，プライバシーのみを法が保障してしまうとその人物を詮索するための取引費用がかさんでしまい，社会全体にとって経済効率性を損なう，というものである[87]．もっとも，著作権法への接近に見られるプライバシー権論には，このような経済効率性というよりも，同意に基づく個人情報による流通の弱点を克服するためむしろ市場取引における「公正さ（fairness）」[88] を要求する点で両者は若干の違いが見られる．結局，プライバシーの財産的構成は程度の問題であり，プライバシー概念を財産権に過度に結びつけることは，所有という形態による「コントロール・フェティシズム」[89] と言われるように，すべてのプライバシー問題を著作権法的構成で理解することができるかどうか，さらなる検討が必要となろう．

日本においては，阪本昌成教授がいわゆる情報プライバシーの問題について「個人情報に関する財産権モデル」[90]から構成できることを論証しており，注目に値する．また，財産権的構成を手がかりにプライバシーの第三世代を「自己データの利用に対価を求める権利」として理解する見解[91]や，プライバシー的要素（人格権）とパブリシティ的要素（財産権）がハイブリッドに結合した権利を考える方向性[92]についても検討がなされている．いずれにせよ，大量のデータが容易に収集・処理・蓄積される情報化社会にあっては，個人の活動に「萎縮効果」[93]をもたらす危険に歯止めをかけるためにも，プライバシー権の保護の対象が，伝統的な「圏域」から「情報」への推移，すなわち旧世代から新世代への橋渡しの理論化が重要になってくる．

5　プライバシー・個人情報保護の新世代の展望

　プライバシーの従来の理解の限界と新たなプライバシーの必要性について議論の紹介の域を出ないが，プライバシー権の現在地を改めて確認してきた．今後，近年主張されてきた「データの匿名化を造形する（shaping data anonymity）」[94]権利，あるいは「忘れられる権利（the right to be forgotten）」[95]といったインターネットの世界における新たなプライバシーの権利もさらなる検討が必要である．

　ここでは，プライバシーの新世代を果たして本当に歓迎すべきかどうかも含め，三つの留意点を述べておく．第1に，プライバシーは優れて「状況に応じた（situational）」[96]，そして「文脈依存的（contextual）」[97]な権利になりつつある．「プライバシーは文脈に依存して意味を変えるカメレオンである」[98]と言われてきたのはそのとおりである．プライバシーがこれほど多くの顔をもたざるを得ないのは，プライバシーのアイデンティティたる核心が揺らいでいるからではないだろうか．あるいはプライバシーがあまりに多くの現実の場面に登場するため，その「複合的な価値（pluralistic value）」[99]を有しているから，核心が揺らぎ始めたのだろうか．いずれにせよ，いかなる文脈であろうと，その

「文脈の根底にある価値」[100]を明らかにする作業が重要であることは言うまでもない．プライバシーをめぐる環境を見極め，旧世代のプライバシーを放逐しなければならないのか，現実の動向に照らした研究がますます重要となってくる．他方で，ここでの重要な問いはプライバシーとは何か，ではなく，なぜプライバシーを権利として保障しなければならないのか，というプライバシーの権利の正当化理由ないし保障の根拠であろう．グローバル化が進行する中，社会によって保障されるプライバシーの類型も異なるところがあり，依然として規範的な構成の必要性も指摘される[101]．この点，近年，注目を集めているプライバシー・バイ・デザイン（Privacy by Design）[102]――プライバシー強化技術（privacy enhancing technology）を用いたシステム開発段階におけるプライバシー予防対策の事前設計――などから情報システムの構造に着目してプライバシー・個人情報を保護していく可能性も検討されている[103]．プライバシー権の客観的構成とは別に，権利のないところには制度・機関・システムはないのであって，依然プライバシー権の本質論――たとえば，「愛情，友情，信頼の関係」[104]においてその権利が前提とする自我像――を追求する意義も忘れてはならない[105]．

　第 2 に，情報の流通が簡単に国境を超える中にあっては，プライバシー・個人情報保護のグローバルな枠組みが必要になるとともに，日本の法制度もまた国際的な整合性が求めることになる．また，プライバシー権の法的保障根拠をめぐっては，しばしばプライバシーが「シビリティ・ルール（rules of civility）」[106]ともいうべき社会規範を反映することがあり，それを自由に求めるアメリカと，それを尊厳に求めるヨーロッパとの文化的差異から生じた現実的衝突が生じていることも指摘されるところである[107]．日本におけるプライバシーの文化的背景も考慮に入れながら[108]，越境的な枠組みの中で国際的な整合性を担保していくことがますます重要になってくる[109]．

　第 3 に，プライバシーの権利を「コントロール」するのは誰なのか．「新たなプライバシー学派は，多数派の統治にとって必要な個人の自律を促進するのに役立つプライバシーの基準の多数決主義的構成を求める」[110]と言われるが，果たして，このようなプライバシーという個人の基本的権利を立法府重視の姿

勢で議論することが適当かどうかについて検討が必要に思われる．プライバシーが絶対的な権利ではなく，「個人の他の利益や社会的利益との調整を必要とする」[111]のであれば，法と技術の問題は立法府に任せておけばよいという短絡論はあまりに性急であり，各機関が協働で取り組む必要があろう[112]．

以上のとおり，本章では，プライバシー・個人情報保護の新世代の確立に向けた動向の考察を試み，125歳を迎えたプライバシーの権利が今なお進化し，世代を継いで転換期を迎えつつあることを再認識できた．これは「ウォーレンとブランダイスの終わりなき遺産」[113]である．

6 プライバシー権の復権に向けて

1 プライバシー権の新世代

ビッグ・データというグローバルな課題を前にして，いかにプライバシーを法的権利として保護していくべきか．プライバシー権が生誕し120年以上が経過し，日本でも多くの議論が蓄積されてきた．しかし，旧世代のプライバシー権論はビッグ・データの脅威を完全に克服できず，親密な関係を除いて今日プライバシーへの合理的な期待はもはや単なるスローガンとなりつつある．まず，半世紀前に確立した第一世代の「私生活の保障への権利」としてのプライバシー権論については，もはや常時オンラインに接続された自我は独りにしておいてもらうことはできなくなったため，その通用力を失いつつある．また，四半世紀前に広がりを見せ唱導された第二世代の「自己情報コントロール権」としてのプライバシー権論については，大量のデータが世界の至る所で処理されている情報化社会において満足に自らのデータをコントロールすることなどできないため，その勢いを失いつつある．

そこで，従来のプライバシー権論の蓄積を継承しつつ，ビッグ・データ時代に対応した新世代のプライバシー権論が必要となる．この点近年注目を浴びているのがプライバシー権の財産的構成論の再生復活である．この見解はプライ

バシー権の出自を財産権に求め，個人情報を市場で取引可能な商品とみなす古典的発想に回帰した現代的対処法である．この議論はビッグ・データの脅威を目の前に人格権論に代わり個人情報に価格設定をすることでプライバシー侵害を客観的に算定しようという試みでもあり，アメリカのみならずヨーロッパでも議論の広がりを見せ，救済を見据えた理論として魅力的である[114]．

　また，プライバシー権を法学者の手のみならず，技術系専門家の知見を拝借しシステム設計段階で事前にプライバシー侵害のリスク軽減を図ろうとする「プライバシー・バイ・デザイン」[115]もまた近時の動向として傾聴に値しよう．プライバシーを保護するためには，「権利」論のみならず，個人情報が漏えいしないなどの安全管理措置が前提とされており，「構造」論が必要となる[116]．日本でも，住基ネットの合憲性が問われた事件の最高裁判決における「住基ネットにシステム技術上又は法制度上の不備があり，そのため本人確認情報が法令等の根拠に基づかずに又は正当な行政目的の範囲を逸脱して第三者に開示又は公表される具体的な危険が生じているということもできない」[117]という指摘を手がかりに，プライバシー保護の「構造審査」を主張する見解がある[118]．他方で，プライバシーの「構造」論は，プライバシーを本人のコントロールの権利への期待よりも，プライバシー・マネジメント・プログラムをあらかじめ用意するパターナリスティックな解決方法であることも指摘される[119]．

　これらの議論はビッグ・データへの脅威にも対応しうるものとしてプライバシー権の新たな世代を担う候補となりうる．もっとも，これらの議論は個人情報をある種の取引財として客観視することや「プライバシー・バイ・デザイン」による解決に委ねることへのプライバシー権の「脱法学化」とも言うべきプラグマティックな対応でもある．逆に，サイバー空間から自由を護るために規制のあり方を示した「コード」論こそが憲法学者の任務であるという宣言が示すように，これらのプライバシー権をめぐる議論が「法学化」しつつあると見ることができるのかもしれない[120]．

2 復権への道

　こうした動向を注視しつつ，法学としてのプライバシー権の復権を企図するために再考すべき事項について必要な三つの視点について言及しておく．第1に，プライバシー権の公法的側面と私法的側面の断絶と連続である．法理論上は，私人間における不法行為上のプライバシー権論は，本来公権力を対象とする憲法上のプライバシー権論と区別されてきた．しかし，現在の監視形態や情報の保有状況からして果たしてどれほどプライバシー権論の公私区分を維持しうるか．この点，「尊厳」に基礎を置くヨーロッパでは，公私を問わず，政府がプライバシー権を保護する義務を負っていると解される．これに対し，政府からの「自由」を基軸とするアメリカでは，人権としてのプライバシーの保障は公権力に向けられており，私人間のプライバシー保護は各立法とともに公正情報慣行の原則が用いられてきた．プライバシー権の公私の関係には，単に「主体」や「領域」で割り切ることができない問題が含まれており，また伝統的な憲法の私人間効力論とも関係する問題であることから，改めて慎重な検討が必要である[121]．

　第2に，プライバシー権を取り巻く法制度・執行体制である．プライバシーの法制度は分野別個別立法で対処してきたセクトラル方式のアメリカ型と全分野を包括的にカバーするオムニバス方式のヨーロッパ型とがある．また，執行体制を見ても，アメリカでは集団訴訟を含む司法的解決が好まれるのに対し，ヨーロッパでは独立した監督機関が対応に当たってきた．プライバシーを権利として保障するに当たり，どのような制度がどのような体制でその権利を保障すべきか，という議論は避けることができない．日本では諸外国に見られるプライバシー保護（情報公開を兼務する国もある）を専門とする第三者機関が日本には存在しない．ビッグ・データというグローバルな問題に対処するためには同様の機関の設置と国際感覚に優れた人材育成が喫緊の課題である[122]．

　第3に最も重要な視点であるが，プライバシーを保護する目的を何に求めるか，という問いである．この問いはプライバシー権を世に生み出した『ハーバード・ロー・レビュー』が2012年11月に主催した全米のプライバシー法研究

者が集うシンポジウムの議論においても提起された根源的な問いである[123]．アメリカでは革新を重視しプライバシー権の消費者保護の側面が強いが，ヨーロッパでは基本的人権としてプライバシー権を議論する．筆者はプライバシーをめぐるアメリカとヨーロッパの衝突から見られる「自由」と「尊厳」との対立図式の中から改めて現代の情報通信技術社会に対応しうる文化的価値を備えたプライバシー権を再構築すべきではないかと考えている．プライバシー権の環境は旧世代の権利が提唱された頃とは大きく環境が変化してきたが，個人の人格尊重という基本理念は今なお中核的な役割を果たしていると考えられる．我が国でも「人間が自由に形成しうるところの社会関係の多様性に応じて，多様な自己イメージを使い分ける自由」[124]としてプライバシー権が議論されたことがある．筆者もこの主張の多くを支持するところであるが，オンライン空間では「人間が自由に形成しうるところの社会関係」という前提が掘り崩されている．ひとたびオンラインの世界に飛び込めば，本人が必ずしも了知しないところで様々な情報に接し，同時に自らの情報が追跡され，好むと好まざるとにかかわらず一定の社会関係を必然的にもたざるを得ない．それでもなおオンライン空間において，かつてプライバシー権の父ルイス・ブランダイスがかつて想定したと解されるような，自らの存在と本質的属性の会得と反芻の過程において，自我を形成し，解釈し，発展させ，そして表現するための概念は担保される必要があると考える[125]．その意味でプライバシー権は，オンライン空間で常時他者との関係をもちつつ自我の布置関係を整える過程において，ネットワーク化された自我を造形する権利として新たな側面をもちつつあるように思われる．

　ビッグ・データの時代が到来する中，なぜ権利としてプライバシーを保護すべきか，という総論としてのプライバシー権論を欠いて大量のデータが氾濫する大海原を航海することはできない．ビッグ・データの時代を生きる我々に今必要とされているのはプライバシー権の羅針盤である．

注

1) Yves Poullet & J. Marc Dinant, *The Internet and Private Life in Europe: Risks and Aspirations*, in New Dimensions in Privacy Law 89 (Andrew T. Kenyon & Megan Richardson eds., 2006). *See also* Omer Tene, *Privacy: The New Generations*, 1 Int'l Data Privacy L. 15 (2010).

   本章において用いられている「世代」とは，プライバシー概念それ自体の世代を意味しているが，プライバシーをめぐって文字通り親と子の「世代」——現代の若者を"Generation Google"と呼ぶ論者もいる——を分断した，という見方も成立するであろう．*See* Daniel J. Solove, The Future Reputation: Gossip, Rumor, And Privacy on The Internet 9 (2007).

2) Samuel D. Warren & Louis D. Brandeis, *The Right to Privacy*, 4 Harv. L. Rev. 194, 196 (1890).

3) Alan Westin, Privacy And Freedom 7 (1967). 第1世代の延長上にある第2世代のプライバシーを明確に首肯した判決としての *Whalen v. Roe*, 429 U.S. 589 (1977) において，最高裁は個人的な事柄の開示を避ける利益のほかに，ある種の重要な決定を下す際の独立性の利益を認めているが，本章の対象は前者であり，後者のいわゆる自己決定権については検討の対象としていない．

4) Warren & Brandies, *supra* note 2, at 196.

5) Westin, *supra* note 3, at 3. ウェスティン教授は，「権威による監視（surveillance by authority）」を前提としており，監視を公的機関が独占しているとは想定していない点は注意を要する．たとえば，親が子どもを，教師が学生を，雇用者が労働者を監視するといった監視の例も検討の対象としていた．*Id.* at 57.

6) Daniel J. Solove, *Speech, Privacy, and Reputation on the Internet*, in The Offensive Internet 15 (Saul Levmore & Martha C. Nussbaum eds, 2010).

7) Amitai Etzioni, The Limits of Privacy (1999).

8) Jeffrey Rosen, The Unwanted Gaze: The Destruction of Privacy In America (2000).

9) Charles Sykes, The End of Privacy (1999). *See also* Jed Rubenfeld, *The End of Privacy*, 61 Stan. L. Rev. 101 (2008).

10) Daine L. Zimmerman, *Requiem for a Heavyweight: A Farewell to Warren and Brandeis's Privacy Tort*, 68 Cornell L. Rev. 291 (1982).

11) Adam D. Moore, Privacy Rights: Moral And Legal Foundations 33 (2010).

12) Jeffrey H. Reiman, *Privacy, Intimacy, and Personhood*, in Philosophical Dimensions Of Privacy 314 (Fredinand David Schoeman ed., 1984).

13) *See* Paul M. Schwartz, *Privacy and Democracy in Cyberspace*, 52 Vand. L. Rev. 1609, 1653 (1999).

14) *See* Thomas Nagel, Concealment And Exposure 15 (2002).

15) *See* Paul M. Schwartz, *Internet Privacy and the State*, 32 Conn. L. Rev. 815, 836 (2000).
16) Paul M. Schwartz, *Privacy and Participation: Personal Information and Public Sector Regulation in the United States*, 80 Iowa L. Rev. 553 (1995).
17) Jeffrey Rosen, The Naked Crowd: Reclaiming Security And Freedom in an Anxious Age 8 (2004).
18) ストリートビューの問題点については，新保史生「ネット検索サービスとプライバシー：道路周辺映像提供サービスを中心に」法とコンピュータ 28 号（2010）71 頁，参照．
19) *See* Letter to Google Inc. Chief Executive Officer from Jennifer Stoddart, Privacy Commissioner of Canada (April 19, 2010) available at http://www.priv.gc.ca/media/nr-c/2010/let_100420_e.cfm (last visited March 31, 2015).
20) 福岡地裁平成 23 年 3 月 16 日判決判例集未登載．
21) 福岡高裁平成 24 年 7 月 13 日判決判例集未登載（最判平成 26 年 3 月 4 日上告棄却）．本判決の批評については，板倉陽一郎「ストリートビュー事件高裁判決（福岡高判平成 24 年 7 月 13 日判例集未登載〔平成 23 年（ネ）第 439 号〕）の分析と我が国個人情報保護制度への示唆」電子情報通信学会技術研究報告．SITE113 巻 33 号（2013）63 頁以下，参照．
22) 総務省「利用者視点を踏まえた ICT サービスに係る諸問題に関する研究会（第一次提言）」（2010 年 6 月）12, 17 頁，参照．
23) この点については，堀部政男・宇賀克也編『地理空間情報の活用とプライバシー保護』（地域科学研究会，2009）113 頁，参照．
24) *See* Siva Vaidhyanathan, The Googleization of Everything 103 (2011).
25) *See* Simsongarfinkel, Database Nation: The Death of Privacy in The 21st Century 155 (2000).
26) 総務省「利用者視点を踏まえた ICT サービスに係る諸問題に関する研究会（第二次提言）」（2011 年 5 月）32 頁．日本においてはライフログという用語を用いて議論されている．この点については，新保史生「ライフログの定義と法的責任」情報管理 53 巻 6 号（2010）295 頁，石井夏生利「ライフログをめぐる法的諸問題の検討」情報ネットワーク・ローレビュー 9 巻 1 号（2010）1 頁，参照．
27) *See* Andrew J. McClurg, *A Thousand Words Are Worth One Picture: A Privacy Tort Response to Consumer Data Profiling*, 98 Nw. U. L. Rev. 63, 75 (2003).
28) *In re DoubleClick Inc. Privacy Litigation*, 154 F. Supp. 2d (479 S.D.N.Y. 2001).
29) *Id.* at 526.
30) Commissioner J. Thomas Rosch, *A Different Perspectives on DRM*, 22 Berkeley Tech. L. J. 971 (2007).
31) Federal Trade Commission, *Online Behavioral Advertising: Moving the Discussion Forward to Possible Self-Regulatory Principles* (December, 2007).

32) Federal Trade Commission, *Protecting Consumer Privacy in an Era of Consumer Change: A Proposed Framework for Businesses and Policymakers* (December, 2010) available at http://www.ftc.gov/os/2010/12/101201privacyreport.pdf (last visited March 31, 2015).

33) Article 29 Working Party, *Opinion 2/2010 on online behavioural advertising* (June 22, 2010).

34) 高度情報通信ネットワーク社会推進戦略本部「医療情報化に関するタスクフォース報告書」(2011 年 5 月),参照.

35) Department of Health and Human Services, *Personalized Health Care* (November, 2008).

36) 内閣府情報公開・個人情報保護審査会答申平成 18 年度(独個)答申第 3 号.

37) 駒村圭吾「『視線の権力性』に関する覚書」『慶應の法律学公法 I』(慶應義塾大学出版会,2008) 288 頁.

38) ジョージ・オーウェル・新庄哲夫『1984 年』(早川文庫,1972) 8-11 頁,参照.

39) "dataveillance" という言葉は,法学の世界では,*Symposium, Surveillance, Dataveillance, and Human Freedom*, 4 COL. HUM. RTS. L. REV. 1 (1972) においてすでに用いられている.なお,データ監視(データ・マイニング)の紹介については,名和小太郎『個人データ保護』(みすず書房,2008) 162 頁以下,参照.

40) Katherine E. Giddings, *The Right of Privacy in Florida in the Age of Technology and the Twenty-First Century*, 25 FLA. ST. U. L. REV. 25, 27 (1997).

41) Julie Cohen, *Privacy, Ideology, and Technology*, 89 GEO. L. REV. 2029, 2043 (2001).

42) Neil M. Richards & Daniel J. Solove, *Prosser's Privacy: A Mixed Legacy*, 98 CAL. L. REV. 1887, 1920 (2010).

43) この点,プライバシーの権利について,対国家の文脈では自己決定の自由を,対社会の文脈では情報の相互の獲得と利用に関する行為規範の遵守を要求できること,とそれぞれ理解するものとして,浅野有紀「プライヴァシーの権利における公法と私法の区分の意義」初宿正典ほか編『国民主権と法の支配 [下巻]』(成文堂,2008) 179 頁,参照.他方,プライバシー権については「憲法をむやみに持ち出す前に私権の発想(より広くは不法行為を含めた民法の発想)を大切に」という主張もある.内野正幸『表現・教育・宗教と人権』(弘文堂,2010) 78 頁.

44) *Katz v. United States*, 389 U.S. 347, 351 (1967).

45) たとえば,ソロブ教授は公の場におけるプライバシーの問題がますます難しくなってきており,これに対する容易な回答などない,と言明する.*See* SOLOVE, *supra* note 1, at 169. 公共空間におけるプライバシーという難題は,公と私の関係性の前提にある「国家からの自由」と「国家による自由」をどのように捉えるか,という問題に置き換えることができる.棟居快行「公共空間とプライバシー」長谷部恭男ほか編『憲法 2:人権論の新展開』(岩波書店,2007) 193 頁,参

照．なお，公道におけるプライバシー保護のあり方については難しい問題を提起させるものの，日本では監視カメラに関するプライバシー保護の観点からの明確な規制がないまま運用されており，監視カメラの無法地帯となりかねない危険を有している．この点，欧州司法裁判所では，家庭用監視カメラによる撮影であっても，映像・画像の一部が公道を撮影しているものは，EUデータ保護指令が適用されることを明らかにしている．CJEU, *Ryneš v. Úřad pro ochranuosobních-údajů*, Case C-212/13, December 11, 2014. さらに，具体的な場面では，監視カメラの個人情報保護法上の問題点として，不正な収集の規制（特に労働者へのモニタリング），個人データの共有（店舗ごとの監視カメラの映像・画像の共有など）がまずあげられる．この点，諸外国ではプライバシー・コミッショナーによる監視カメラの運用チェックを行うとともに，開示請求者からの代理の開示請求権の付与が一般的に認められており，たとえば，イギリスでは請求後40日以内に本人に開示手続がとられるなどの行動規範が策定されている．*See* Information Commissioner Office, *A Data Protection Code of Practice for Surveillance Cameras and Personal Information* (Version 1.1) (2015). 不正なことをしていないのであれば，監視の対象とされることに問題はないとするという論理が成り立つのであれば，同じく監視の主体が不正にプライバシーを侵害していないことを証明するためにも監視される対象となることに問題はなかろう．「監視に対する監視」の措置を担保することが重要となる．監視カメラに関する法的考察については，棟居快行『憲法学の可能性』（信山社，2012）253頁以下，参照．

46) プライバシーに代わる個人情報を保護の対象とすべきとした議論としては，*see* Reymond Wacks, Personal Information: Privacy And The Law (1989). ワックス教授は，個人情報を「事実，通信，または意見から構成され，それらは個人と関係し，かつその人物が私的または機微であると考えることが合理的に予測され，そしてその結果，収集，利用，または伝達を差し控えまたは少なくとも制限することを望むもの」と定義し，既存の立法よりも広く個人情報を捉えているものとして評価できる．IPアドレス，クッキー，RFIDなどをめぐり新たなプライバシー立法の必要性を論じるものとして，*see* Yves Poullet, *About the E-Privacy Directive: Toward a Third Generation of Data Protection Legislation?*, in Data Protection In A Profiled World (Serge Gutwirth, Yves Poullet & Paul De Hert eds., 2010).

47) この点，現行の個人情報保護法制の下では，アクセスログを保有する者において，他の情報と容易に照合して特定の個人を識別できない限り，個人情報に該当しない，と整理されるのが一般的である．園部逸夫『個人情報保護法の解説〔改訂版〕』（ぎょうせい，2005）50頁，参照．保護の対象を含む政府の個人情報施策の近時の動向については，宮下紘『個人情報保護の施策』（朝陽会，2010），参照．

48) 遺伝情報をめぐる法的諸問題については，山本龍彦『遺伝情報の法理論』（尚学

社, 2008), 参照.
49) 伊藤正己『プライバシーの権利』(岩波書店, 1963) 7 頁.
50) William L. Prosser, *Privacy*, 48 Cal. L. Rev. 383 (1960).
51) 宮沢俊義『憲法2 基本的人権〔新版改訂〕』(有斐閣, 1974) 286-7 頁. 通信の秘密の現代的課題とプライバシー権との関係については, 宍戸常寿「通信の秘密に関する覚書」長谷部恭男ほか編『現代立憲主義の諸相』(有斐閣, 2013) 487 頁以下, 参照.
52) 佐藤幸治「プライヴァシーの権利（その公法的側面）の憲法論的考察」法学論叢 86 巻 5 号 (1970) 34 頁. もっとも, 佐藤教授の私的なるものの保全については, 通信の秘密とプライバシーの権利との関連性があることも忘れてはならない. この点については, 蟻川恒正「体系と差異」法律時報 82 巻 5 号 (2010) 35 頁の指摘が参考になる.
53) 佐藤幸治『日本国憲法論』(成文堂, 2011) 182 頁.
54) 佐藤・前掲注 52, 12 頁.「多様な社会関係ごとに自己イメージを使い分ける自由」(棟居快行『人権論の新構成』(信山社, 1992) 213 頁) もまたコントロール（自己イメージのコントロール）を前提としている.
55) 最大判昭和 44 年 12 月 24 日刑集 23 巻 12 号 1625 頁.
56) 最判平成 15 年 9 月 12 日民集 57 巻 8 号 973 頁.
57) 山本龍彦教授は, 日本のプライバシーの類型について, 第 1 期—私生活秘匿権, 第 2 期—ウェットな自己情報コントロール権, 第 3 期—システム・コントロール？に分類している（山本龍彦「プライバシーの権利」ジュリスト 1412 号〔2010〕80 頁, 参照). また, 個人情報保護法制の文脈におけるプライバシー権の変遷については, 加藤隆之「個人情報保護制度の遵守とプライヴァシー権侵害」亜細亜法学 46 巻 1 号 (2011) 108 頁, 参照.
58) Richards & Solove, *supra* note 42, at 1918.
59) Geffrey R. Stone, *Privacy, the First Amendment, and the Internet*, in The Offensive Internet 192 (Soul Levmore & Martha C. Nussbaum eds, 2010).
60) Richards & Solove, *supra* note 42, at 1921.
61) Daniel J. Solove, The Digital Person 59-61 (2004).
62) *Id.* at 62.
63) *United States Department of Justice v. Reporter's Comm.*, 489 U.S. 749, 763 (1988).
64) Ian Kerr, Jennifer Barrigar, Jacquelyn Burkell & Katie Black, *Soft Surveillance, Hard Consent*, in Lessons from The Identity Trail 10 (Ian Kerr, Valerie Steeves & Carole Lucock eds., 2009). また, 可視性こそがプライバシーにとっての脅威であると論じるものとして, *see* Julie E. Cohen, *Privacy, Visibility, Transparency, and Exposure*, 75 U. Chi. L. Rev. 181 (2008).
65) Fred H. Cate, *Protecting Privacy in Health Research: The Limits of Individual*

Choice, 98 Cal. L. Rev. 1765, 1771（2010）.
66) Schwartz, *supra* note 15, at 821.
67) Schwartz, *supra* note 13, at 1660-64.
68) *Id.* at 1685.
69) Eugene Volokh, *Freedom of Speech and Information Privacy: The Troubling Implications of a Right to Stop People From Speaking About You*, 52 Stan. L. Rev. 1049（2000）. また，アメリカの表現の自由の伝統が他国の憲法に比べて一段と手厚い保障をしている「例外的」存在であるという指摘として，Frederick Schauer, *The Exceptional First Amendment*, in American Exceptionalism And Human Rights 47（Michael Ignatiff ed., 2005）. また，表現の自由とプライバシーの調整の文脈において例外の国としてアメリカを紹介する論文として，阪口正二郎「表現の自由をめぐる『普通の国家』と『特殊な国家』」東京大学社会科学研究所編『国家の多様性と市場』（東京大学出版会，1998）13 頁，阪本昌成「プライバシーの権利と表現の自由（1）」立教法学 76 巻（2009）46 頁，参照.
70) *Id.* at 1050-51. 実際，アメリカ最高裁も公益に資する真実の報道を保障してきている. *See e.g., Cox Broadcasting Corp. v. Cohn*, 420 U.S. 469（1975）, *Florida Star v. B.J.F.*, 491 U.S. 524（1989）, *Bartnicki v. Vopper*, 532 U.S. 514（2001）.
71) Daniel J. Solove, Nothing to Hide: The False Tradeoff Between Privacy And Security 34（2011）.
72) Orin S. Kerr, *Updating the Foreign Intelligence Surveillance Act*, 75 U. Chi. L. Rev. 225, 235（2008）.
73) Richard A. Posner, *Privacy, Surveillance, and Law*, 75 U. Chi. L. Rev. 245, 251（2008）.
74) Daniel J. Solove, Understanding Privacy 172（2008）.
75) Jonathan Zittrain, The Future of The Internet And How To Stop It 200（2008）.
76) Jonathan Zittrain, *What the Publisher Can Teach the Patient: Intellectual Property and Privacy in an Era of Trusted Privication*, 52 Stan. L. Rev. 1201, 1226（2000）.
77) *Id.* at 1228.
78) *Id.* at 1226.
79) *Id.* at 1238.
80) Lawrence Lessig, Code 2.0 231（2006）. プライバシーの財産権的構成については，それが必ずしも規範的な意味合いではなく，実証的にこのような構成をとりつつあるとも考えられる. *See* Paul M. Schwartz, *Property, Privacy, and Personal Data*, 117 Harv. L. Rev. 2055（2004）.
81) *See* Warren & Brandies, *supra* note 2, at 200-01.
82) *See* Julie E. Cohen, *A Right to Read Anonymously: A Closer Look at "Copyright*

Management" in Cyberspace, 28 Conn. L. Rev. 981（1996）．コーエン教授の当初の狙いは，著作権法にプライバシーの言葉（privacy language）を用いることであったが，その後，著作権の言葉をプライバシー法に導入することとなった．

83) Julie E. Cohen, *Information Rights and Intellectual Freedom*, in Ethics And The Internet 11（Anton Vedder ed., 2001）．
84) Julie E. Cohen, *DRM and Privacy*, 18 Berkeley Tech. L. J. 575, 577（2003）．
85) Julie E. Cohen, *Examined Lives: Information Privacy and the Subject as Object*, 52 Stan. L. Rev. 1373, 1436（2000）．
86) Neil M. Richards, *Intellectual Privacy*, 87 Tex. L. Rev. 387（2008）．
87) Richard A. Posner, *The Right of Privacy*, 12 Ga. L. Rev. 393（1978）．もっとも，ポズナー裁判官も GPS 技術を用いた監視について判断を迫られるなどし（*United States v. Garcia*, 474 F. 3d 994〔7th Cir. 2007〕），本人の意図に反する個人情報の利用については一定の保障が及ぶことを認めている．*See* Posner, *supra* note 73, at 249.
88) Cohen, *supra* note 84, at 604.
89) Julie E. Cohen, *Overcoming Property: Does Copyright Trump Privacy?*, 2002 U. Ill. J. L. Tech. & Pol'y 357, 379（2002）．
90) 阪本昌成『表現権論』（信山社，2011）90 頁．阪本教授のプライバシー権論については，阪本昌成『プライヴァシー権論』（日本評論社，1986），阪本昌成『プライヴァシーの権利』（成文堂，1982），参照．
91) 名和・前掲注 38, 285 頁．
92) 林紘一郎「『個人データ』の法的保護：情報法の客体論・序説」情報セキュリティ総合科学 1 号（2009）90 頁，参照．
93) Solove, *supra* note 74, at 193.
94) Schwartz, *supra* note 13, at 1633.
95) CJEU, *Google Spain v AEPD and Mario Costeja González*, May 13, 2014（C-131/12）．
　　この点，いわゆる「逆転」事件において，最高裁は，12 年余の歳月が経過した人が「社会復帰に努め，新たな生活環境を形成していた事実に照らせば，……前科にかかわる事実を公表されないことにつき法的保護に値する利益を有していたことは明らかである」と認め，一定期間経過後に個人情報が忘れ去られる利益として法的に保障されることを示唆している（最判平成 6 年 2 月 8 日民集 48 巻 2 号 149 頁）．
96) 第 32 回データ保護プライバシー・コミッショナー国際会議における "How did we get here?: Privacy, Culture, Religion" のセッションにおけるウェスティン教授の発言．
97) Helen Nissenbaum, *Privacy as Contextual Integrity*, 79 Wash. L. Rev. 119（2004）．
98) Jerry Kang, *Information Privacy in Cyberspace Transactions*, 50 Stan. L. Rev.

1193, 1202 (1998).
99) SOLOVE, *supra* note 74, at 98.
100) Lessig, *supra* note 80, at 230.
101) Frederick Schauer, *Internet Privacy and the Public-Private Distinction*, 38 JURIMETRICS. J. 555, 564 (1998). また，プライバシーが規範的要請であることを主張するものとして，川岸令和「プライバシー権とは何のための権利なのか」阪口正二郎編『自由への問い3 公共性』（岩波書店，2010）105頁，参照.
102) プライバシー・バイ・デザインは，カナダ・オンタリオ州の元コミッショナーであるアン・カブキアン博士によって提唱された．*See* ANN CAVOUKIAN, PRIVACY BY DESIGN: TAKE THE CHALLENGE (2010). Available at http://www.privacybydesign.ca/content/uploads/2010/03/PrivacybyDesignBook.pdf (last visited March 31, 2015). プライバシー・バイ・デザインについては，アン・カブキアン著・堀部政男・日本情報経済社会推進協会編『プライバシー・バイ・デザイン』（日経BP社，2012），参照.
103) 山本・前掲注57, 90頁，山本龍彦「プライヴァシー：核心はあるのか」長谷部恭男編『人権論の再定位3：人権の射程』（法律文化社，2010）144頁，参照.
104) Charles Fried, *Privacy*, 77 YALE L. J. 475, 478 (1968).
105) 近時，自我像にまで踏み込んでプライバシー権論の考察の必要性を主張するものとして，曽我部真裕「『自己像の同一性に対する権利』について」法学論叢167巻6号（2010）1頁，水野謙「プライバシーの意義に関する序論的考察：人は自分の姿とどう向き合うのか」学習院法学会雑誌45巻2号（2010）1頁，石川健治「イン・エゴイストス」長谷部恭男・金泰昌編『公共哲学12 法律から考える公共性』（東京大学出版会，2004），参照.
106) Robert C. Post, *The Social Foundation of Privacy: Community and Self in the Common Law Tort*, 77 CAL. L. REV. 957, 963 (1989).
107) *See* James Q. Whitman, *Two Western Cultures of Privacy*, 113 YALE L. J. 1151 (2004).
108) *See* Hiroshi Miyashita, *The Evolving Concept of Data Privacy in Japan*, 1 INT'L DATA PRIVACY L. 229, 238 (2011).
109) プライバシー・個人情報保護をめぐる国際的動向の背景と現実については，堀部政男「プライバシー・個人情報保護の国際的整合性」堀部政男編著『プライバシー・個人情報保護の新課題』（商事法務，2010）1頁，参照．また，近年構築されつつある越境的枠組みについては，藤原静雄「第3国への個人データ移転と『個人データの処理にかかるプライバシー保護の国際標準草案のための共同提案』」季報情報公開個人情報保護37号（2010）3頁，参照.
110) Paul M. Schwartz & William M. Treanor, *The New Privacy* (book review), 101 MICH. L. REV. 2163, 2184 (2003)
111) PRISCILLA M. REGAN, LEGISLATING PRIVACY: TECHNOLOGY, SOCIAL VALUES, AND PUB-

lic Policy 178 (1995).
112) Solove, *supra* note 71, at 170.
113) Erwin Chemerinsky, *Rediscovering Brandeis's the Right to Privacy*, 45 Brandies L. J. 643, 657 (2007).
114) プライバシーの財産的性格の考察については，阪本昌成『表現権理論』（信山社，2011）81 頁，参照．
115) カブキアン・前掲注 102，参照．
116) *See* Julie E. Cohen, *What is Privacy for*, 124 Harv. L. Rev. 1904 (2013).
117) 最判平成 20 年 3 月 6 日民集 62 巻 3 号 665 頁．
118) 山本龍彦「番号制度の憲法問題」法学教室 397 号（2013）52 頁，参照．もっとも，山本教授が認めるとおり，「住基ネット判決を前提に議論を行う必然性があるわけではない」．特に住基ネット判決の論理については，①本人確認情報を一般的に機微性の低いものと考えているが，基本 4 情報及び住民票コードの検索キーとしての機能を過小評価している点，自治体の審議会の制度的担保を前提とする最高裁は楽観的に過ぎるという評価をせざるを得ない点などの鋭い指摘（藤原静雄「番号法と個人情報保護」法律のひろば 66 巻 9 号（2013）6 頁）は重く受け止めるべきであろう．
119) Daniel J. Solove, *Privacy Self-Management and the Consent Dilemma*, 126 Harv. L. Rev. 1880 (2013).
120) *See* Lessig, *supra* note 80, at ch.1. なお，ローレンス・レッシグ教授のプライバシー権を含む憲法理論については，成原慧「憲法とコンテクスト（1）〜（2・完）：初期ローレンス・レッシグの憲法理論」情報学研究 86 号（2014）47 頁以下，同 87 号（2014）1 頁以下，参照．
121) 千葉邦史「日本国憲法における個人主義とプライバシー」法律時報 84 巻 3 号（2012）106 頁，参照．
122) プライバシー保護を目的とする第三者機関に関する論点については，宍戸常寿「パーソナルデータに関する『独立第三者機関』について」ジュリスト 1464 号（2014）18 頁以下，石井夏生利「個人番号制度と第三者機関」法学セミナー 58 巻 12 号（2013）14 頁以下，二関辰郎「第三者機関を通じたパーソナルデータの保護」自由と正義 65 巻 12 号（2014）32 頁以下，参照．
123) *See Symposium on Privacy and Technology*, 126 Harv. L. Rev. 1879 (2013).
124) 棟居快行『人権論の新構成』（信山社，1992）213 頁．
125) Warren & Brandeis, *supra* note 2; *Olmstead v. United States*, 277 U.S. 438 (1928) (Brandeis, J., dissenting).

索　引

〔あ　行〕

愛国者法 ……………………… 82,
　87, 91, 198, 199, 201, 205, 211, 213
萎縮効果 ……… 208, 211, 236, 244, 326
EU 基本権憲章 ………………… 79,
　88, 120-122, 140, 225, 231
EU データ保護規則提案 …… 80, 92,
　121, 149, 152, 157, 221, 225-227, 229,
　231, 237-239, 241, 246, 248, 252, 262,
　274, 275, 278, 287, 293, 299
EU データ保護指令 ……………… 79,
　80, 85-88, 90, 94, 97, 99, 101, 102, 106,
　107, 120-124, 147, 151, 152, 154, 156,
　157, 159, 167, 184, 226, 228-231, 233,
　253, 278, 286, 314, 335
EU 電子プライバシー指令 ……… 115,
　238, 293, 314
ウェスティン，アラン（Alan Westin）
　……………… 14, 57, 62, 64, 112, 131,
　132, 144, 145, 175, 238, 309, 332, 338
ウォーレン，サミュエル（Samuel Warren）
　……………… 3, 5-18, 30, 45, 49,
　50, 52-62, 69-73, 78, 79, 126, 128-130,
　136, 137, 139, 146, 150, 221, 235, 243,
　256, 261, 262, 285, 303, 309, 317, 319,
　324, 328, 332, 337, 340
APEC プライバシー・フレームワーク
　……………………………… 81, 155
欧州評議会条約第 108 号 ………… 79,
　147, 148, 154, 221, 225, 274, 275, 299

欧州司法裁判所 ……………… 90, 93,
　101, 102, 120-122, 124, 169, 228-230,
　232-234, 246, 253, 278, 287, 335
欧州人権裁判所 ……………… 92, 111, 138,
　143, 145, 148, 149, 189, 232, 241, 278
OECD プライバシー・ガイドライン
　……………………… 81, 114, 133, 155,
　221, 248, 275, 276, 291, 292, 299, 305
オーダーメイド医療 ………… 281, 314
オバマ，バラック（Barack Obama） … 79,
　91, 101, 119, 152, 164, 195, 196, 201,
　203, 212, 214, 216, 221, 236, 261, 267,
　274, 279, 281, 285, 286, 297
オプト・イン／オプト・アウト … 98,
　113-115, 157, 238, 240, 272, 293-295

〔か　行〕

外国諜報活動監視法 … 82, 91, 199, 204
合衆国憲法 …… 108, 115, 125, 140, 205
合衆国最高裁判所 ……………… 4, 19,
　24, 27-32, 48, 56, 64, 77, 124, 131, 134,
　136, 165, 186, 235, 237, 256, 257, 296
仮名化 ……………… 232, 274, 280, 289
監視 ………… 14, 44, 57, 64, 81-83, 87,
　91, 92, 95, 103, 112, 116, 119, 120, 132,
　138, 143, 148, 156, 163, 164, 169, 171,
　175, 186, 195, 196, 198-200, 202-212,
　216, 241, 268, 271, 276-278, 280, 297,
　309, 310, 312, 315, 316, 320, 322, 323,
　330, 332, 334, 335, 338

クーリー，トマス（Thomas Cooley）
　……………………… 14, 30, 51, 64
公開の義務 …… 11, 12, 39, 43-45, 51, 52
公益通報者保護 ……………… 95-97
国家安全保障局 ……………… 81-83,
　　91, 92, 112, 119, 163, 164, 195, 197,
　　　　　　　　　204, 269, 277, 285
公正情報取扱慣行 … 114, 117, 133, 176
行動ターゲティング広告 ………… 294,
　　　　　　　　　313, 314, 316, 317
構造論 ………… 244, 262, 295, 305, 329
コモン・ロー …… 13, 17, 27, 31, 32, 43,
　　57, 64, 79, 110, 118, 119, 137, 138, 185,
　　　216, 235, 236, 242, 256, 316, 318, 320

〔さ 行〕

私生活の尊重 ………………… 79,
　　93, 103, 111, 120, 141, 170, 190, 250
市民的自由及びプライバシー監視委員会
　……………………… 202, 209
自己情報コントロール権 ………… 12,
　　121, 131, 132, 144, 183, 244, 271, 293,
　　　　　　295, 319, 320, 328, 336
自由 ……………………… 18, 20,
　　26, 30, 32, 35-39, 41, 43-45, 47, 49, 51,
　　52, 62, 65, 67, 79, 82, 91, 102, 105-109,
　　　111-113, 115, 125, 126, 130, 134-139,
　　　143, 145, 148, 150-153, 197, 201, 202,
　　　209, 210, 223, 224, 238, 239, 241, 243,
　　　245, 275, 312, 318, 327, 330, 331, 334
十分性の基準 ……………… 85-87,
　　89, 90, 94, 97, 99, 102, 121, 154, 157,
　　　　　　　　159, 160, 205, 275
消費者プライバシー権利章典 …… 79,
　　119, 152, 154, 178, 221, 236, 261, 274,
　　　　　　　　　275, 279, 285
SWIFT（国際銀行間通信協会）… 87-89,
　　　　　　　　　　　160, 161
ステイト・アクション ……… 65, 108,
　　134, 148, 149, 173, 174, 242, 256, 260
ストリートビュー … 311, 312, 316, 333
スマートメーター ……… 272, 292, 298
尊厳 …… 18, 40, 47-52, 95, 102-113,
　　120, 125-131, 135, 138-153, 170, 174,
　　175, 185-187, 190-192, 224, 225, 261,
　　　　263, 275, 321, 324, 327, 330, 331
セーフ・ハーバー ……97-102, 118, 119,
　　151, 159, 160, 167-169, 178, 205, 206

〔た 行〕

第三者機関 ……………… 179, 183,
　　242, 249, 274, 290, 291, 305, 330, 340
追跡禁止 ………………………… 114,
　　176, 240, 259, 279, 294, 301, 313
データ保護プライバシー・コミッショ
　ナー国際会議 …………… 81, 90, 106,
　　119, 155, 188, 274, 277, 288, 299, 338
データ保全 …………… 91-93, 205, 253
デジタル時代におけるプライバシーの
　権利 ………………………… 206
電子証拠開示 ……………… 93-95, 165
同意 …… 15, 29, 92, 114, 123, 124, 180,
　　225-227, 232, 238-240, 253, 258, 259,
　　271-273, 276, 287-289, 293-295, 320, 321
独立性 ………………… 122, 179, 275
匿名化 ………………………… 120, 271,
　　274, 279-282, 289, 296, 300, 315, 326

〔な行〕

ナチス ……………… 74, 103, 104, 139, 140, 142-147, 187, 188, 225, 286

〔は行〕

ハーバード・ロー・スクール …… 6, 14, 23, 28, 32, 52, 59, 61, 66, 126, 233, 259

番号制度 ……………………… 292, 340

独りにしておいてもらう権利 …… 3-5, 12, 14, 15, 18, 25, 30, 31, 41, 51, 52, 79, 244, 309, 318, 319

表現の自由 ………… 4, 5, 12, 31, 33-38, 40, 42-44, 46, 50, 51, 58, 66, 68, 70, 96, 101, 107, 109, 110, 123, 129, 130, 131, 134, 139, 146, 172, 173, 176, 183, 186, 211, 230, 234-238, 242, 255-258, 261, 262, 296, 322, 325, 337

品格 ………… 7, 16, 18, 20, 43, 46-52, 71-73, 77, 143, 243, 245, 261, 262

不可侵の人格 ………… 13, 14, 42, 69, 70

ビッグ・データ ……………… 154, 248, 267-274, 276-279, 281, 282, 285-291, 304, 305, 328-331

プライバシー・バイ・デザイン …… 207, 211, 217, 227, 274, 275, 289, 327, 329, 339

プライバシー・パターナリズム …………………………… 115, 176

プライバシー・ポリシー ………… 100, 123, 169, 180, 258, 271, 272, 282-284, 294, 321

ブランダイス，ルイス（Louis Brandeis） ……………… 3-53, 56-63, 65-74, 77-79, 82, 109, 126-130, 136, 137, 139, 146, 150, 153, 156, 185, 197, 213, 221, 235, 243-246, 256, 261, 262, 285, 303, 309, 317, 319, 324, 328, 331, 332, 340

フランクファーター，フェリックス（Felix Frankfurter） ……………… 32-36, 41, 47, 65, 66, 68, 69, 71

プロファイリング ……………… 188, 259, 272, 273, 276-279, 289, 295, 298

プロッサー，ウィリアム（William Prosser） ……………………… 8, 9, 50, 55, 59, 128-131, 135, 137, 154, 181, 182, 185, 236, 257, 317, 319, 320, 323, 336

ホームズ，オリバー（Oliver Holmes） ……………………………… 22, 23, 26, 33-36, 38, 43, 57, 61, 62, 65-68

〔ま行〕

メタ・データ ……………………… 164, 195, 199, 200-203, 210

モノのインターネット … 267-269, 271, 272, 274, 284, 288, 289, 291-293, 296

〔ら行〕

リスク評価 ……………………… 275, 282, 284, 288, 291, 292

旅客機乗客情報 … 89, 90, 112, 161, 163

連邦取引委員会 ……… 99, 100, 116-119, 123, 178, 206, 215, 248, 259, 275, 276, 279, 280, 284, 286, 293, 301, 313

〔わ行〕

忘れられる権利 …… 121, 221-231, 233, 234, 236-238, 240-247, 249, 251, 253, 254, 258, 262, 263, 279, 287, 295, 326

主要判例

ACLU v. Clapper, No.13 Civ. 3994, S.D.N.Y.（2013）............ 164, 201, 213

Boyd v. United States, 116 U.S. 616（1886）............ 24, 62, 126, 136, 181

Digital Rights Ireland and Seitlinger and Others, C-293/12 & C-594/12（2014）............ 93, 165, 253

Gilbert v. Minnesota, 254 U.S. 325（1920）............ 30

Google Spain SL and Google Inc. v Agencia Española de Protección de Datos, C-131/12（2014）............ 179, 180, 228

Griswold v. Connecticut, 381 U.S. 479（1965）............ 29, 78, 128, 153

Katz v. United States, 389 U.S. 347（1967）............ 28, 53, 78, 128, 153, 197, 316, 334

Klayman v. Obama, 957 F. Supp. 2d 1（2013）............ 164, 199, 213

Lochner v. New York, 198 U.S. 45（1905）............ 127

Muller v. Oregon, 208 U.S. 412（1908）............ 47

NASA v. Nelson, 131 S. Ct. 746（2011）............ 95

New York Times v. Sullivan, 376 U.S. 254（1964）............ 130, 236

Olmstead v. United States, 277 US. 438（1928）............ 3, 19, 78, 126, 153, 197, 261

Pierce v. United States, 252 U.S. 239（1920）............ 35

Schaefer v. United States, 251 U.S. 466（1920）............ 34

Smith v. Maryland, 442 U.S. 735（1979）............ 64, 91, 197

Sorrell v. IMS Health Inc., 131 S. Ct. 2653（2011）............ 134, 184, 296

Time, Inc. v. Hill, 385 U.S. 374（1967）............ 54, 130, 182, 235

United States v. Jones, 132 S. Ct. 945（2012）............ 29, 137, 186, 200

Uzun v. Germany, ECtHR Application no. 35623/05（2010）............ 186

Whalen v. Roe, 429 U.S. 589（1977）............ 153, 332

Whitney v. California, 274 U.S. 357（1927）............ 4, 37, 173, 262

東京地判昭和39年9月28日下民集15巻9号2317頁 155

最大判昭和44年12月24日刑集23巻12号1625頁 336

最判平成6年2月8日民集48巻2号149頁 263, 338

最判平成7年12月15日民集49巻10号844頁 155

最判平成15年9月12日民集57巻8号973頁 336, 155

最判平成20年3月6日民集62巻3号665頁 155, 340

宮下　紘（みやした　ひろし）

中央大学総合政策学部准教授．一橋大学大学院法学研究科博士課程修了，博士（法学）．内閣府個人情報保護推進室政策企画専門職，ハーバード大学ロースクール客員研究員，ナミュール大学法・情報・社会研究所客員研究員，駿河台大学法学部講師・准教授等を経て現職．
著書『個人情報保護の施策』（朝陽会），共訳書『リチャード・ファロン著・アメリカ憲法への招待』（三省堂）等．
データ保護プライバシーコミッショナー国際会議，OECD，APEC 等で，日本のプライバシー・個人情報保護の施策について発表．

プライバシー権の復権 ── 自由と尊厳の衝突

2015 年 7 月 31 日　初版第 1 刷発行

著　者	宮下　紘
発行者	神﨑茂治
発行所	中央大学出版部

　　　　東京都八王子市東中野 742-1　〒 192-0393
　　　　電話 042(674)2351　　FAX 042(674)2354
　　　　http://www2.chuo-u.ac.jp/up/

装　幀	上筋英彌（アップライン）
印刷・製本	藤原印刷株式会社

©Hiroshi Miyashita, 2015 Printed in Japan
ISBN978-4-8057-0731-9

＊本書の無断複写は，著作権上での例外を除き禁じられています．
　本書を複写される場合は，その都度当発行所の許諾を得てください．